# 太行山文書精萃

蘇士澍題

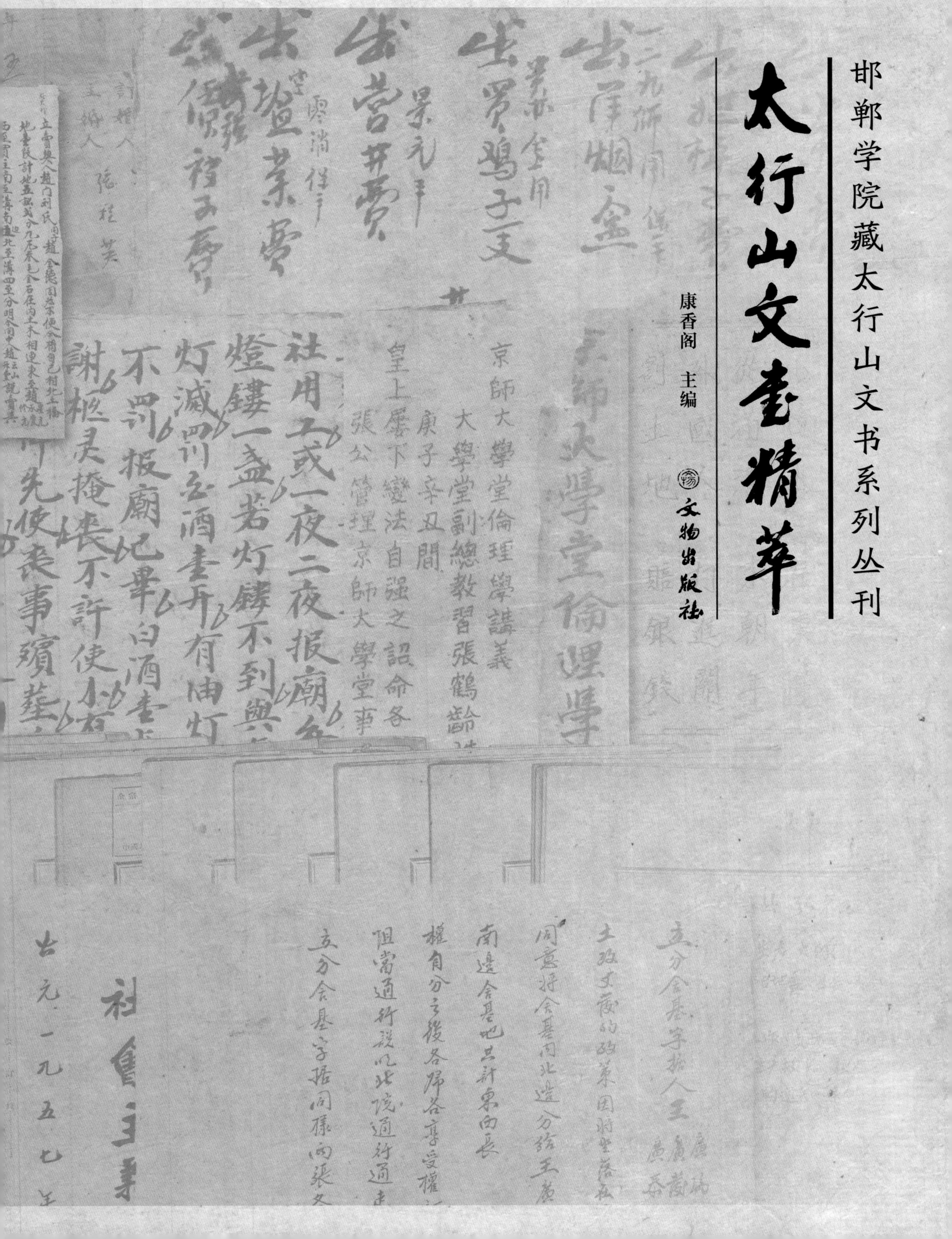

邯郸学院藏太行山文书系列丛刊

# 太行山文书精萃

康香阁 主编

文物出版社

图书在版编目（CIP）数据

太行山文书精萃 / 康香阁主编. -- 北京 : 文物出版社, 2017.5
ISBN 978-7-5010-4861-8

Ⅰ. ①太… Ⅱ. ①康… Ⅲ. ①农村－社会生活－史料－华北地区 Ⅳ. ①K292.5

中国版本图书馆CIP数据核字(2016)第302698号

邯郸学院藏太行山文书系列丛刊

太行山文书精萃

题　　签　苏士澍
装帧设计　刘　远
责任编辑　李缙云　刘永海
责任印制　陈　杰

出版发行　文物出版社
地　　址　北京市东直门内北小街2号楼
邮　　编　100007
网　　址　http://www.wenwu.com
　　　　　E-mail:web@wenwu.com
制版印刷　北京图文天地制版印刷有限公司
开　　本　889毫米×1194毫米　1/16
印　　张　14.5
版　　次　2017年5月第1版
印　　次　2017年5月第1次印刷
书　　号　ISBN 978-7-5010-4861-8
定　　价　280.00元

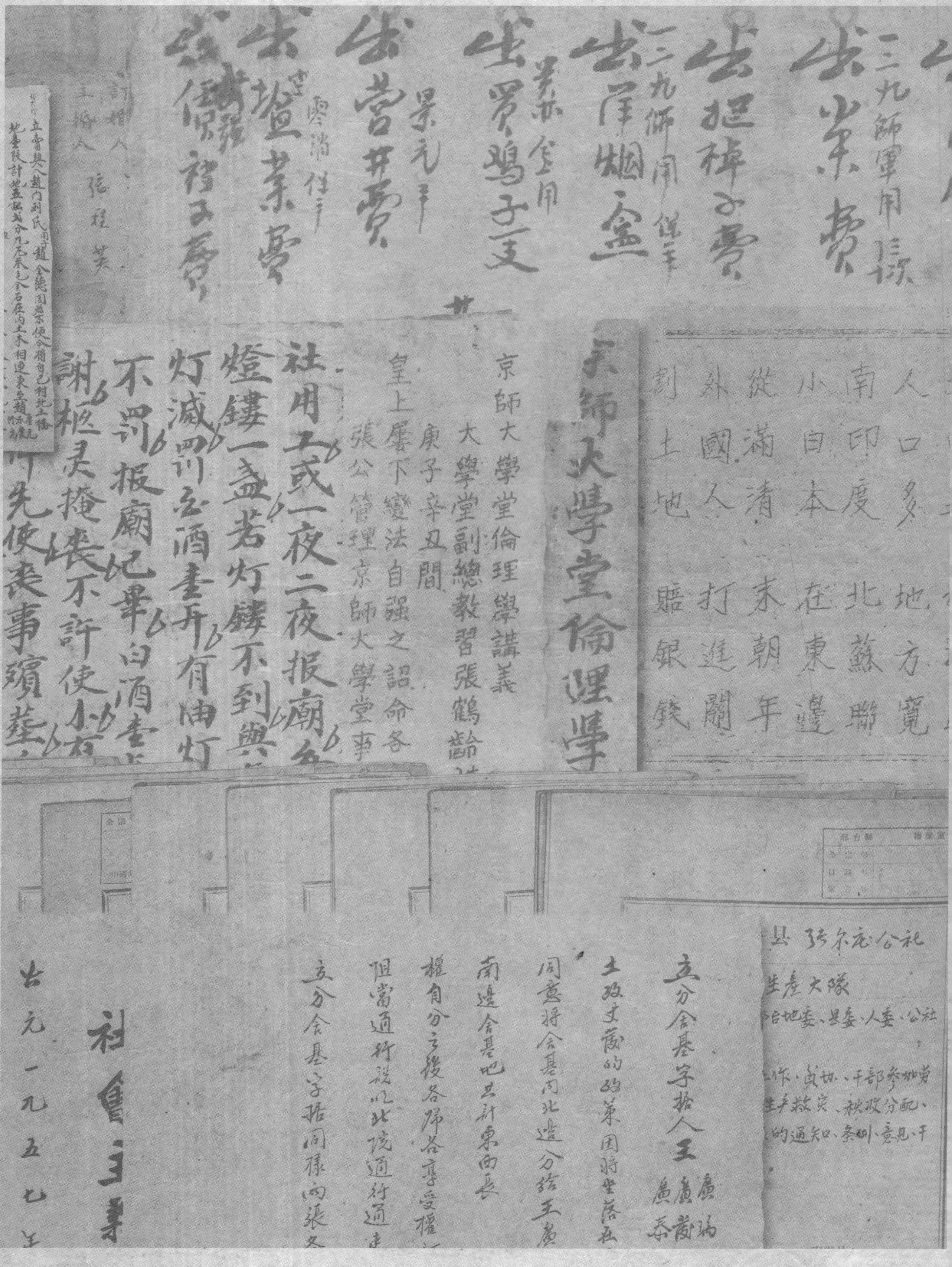
京師大學堂倫理學講義
大學堂副總教習張鶴齡
庚子辛丑間
皇上屢下變法自強之詔命各
張公管理京師大學堂事
京師大學堂倫理學
人口多 地方寬
南印度 北蘇聯
小日本 在東邊
從滿清 末朝年
外國人 打進關
割土地 賠銀錢
社用工或一夜二夜报廟
燈鏤一盏若灯鏤不到與
灯滅罚香酒壹斤有油灯
不罚报廟妃畢白酒壹
謝柩灵掩壞不許使
三九師軍用

太行山文书精萃

# 前言

2013年底，邯郸学院入藏了历史学教授乔福锦先生原藏的一批晋冀鲁豫地区民间社会历史文献，估约10万件。以此为基础，成立了地方文化研究院（太行山文书研究中心），开展整理和研究工作。2014～2016年又陆续征集到邯郸市收藏家田和旭、杜顺德和温晖等先生的四批民间历史文献，此外，小批次零星文献不断入藏。到目前为止，入藏总量已达20万余件。这些文献上起明朝万历年间，下至20世纪80年代初期；地域涵盖河北、山西、河南、山东四省，又以冀晋豫交界的太行山地区为重点。在第一批文献入藏邯郸学院学术座谈会上，河北省社会科学院副院长、河北省历史学会会长孙继民先生，综合考量了文献所涉及的地域范围和种类两大要素，建议将入藏的文献正式命名为“太行山文书”，得到与会专家的认同。

邯郸学院藏太行山文书主要是个人、家庭、家族、村庄、会社、社队企业、学校、店铺等社会单位记录生产活动和日常生活所产生的文献，其中尤以个体文书、家族文书和村落档案为主，此外还有一部分在民间流传的教育文书和日用文书。个体文书包括传记、个人档案、书信、日记、笔记等，家族文书包括契约、账本、家谱、家史、礼仪文书等，村落档案包括乡土志、村史、集体账簿、乡村文件等，教育文书包括科举时代的教材、蒙学教材、识字课本、学生作业、作文等，日用文书包括尺牍范本、实用读物、指南等。

太行山文书源于民间，每件文书都承载着一段原生态的社会活动，是太行山地区明清至当代乡村社会生活的真实写照，是不可多得的反映太行山地区乡村社会生活实态的原始资料，具有极高的文献价值和学术研究价值。

首先，太行山文书为学术界提供了一种民间文献的新资源。近代以来，中国学术发展的一项重要内容就是新文献的发现与利用。这种新的历史文献主要包含两个方面：其一，是新的考古出土文献，即为学界所津津乐道的近代考古材料的“三大发现”或“四大发现”，称“三大发现”者通常指的是商周甲骨文、战国至西晋简帛、十六国至宋初敦煌吐鲁番文书；称“四大发现”者再在“三大发现”的基础上加上属于宋辽夏金元时期的黑水城文献。其二，是档案文献和民间文献的新资源，其中档案文献主要有明清内阁大库档案、四川巴县档案、南部县档案、获鹿档案、苏州商会档案、天津商会档案、长芦盐务档案等。民间文献主要有徽州文书、清水江文书、石仓契约等。邯郸学院藏“太行山文书”便属于民间文献序列中的一种新资源。

其次，太行山文书提供了一批其他大宗民间文书所不见或少见的珍稀文书种类，试举几例。例一：太行山文书收录有两件与清代保甲制度密切相关的册簿文书，一件是邯郸学院零星入藏的购自山西汾阳旧货市场的线装写本册，该册包含山西忻州诸乡村牌册统计、每石粮折银两数、都（乡）名字歌诀等三部分内容，是形成于清乾隆十二年至光绪六年（1747~1880）之间的牌长登记牌内户口情况的保甲册。以之与忻州牌册统计簿对比，该保甲册当为忻州直隶州直辖四乡所有牌甲的保甲册统计汇总文献，这种形制的保甲册在徽州文书、清水江文书中从未见过，值得珍视。另一件是类似门牌的文书，其文书页面标明的时间为清嘉庆二十年（1815）。清代门牌的形制一般都是印制而成的格式文书，内容通常包括户主姓名、年龄、住址、生理（即生计）、家中人口（男几名、女几口）、牌长、甲长、保长及颁发时间等，而太行山文书中的这件类似门牌的文书与一般门牌的形制有所不同，其内容均为手写，且未加盖印章，考虑到其书写内容、项目、称谓与正式门牌文书极其接近，因此它应是制作门牌文书的基础和依据，有可能是编制保甲册籍时各户申报户口的基础资料。这种申报户口的基础资料在其他文书中也十分罕见。例二：太行山文书收录的山西省昔阳县长岭村土改果实账中有一本账册，该账册正面记载的是土改果实，背面是油印本讲义，首页首行题“京师大学堂伦理学讲义”，次行有“大学堂副总教习张鹤龄讲述”字样，当为张鹤龄编《京师大学堂伦理学讲义》。据查阅，该讲义在国家图书馆、北京大学图书馆及北京师范大学图书馆馆藏目录均未见有著录，太行山文书中这件纸背讲义很有可能是现存京师大学堂最早的伦理学讲义印本，版本价值极高。例三：太行山文书中收录有油印本“抗日三字经”，该三字经的主要内容以反顽固、争民主为主，当为抗战进入相持阶段后中国共产党所编。其文献价值有二：一是藏本珍贵，据查阅很可能是目前发现的该版本唯一藏本；二是内容独特，是目前发现的唯一宣传中国共产党抗日民主政权建设主张的“三字经”藏本。例四：太行山文书中收录了39件涉县甘泉账本，主要为涉县甘泉村晚清民国年间村账，时间从清道光二十三年（1843）到民国二十七年（1938），其中1938年的账本就有33册。在1938年的账本中，有3册银钱摊派账本，21册实物摊派账本，记载了抗战初期当地政府和过往军队对甘泉村摊派的钱粮、实物和劳役，真实地反映出抗战初期中国共产党领导的抗日民主政权建立前晋冀鲁豫根据地的农民负担，是研究抗战初期根据地农民负担实况的珍贵资料。例五：太行山文书收录了43件山西省平顺县八路军收条，这些收条都是八路军给山西省平顺县李庄等村所开的收据，是晋冀鲁豫边区人民支持中国共产党领导的敌后抗战的重要物证。例六：太行山文书收录了一件敌占区户口簿，该户口簿是1942年日伪政权发给邢台县第三区南盖宗村周袁氏的户口簿，其中第二页有“欲求治安必须歼灭共匪”、“共党歼灭后东亚方得安全”、“东亚民族团结起来一致剿共”等标语，成为中国共产党领导华北人民坚持敌后抗战的有力证据。

再次，太行山文书提供了大批反映该地区基层社会历史面貌和社会变迁的生动的、具体的第一手资料。例如，太行山文书收录一批村落档案，其中以河北省邢台县北尚汪村档案和山西省昔阳县长岭村档案为代表。邢台县北尚汪村档案，总计约300卷（册），不仅时间连续性强，存量大，而且具有形式的多样性和内容的系统性等特征，是极为罕见的中国北方农村近现代社会历史研究资料，文献价值与学术价值十分突出。山西省昔阳县长岭村村级档案，时间起自1944年，止于1984年，总计70卷(册)，不仅描绘出包括抗战、减租减息、土改、合作化、人民公社、四清、“文化大革命”及改革开放初期在内的现代华北乡村历史进程的基本轮廓，而且是这一特定时代乡村社会生产与生活的具体写照，是所有影响20世纪后半期“重大历史事件”的基层记录。再如，太行山文书收录有大量清末民国时期的民间启蒙识字教材——“杂字”。明清“杂字”存世量较多，但已往相关研究大都偏重于南方，对于北方杂字则相对搜集和关注较少。“杂字”作为民间启蒙教材，一大突出特点即是具有浓厚的地域性特色，是反映特定区域社会历史面貌和风俗习惯的珍贵资料。太行山文书所收《三言杂字》《买卖杂字》《庄农杂字》《童蒙四言》等杂字属于生动具体的民间生活资料，对于研究明清民国时期太行山地区的历史断面和社会变迁具有重要的学术意义。又如，太行山文书收录了很多会社文书，其中来自于涉县杨家山村的杨国藩钱会文书，既包含起会规矩文书，又包含大量揭约，是研究华北地区钱会的重要资料；甘泉孝社账本既包含孝社规矩，又记录了孝社账目，还记载了参加孝社的农户，是研究民国初年太行山地区丧葬习俗的宝贵史料。

为使社会各界尽快认识和了解太行山文书，编者从邯郸学院所藏20万余件文书中精心挑选了137件，编纂成这本《太行山文书精萃》。本书内容丰富，资料翔实，所收文书涵盖了个体文书、家族文书、村落档案、教育文书和日用文书五大类别；在形制上，既包含契约、婚书等单页文书，又包含账册、日记等多页文书，还包含四清档案、村落档案等多卷文书。与数量庞大、内容广博的太行山文书相比，本书也仅能称得上豹之一斑，希望藉此能够展示邯郸学院所藏太行山文书的总体面貌与学术价值。

仲伟民

（清华大学历史系教授、博士生导师、《清华大学学报》常务副主编）

# Foreword

Selected Pieces of Tai-hang Mountains Documents

At the end of 2013, Handan College (hereinafter referred to as the College) collected about 100,000 pieces of folk social and historical documents in the junction area of Shanxi, Hebei, Shandong, and Henan provinces, which were originally collected by Mr. Qiao Fujin, a professor of history. Furthermore, the College established the Local Culture Research Institute (also named as Tai-hang Mountains Research Center) based on such precious documents, and then began to sort out and study on them. From 2014 to 2016, the College successively collected four batches of folk historical documents from collectors of Handan such as Mr. Tian Hexun, Du Shunde, and Wen Hui and some other documents. So far, there are over 200,000 pieces of historical documents have been collected in the College, which could be dated from 1590s of Ming Dynasty to the early stage of 1980s. These documents tell the stories in Hebei, Shanxi, Henan, and Shandong, especially in the Tai-hang Mountains Region at the cross of such four provinces. At an academic forum held in the College for the first collection, Mr. Sun Jimin, the Assistant Dean of Hebei Academy of Social Sciences and the Chairman of Hebei History Research Institute, proposed to officially name such batch of collection as "Tai-hang Mountains Documents" after studying the geographic area and types involved in, which was agreed by all participating experts.

Tai-hang Mountains Documents collected by the College mainly include documents recorded by such social units as individuals, families, clans, villages, associations, commune and brigade enterprises, schools, and shops for their production activities and daily lives, especially the individual documents, family documents, and village files, and some other education documents and daily documents handed down in the folk. Individual documents include biographies, personal files, letters, diaries, and notes; family documents include deeds, account books, genealogy, family history, and etiquette documents; village files include local annals, village history, collective account books, and village documents; education materials include textbooks, enlightening study books, literacy textbooks, students' homework books, and compositions during the age of imperial examination; and daily documents include letter templates, practical reading materials and guidebooks.

Each piece of Tai-hang Mountains Documents originates from the folk and records a part of natural social activities, which really reflects the rural social life in the Tai-hang Mountains Region during the period from Ming and Qing Dynasty to the contemporary era. Therefore, such documents are rare original materials reflecting the real country life in that Region, which have high value for documentation and academic research.

Firstly, Tai-hang Mountains Documents could be deemed as a type of new resources of folk documents. In recent years, there is an important task for the Chinese academic world to discover and utilize new documents, which mainly include: 1. New documents excavated after archaeological studies, namely the "Three Great Discoveries" or "Four Great Discoveries" of contemporary archaeological materials are discussed delightedly in the academic world, generally including inscriptions on bones or tortoise shells of Shang and Zhou Dynasties, bamboo slip and silk from the Warring States Period to the Western Jin Dynasty, and Turpan Documents from the period of Sixteen Kingdoms to the beginning of Song Dynasty, as well as the Khara-Khoto Documents about the dynasties of Song, Liao, Xia, Jin, and Yuan (when referring to the "Four Great Discoveries"); 2. New resources of archival literature and folk documents, among which, the archival literature mainly includes files collected in the Imperial Cabinet Repository, files of Ba County in Sichuan, files of Nanbu County, files of Huolu Town, files of chambers of commerce in Suzhou and Tianjin, and files of Changlu salt business; the folk documents include documents of Huizhou and

Qingshuijiang and deeds of Shicang. The Tai-hang Mountains Documents collected by the College could be deemed as a new resource of folk documents.

Secondly, there are some document types included in the Tai-hang Mountains Documents, which are none or rare in other large sums of folk documents. For example: 1. Two volumes tightly related to the neighborhood administrative system in Qing Dynasty. The first volume includes some thread binding pieces purchased from flea market in Fenyang of Shanxi Province, which contains three parts including statistics of lanes (containing 10 households for each lane) and villages in Xinzhou of Shanxi Province, amount of silver currency converted from about 28kg of grains, and names of towns (villages) in rhyme. It might be a book recording the information of households of each lane during the period from 1747 to 1880 (namely from the twelfth year of Qianlong Administration to the sixth year of Guangxu Administration in Qing Dynasty). Comparing with the statistics book of lanes in Xinzhou, these pieces could be deemed as a document including all statistics information of all lanes in four villages directly governed by Xinzhou (a municipality directly under the central government at that time), the form of which has never been found in Huizhou Documents and Qingshuijiang Documents, so that it should be cherished. The second volume refers to a document similar to a doorplate, and the time stated in it is 1815 (the twentieth year of Jiaqing Administration in Qing Dynasty). Generally, the form of doorplate in Qing Dynasty is a printed document in a certain format, including such information as the householder's name, age, address and work, and the number of men and women at home, and the name of the heads of lane, community, and street, and the time when the doorplate was issued. However, such type of doorplate contained in Tai-hang Mountains Documents is different from the common one in terms of form, for it was written by hand without any seal, but it is quite possible to be the basis and reference for making a doorplate because the information, items, and titles stated in it are quite closed to what are included in an official doorplate document, so that it might be fundamental materials of a household submitted by the householder for preparation of community information books, which could be rarely found in other Documents. 2. An account book of land reform in Changling Village, Xiyang County, Shanxi Province, it stated the information of land reform on the obverse side and a mimeographed teaching material on the reverse side. For the headline of such material, the first line refers to "Teaching Material for Ethics in Imperial University of Peking" (the predecessor of Peking University), and the second line refers to "By Zhang Heling, Assistant Professor", which showed that it must be the *Teaching Material for Ethics in Imperial University of Peking* compiled by Zhang Heling. Based on the current information after investigation, such teaching material has not yet been stated in catalogs of the National Library, Beijing University Library, and the library of Beijing Normal University, so that such teaching material on the reverse side of paper owns a great value, for it is possible to be the earliest existing printed version of the Ethics of Imperial University of Peking. 3. A mimeographed anti-Japanese Three Character Primer, which might be prepared by the Communist Party of China during the stalemate stage of the anti-Japanese war and mainly includes the information about anti-stubbornness and struggling for democracy. For the literature value of such primer, it might, firstly, the only collection for the current time, and secondly, the only "three character primer" advocating the thoughts of the Communist Party of China for construction of anti-Japanese democratic regime. 4. 39 account books of Ganquan Village in She County, which mainly are the accounts of such region during the period from the late Qing Dynasty to the Republic of China (namely from 1843, the

23rd year of Daoguang Administration in Qing Dynasty to 1938, 27th year of the Republic of China). There were 33 account books for the year of 1938, among which there were 3 books stating apportion of silver currency and money and 21 recording apportions of real objects, which recorded the apportion of money, grains, objects, and labor force in Ganquan Village by local government and armies at the early stage of the war and truly reflects the burden borne by the farmers living in Shanxi, Hebei, Shandong, and Henan provinces before anti-Japanese democratic regime was established by the Communist Party of China. It is precious for researching the heavy burden borne by farmers living in the base areas during the initial period of the Anti-Japanese War. 5. 43 pieces of receipts issued by the Eighth Route Army to Lizhuang and other villages in Pingshun County of Shanxi Province, which are the important evidence proving that people living in the Shanxi-Hebei-Shandong-Henan border area greatly supported the war led by the Communist Party of China at the enemy's rear area. 6. A residence booklet of enemy-occupied area, which was issued by the Japanese puppet regime to Mrs. Zhou. (Maiden Surname is Yuan) in Nangaizong Village of the 3rd District of Xingtai County in 1942. In its second page, there were many slogans such as "1. The CPC bandits should be killed for public security", "4. The East Asia would become safe after the CPC was eliminated", and "5. All nations in the East Asia should be united to fight against the CPC", which are strong evidences proving that the CPC always insists on the war at the enemy's rear area with peoples living in the North China.

Thirdly, the Tai-hang Mountains Documents provide a large sum of vivid and detailed first-hand information reflecting the historical appearance and changes of grass-root society within such area, such as a batch of village files, especially the files of Beishangwang Village in Xingtai County and Changling Village in Xiyang County of Shanxi Province. For the files of Beishangwang Village in Xingtai County, there were over 300 volumes (booklets), which are not only large in stock and strong in time sequence, but also diversified in forms and systematic in content, so that they are rare materials for studies of contemporary and modern social history of villages in the North China, and their literature and academic value is outstanding. For the files of Changling Village in Xiyang County, there were 70 volumes (booklets) dating from 1944 o 1984, including basic information of villages in the North China during the whole course of history from anti-Japanese war, rent and interest reduction activity, land reforms, Cooperative Transformation of Agriculture, people's commune movement, movement of the "Four Clean-ups", the Great Cultural Revolution, to the early stage of reform and opening up, which reflected the production and social life in villages during such special time in details, so that such files are basic records of all important historical events affecting the last half of the 20th century. Another example is a large number of literacy textbooks published during the period from the late Qing Dynasty to the Republic of China, which were named as "Zazi" (Words Collection). Lots of "Zazi" printed in Ming and Qing Dynasties have already been found, but relevant studies previously attached importance to the South China, while paid less attention to the Zazi in the North China. As a folk primer, Zazi was featured with profound local characteristics, which were precious materials reflecting the historical appearance and customs within special areas. Within the Tai-hang Mountains Documents, some vivid and detailed materials such as *Three-Character Zazi, Buying and-Selling Zazi, Village-and-Agriculture Zazi*, and *Four-Character Primer* really played important roles in studies of historical sections and social changes of Tai-hang Mountains area from Ming and Qing Dynasties to the Republic of China. The third example is the large sum of association files, such as the files of Yang Guofan Money Association in Yangjiashan Village in She County that included the terms for association establishment and lots of deeds, which are important materials for studies on the money associations in the North China; and the account books of Ganquan Funeral Association included relevant rules and accounts, as well as the information of farmers attending in it, which are precious historical materials for studying on the funeral custom in Tai-hang Mountains area in the early years of the Republic of China.

In order to help the society to know and understand the Tai-hang Mountains Documents as soon as possible, Compilers meticulously selected 137 pieces among over 200,000 documents and then compiled this antique catalog, which contains abundant and detailed information covering five types including individual documents, family documents, village files, teaching materials, and daily documents; for the forms, the catalog includes single-page documents such as deeds and marriage certificates and multi-page ones such as account books and dairies, as well as multi-volume documents such as files of the movement of the "Four Clean-ups" and village files. Compared with Tai-hang Mountains Documents with large sum and abundant information, the files herein could only be deemed as a segment of a whole. However, it could still basically reflect the overall appearance and academic value of Tai-hang Mountains Documents collected by Handan College.

Zhong Weimin

(a professor of history at Tsinghua Uniuersity, doctoral supervisor, the deputy editor of Journal of Tsinghua University.)

# 目录

# 目录

# Table of Contents

Table of Contents

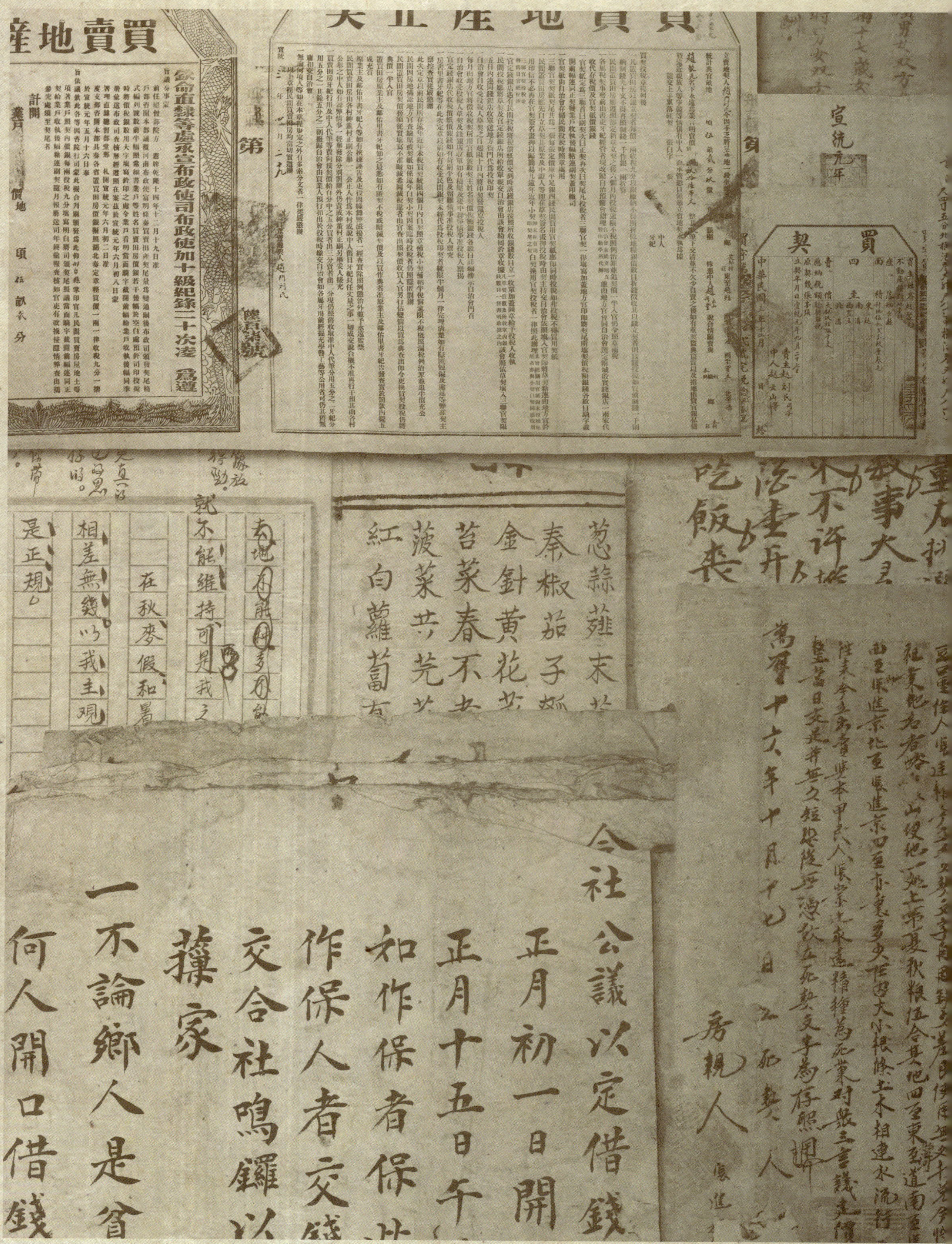

買賣地產
買賣地產正契
宣統元年
買契
中華民國
葱蒜薤
秦椒茄子
金針黄花
苦菜春不老
菠菜芫荽
紅白蘿蔔
是正規
相差無幾以我主覌
在秋麥假和暑
就不能維持可是我之
社公議以定借錢
正月初一日開
正月十五日午
知作保者保
作保人者交
交合社鳴鑼以
攆家
一不論鄉人是
何人開口借錢
萬曆十六年十月十七日
房親人

# 第一章 个体文书

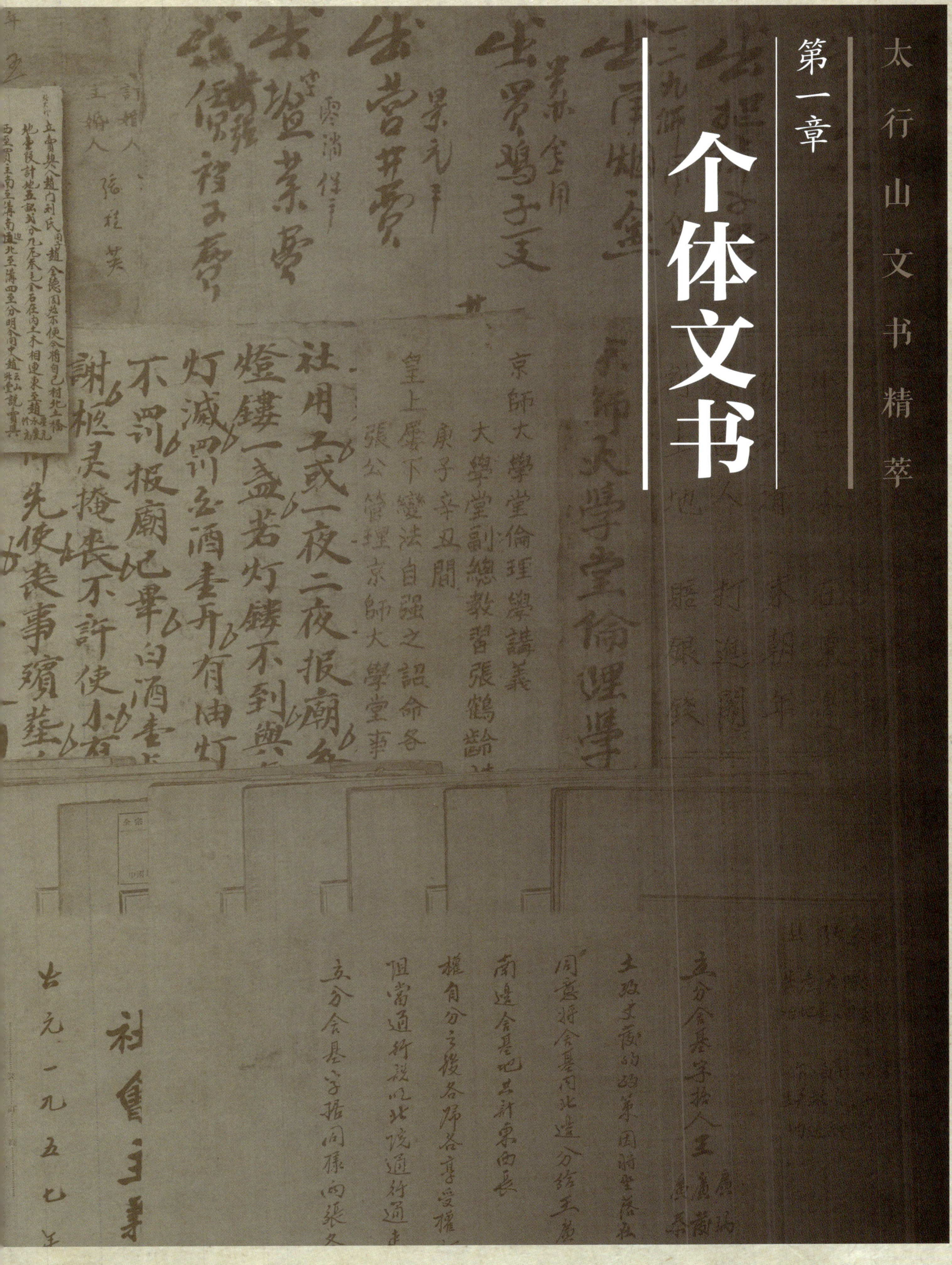

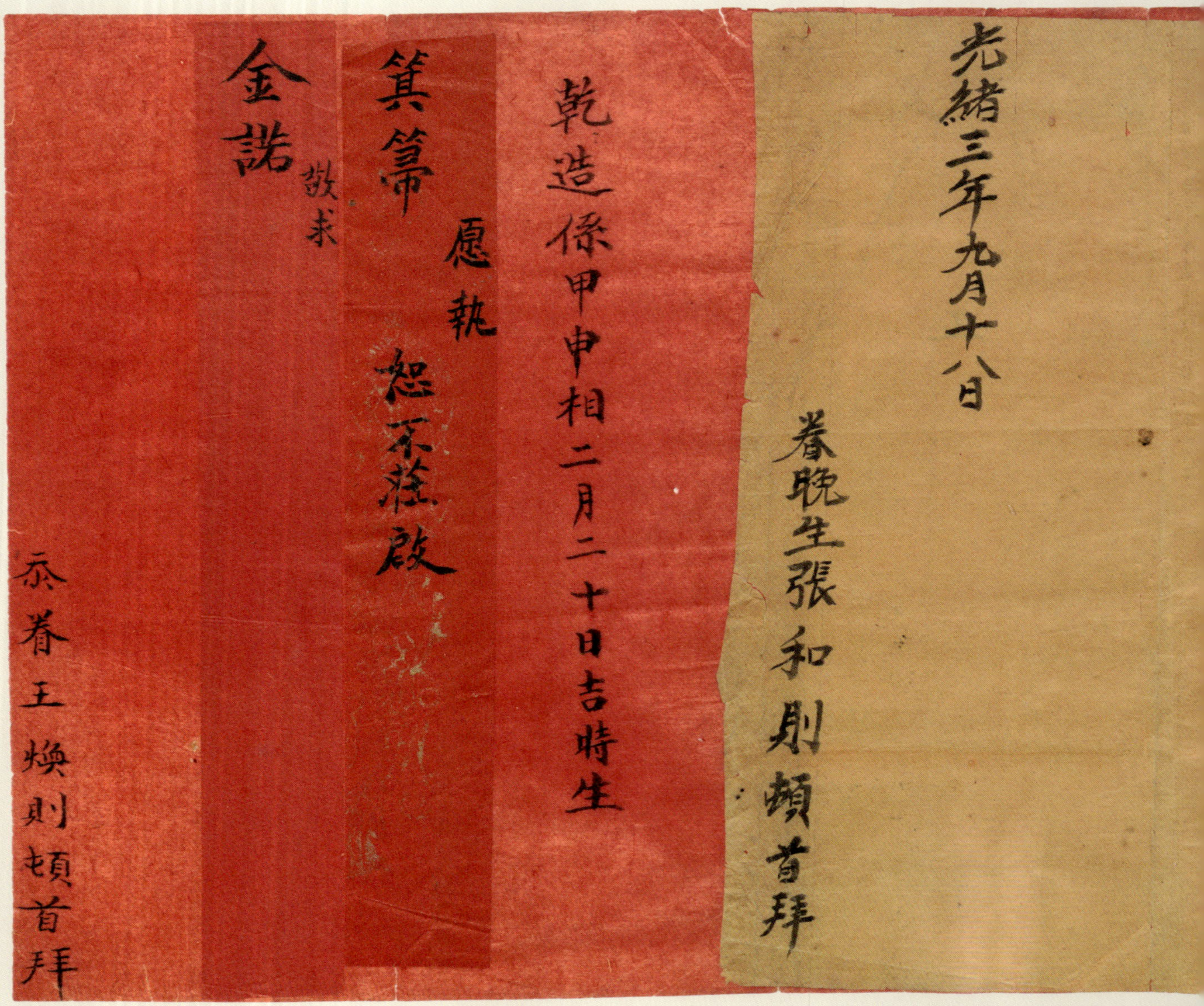
光緒三年九月十八日
眷晚生張和則頓首拜

乾造係甲申相二月二十日吉時生
愿執箕箒
恕不莊啟
敬求金諾
忝眷王煥則頓首拜

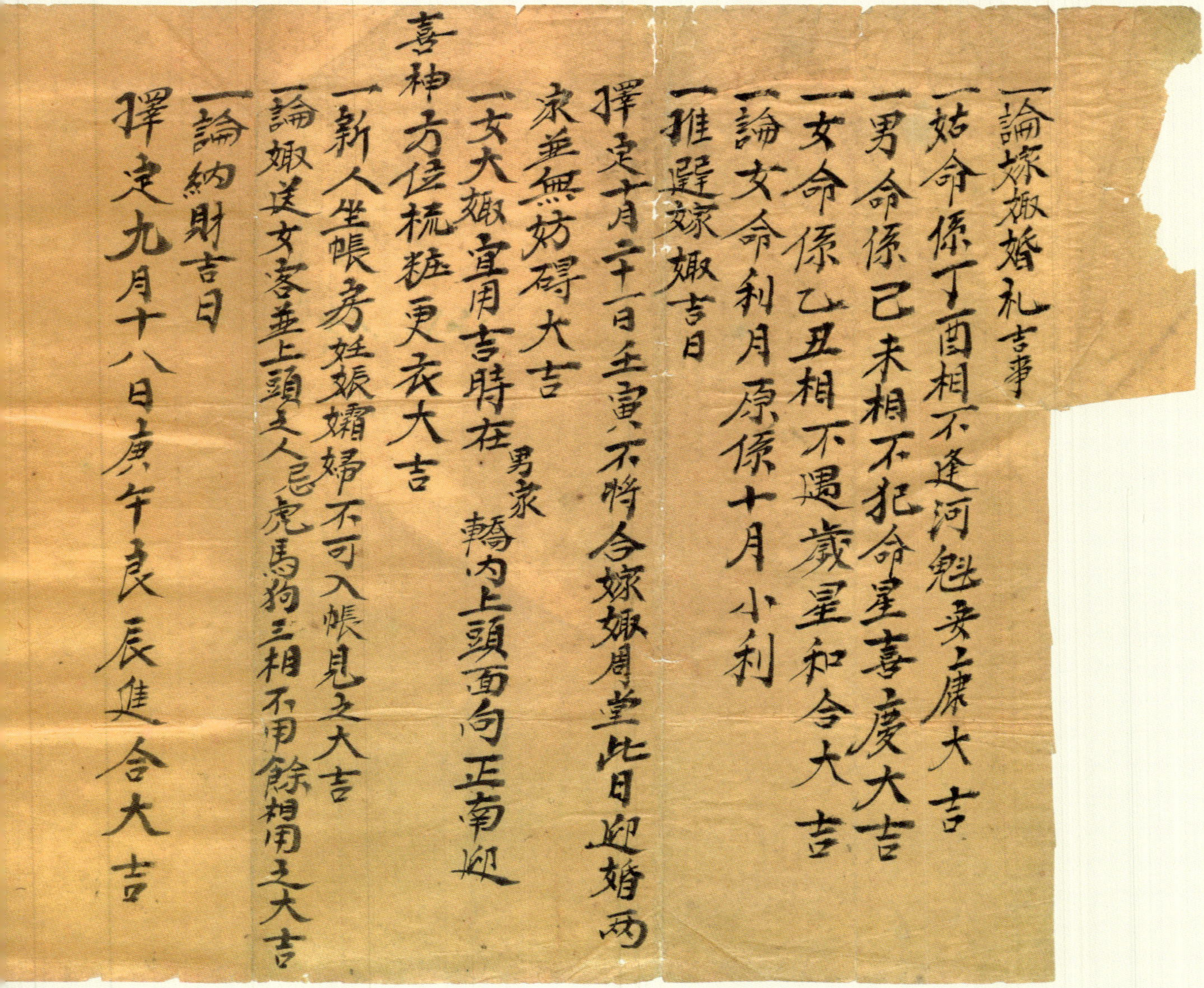
一論嫁娵婚礼吉事
一姑命係丁酉相不逢河魁妥上康大吉
一男命係已未相不犯命星喜慶大吉
一女命係乙丑相不遇歲星和合大吉
一論女命利月原係十月小利
一推選嫁娵吉日
擇定十月二十一日壬寅不將合嫁娵周堂此日迎婚兩
家並無妨碍大吉
一女大娵宜用吉時在男家轎内上頭面向正南迎
喜神方位梳粧更衣大吉
一新人坐帳務妊娠孀婦不可入帳見之大吉
一論娵送女客並上頭之人忌虎馬狗三相不用餘相用之大吉
一論納財吉日
擇定九月十八日庚午良辰進合大吉

◎ 张和则所下婚帖

年代：光绪三年（1877）

尺寸：247×403 毫米、250×305 毫米

◎ **婚姻卜吉帖**

年代：20 世纪 30 年代

尺寸：147×88 毫米

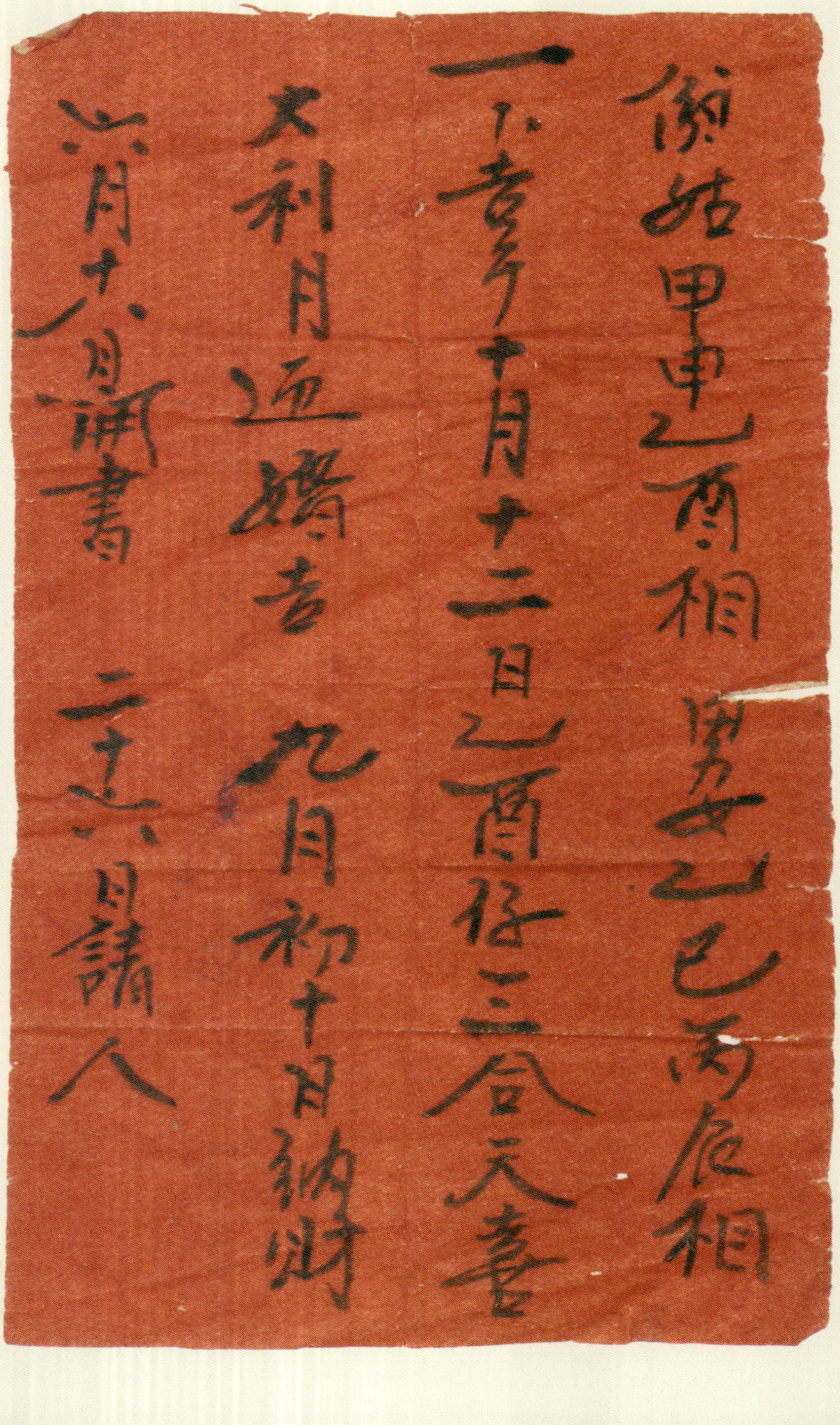

翁姑甲申乙酉相 男女乙巳丙辰相

一卜吉于十月十二日乙酉係三合天喜

大利月迎婚吉 九月初十日納財

六月十八日開書 二十六日請人

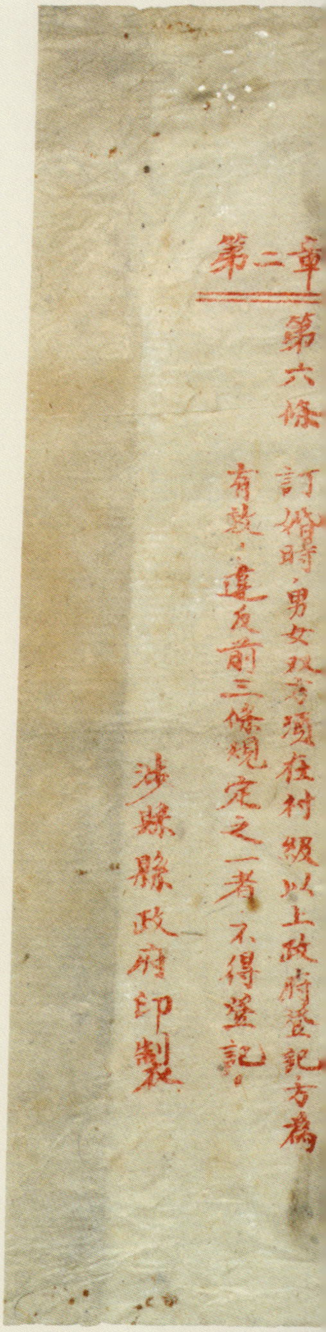

第二章

第六條 訂婚時，男女双方須在村級以上政府登記方為有效，違反前三條規定之一者，不得登記。

涉縣縣政府印製

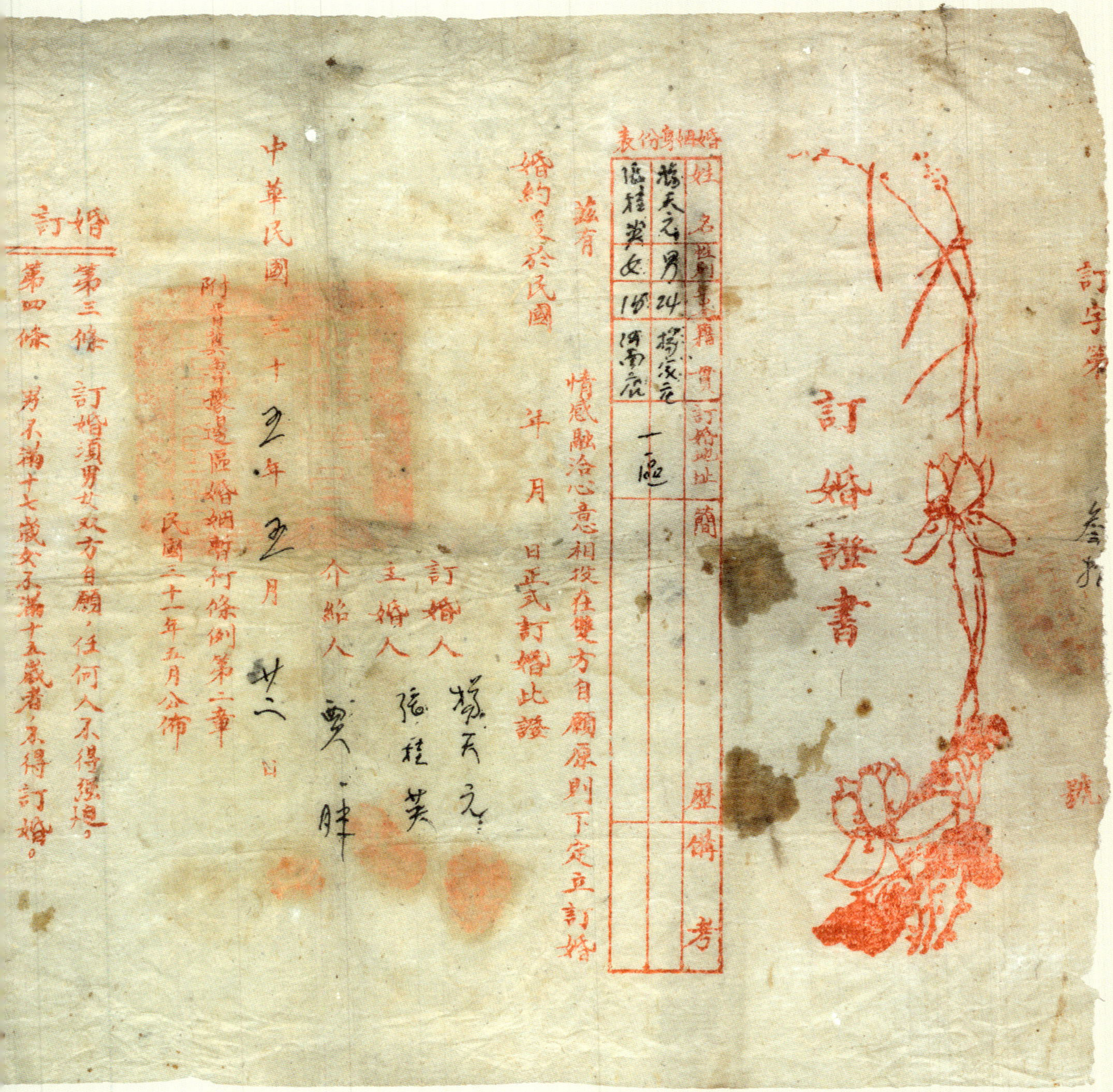

◎ 涉县杨天元、张桂英订婚证书

年代：民国三十五年（1946）

尺寸：211×270毫米

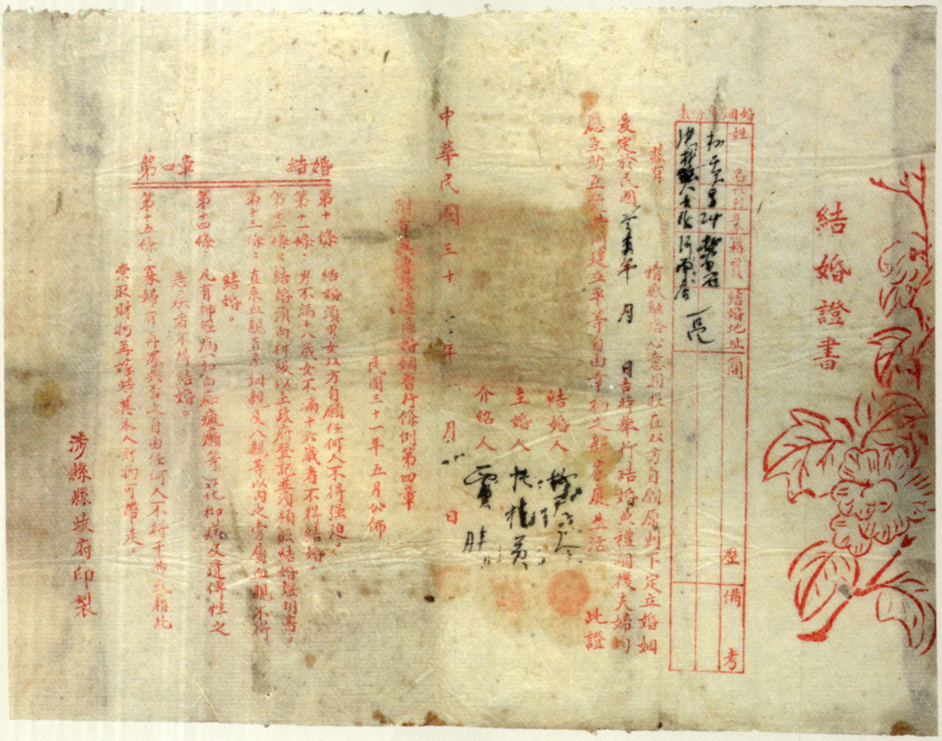

結婚證書

涉縣縣政府印製

◎ 涉县杨天元、张桂英结婚证书

年代：民国三十七年（1948）

尺寸：213×263 毫米

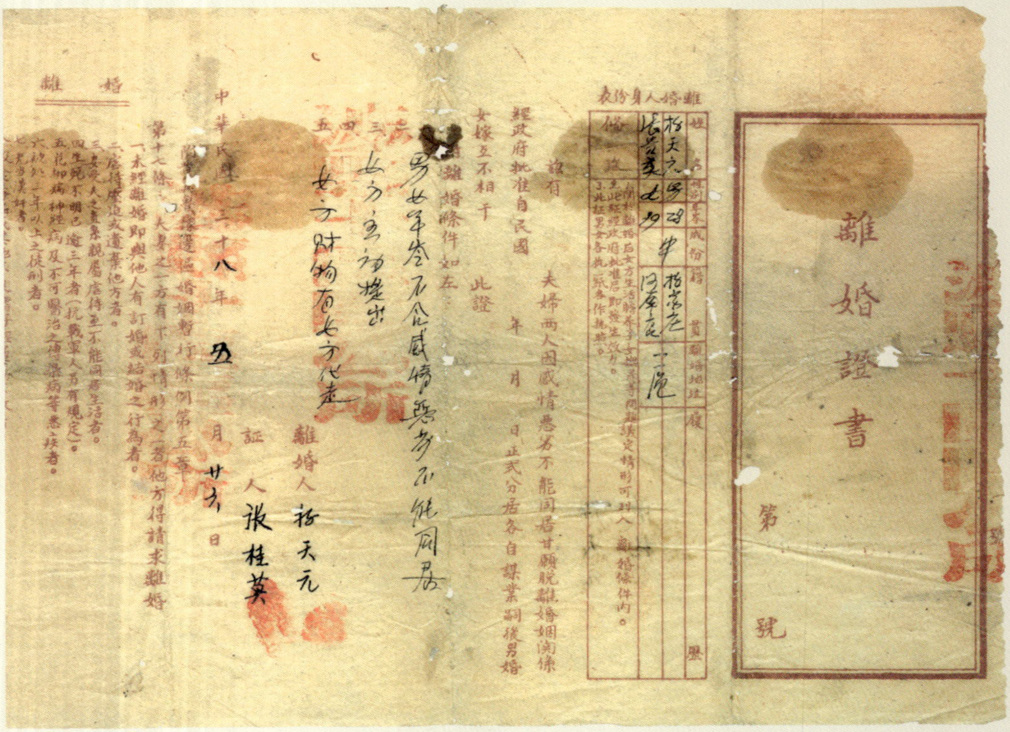

離婚證書

第　　號

◎ 涉县杨天元、张桂英离婚证书

年代：民国三十八年（1949）

尺寸：208×288 毫米

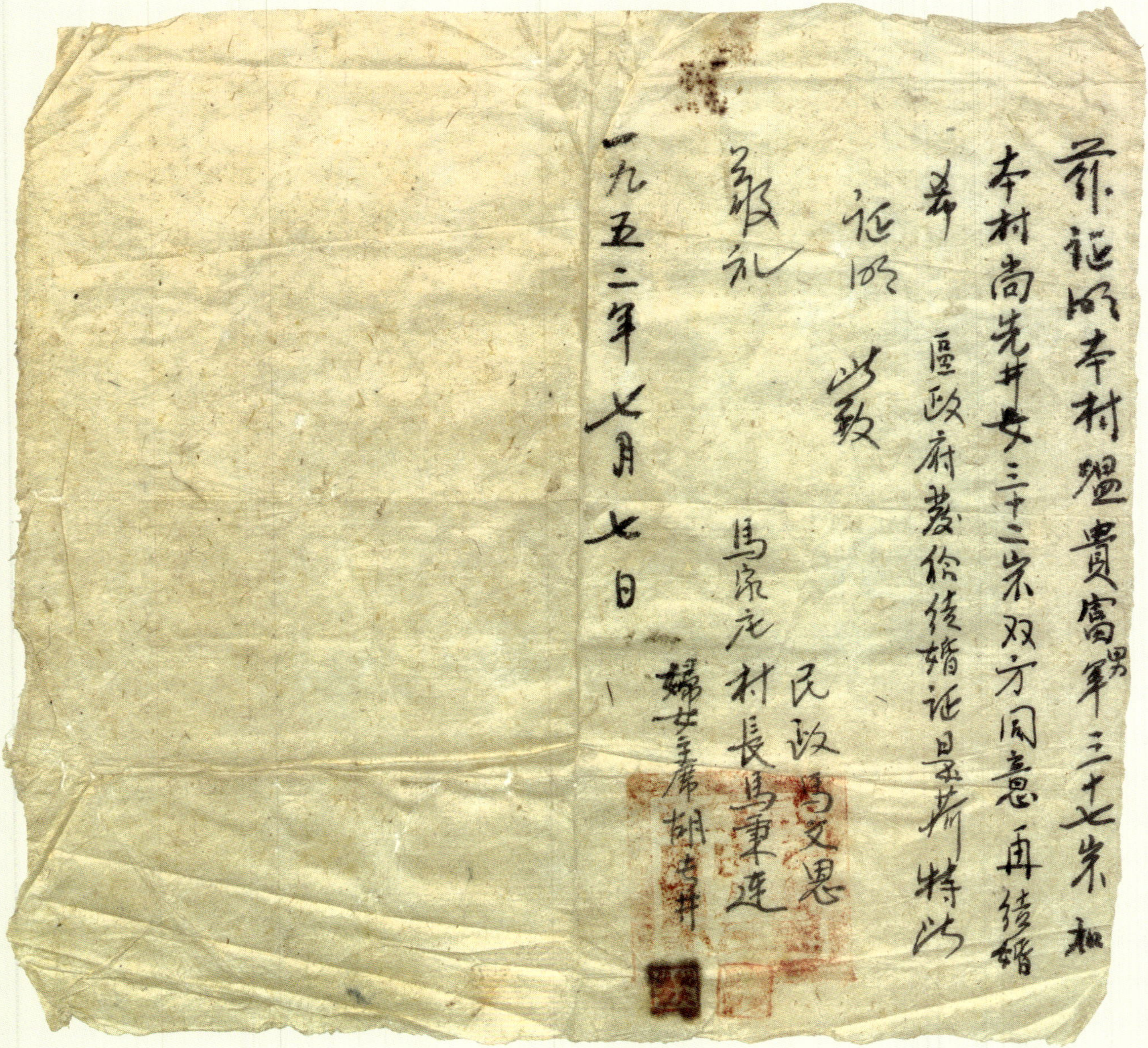

兹证明本村温贵富男年三十七岁和
本村尚先井女三十二岁双方同意再结婚
希
区政府发给结婚证是荷 特此
证明 此致
敬礼
马家庄 村长马秉连 民政马文恩
妇女主席胡先井
一九五二年七月七日

◎ 马家庄温贵富与尚先井再结婚证明

年代：1952

尺寸：245×256 毫米

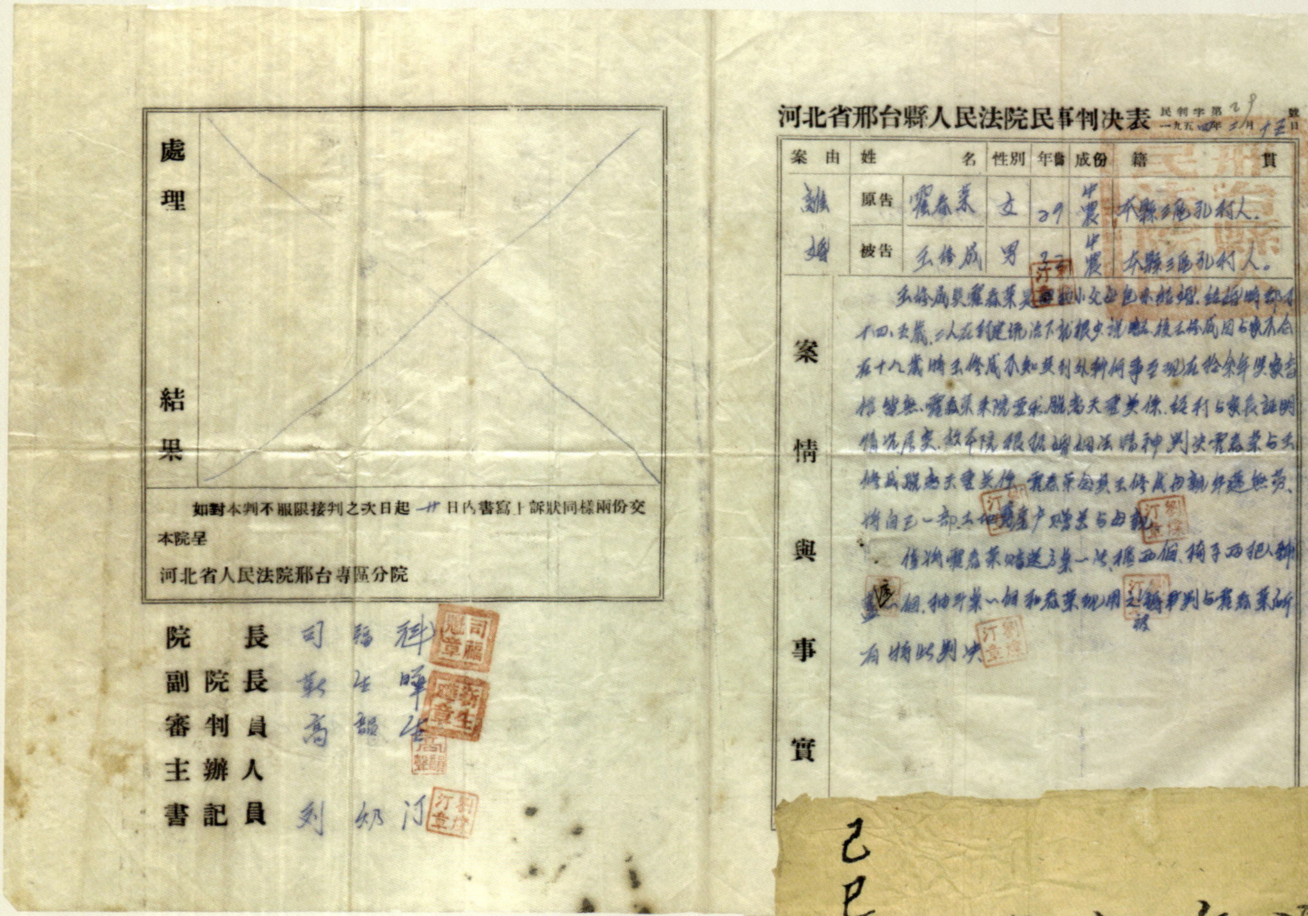

河北省邢台縣人民法院民事判决表 民判字第 號 一九五四年 月 日

| 案由 | | 姓名 | 性別 | 年齡 | 成份 | 籍貫 |
| --- | --- | --- | --- | --- | --- | --- |
| 離婚 | 原告 | 霍春榮 | 女 | | | |
| | 被告 | 王修成 | 男 | | | |

案情與事實

處理結果

如對本判不服限接判之次日起廿日內書寫上訴狀同樣兩份交本院呈河北省人民法院邢台專區分院

院長

副院長

審判員

主辦人

書記員

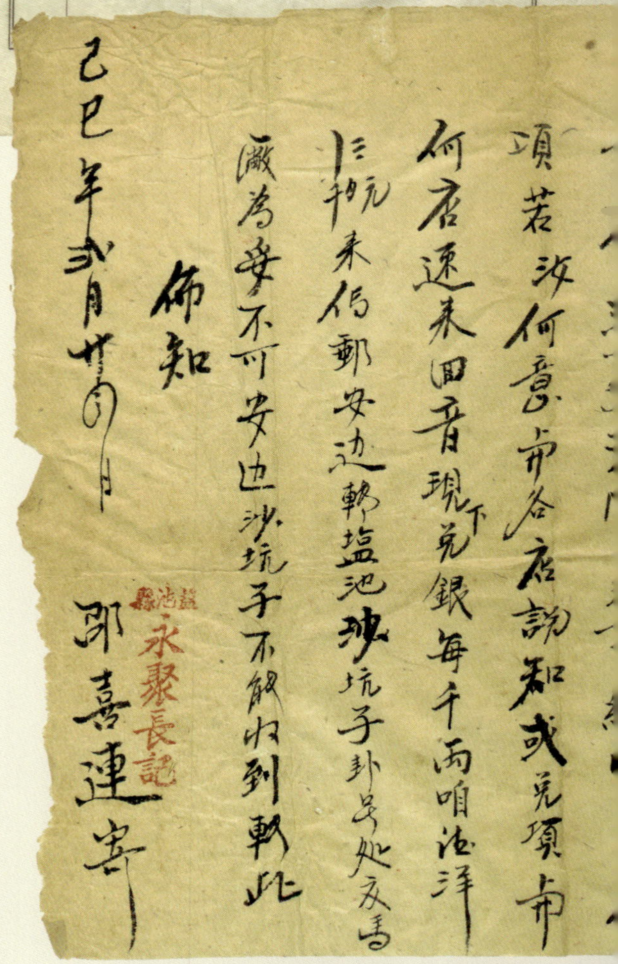

郭喜連寄

己巳年貳月廿四日

◎ 河北省邢台县人民法院判霍春荣、王修成离婚民事判决表

年代：1954

尺寸：267×395毫米

◎ 盐池县永聚长皮毛店邵喜连信件

年代：乙巳年（1905）

尺寸：247×512 毫米

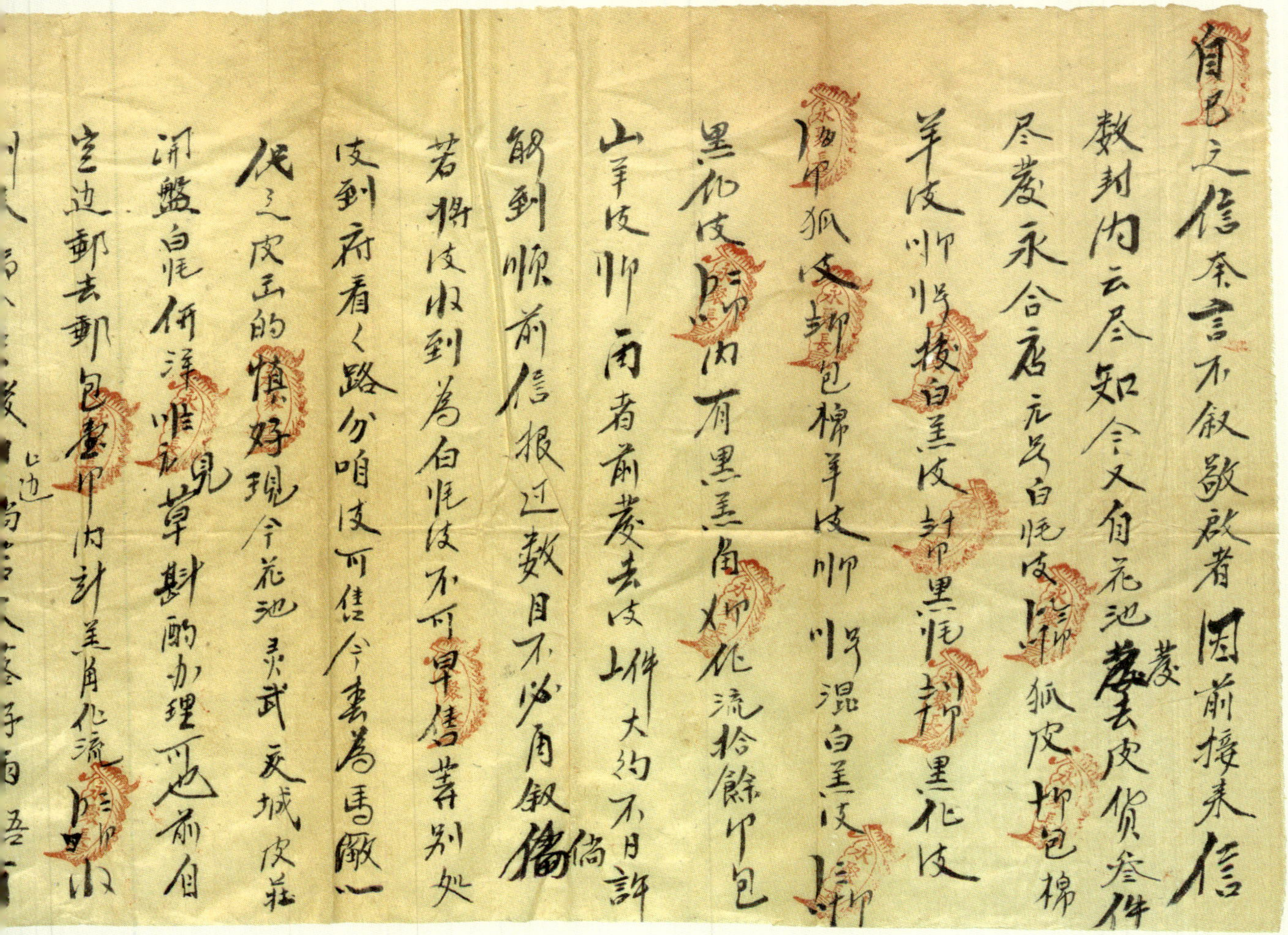
自己之
信奉言不叙敬启者 因前接来信
数封内云尽知今又自花池茇去皮货叁件
尽茇永合店元旦白羔皮[illegible]狐皮[illegible]包棉
羊皮[illegible]接白羔皮[illegible]黑羔[illegible]黑花皮
[illegible]狐皮[illegible]包棉羊皮[illegible]混白羔皮[illegible]
黑花皮[illegible]内有黑羔角[illegible]花流拾余[illegible]包
山羊皮[illegible]两者前茇去皮[illegible]件大约不日许
能到顺前信根过数目不必再叙備
若将皮收到为白羔皮不可早售等别处
皮到府看看路分咱皮可售今春为马厂一
伏之皮玉的慎好现今花池灵武灵城皮庄
开盘白羔价洋[illegible]见草斟酌办理可也前自
定边邮去邮包[illegible]内计羔角花流[illegible]收
[illegible]

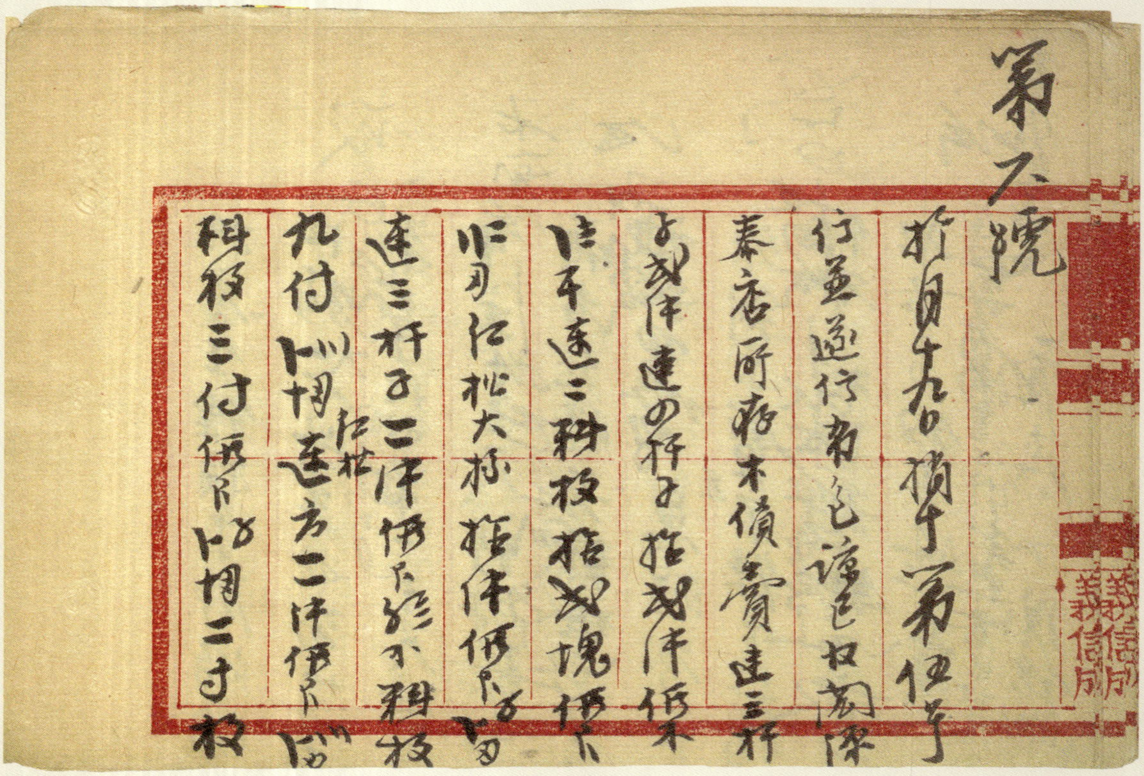

第六號

[illegible] 第伍[illegible]

行並送行弟已[illegible]叔[illegible]

泰店所存木價賣連三杆

[illegible]件連四杆子拾[illegible]件價[illegible]

[illegible]平連二料枚拾[illegible]塊價[illegible]

[illegible]月江松大杉拾件價[illegible]

連三杆子二件價[illegible]料枚

九付[illegible]相連方二件價[illegible]

料枚三付價[illegible]相二寸枚

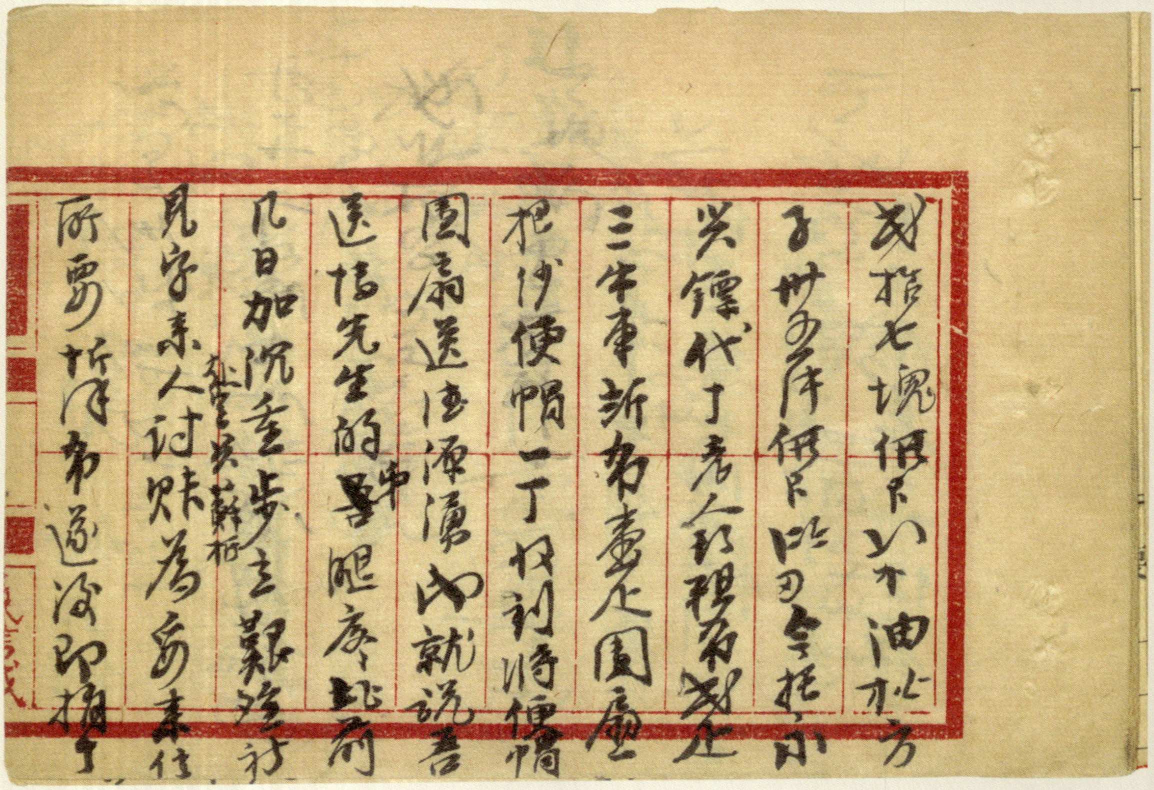

[illegible]拾七塊價[illegible]油松方

子[illegible]件價[illegible]今拾[illegible]

共[illegible]代丁老人經理弟[illegible]

三[illegible]車新弟壹[illegible]圓[illegible]

根[illegible]便帽一丁收到[illegible]帽

圓扇送達源[illegible]就說書

送給先生的[illegible]呢[illegible]

几日加沉重步走艱難[illegible]

見字來人討賬為要來信

所要[illegible]弟遂即[illegible]

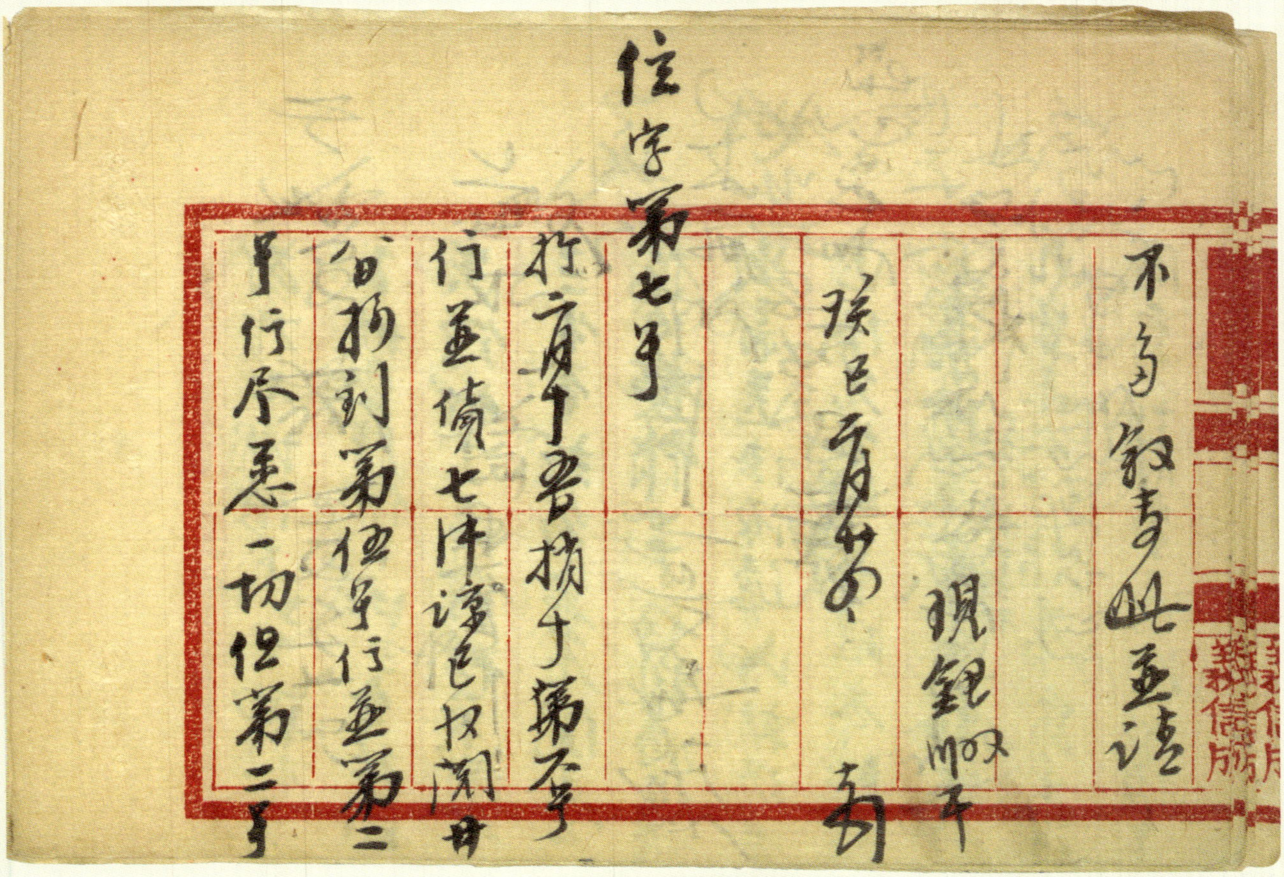

◎ **天津泰和祥商号留底尺牍**

年代：光绪癸巳年（1893）

尺寸：113×159毫米

本件文书共53页，包括26封信件，这些信件均为从天津发往衡水泰和祥商号的商业信件。

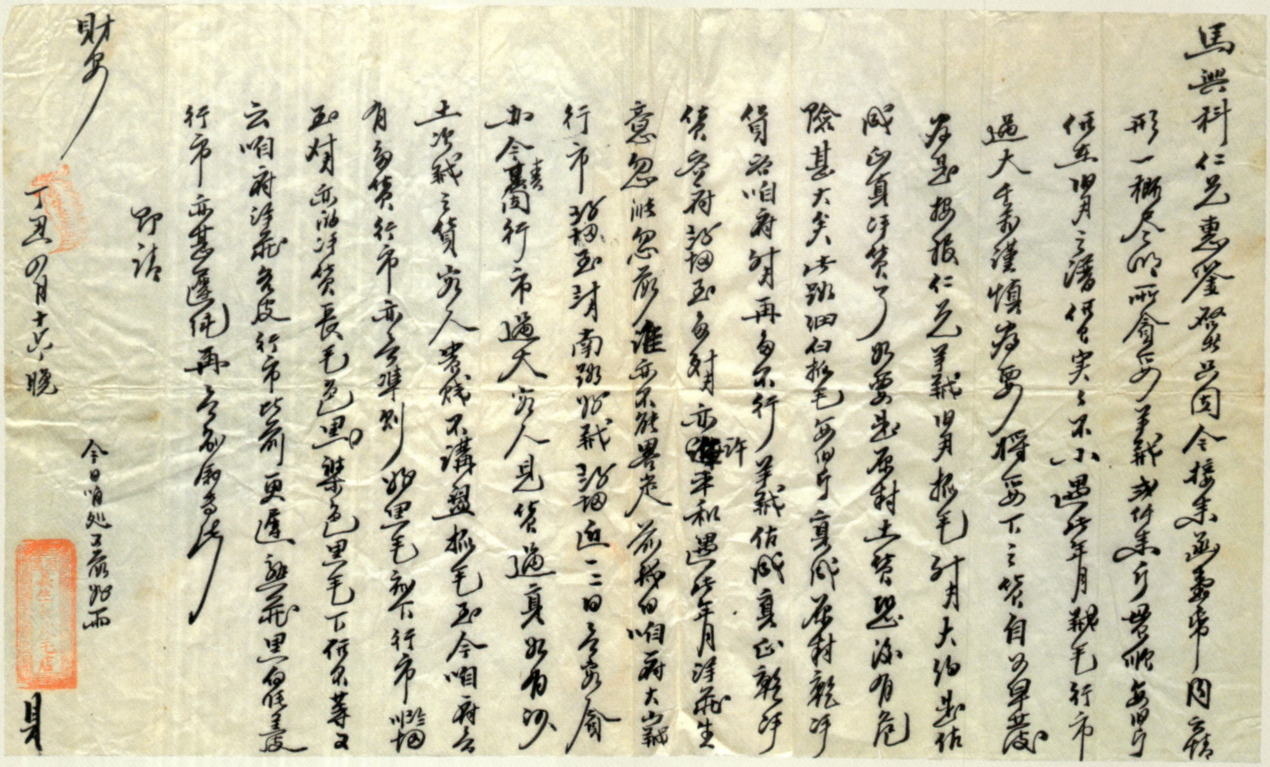

◎ **义生长皮毛店信件**

年代：丁丑年（1937）

尺寸：265×435 毫米

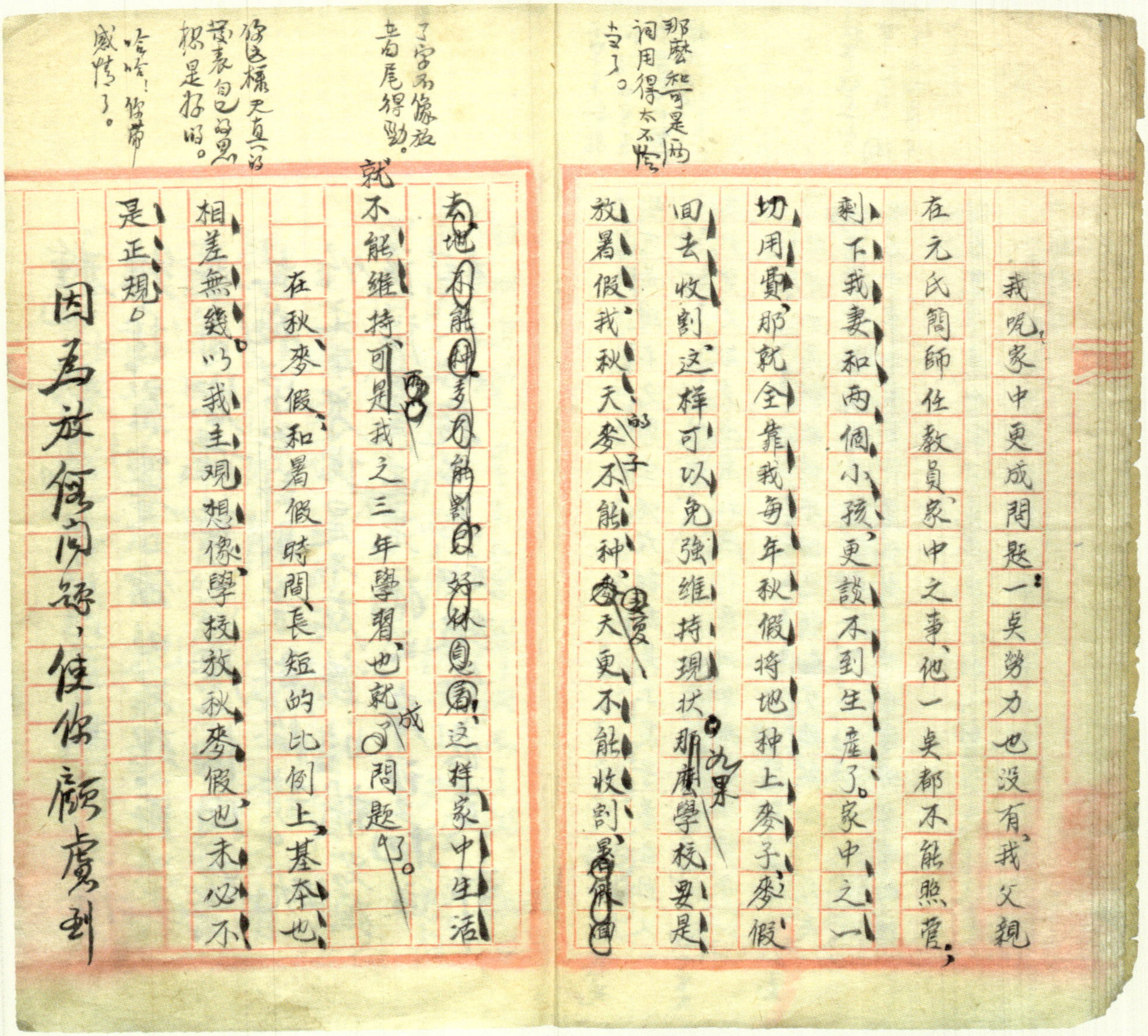

◎ 邢台县学生陈吉祥作文簿

年代：1948

尺寸：140×223毫米

该作文簿共40页，其中封面2页，封底2页，正文36页。封面首题“陈吉祥/作文簿”。该簿共8篇作文，内容反映了陈吉祥的思想、学习、生活状况。每篇作文的天头有老师的批改，篇末有老师的评语。

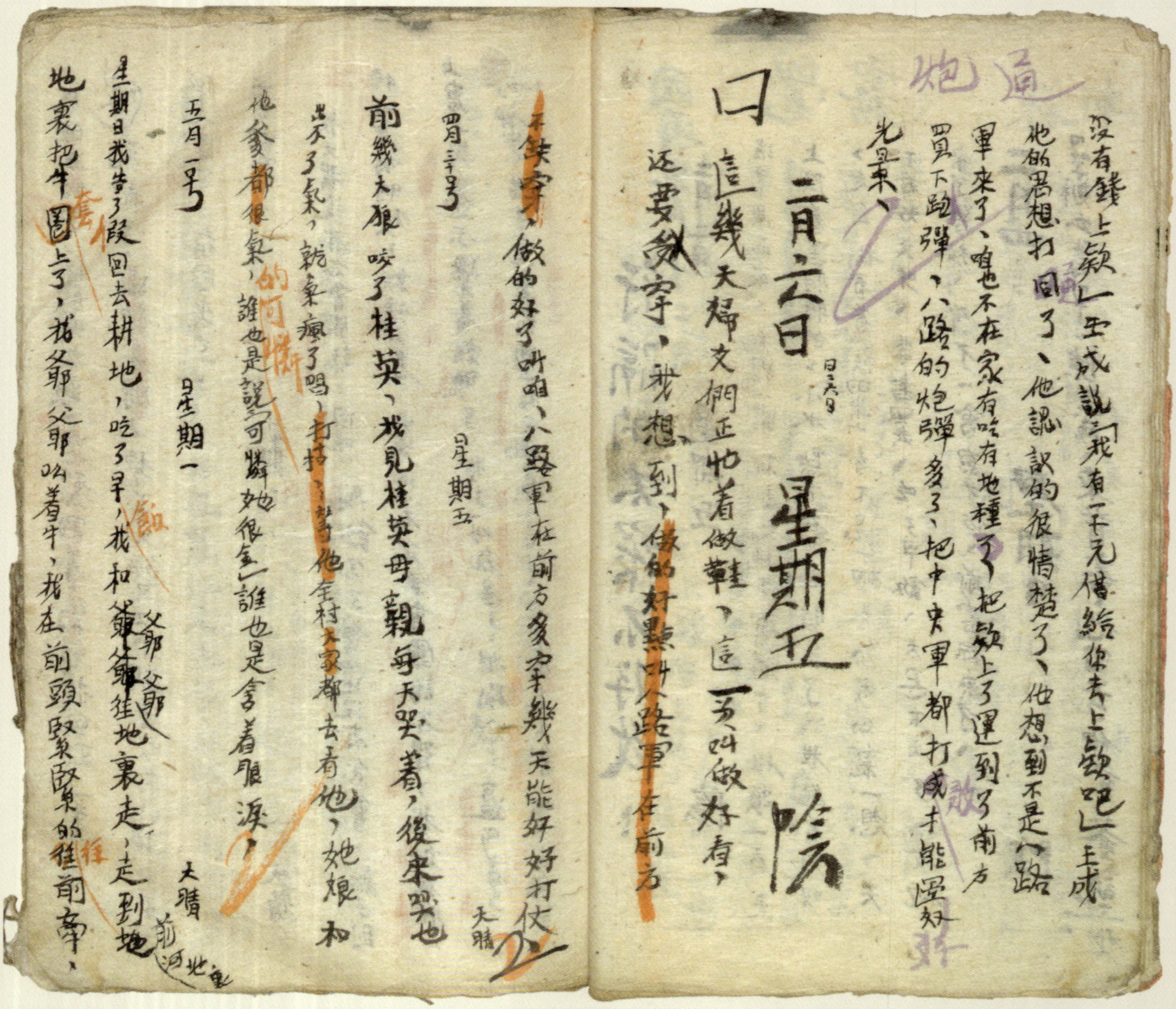

◎ 三年级学生李金锁日记、作文本

年代：1949~1950

尺寸：258×126 毫米

191×126 毫米

这批文献包括两本日记、两本作文本。第一本日记 66 页，首题“三年级学生李金所 / 日记”；第二本日记 16 页，首题“1949 年 12 月 15 日 / 李金锁 / 日记”。第一本作文 36 页，首题“三年级学生李金所作文”；第二本作文 4 页，首题“1949.7.8 号 / 李金锁 / 作文本”。文献内容反映了三年级学生李金锁的日常学习和生活。

完不成計劃。第一是因為我自己的學習不夠。不是坐在自己的坐位，都是每天東跑西跑的，不作好自己功課，每天先生就給大講，我不用心所講，到了先生我講罷了叫我出了題，我不會出，每天不是給同學吵嘴，嘴不說念書，光知說搗亂，自己功課没有完成，計劃第一星把算術學會乘四類珠算計劃才到四歸九，除學會，現在還没學到，給我出個買錢張的就不會算，叫我寫我也不會寫，今後要在寫算上多學習，要學習陳王成在買錢中學習，他的好處。

寫的有了進步！

◎ 河北任县三北章村甄剑锋军功奖章

年代：1953

尺寸：93×70毫米

此军功奖章是朝鲜民主主义共和国最高人民会议颁给甄剑锋的奖章。

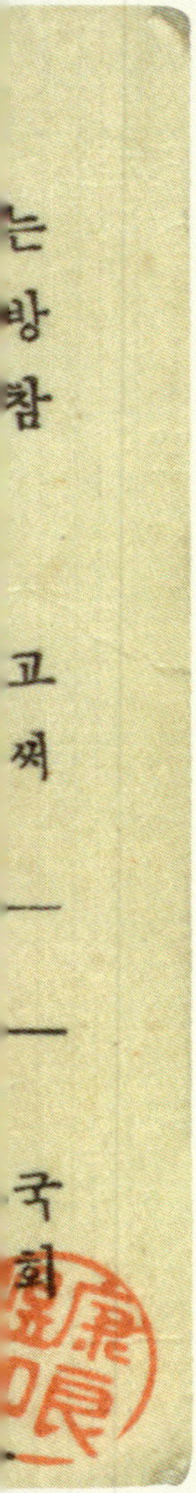

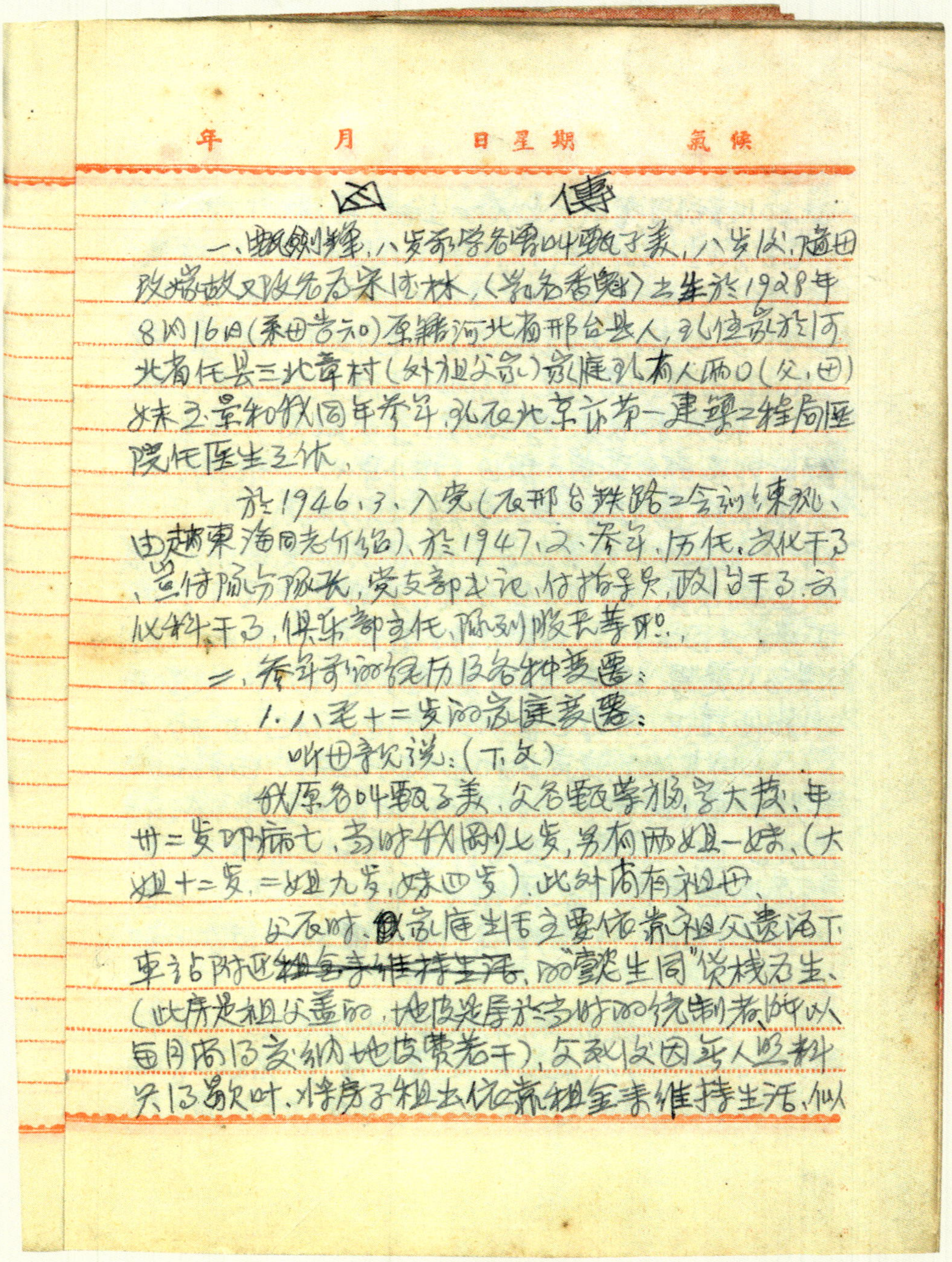

年　月　日星期　氣候

自傳

一、甄劍鋒，八岁前学名叫甄子美，八岁以后随母改嫁故又改名为宋德林，(乳名香兔)出生於1928年8月16日(承母告知)原籍河北省邢台县人，现住家於河北省任县三北章村(外祖父家)家庭现有人两口(父、母)妹王景和我同年参军，现在北京市第一建筑工程局医院任医生工作。

於1946.3.入党(在邢台铁路工会训练班、由赵秉海同志介绍)，於1947.2.参军，历任：文化干事、侦侯队分队长，党支部书记，付指导员，政治干事，文化科干事，俱乐部主任，队列股长等职。

二、参军前的经历及各种表现：

1.八岁十二岁的家庭表现：

听母亲说：(下文)

我原名叫甄子美，父名甄学彬，字大楷，年廿二岁即病亡，当时我刚七岁，另有两姐一妹，(大姐十二岁，二姐九岁，妹四岁)，此外尚有祖母。

父在时，家庭生活主要依靠祖父遗留下车站附近~~租金来维持生活~~的"蔚生同"货栈为生，(此房是祖父盖的，地皮是属于当时的统制者，所以每月尚得交纳地皮费若干)，父死後因无人照料只得歇业，将房子租出依靠租金来维持生活，似

◎ 河北任县三北章村甄剑锋自传

年代：20世纪50年代初

尺寸：171×123毫米

本自传共36页，记述了甄剑锋的出身、家庭、上学、入党、参军和军旅生涯。

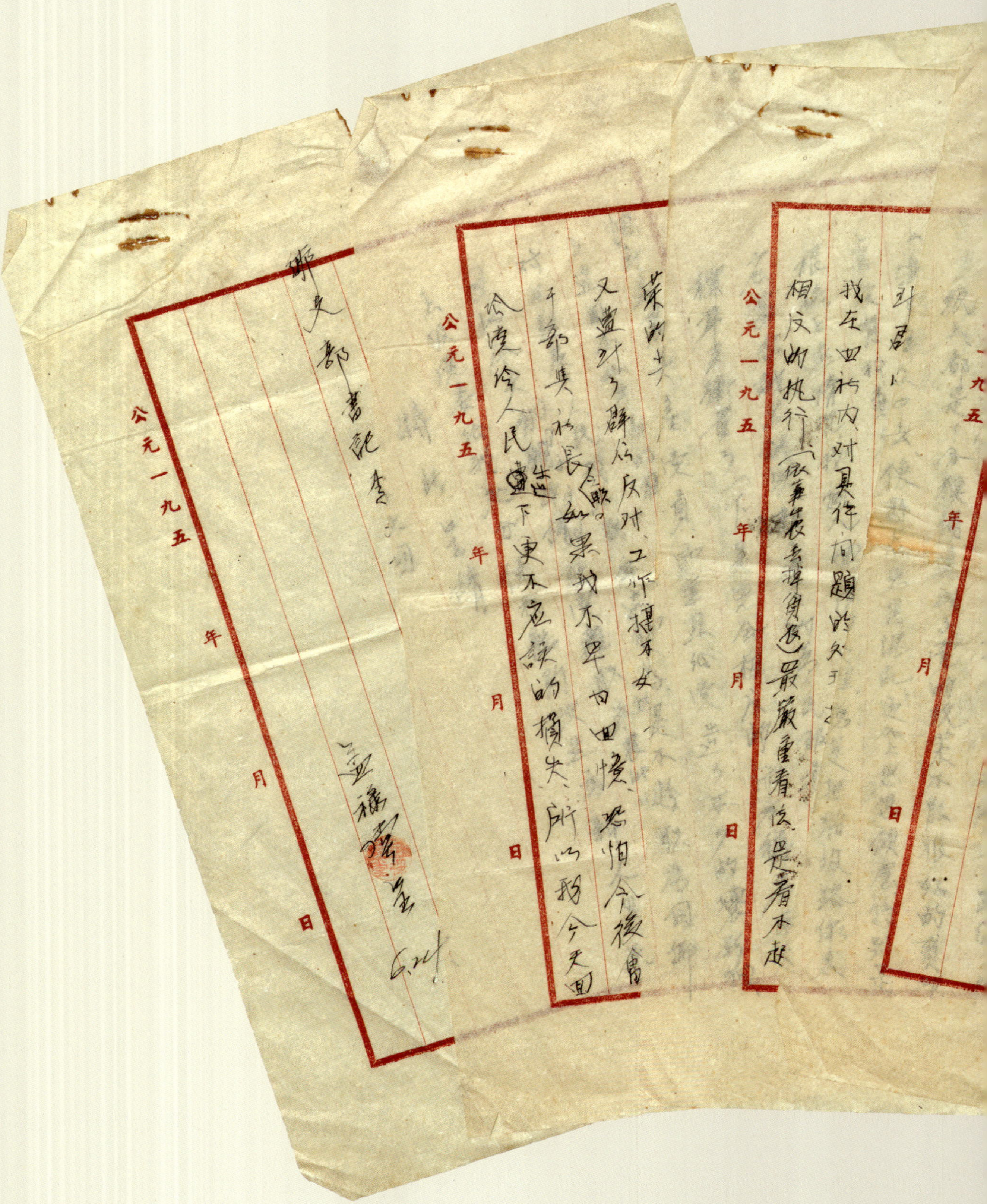
公元一九五　年　月　日
又盖对了群众反对，工作提不好
给党给人民造下更不应该的損失，所以我今天回
我在四月内，对具体问题
相反的执行了
公元一九五　年　月　日
公元一九五　年　月　日

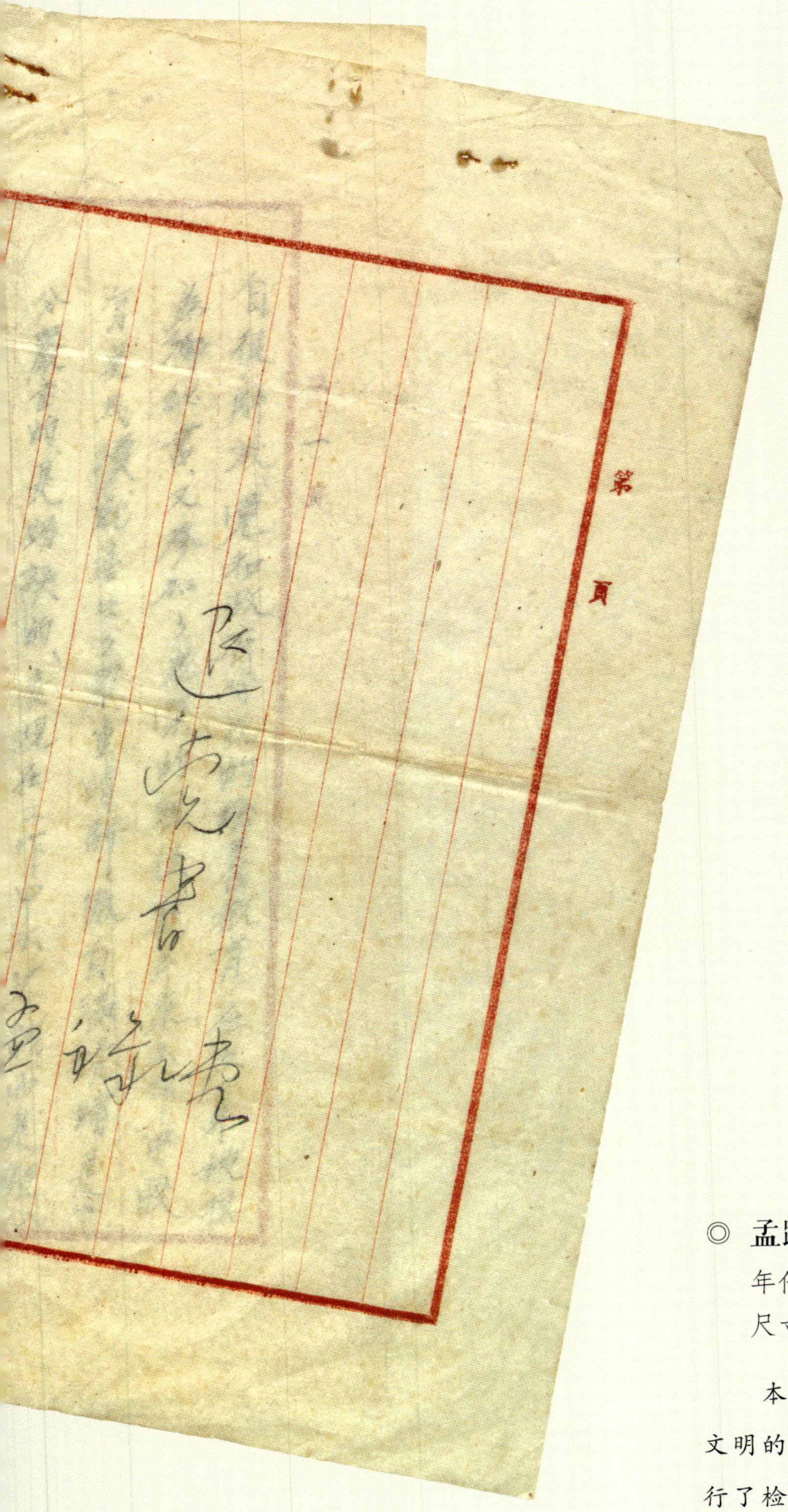


◎ **孟路堂退党书**

年代：1954

尺寸：272×185 毫米

本件文书共 4 页，是孟路堂写给乡支部书记李文明的信。在信中，孟路堂对自己的思想、工作进行了检讨，提出了暂时退党的申请，请求党组织对自己重新进行考察。

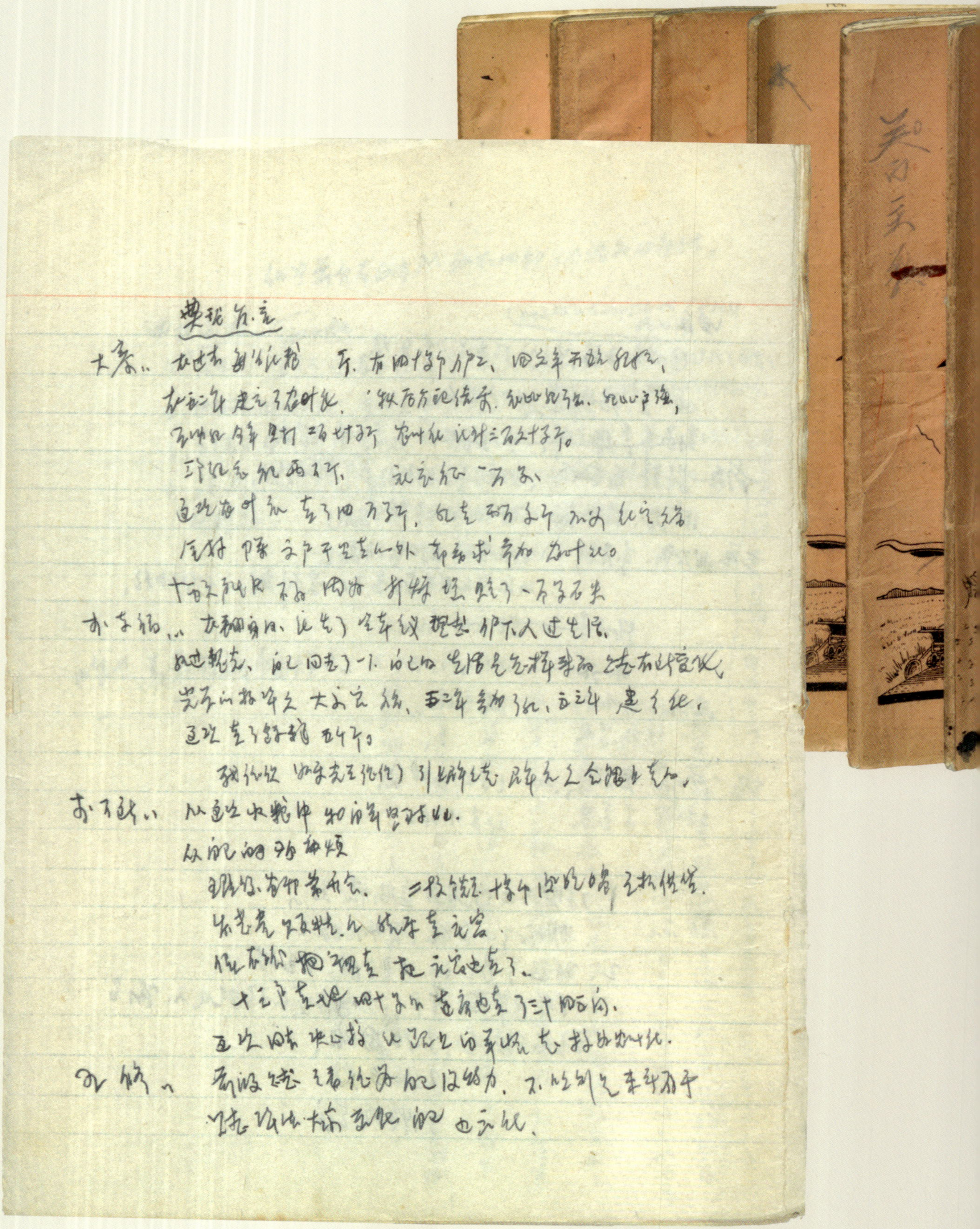

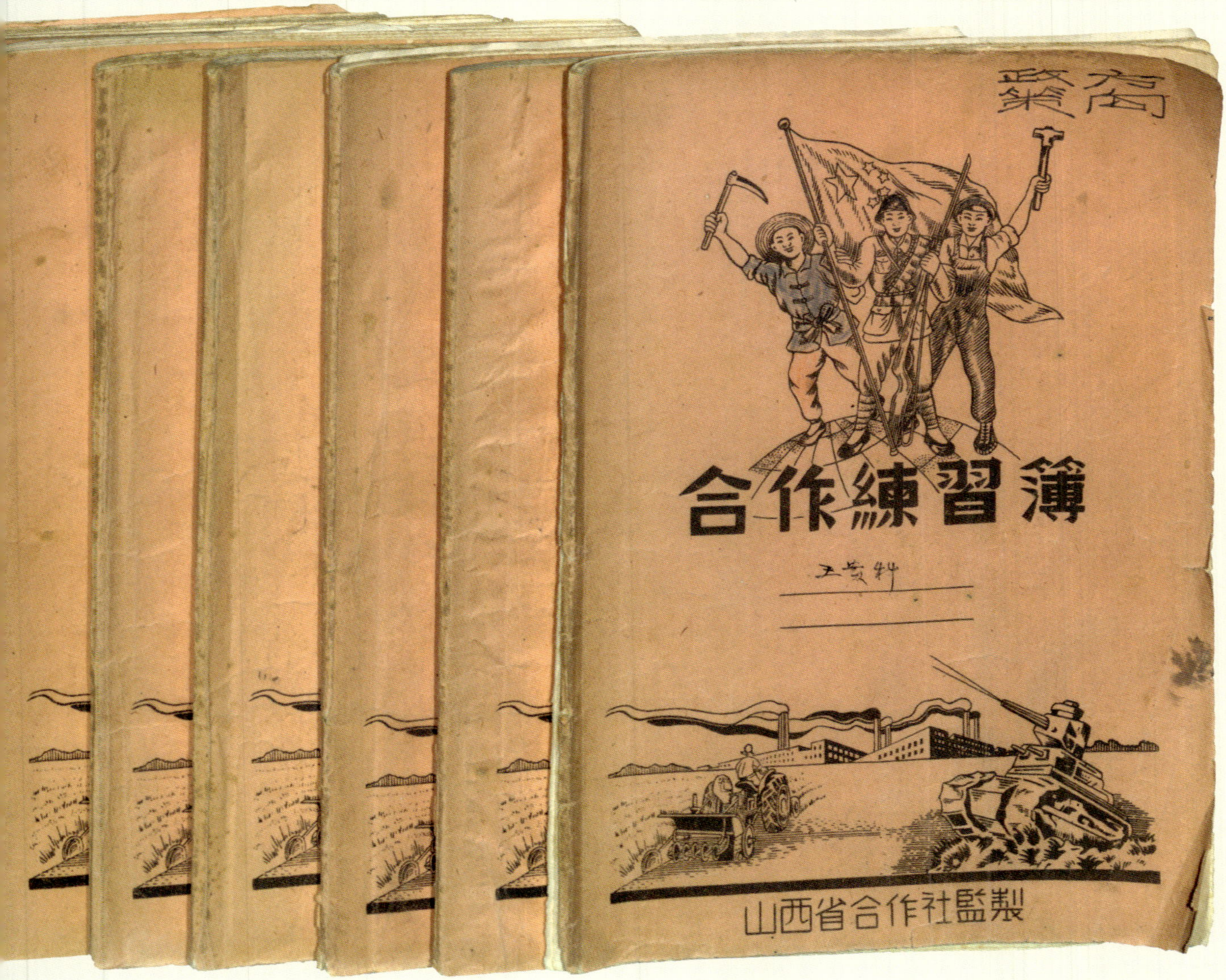


◎ 山西省昔阳县县长王贵科工作笔记

年代：1954

尺寸：211×149毫米

这批文献共12本，624页，记述了1954年昔阳县县长王贵科主管的各项工作开展情况和参加的部分会议情况。

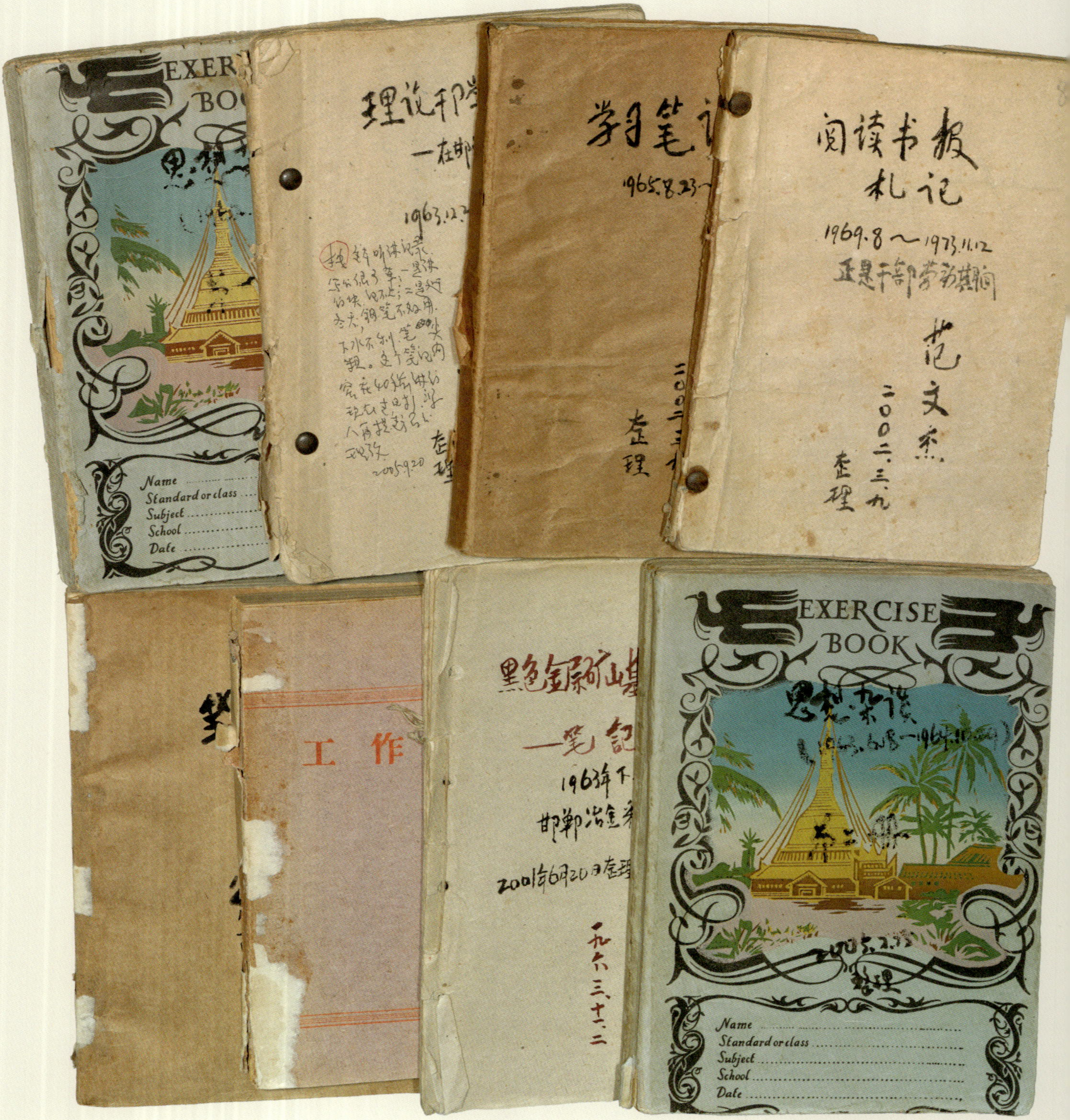
EXERCISE
BOOK
Name
Standard or class
Subject
School
Date
阅读书报
札记
1969.8～1973.11.12
工 作

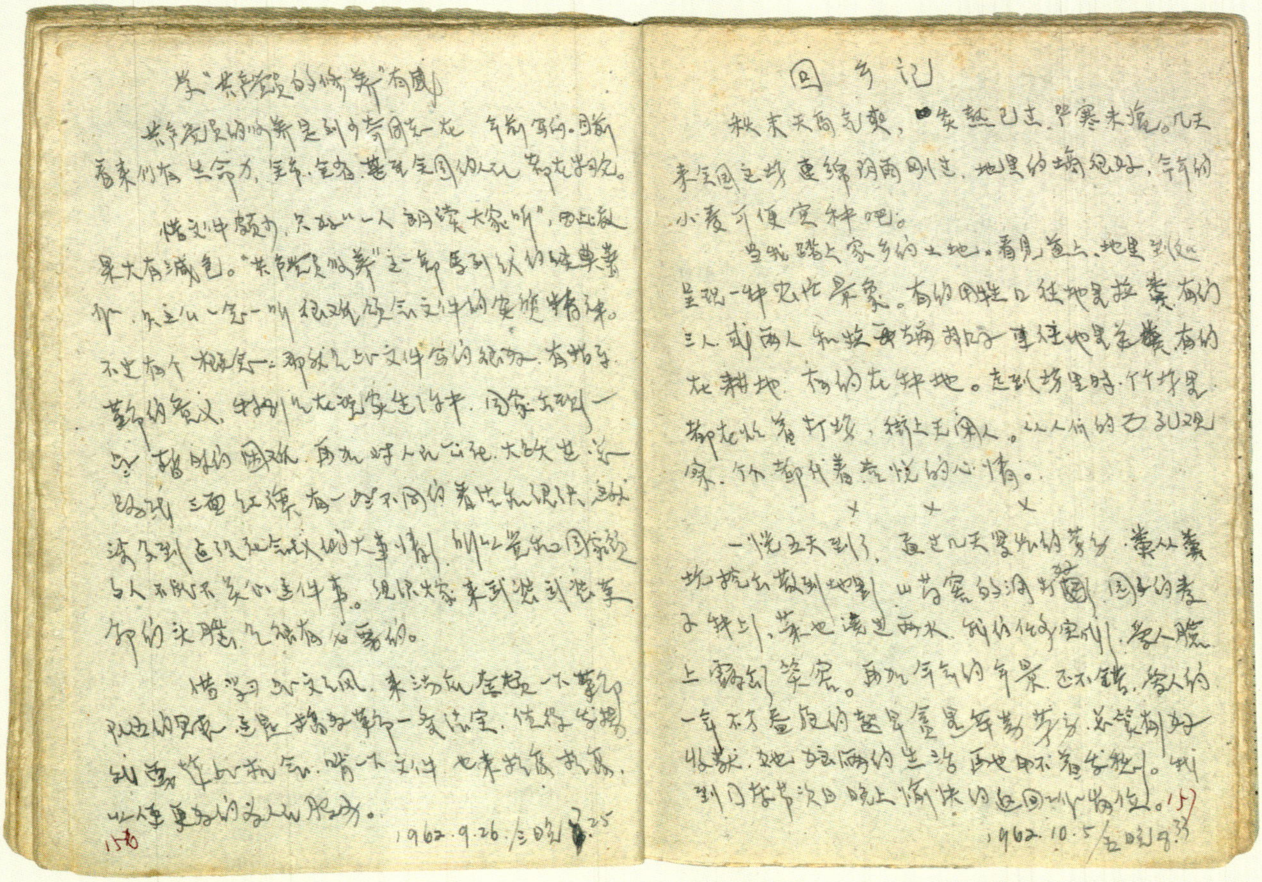


◎ **邯郸市干部范文杰笔记**

年代：20 世纪 60～80 年代初

尺寸：170×121 毫米～200×139 毫米

这批文献共 9 本，其中工作笔记 2 本，110 页；学习笔记 2 本，362 页；思想杂谈 2 本，464 页；札记 3 本，95 页，记述了范文杰的工作、思想、生活和在党校学习的经历。

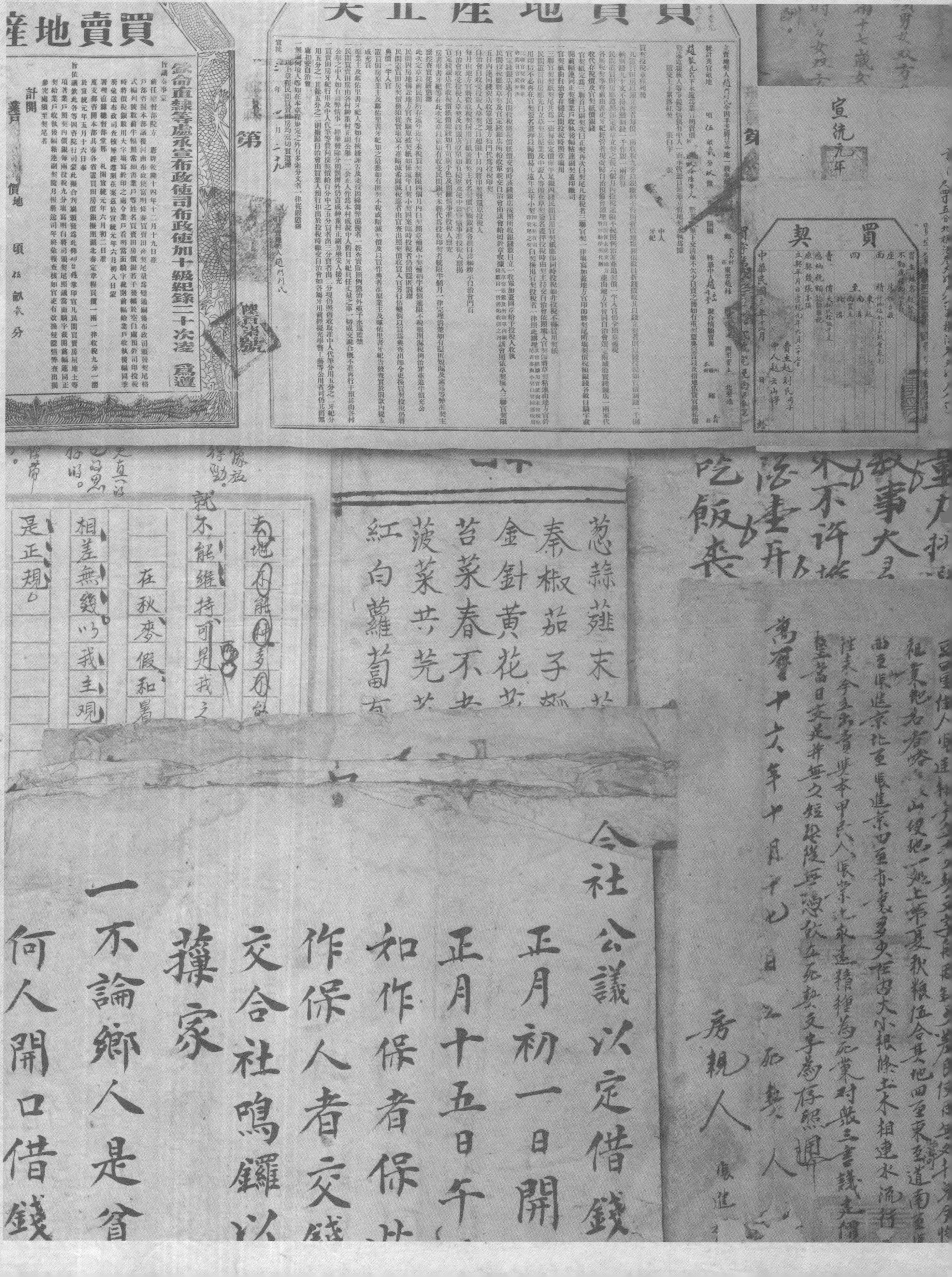

買賣地産
宣統元年
買 契
葱蒜
秦椒茄子
金針黃花
苔菜春
菠菜
紅白蘿蔔
合社公議以定借錢
正月初一日開
正月十五日午
和作保者保
作保人者交
交合社鳴鑼以
穫家
一不論鄉人是貧
何人開口借錢

# 第二章 家族文书

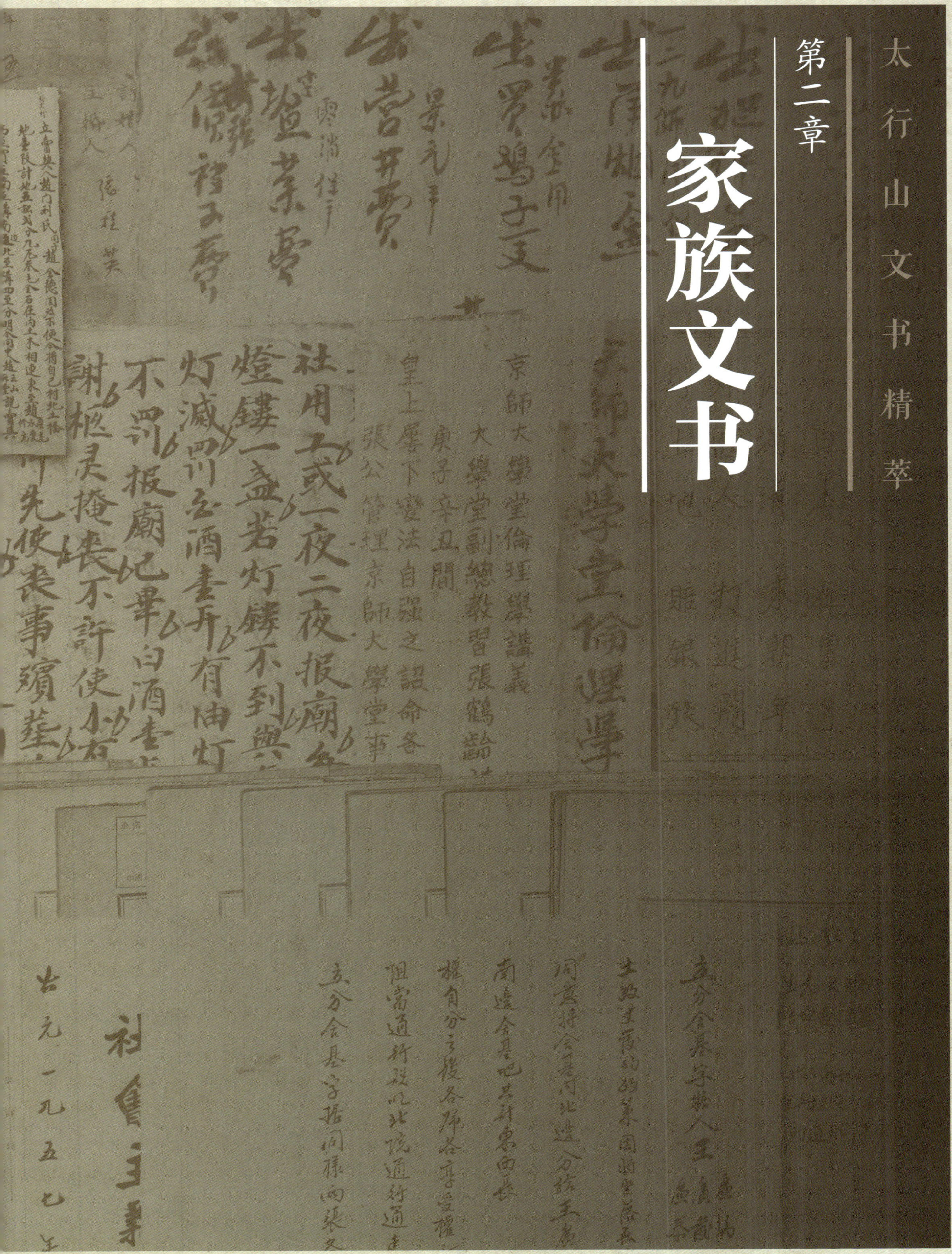

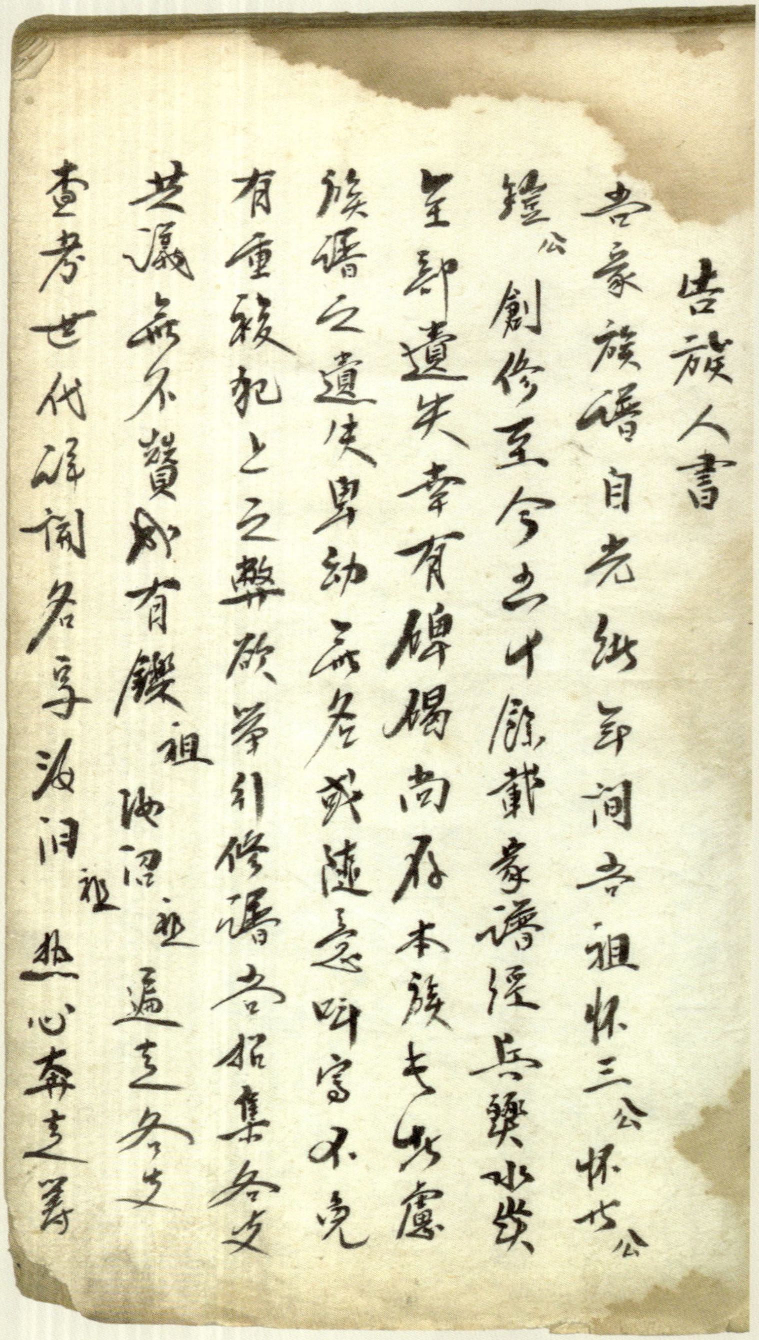

告族人書

吾家族譜自光緒年間吾祖怀三公怀廿公鎧公創修至今已廿餘載家譜經兵燹水災盡都遺失幸有碑碣尚存本族老少慮族譜之遺失卑幼無名或隨意呼寫不免有重複犯上之弊欣等引修譜吾招集各支共議無不贊成有鏷祖池溜祖遍走各支查考世代碑詞名字汝涧祖熱心奔走籌

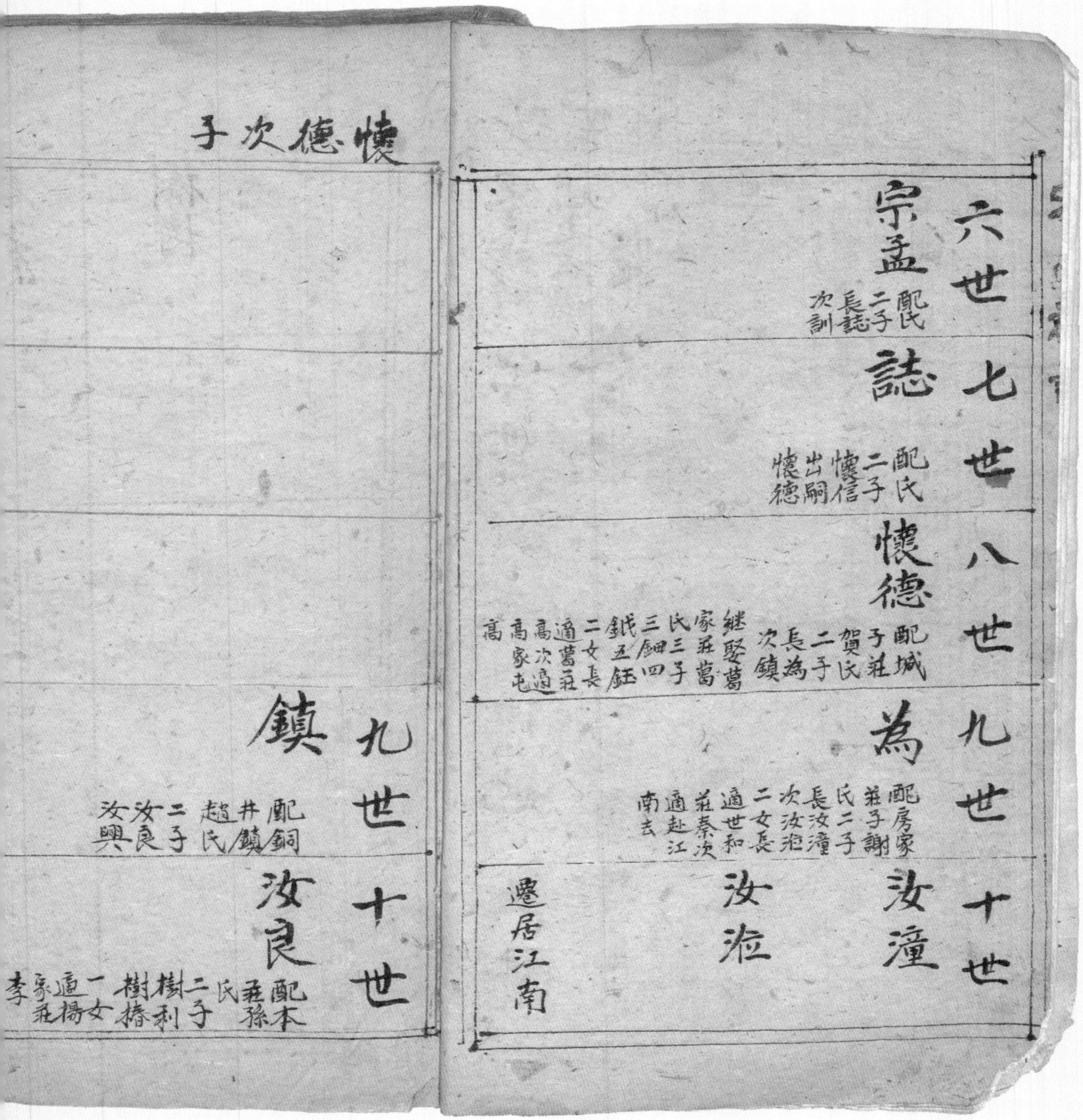

◎ 宋氏族谱

年代：清末民初

尺寸：257×164毫米

该族谱为沂南县宋氏家族族谱，共52页，其中序2页，告族人书2页，范例2页，谱系46页。

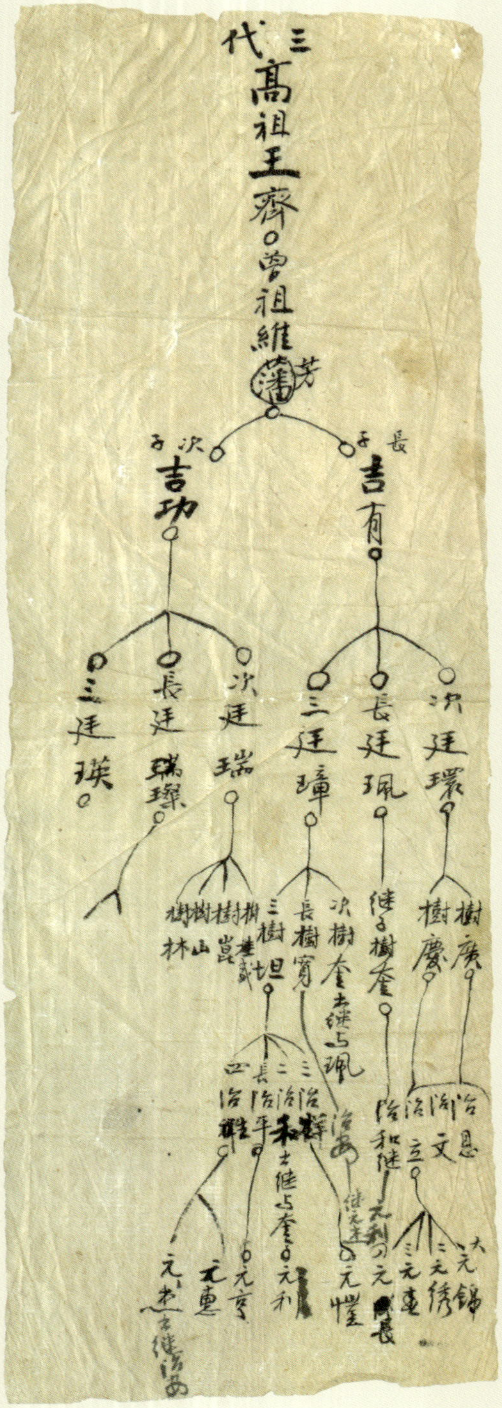


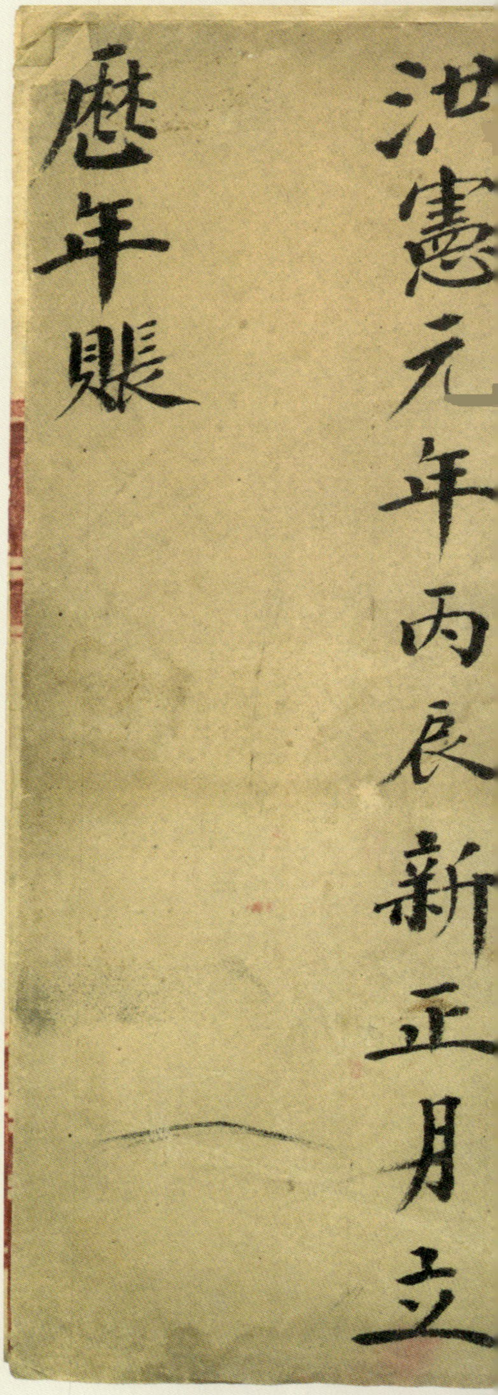


◎ **邯郸王氏家谱**

年代：清末民初

尺寸：452×154 毫米

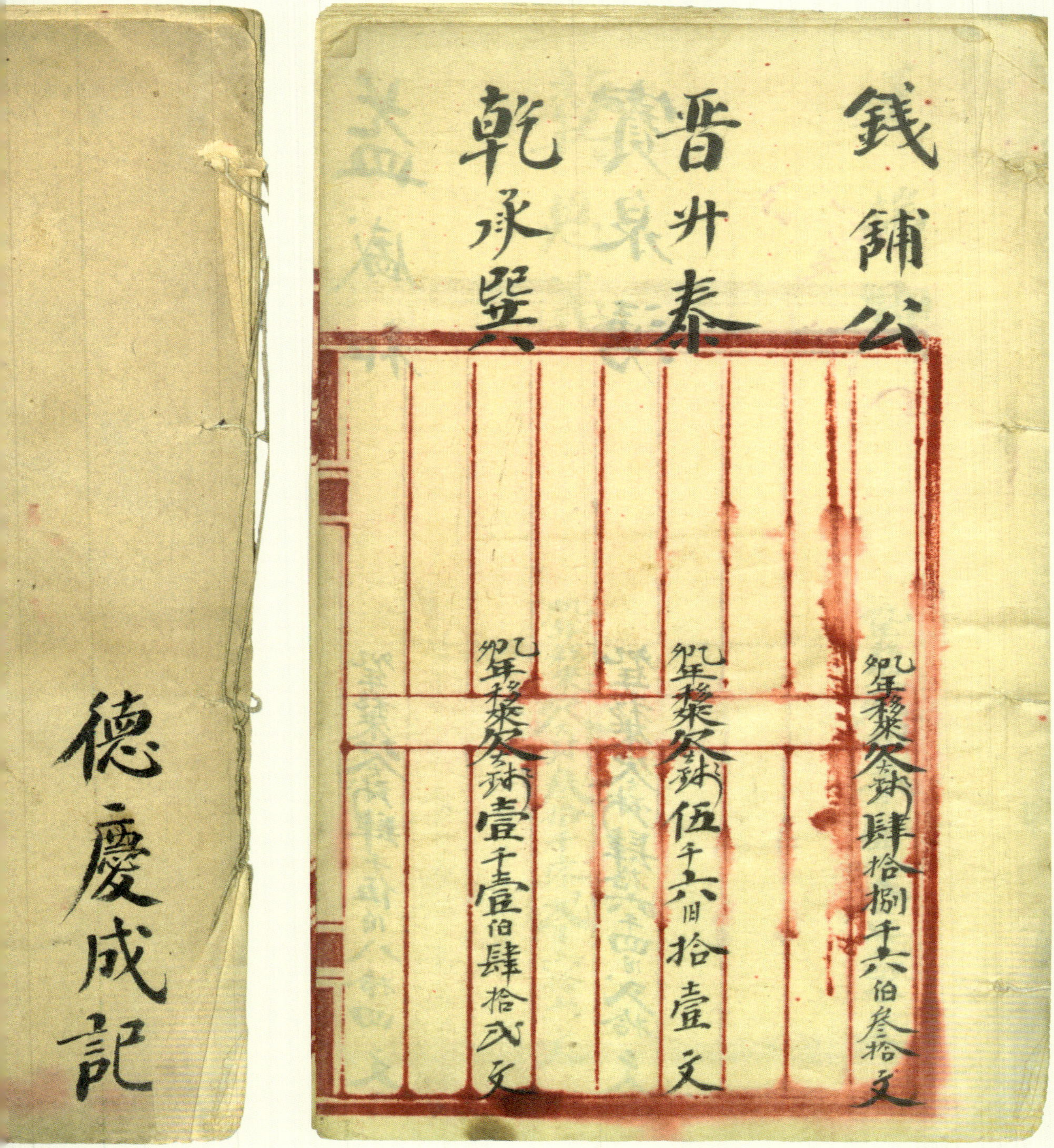


◎ **德庆成记历年账**

年代：洪宪元年（1916）

尺寸：204×131 毫米

该账本是德庆成所记欠款账，共 7 页。

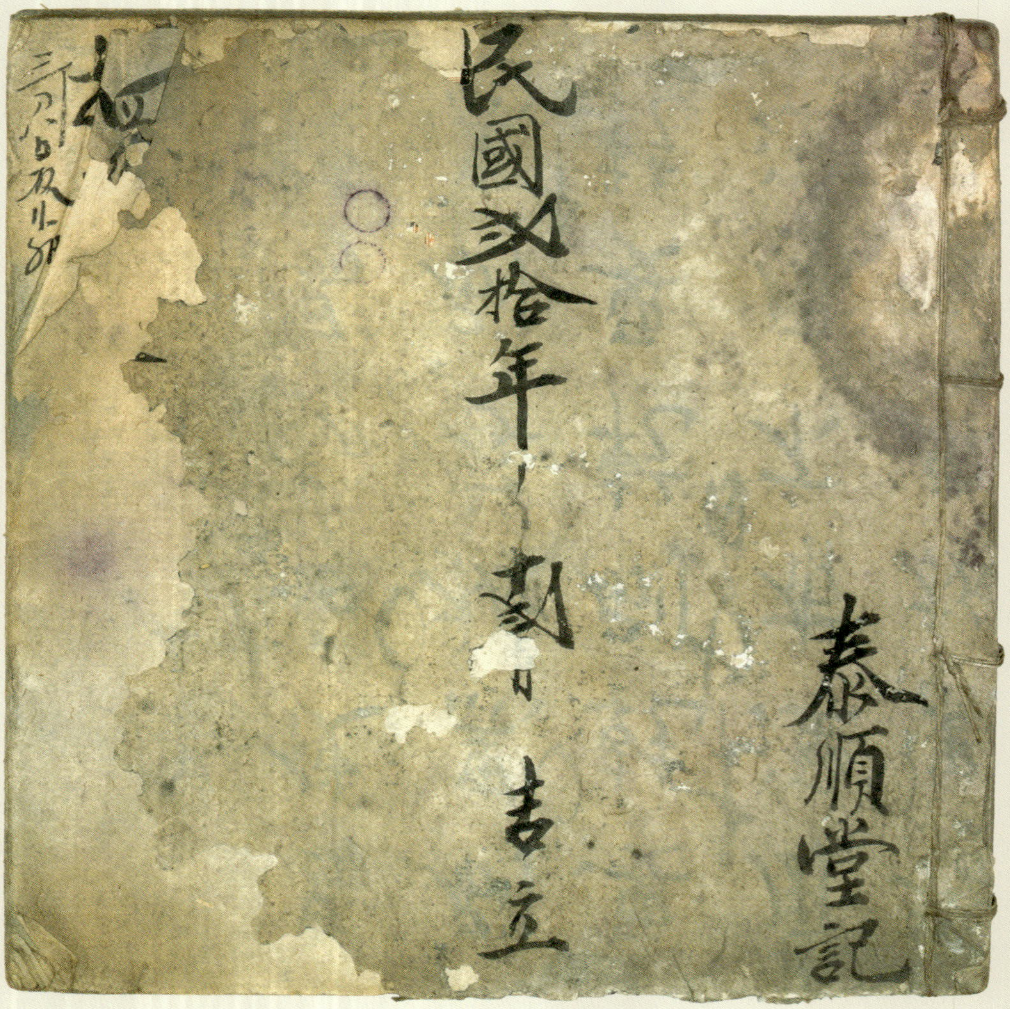
民國叁拾年
泰順堂記

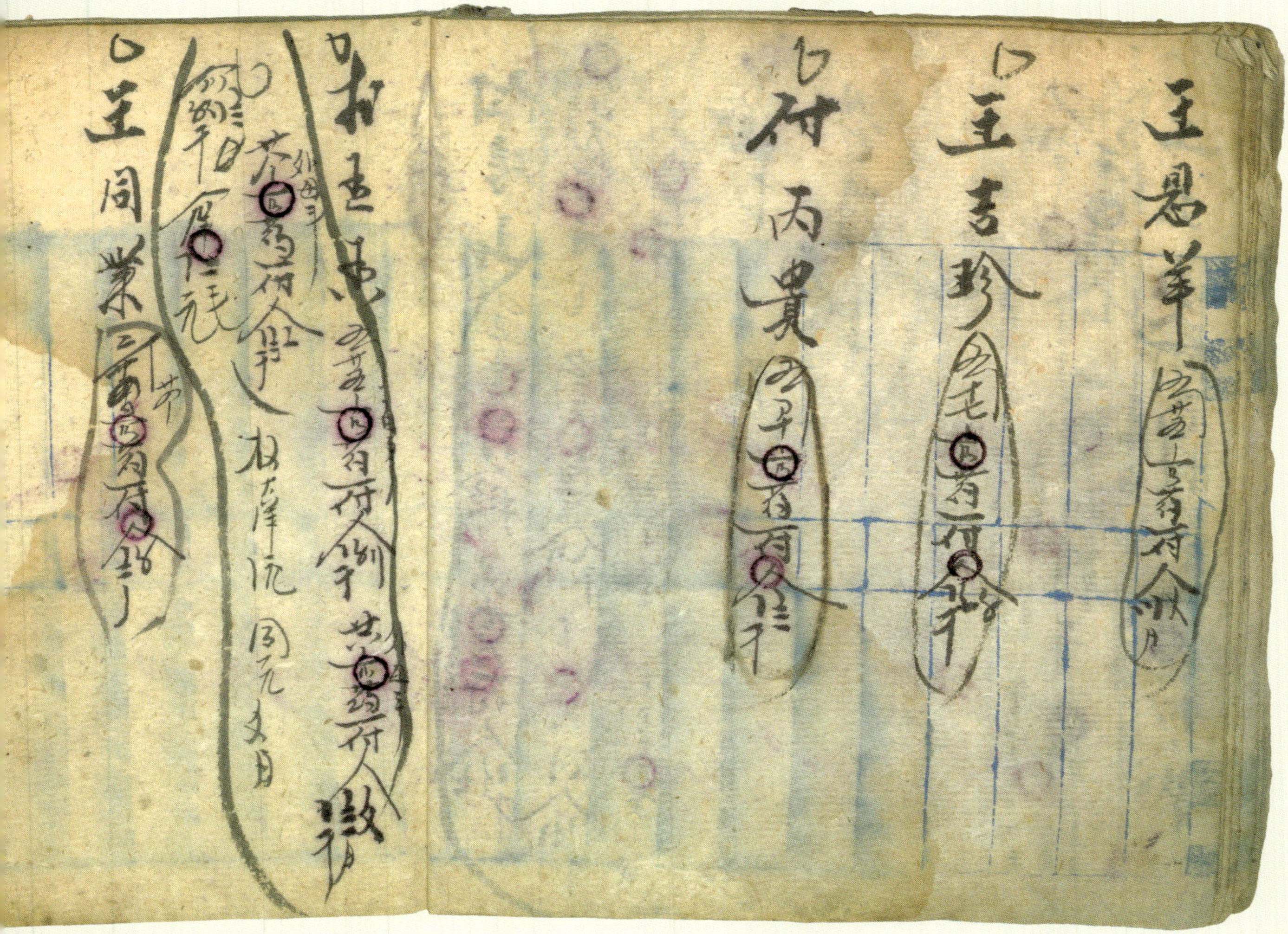

◎ **武安十里店村泰顺堂账本**

年代：1920、1931

尺寸：145×140 毫米～200×197 毫米

共3册，其中2册为民国九年十一月初三日立“本村走账”，计19页；1册为民国二十年十月三日立“买□□□”，计76页。

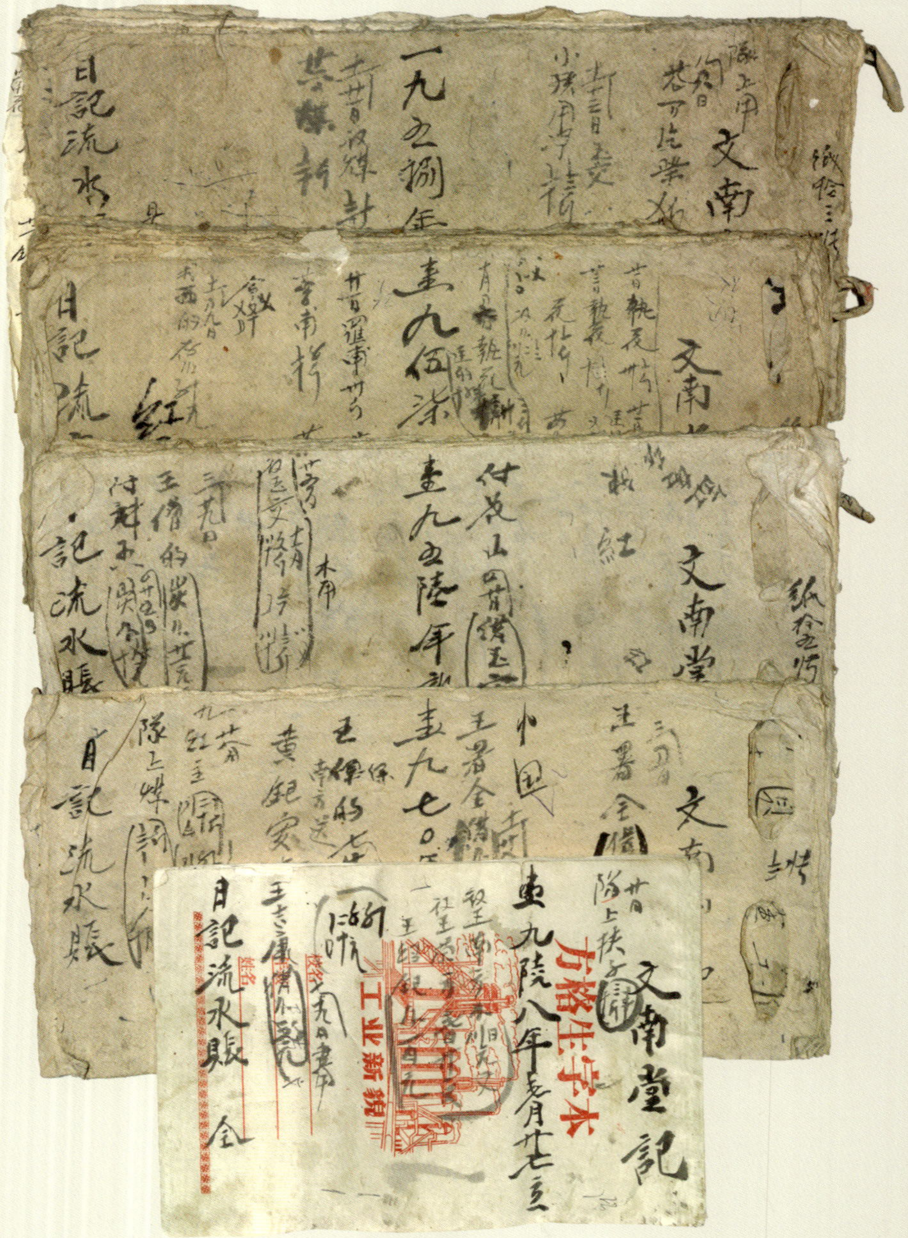

◎ **武安十里店村文南堂账本**

年代：1956～1970

尺寸：131×190毫米～141×277毫米

文南堂为十里店王氏家族堂号。这批账本均为日记流水账，总计5册，其中一册为1956年新年正月初八日立，30页；一册为1957年新正月十八日立，32页；一册为1958年新正月初十立，26页；一册为1968年二月廿七日立，29页；一册为1970年新正月廿四日立，16页。

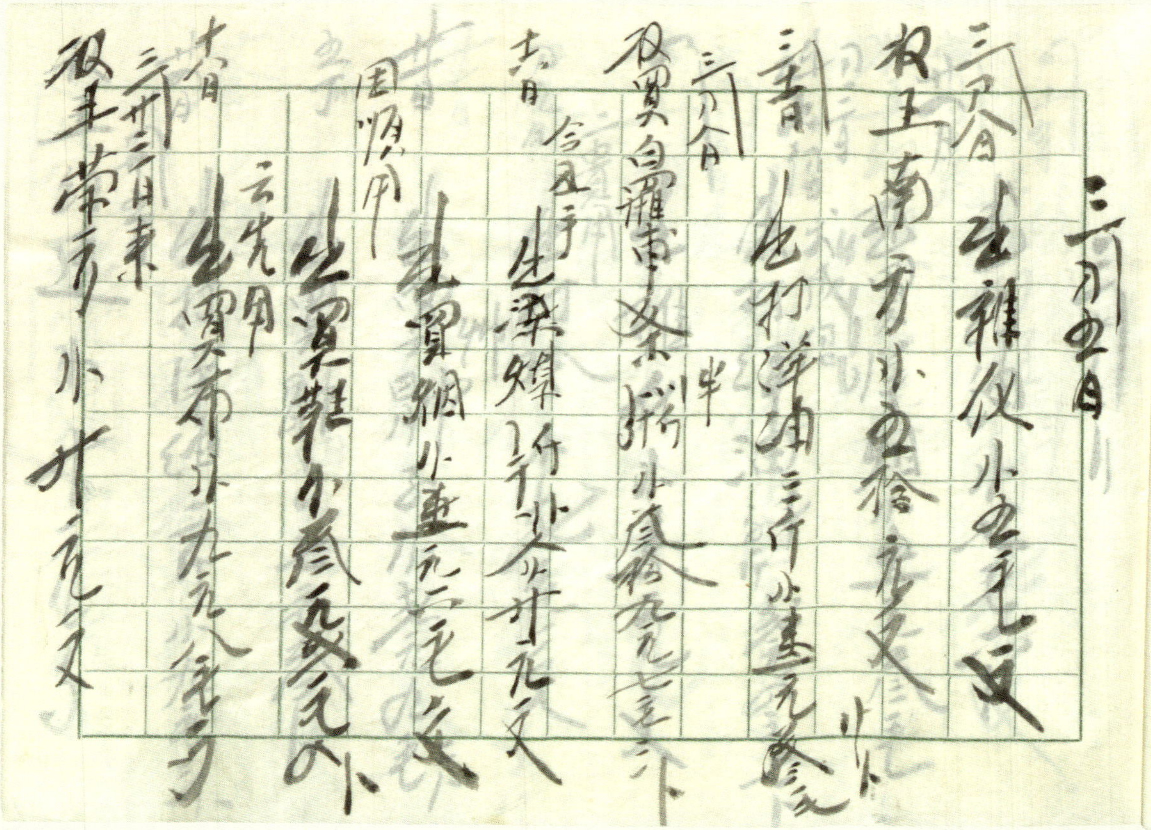

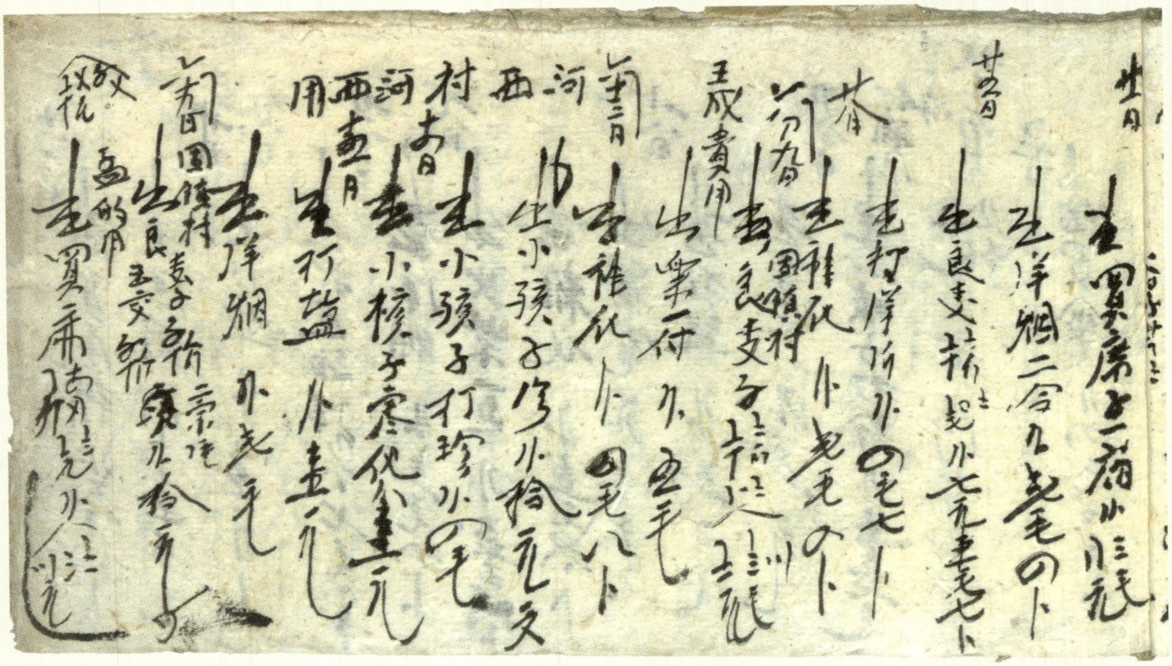

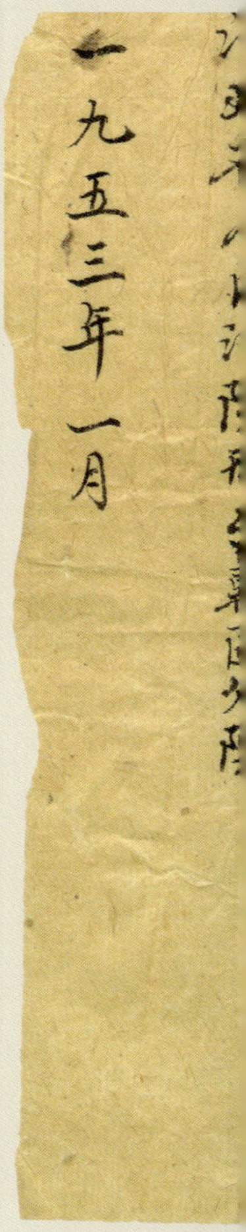


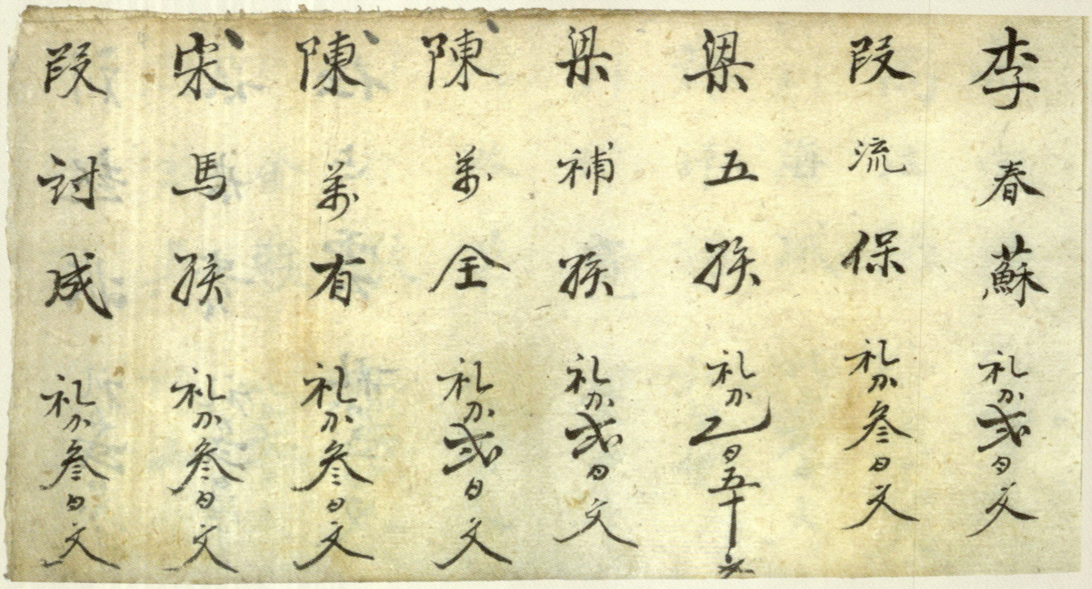


◎ **亲迎礼账**

年代：民国年间

尺寸：140×279 毫米

该账册共 10 页，记录了陈栓江、李恒足等人所上礼钱。

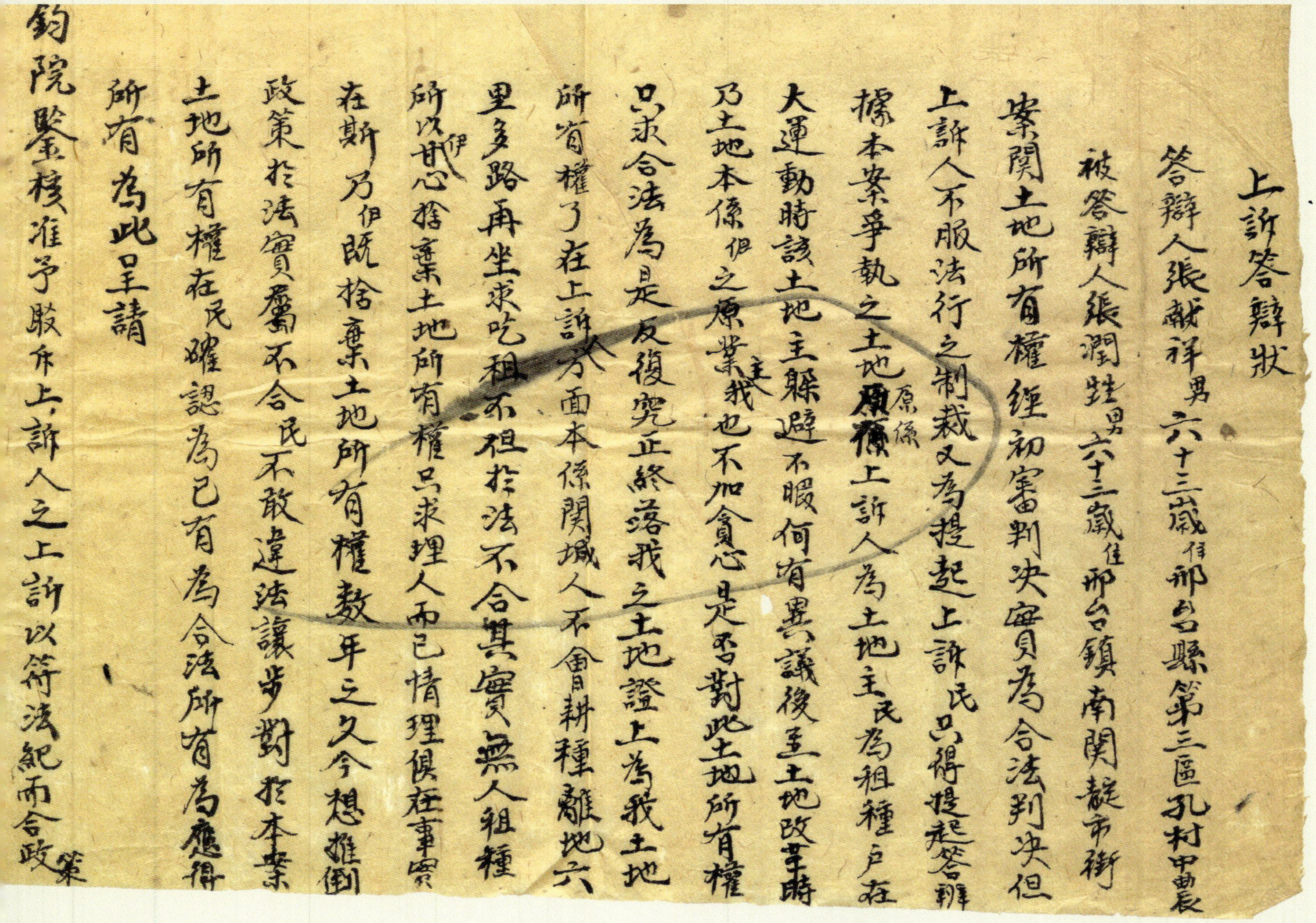

上訴答辯狀
答辯人張獻祥男六十三歲住邢台縣第三區孔村中農
被答辯人張潤娃男六十三歲住邢台鎮南關龍市街
案閱土地所有權經初審判決實為合法判決但
上訴人不服法行之制裁又為提起上訴民只得提起答辯
據本案爭執之土地原係上訴人為土地主民為租種戶在
大運動時該土地主躲避不暇何有異議後至土地改革時
乃土地本係伊之原業主我也不加貪心是否對此土地所有權
只求合法為是反復究正終落我之土地證上為我土地
所有權了在上訴人方面本係閱城人不會耕種離地六
里多路再坐來吃租不但於法不合其實無人租種
所以伊甘心捨棄土地所有權只求理人而已情理俱在事實
在斯乃伊既捨棄土地所有權數年之久今想推倒
政策於法實屬不合民不敢違法讓步對於本案
土地所有權在民確認為己有為合法所有為應得
所有為此呈請
鈞院鑒核准予駁斥上訴人之上訴以符法紀而合政策

◎ 河北省邢台县第三区孔村张献祥上诉答辩状

年代：1953

尺寸：220×364 毫米

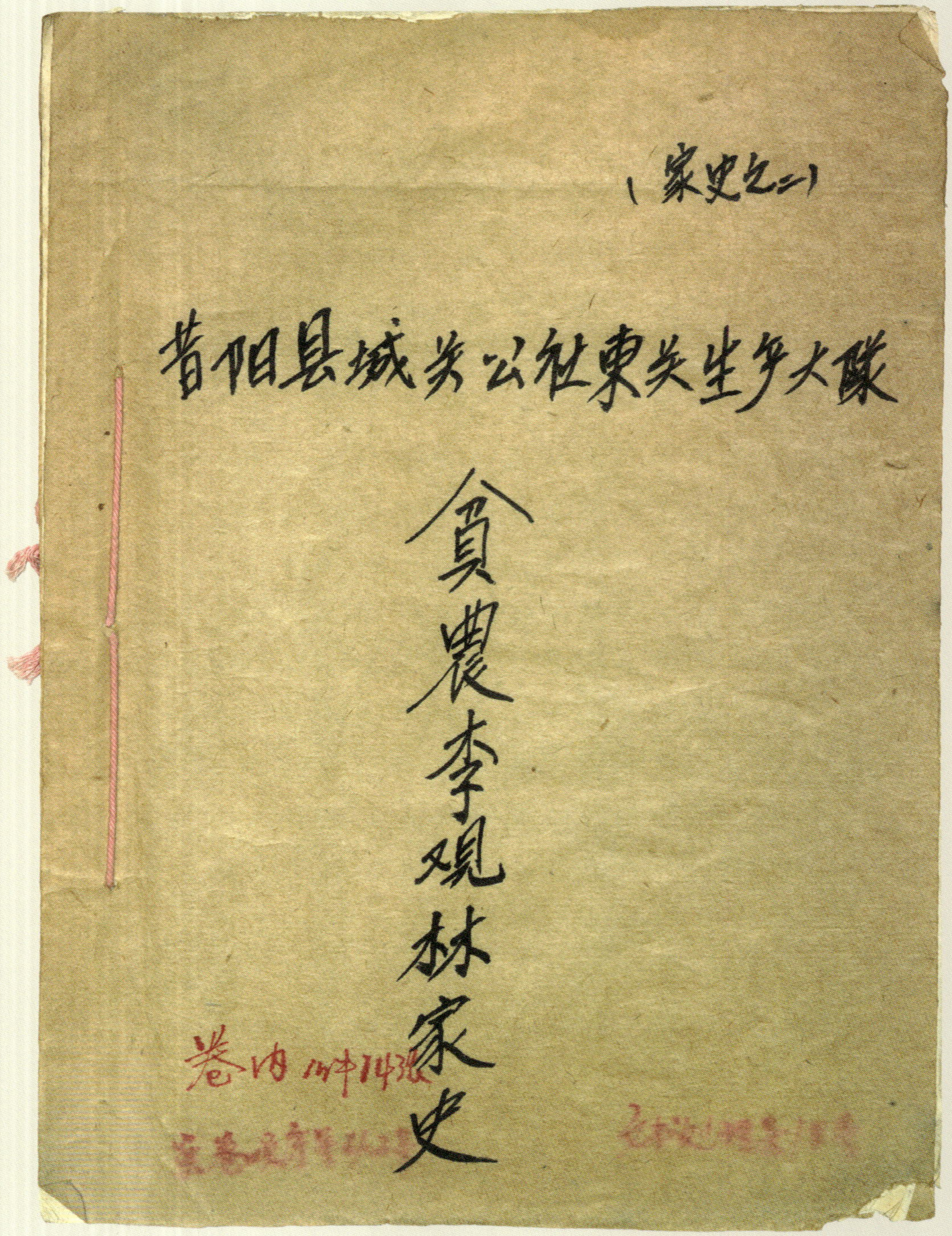


◎ **山西昔阳县城关公社东关生产大队贫农李观林家史**

年代：20 世纪 60 年代

尺寸：265×190 毫米

该家史共 14 页，记述了李观林一家解放前的贫苦生活以及所受剥削和压迫。

第1頁

# 李观林谈家史

黄莲苦，穷人更苦。人虽穷，但志不穷。这是我们穷苦人的亲身体会，这也是我们穷苦人们对自己生活的写照。但是现在这样"天堂"般的生活，我们应该归于党，归于毛主席的正确领导，归于我们穷苦人的坚强斗争。可是现在地主阶级能称心如意听我们的摆佈吗？不能！我们听听他们的语言，看看他们的行动，也可以确实证明了这一点。当我再看看花花的被褥，看看新崭崭的房子。不由的千仇万恨再一次涌上了心头。解放前，那悲惨、痛苦、血泪斑斑的往事，又一幕一幕地在眼前出现了……

(1) 为了全家来糊口，只好脚底来捡粮。

我家就是咱本县东关人。三七年正是日本帝国主义大举进攻我国那年。那时咱穷人的生活更是难以来说。那时，我家共八口人，老的老，少的少，全家身强力壮的人却无一个。我的父亲不能眼看着年幼的兄妹六人和五十多岁的老人活活的饿死呀！出去找个木匠的活儿干吧！地主总是嫌我父亲年老力衰干不下多活儿，所以父亲往往出去找营生就要遭到地主的大声责骂：你尿一泊，照

20×20=400

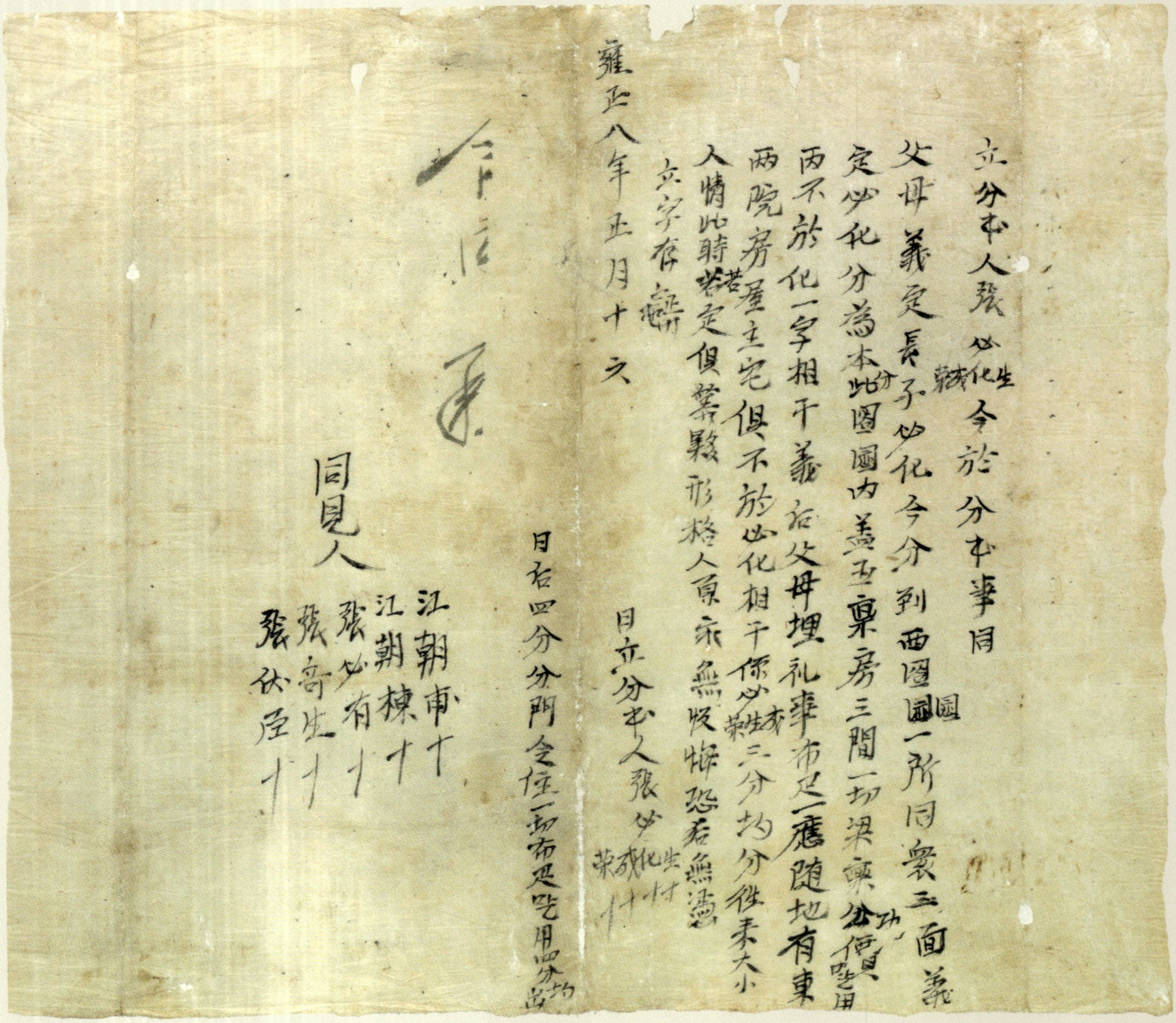
立分书人張必生化成榮今於分书筆同
父母義定長子必化今分到西圐圙一所同衆三面義
定必化分為本此分圐圙内盖五東房三間一切梁檁㙜功俱些用
西不於化一字相干義合父母埋礼筆布足一應隨地有東
兩院房屋主宅俱不於必化相干係必生成榮三分均分從來大小
人情此時若定俱禁毁形格人原宗無悔悔恐后無憑
立字存照
雍正八年正月十六　日立分书人張必生化成榮十
日后四分分門念住一切布足些用四分均出
合同
同見人
江朝甫十
江朝棟十
張必有十
張寄生十
張伙臣十

◎ **张必生、张必化、张必成、张必荣分书**

年代：雍正八年（1730）

尺寸：280×344 毫米

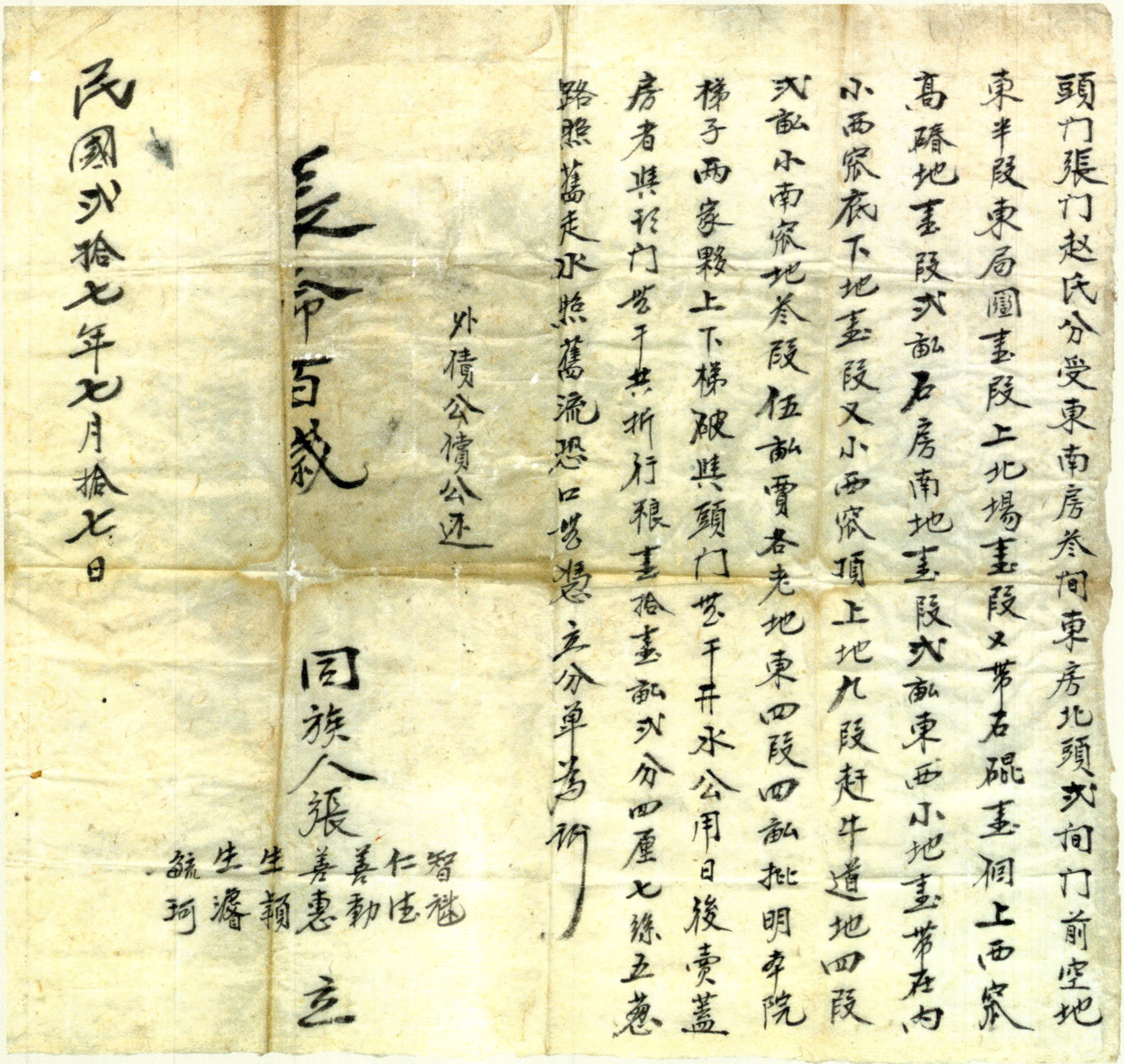
頭门張门赵氏分受東南房叁間東房北頭弍间门前空地
東半段東局圖壹段上北場壹段又帯右碾壹個上西窑
高磅地壹段弍畝右房南地壹段弍畝東西小地壹帯在内
小西窑底下地壹段又小西窑頂上地九段赶牛道地四段
弍畝小南窑地叁段伍畝賣各老地東四段四畝批明本院
梯子两家夥上下梯破與頭门出干井水公用日後賣蓋
房者與弍门出干共折行粮壹拾壹畝弍分四厘七絲五忽
路照舊走水照舊流恐口無憑立分單為証

外債公債公还

長命百歲

同族人張 智繼 仁法 善勤 善惠 生穎 生濬 毓珂 立

民國弍拾七年七月拾七日

◎ 张门赵氏分单

年代：民国二十七年（1938）

尺寸：395×405 毫米

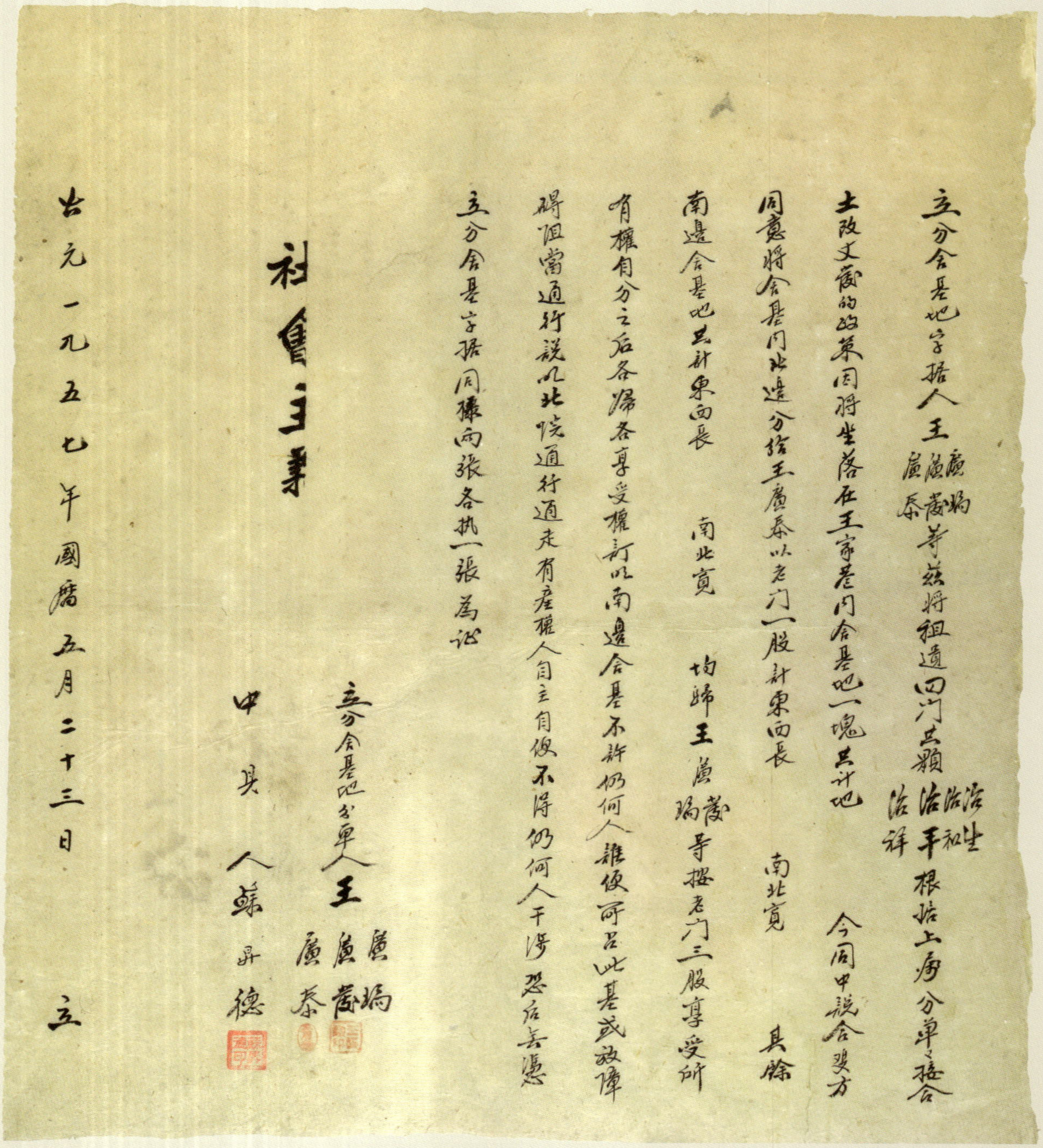

立分合基地字据人王廣瑞 廣發 廣泰 等兹将祖遗四门共顆 治生 治和 治洽 治平 治祥 根据上房分单接合

土改文蔵的政策因将坐落在王家巷内合基地一塊共计地 今同中説合要方

同意将合基内北邊分給王廣泰以老门一股計東西長 南北寬 具餘

南邊合基地共計東西長 南北寬 均歸王廣瑞 廣發 等按老门三股享受所

有權自分之后各歸各享受權許叫南邊合基不許仍何人雜便阿吕此基式故障

碍阻當通行説叫北院通行通走有産權人自主自便不得仍何人干涉 恐后無憑

立分合基字据同樣兩張各执一張為证

社會主義

立分合基地分单人王廣瑞 廣發 廣泰

中見人蘇昇德

公元一九五七年國曆五月二十三日 立

◎ 王广瑞、王广发、王广泰兄弟三人分单

年代：1957

尺寸：451×402 毫米

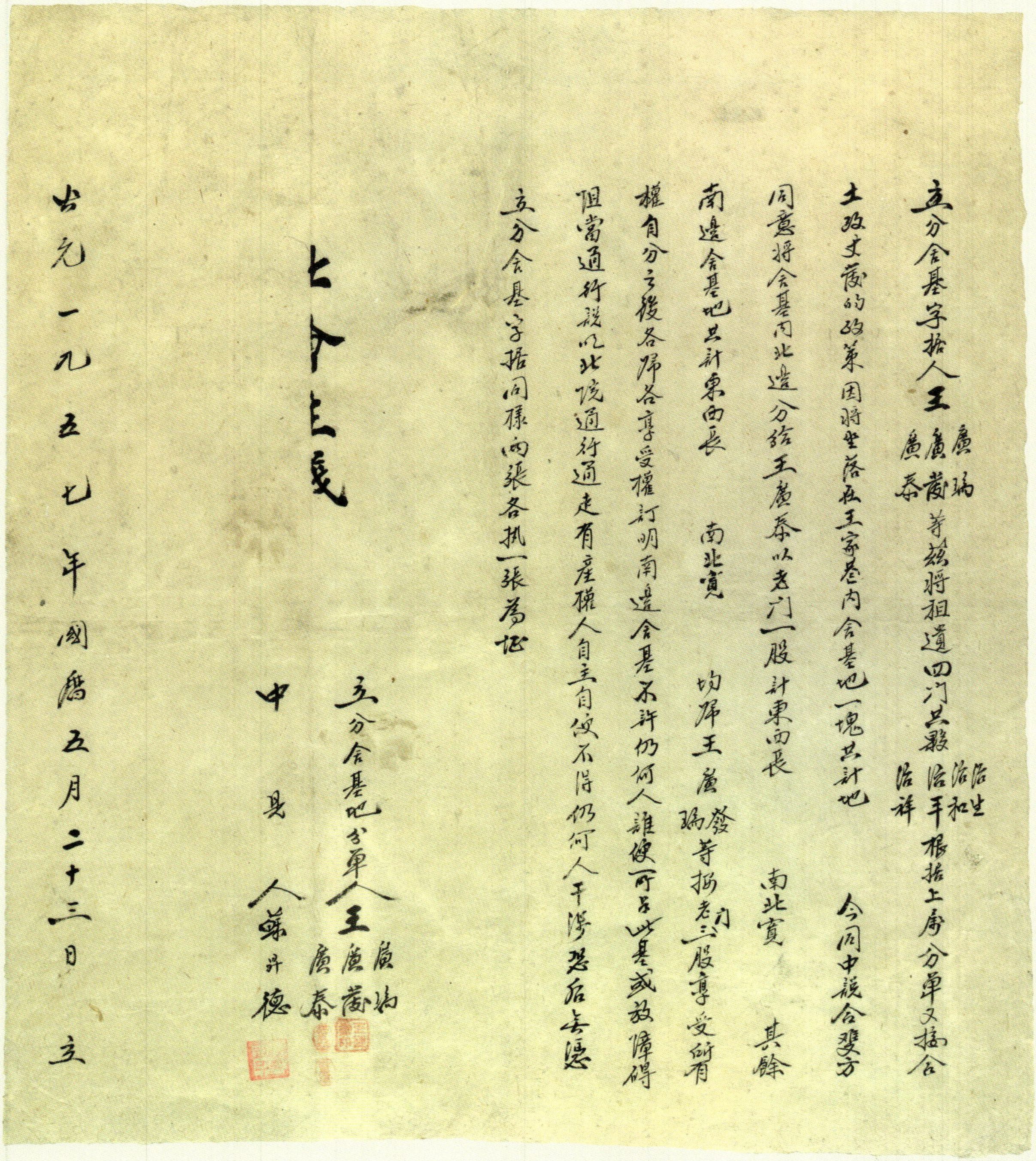

立分舍基字据人王廣瑞 廣薇 廣泰 等兹将祖遺四门共殁 治生 治和 治祥 手根据上房分单又据合
土改丈薇的政策因将坐落在王家巷内舍基地一塊共計地 今同中説合雙方
同意将舍基内北邊分給王廣泰以老门一股計東西長 南北寬 其餘
南邊舍基地共計東西長 南北寬 均歸王廣瑞 廣發 等拆老门三股享受所有
權自分之後各歸各享受權訂明南邊舍基不許仍何人誰使可占此基或致障碍
但當通行路以北院通行道走有産權人自主自便不得仍何人干涉恐后無憑
立分舍基字据同様兩張各執一張為証

[illegible]

立分舍基地分单人王廣瑞 廣薇 廣泰
中見人蘇升德
公元一九五七年阴歷五月二十三日 立

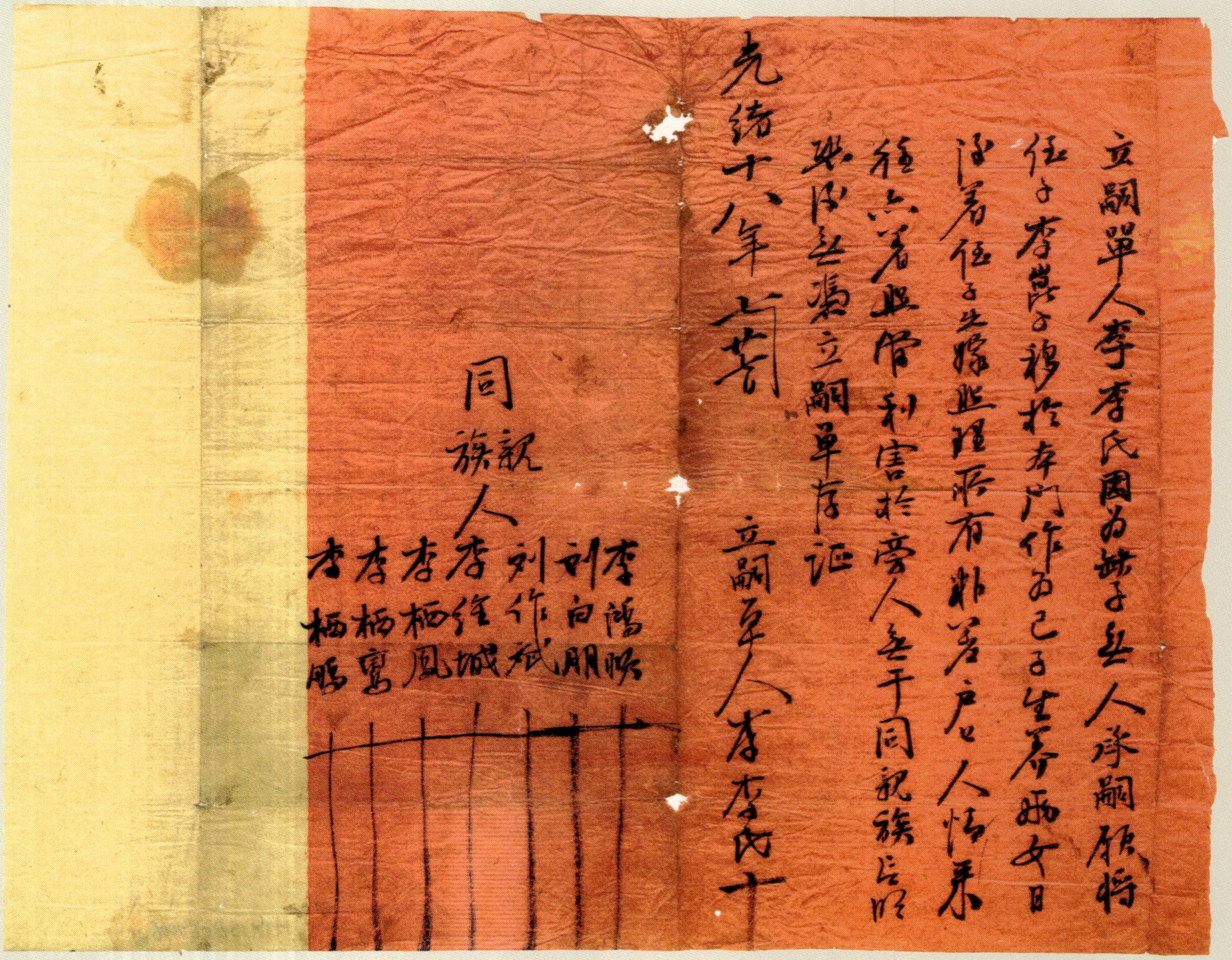

立嗣單人李李氏因為無子無人承嗣，願將
侄子李崑子移於本門作為己子，生養婚女，日
後若侄子生㨿照理所有，非若户人情來
往，亦若照管利害，於旁人無干，同親族言明，
恐口無憑，立嗣單存証。
光緒十八年 正月
立嗣單人李李氏 十
同族親人
李陽昕
刘白朋
刘作砥
李继城
李栖凤
李栖寓
李栖鹤

◎ **李李氏过继侄子李崑子嗣单**

年代：光绪十八年（1892）

尺寸：276×348 毫米

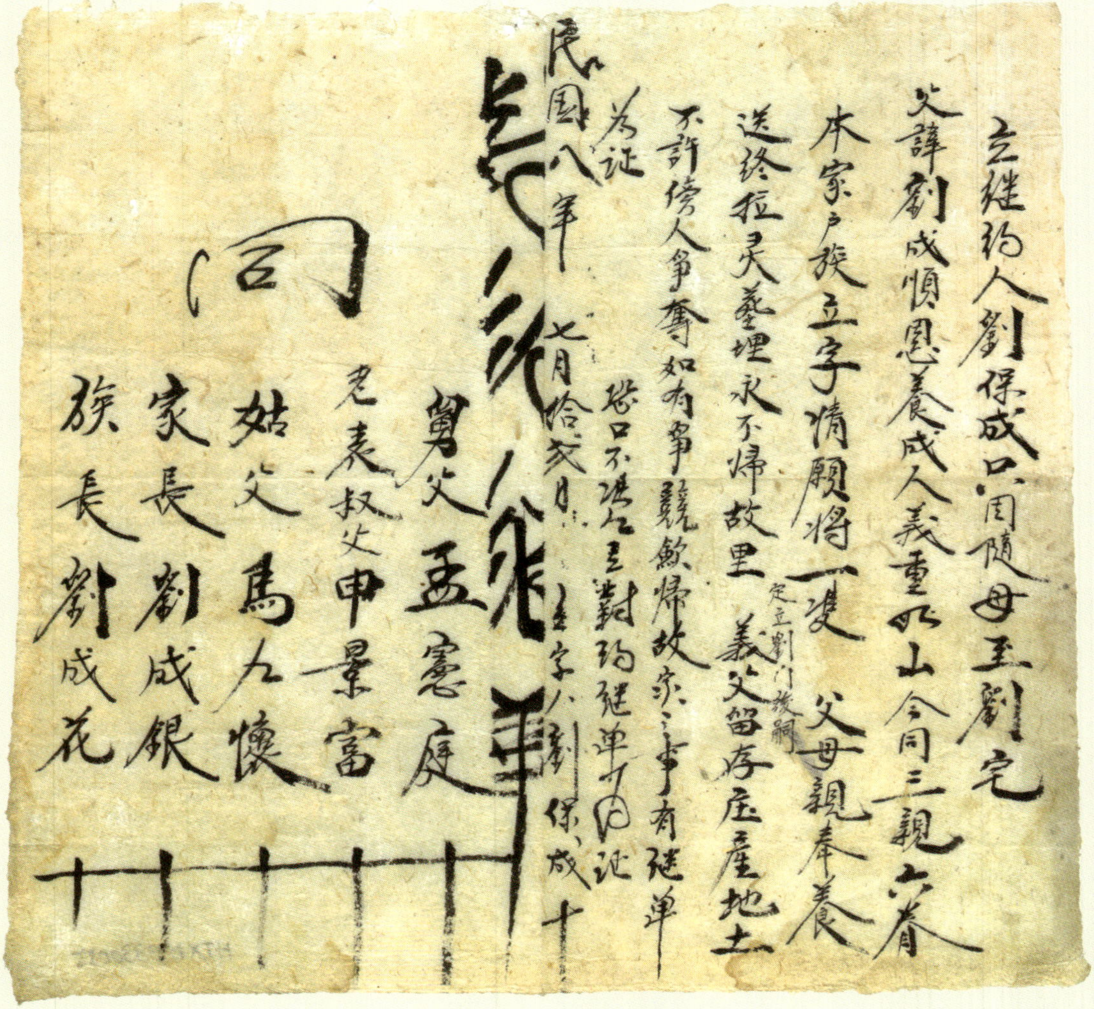
立继约人劉保成，因随母至劉宅
父諱劉成順恩養成人，義重如山，今同三親六眷
本家户族立字情願将一生父母親奉養
送終拉灵墓埋，永不归故里。義父留存庄產地土
定立劉门撥嗣
不許傍人争奪，如有争競，歛归故宗，亡事有继单
恐口不凭，今立對约继单一纸
為証
民国八年七月拾[illegible]日 立字人劉保成 十
同
舅父孟憲庭 十
老表叔丈申景富 十
姑父馬九懷 十
家長劉成銀 十
族長劉成花 十

◎ 刘成顺继承其继父刘保成家产继约

年代：民国八年（1919）

尺寸：257×274毫米

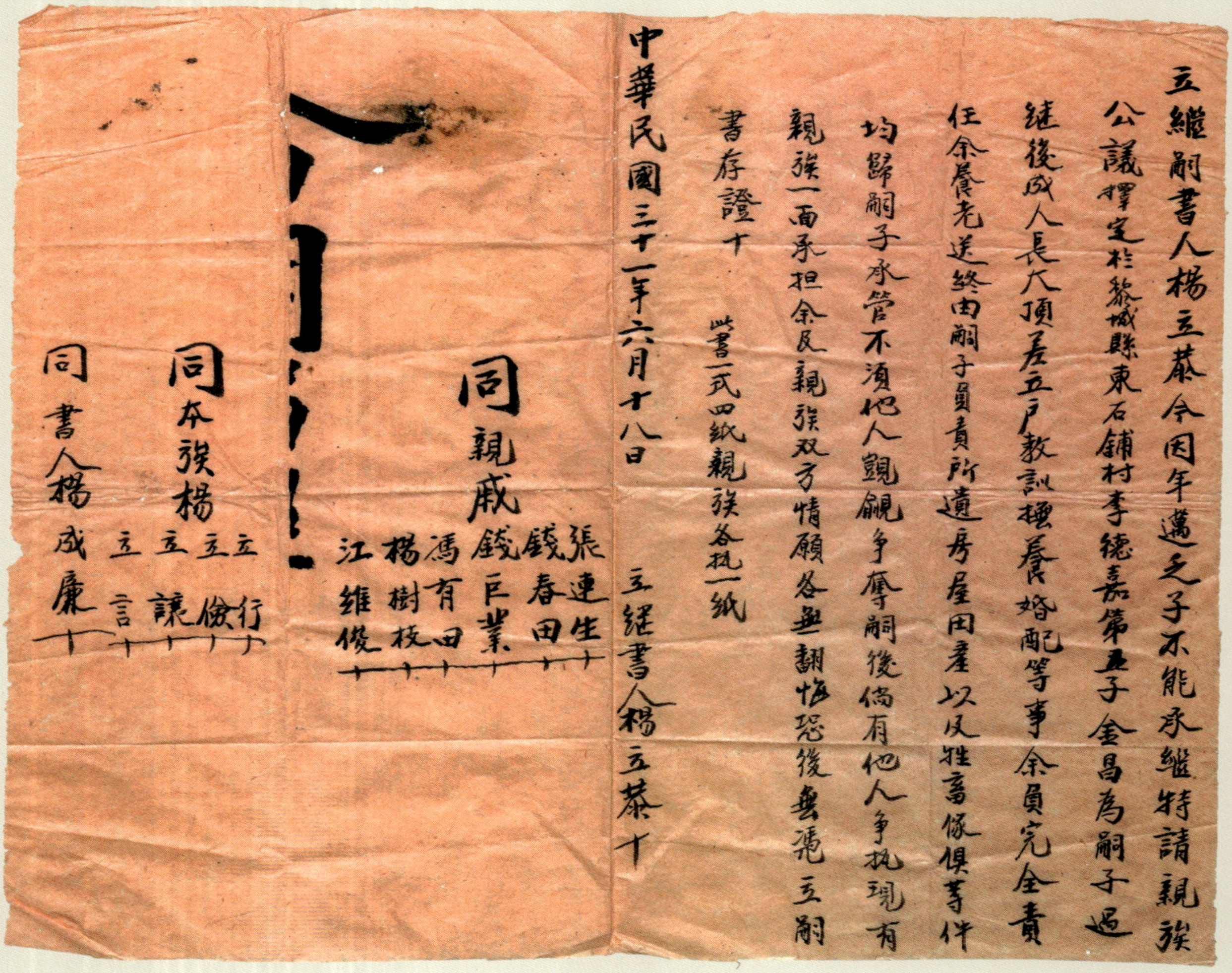

立繼嗣書人楊立恭今因年邁乏子不能承繼特請親族
公議擇定於黎城縣東石鋪村李德嘉第五子金昌為嗣子過
繼後成人長大頂差立戶教訓撫養婚配等事余負完全責
任余養老送終由嗣子負責所遺房屋田產以及牲畜傢俱等件
均歸嗣子承管不須他人覬覦爭奪嗣後倘有他人爭執現有
親族一面承担余及親族双方情願各無翻悔恐後無憑立嗣
書存證十
此書一式四紙親族各執一紙
中華民國三十一年六月十八日
立繼書人楊立恭十
同親戚 張連生十 錢春田十 錢巨業十 馮有田十 楊樹枝十 江維俊十
同本族楊立行十 立儉十 立讓十 立言十
同書人楊成康十

◎ **杨立恭过继李金昌为子继嗣书**

年代：民国三十一年（1942）

尺寸：253×284 毫米

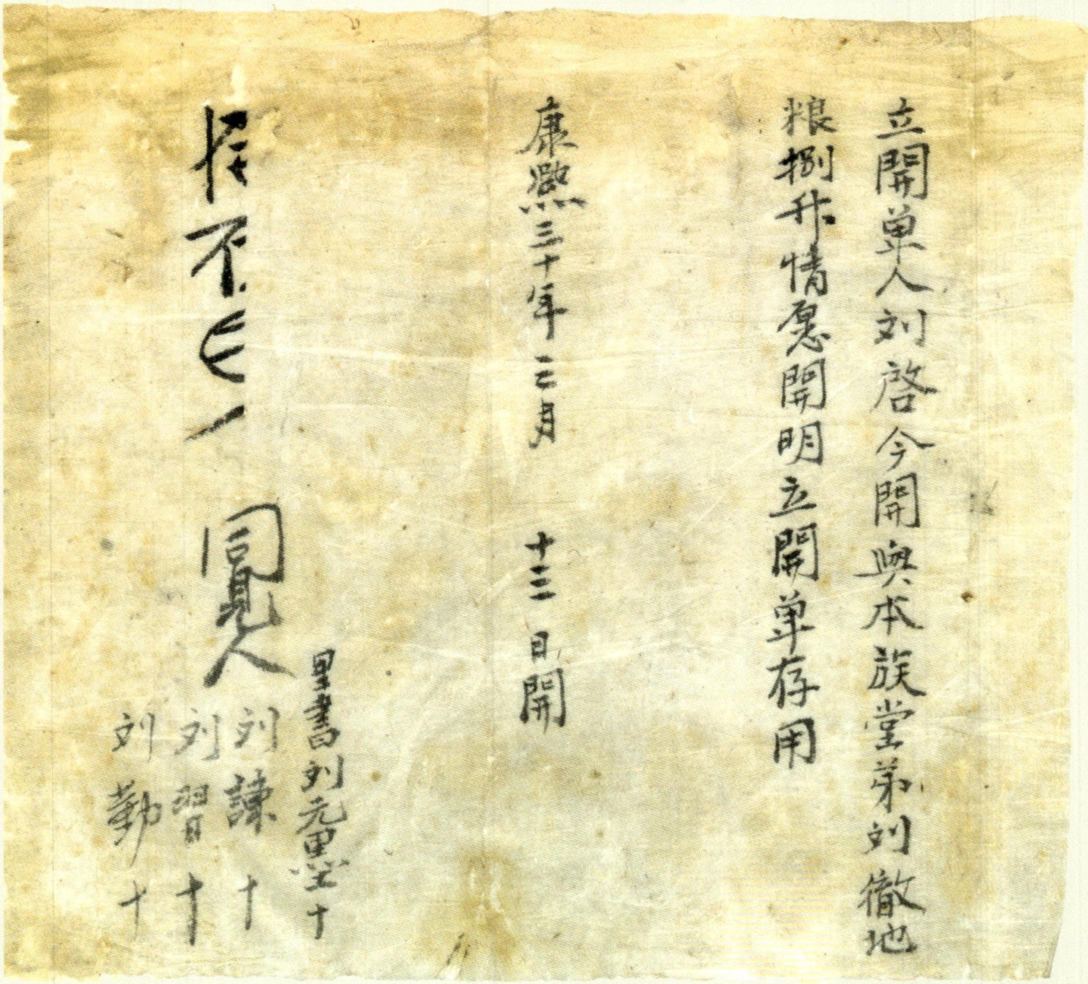
立開单人刘啓今開與本族堂弟刘徹地
粮捌升情愿開明立開单存用
康熙三十年三月十三日開
同見人
里書刘元量十
刘謙十
刘習十
刘勤十

◎ **刘启地粮开单**

年代：康熙三十年（1691）

尺寸：176×190 毫米

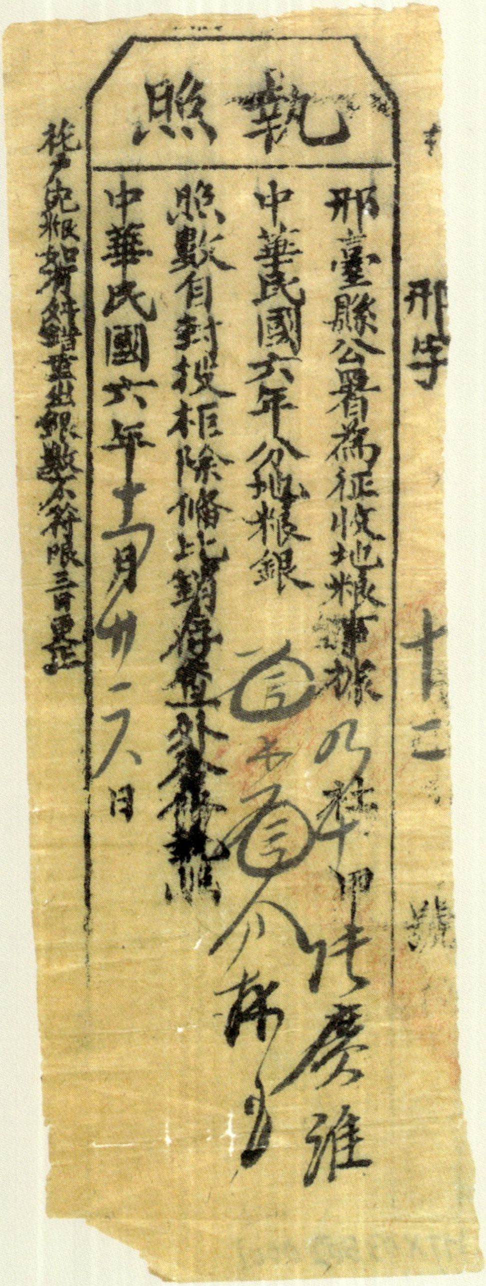

◎ 邢台县张广淮交纳地粮执照

年代：民国六年（1917）

尺寸：210×68 毫米

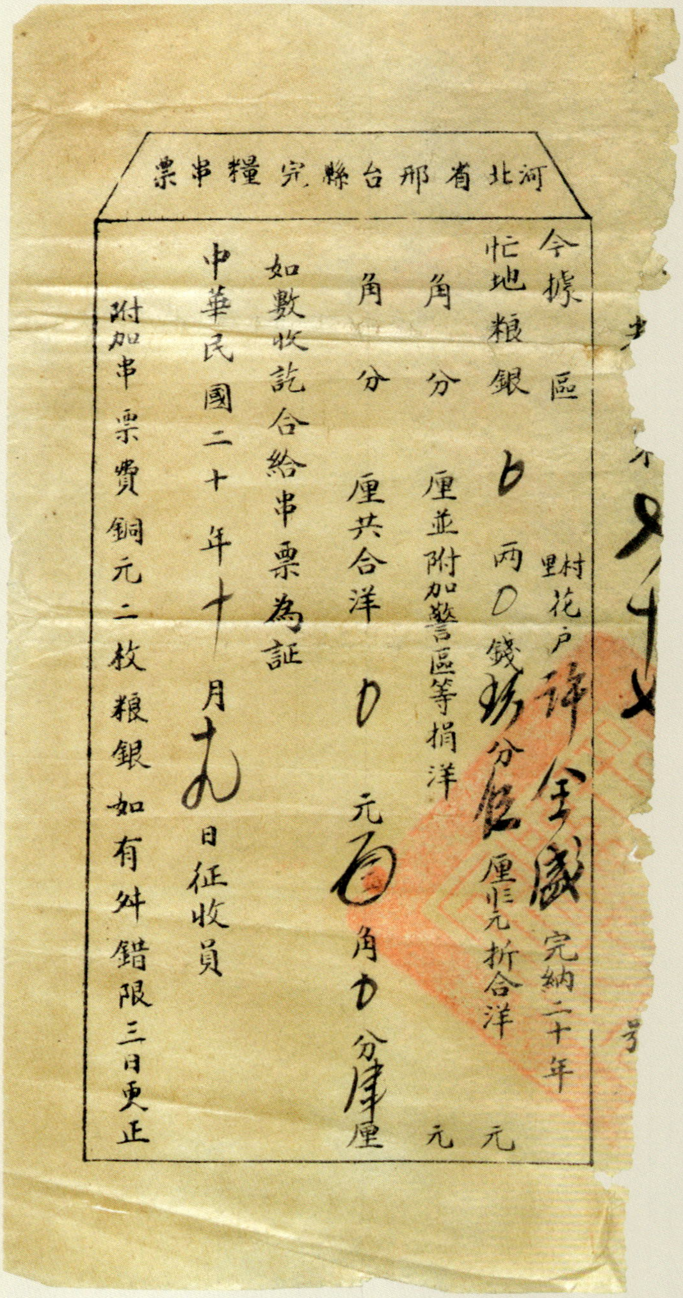

◎ 河北省邢台县许全盛完粮串票

年代：民国二十年（1931）

尺寸：216×109 毫米

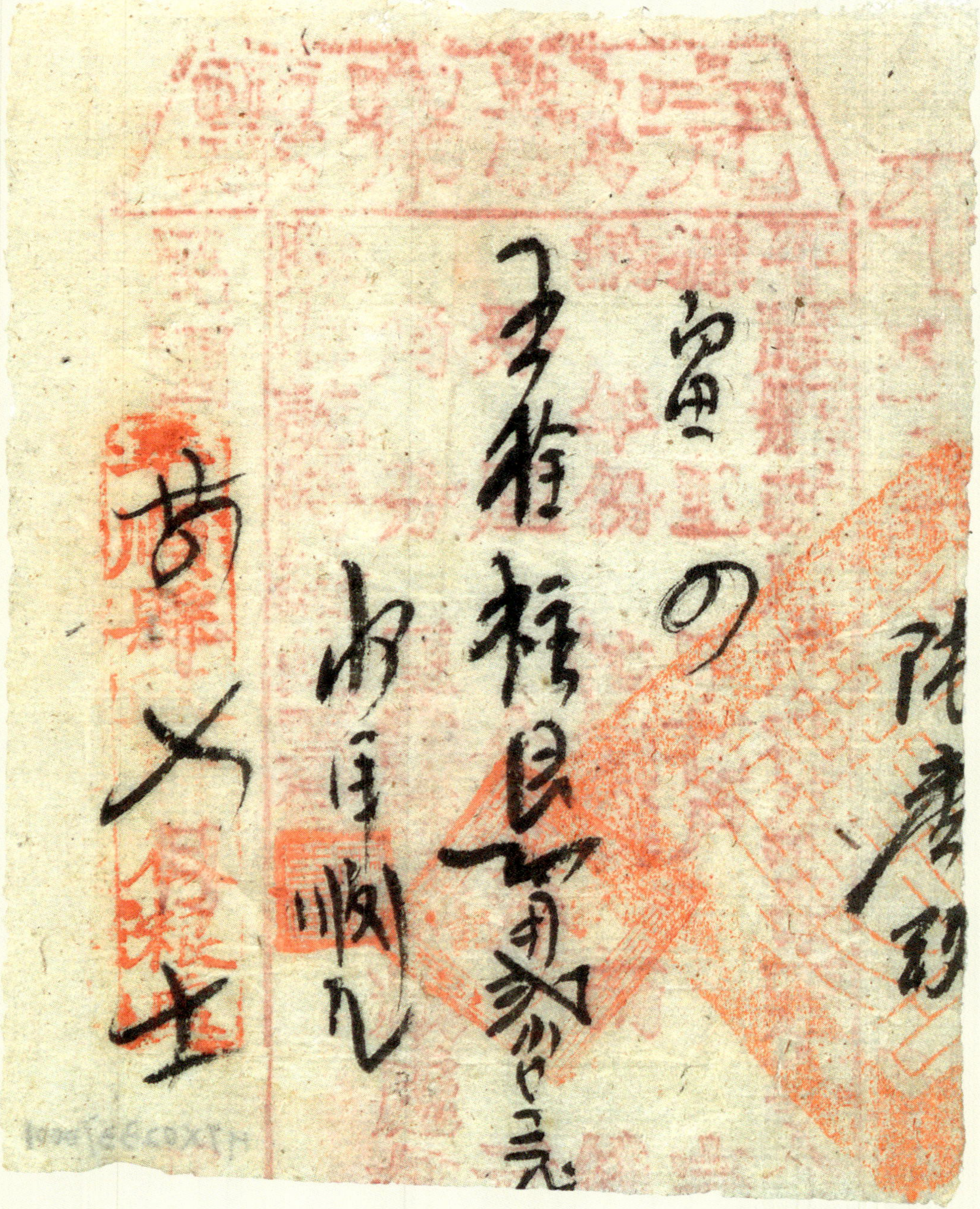

◎ **平顺县王栓柱完粮串票**

年代：民国二十四年（1935）

尺寸：132×105 毫米

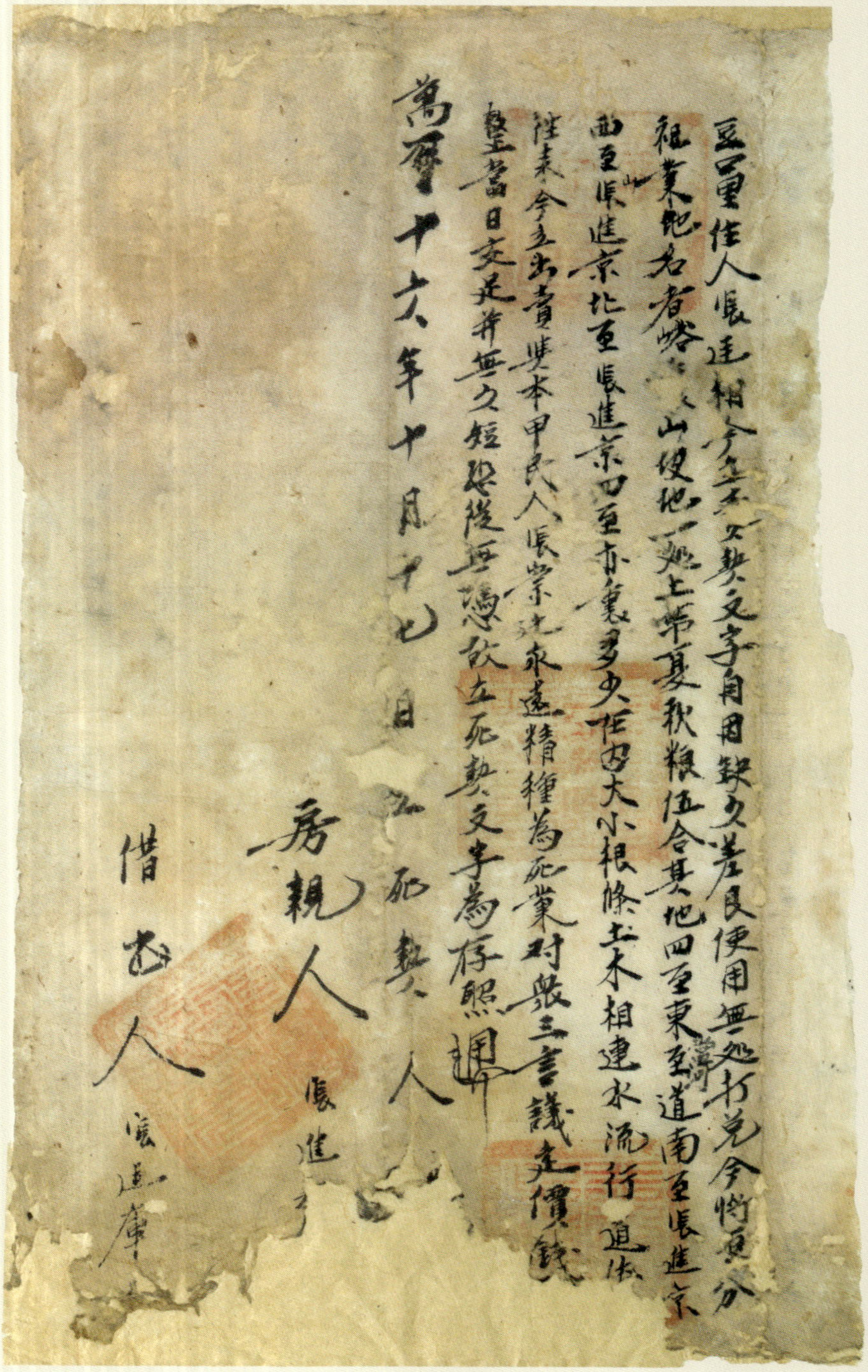
豆口里住人張廷相今立死賣契文字自因缺欠差良使用無処打兑今將自分
祖業地名者峪〻山坡地一処上帶夏秋粮伍合其地四至東至道南至張進京
西至張進京北至張進京四至[illegible][illegible]多少任由大小根條土木相連水流行道依
陸來今立出賣與本甲民人張崇[illegible]永遠耕種為死業對衆言議定價錢
壹當日交足并無欠短恐後無憑故立死契文字為存照
萬曆十六年十月十七日　立死契人
房親人　張進[illegible]
借[illegible]人　張進[illegible]

◎ **平顺豆口里张廷相卖地死契**

年代：万历十六年（1588）

尺寸：447×270 毫米

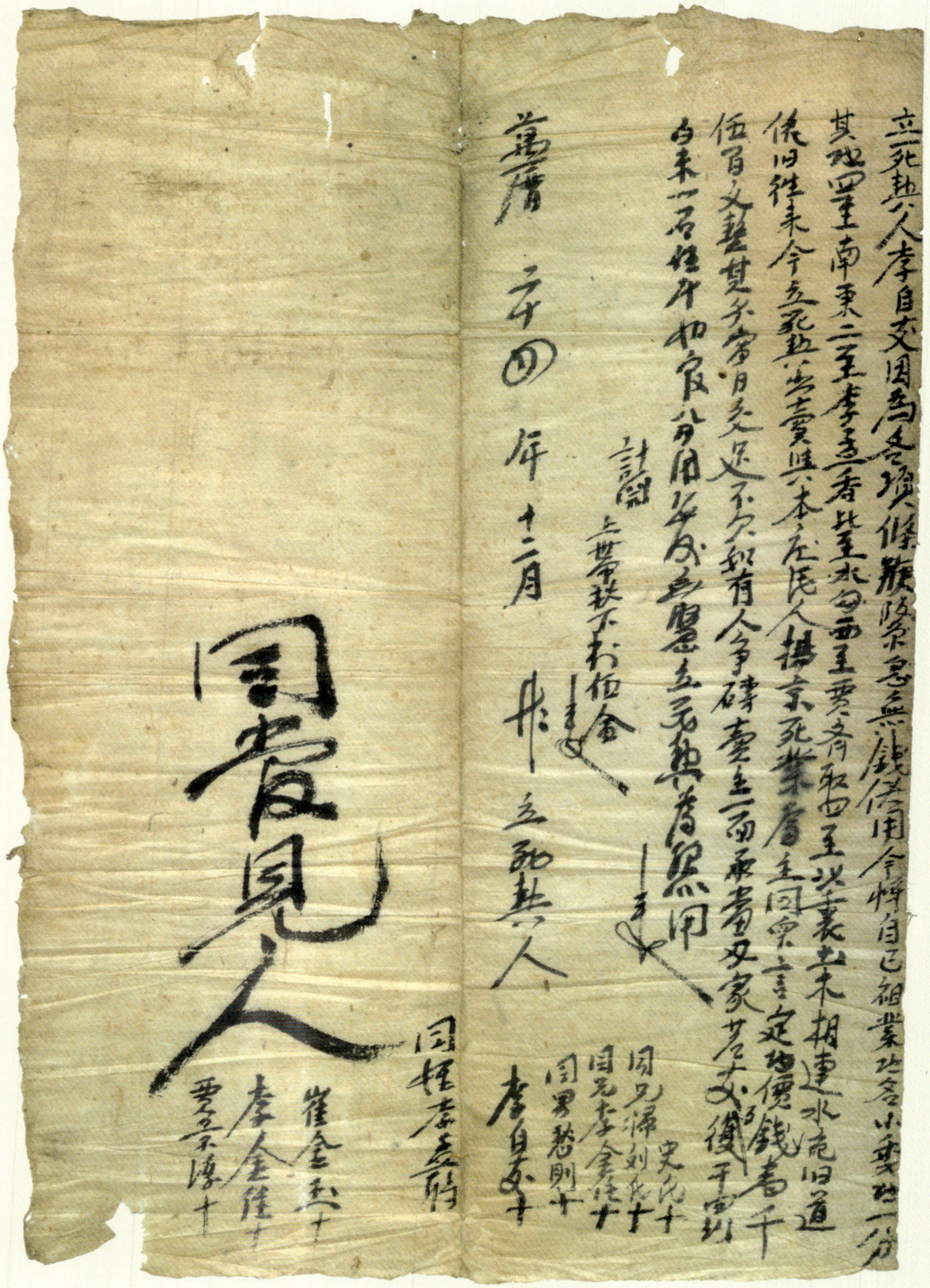

◎ 李自交卖地死契

年代：万历二十四年（1596）

尺寸：416×307 毫米

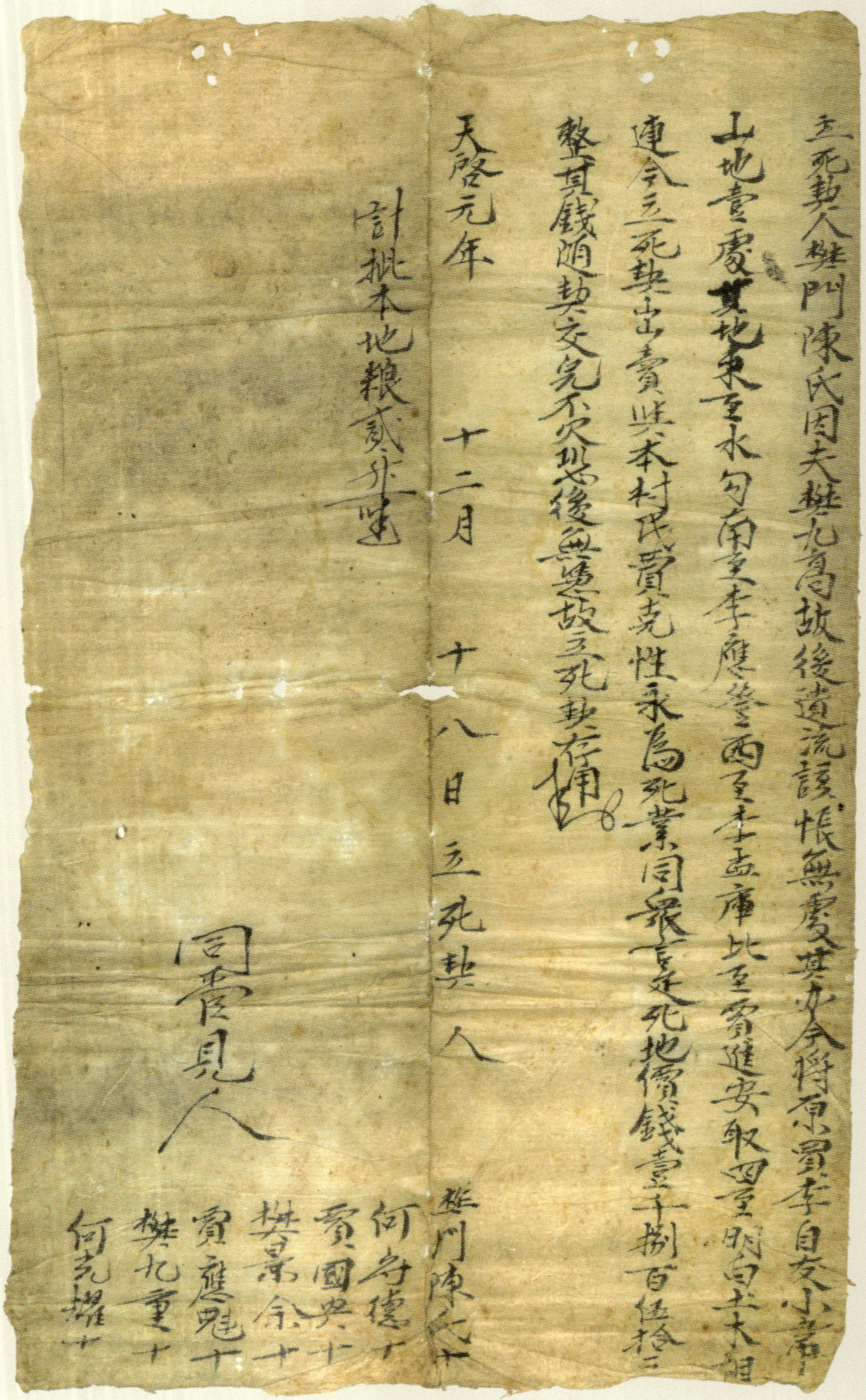

立死契人樊門陳氏因夫樊九高故後遺流該帳無處其办今將原買李自安小常
山地壹處其地東至水句南至李應登西至李孟庫北至賀進安取四至明白土大祖
連令立死契出賣與本村民賀克性永為死業同衆言定死地價錢壹千捌百伍拾二
整其錢隨契交兑不欠恐後無憑故立死契存照
天啓元年　十二月　十八日　立死契人　樊門陳氏十
計批本地糧貳升半
同中見人　何守德十　賈國典十　樊案余十　賈應魁十　樊九重十　何克耀十

◎ **樊门陈氏卖地死契**

年代：天启元年（1621）

尺寸：391×246 毫米

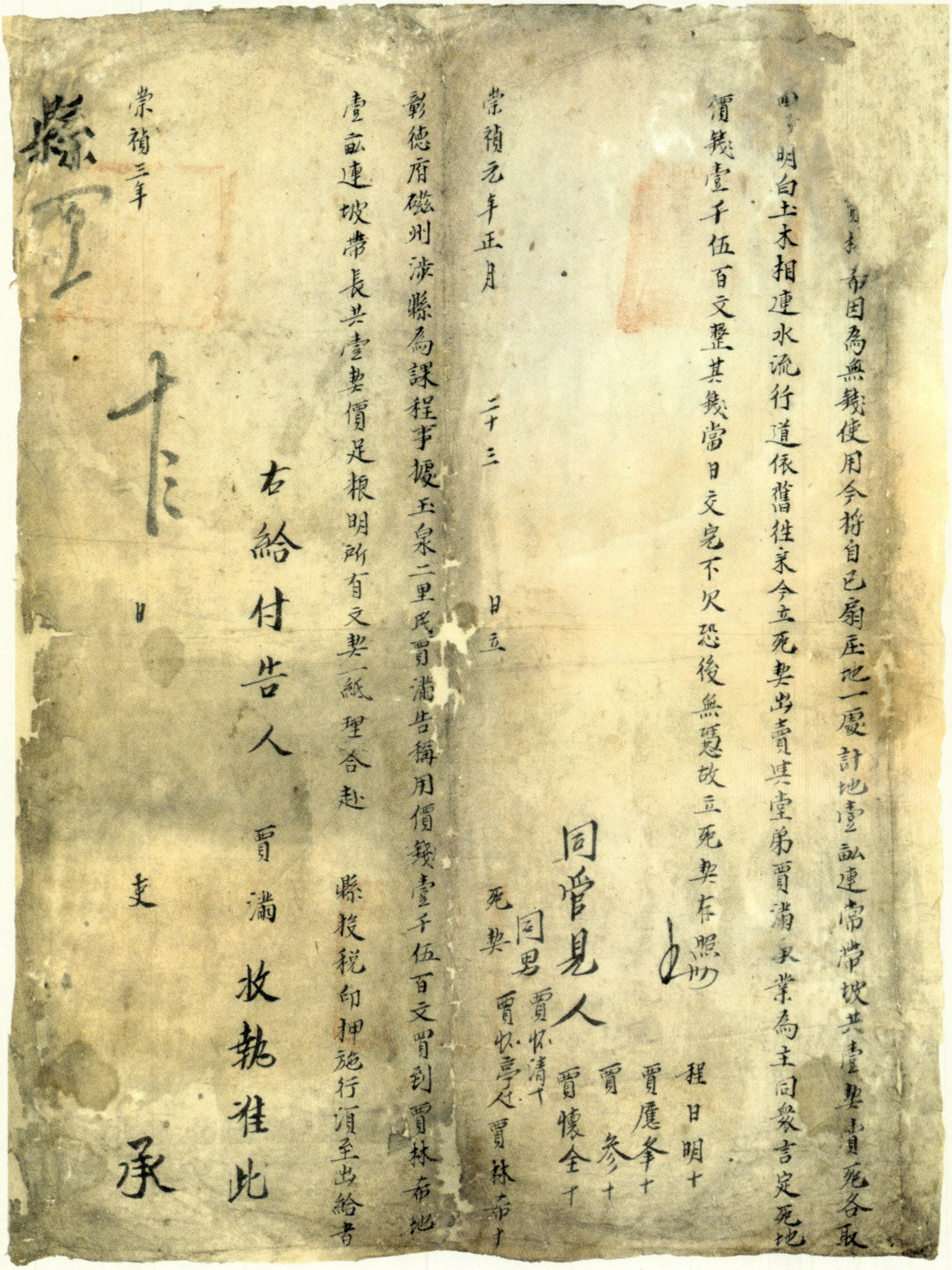

◎ 彰德府磁州涉县玉泉二里贾林希卖地死契

年代：崇祯元年（1628）

尺寸：465×335 毫米

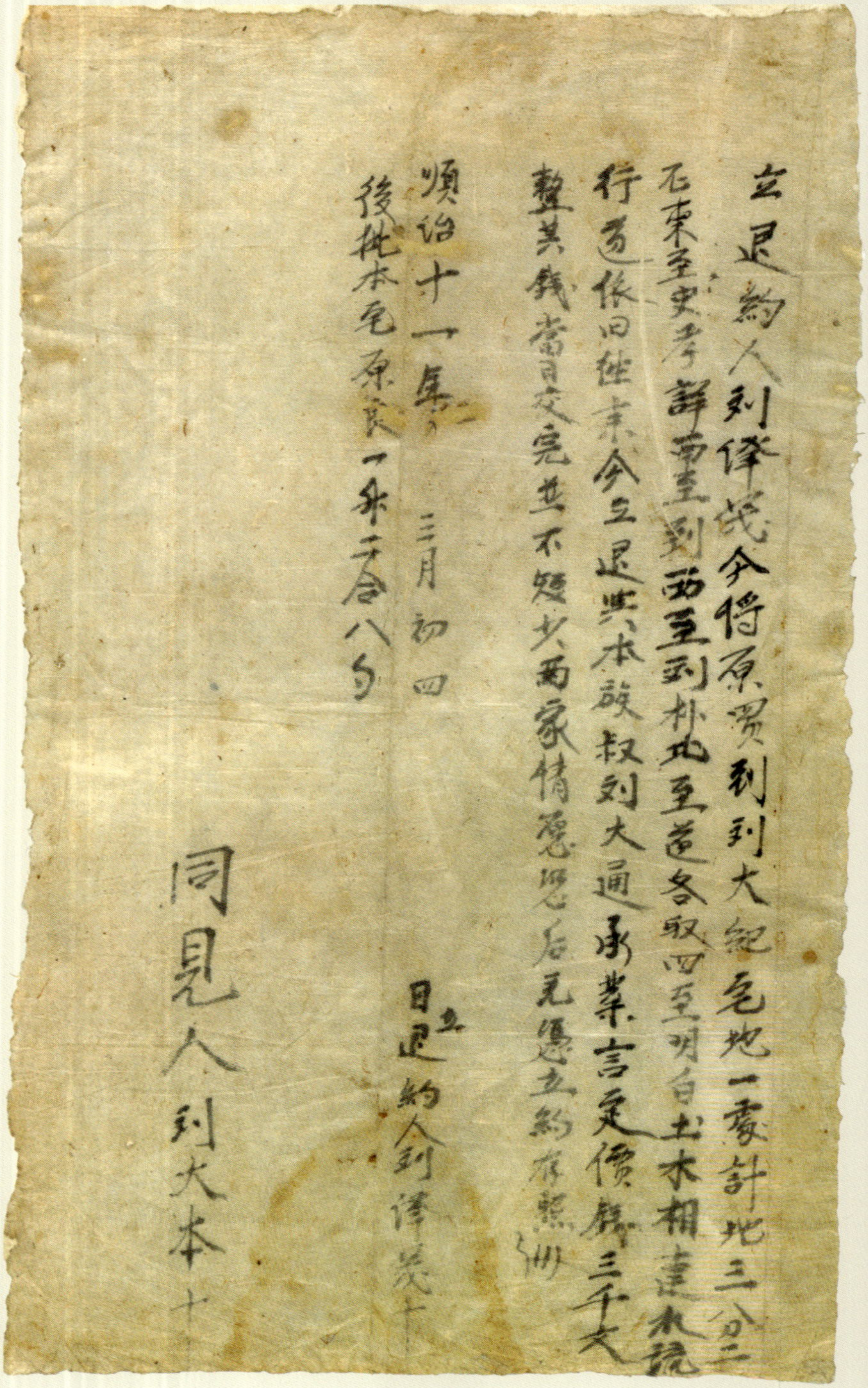
立退約人劉澤茂今將原買到劉大紀宅地一處計地三分二
厘東至史孝詳南至劉西至劉朴北至道各取四至明白土木相連水流
行道依旧往來今立退與本族叔劉大通承業言定價錢三千大
整其錢當日交完並不短少兩家情愿恐後無憑立約存照用
順治十一年　三月初四　日立
後批本宅原價一千二百八分
退約人劉澤茂十
同見人劉大本十

◎ **刘泽茂买卖宅地退约**

年代：顺治十一年（1654）

尺寸：337×197 毫米

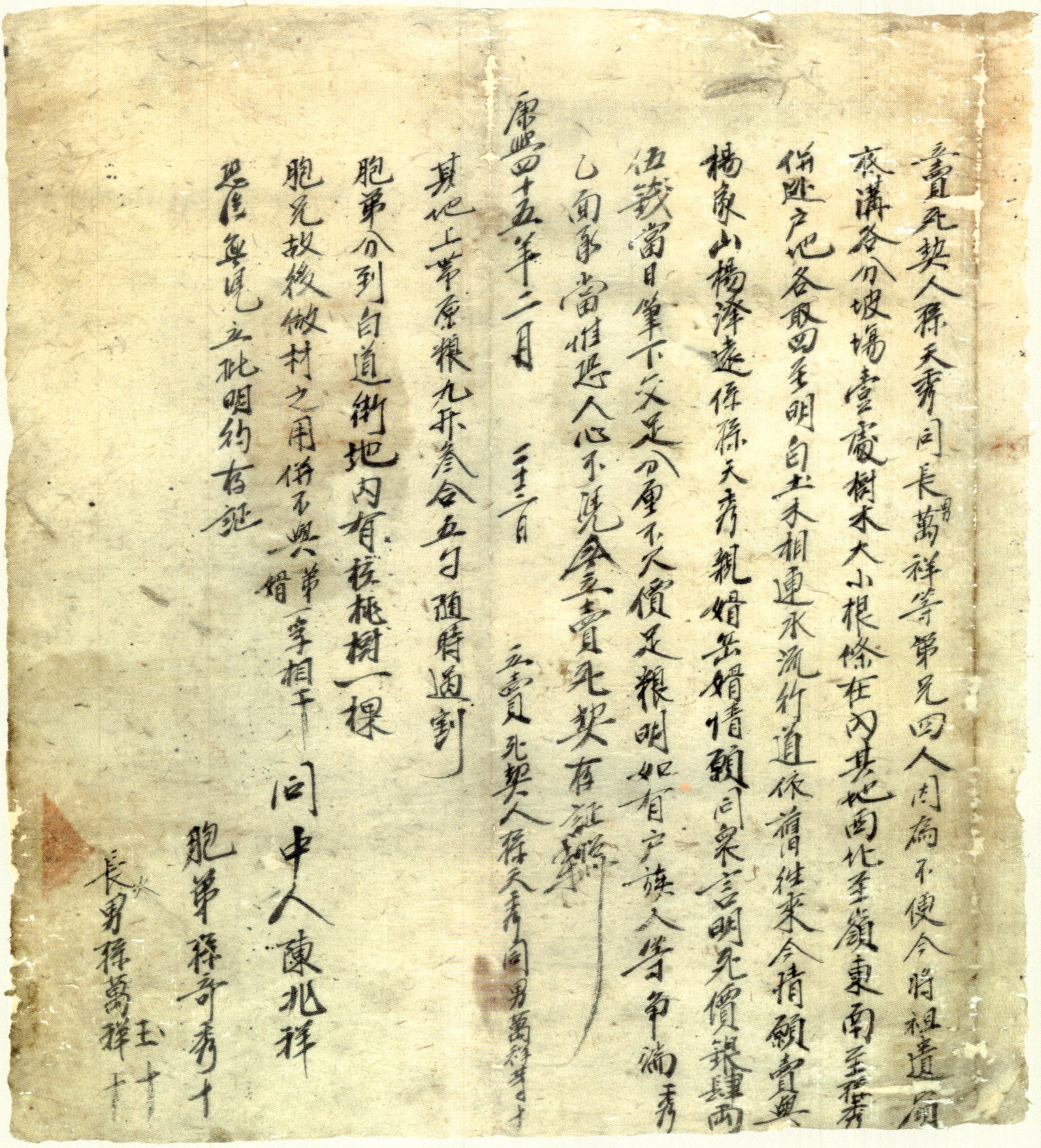

立賣死契人孫天秀同長男萬祥等弟兄四人因爲不便今將祖遺前
底溝各分坡場壹處樹木大小根條在內其地西北至嶺東南至孫秀
併址户地各取四至明白土木相連水流行道依舊往來今情願賣與
楊家山楊澤遠係孫天秀親婿無婿情願同眾言明死價銀肆兩
伍錢當日筆下交足分厘不欠價足粮明如有户族人等爭論秀
一面承當惟恐人心不足立賣死契存証
康熙四十五年二月　二十三日　立賣死契人孫天秀同男萬祥等十
其地上帶原粮九升叁合五勺隨時過割
胞弟分到白道街地內有核桃樹一棵
胞兄拔後做村之用併不與弟婿一字相干
恐後無憑立批明約存証
同中人陳兆祥
胞弟孫奇秀十
長男孫萬祥　玉　十

◎ 孙天秀同长男孙万祥等弟兄四人卖场卖死契

年代：康熙四十五年（1706）

尺寸：371×325 毫米

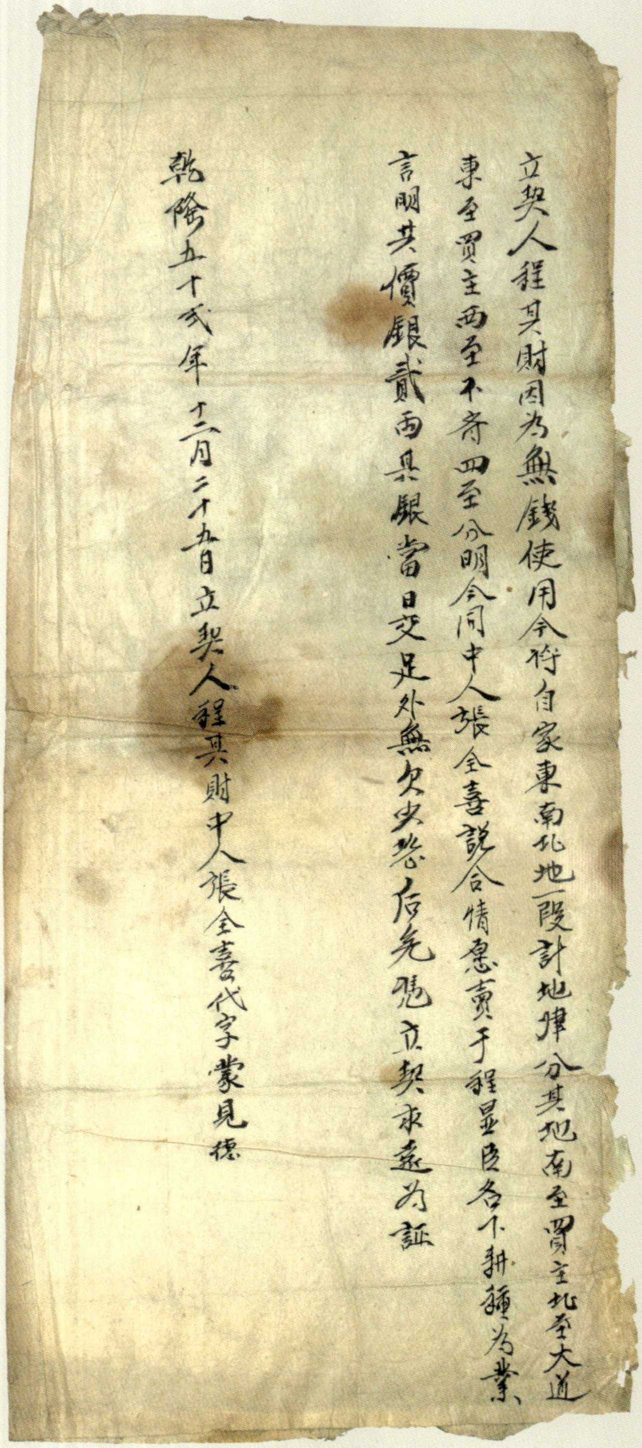

立契人程其財因為無錢使用今將自家東南北地一段計地肆分其地南至買主北至大道
東至買主西至不齊四至分明今同中人張金喜說合情愿賣于程昱良名下耕種為業
言明共價銀貳兩其銀當日交足外無欠少恐后無憑立契永遠為証
乾隆五十弍年十二月二十五日立契人程其財中人張金喜代字蒙見標

◎ **程其财卖地契**

年代：乾隆五十二年（1787）

尺寸：566×215 毫米

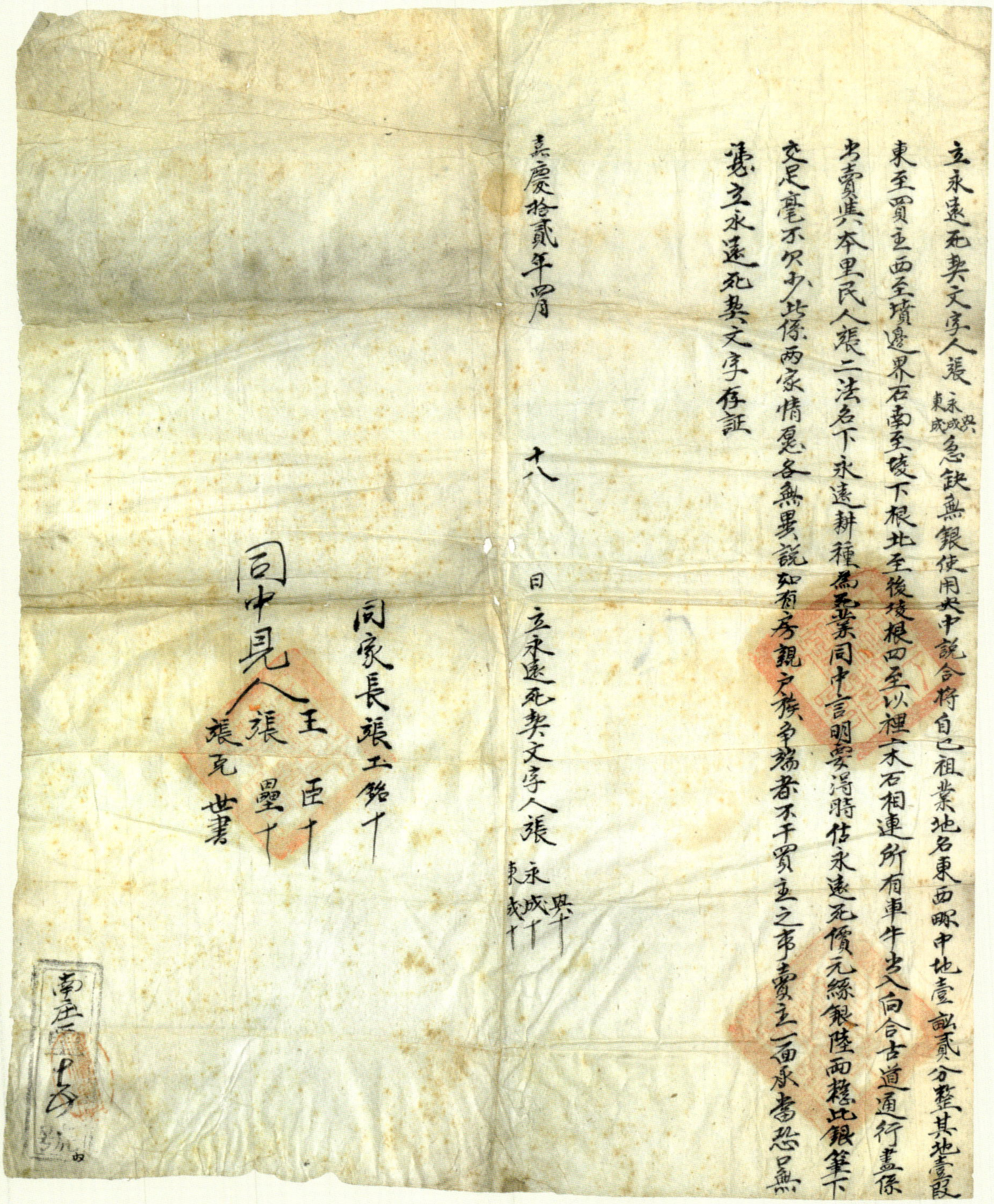

立永遠死契文字人張興、永成、東成，急缺無銀使用，央中說合，將自己祖業地名東西畈中地壹畝貳分整，其地壹段，
東至買主，西至墳邊界石，南至坡下根，北至後坡根，四至以裡，土木石相連，所有車牛出入，向合古道通行，盡係
出賣與本里民人張二法名下永遠耕種爲死業，同中言明，要得時估永遠死價元絲銀陸兩整，此銀筆下
交足，毫不欠少，此係兩家情愿，各無異說，如有房親戶族爭端者，不干買主之事，賣主一面承當，恐口無
憑，立永遠死契文字存証。

嘉慶拾貳年四月十八日　立永遠死契文字人張興十　永成十　東成十

同家長張玉銘十

同中見人　王臣十　張璺十　張克世書

◎ 高平县张兴、张永成、张东成卖地永远死契文字

年代：嘉庆十二年（1807）

尺寸：500×394 毫米

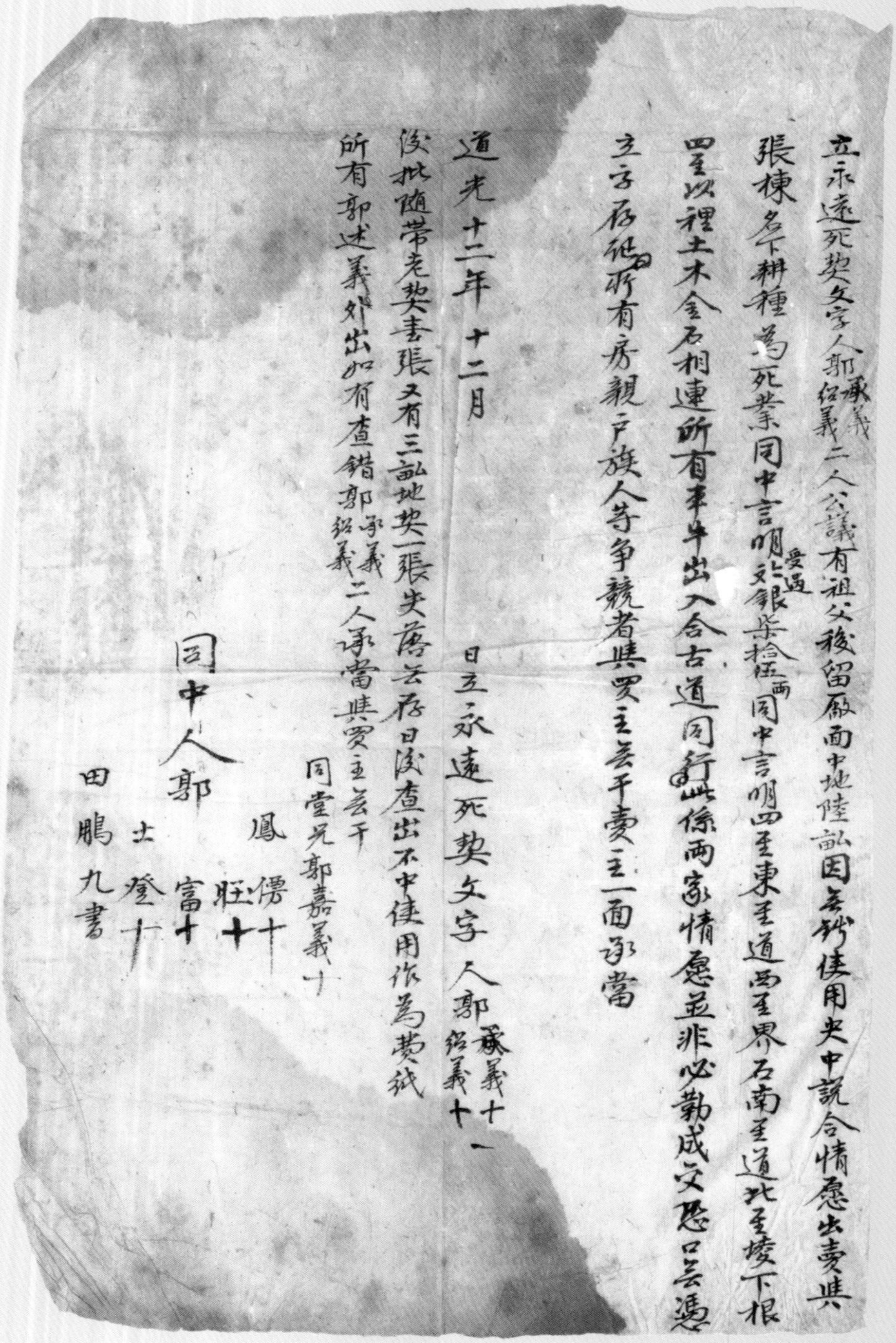

◎ 郭承义、郭绍义卖地永远死契文字

年代：道光十二年（1832）

尺寸：437×275毫米

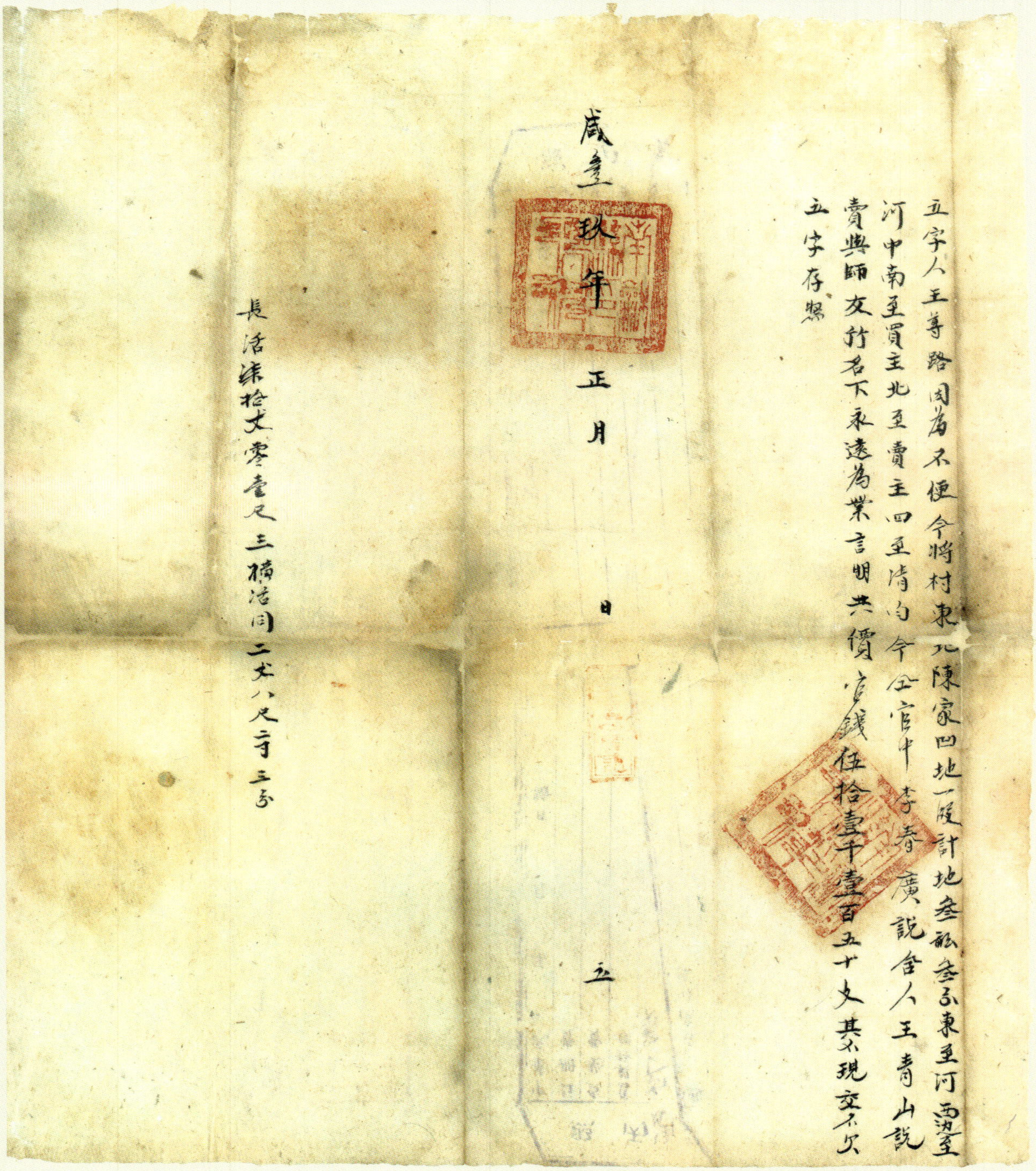
立字人王尊路因為不便今將村東北陳家凹地一段計地叁畝叁分東至河西至河中南至買主北至賣主四至清白今仝官中李春廣説合人王青山説賣與師友新名下永遠為業言明共價官錢伍拾壹千壹百五十文其錢現交不欠立字存照

咸豐玖年正月　　日　立

長活柒拾丈零壹尺三 横活闊二丈八尺寸三分

◎ **南和县王尊路卖地字据**

年代：咸丰九年（1859）

尺寸：518×459毫米

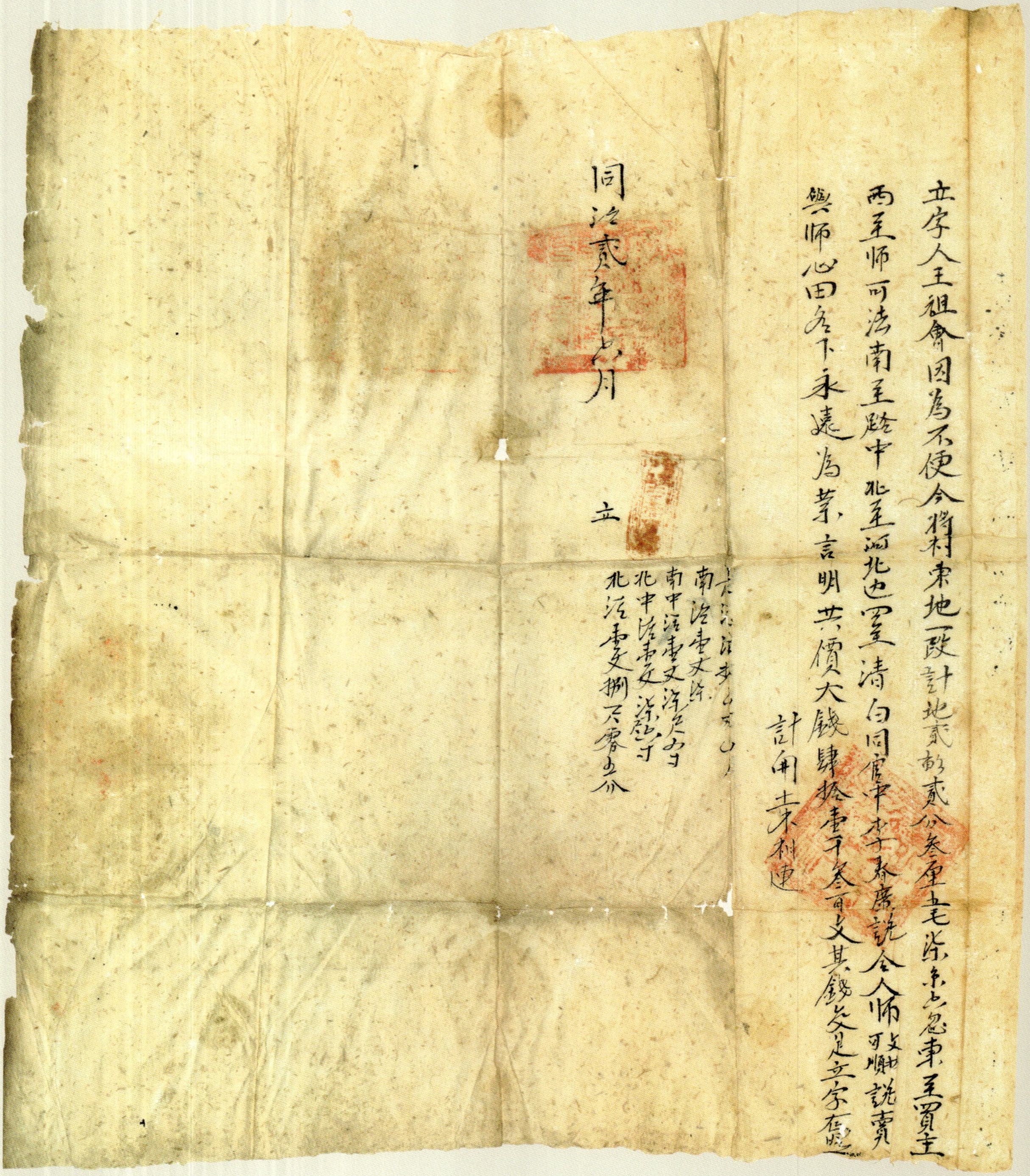
立字人王祖會因為不便今將村東地一段計地貳畝貳分叁厘五毛柒絲七忽東至買主
西至師可法南至路中北至河北也四至清白同中李春席說合入師可文師可順說賣
與師心田名下永遠為業言明共價大錢肆拾壹千叁百文其錢交足立字存照
計開十字村東
[illegible]
同治貳年七月
立

◎ **南和县王祖会卖地字据**

年代：同治二年（1863）

尺寸：525×439 毫米

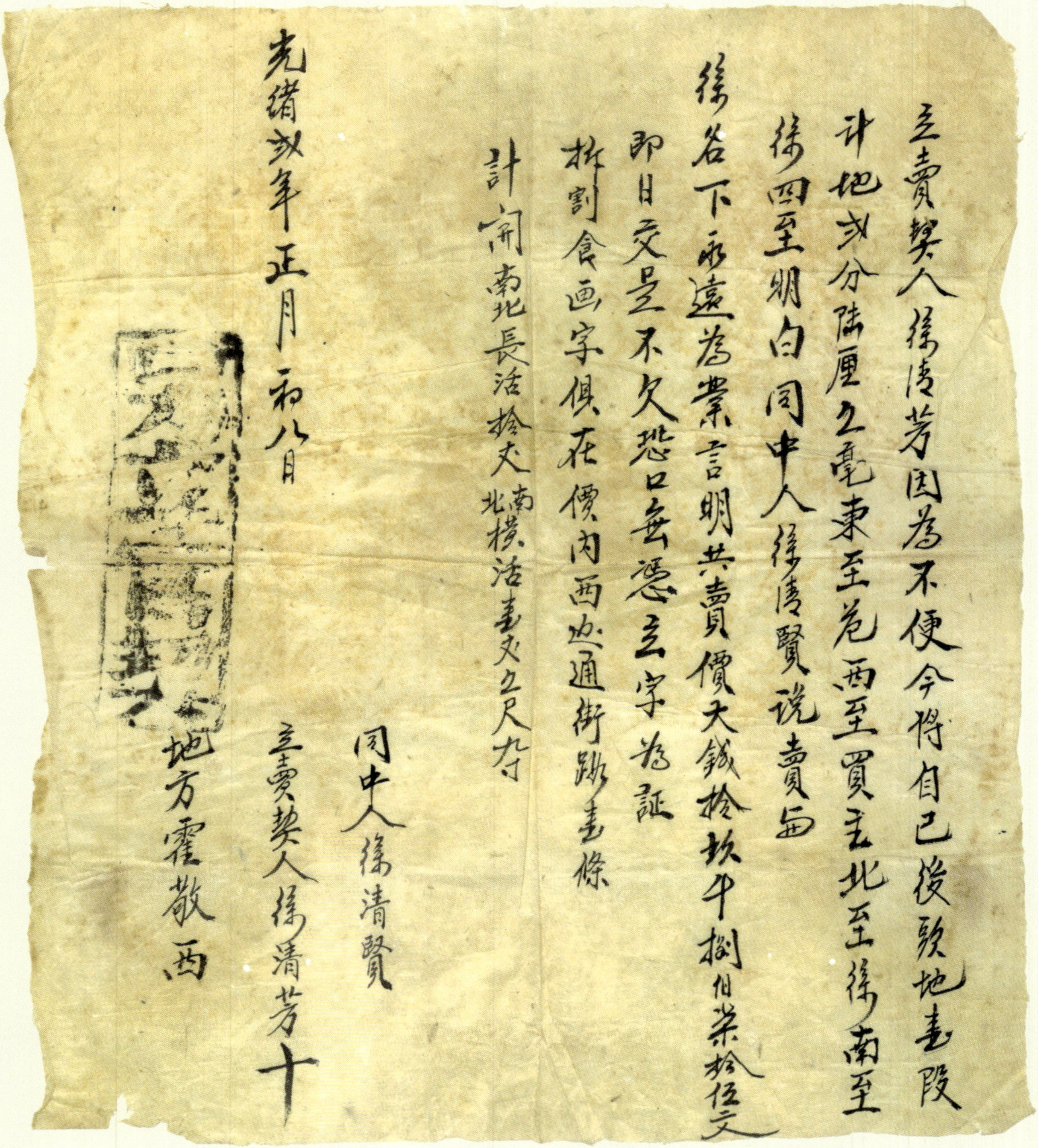
立賣契人徐清芳因為不便今將自己後頭地壹段
計地弍分陸厘五毫東至范西至買主北至徐南至
徐四至明白同中人徐清賢說賣與
徐名下永遠為業言明共賣價大錢拾玖千捌佰柒拾伍文
即日交足不欠恐口無憑立字為証
折割食画字俱在價內西出通街路壹條
計開南北長活拾丈南北橫活壹丈五尺九寸
同中人徐清賢
立賣契人徐清芳十
光緒弍年正月初八日
地方霍敬西

◎ 徐清芳卖地卖契

年代：光绪二年（1876）

尺寸：375×323 毫米

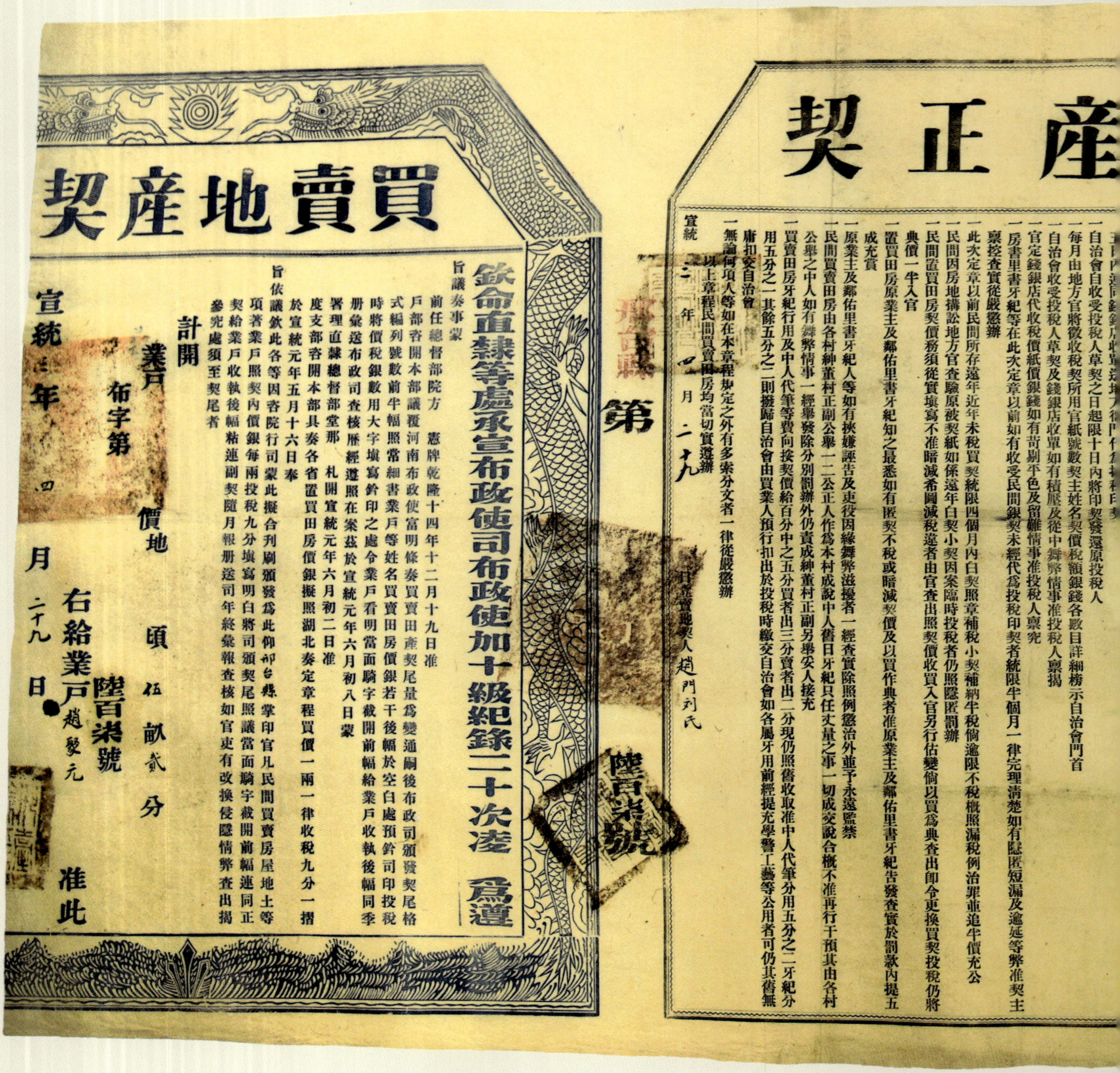

◎ 邢台县赵聚元买赵门刘氏土地四联契

年代：宣统元年至民国三年（1909～1914）

尺寸：草契 403×384 毫米，买契 296×202 毫米，正契 564×512 毫米，契尾 564×325 毫米

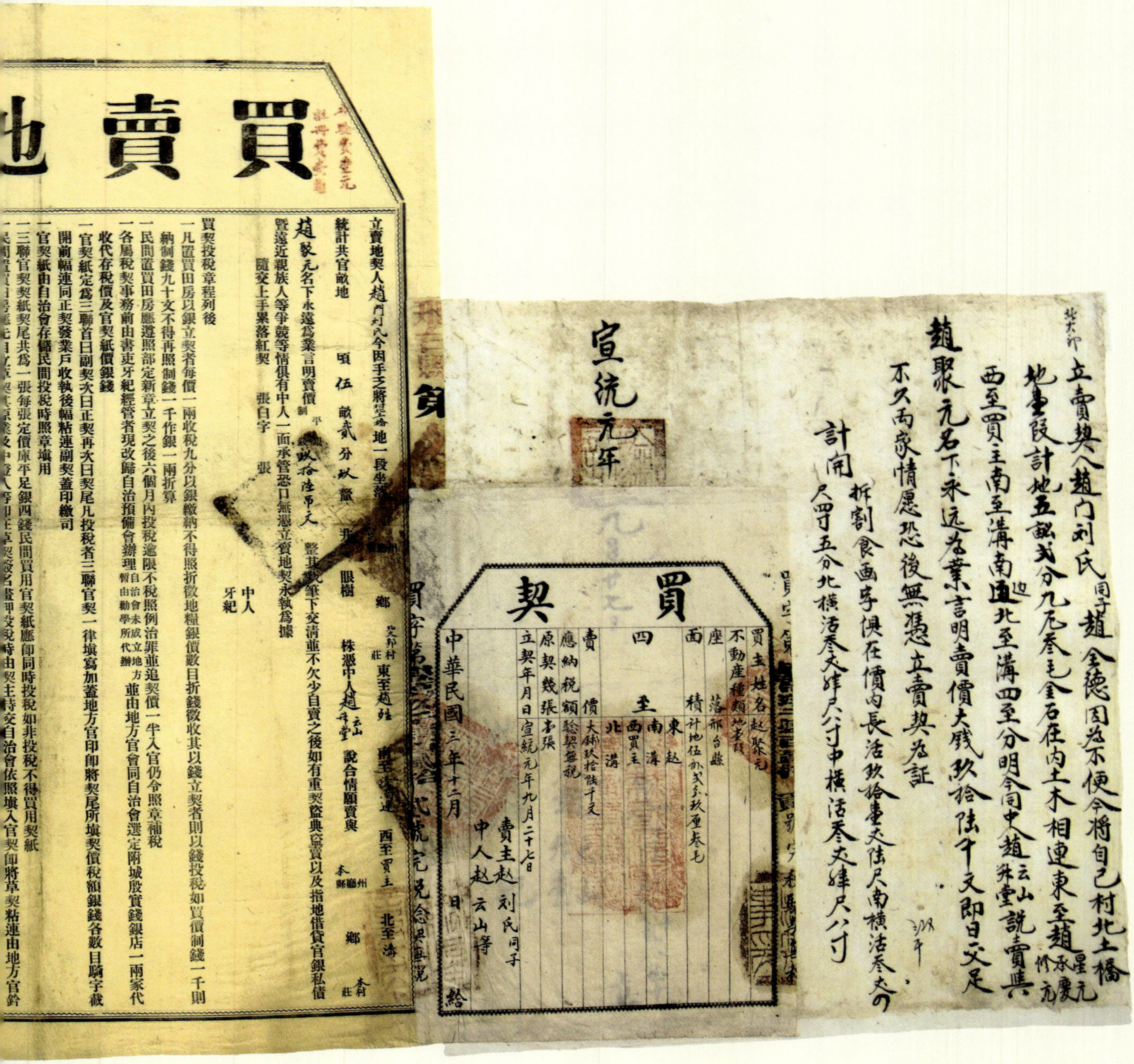

立賣契人趙门刘氏同子趙金德因為不便今將自己村北土橋地壹段計地五畝弍分九厘叁毛金石在内土木相連東至趙星元承慶修元西至買主南至溝南边北至溝四至分明今同中人趙云山弥堂說賣與趙聚元名下永遠為業言明賣價大錢玖拾陆千文即日交足不欠丙家情愿恐後無憑立賣契為証

計開 折割食画字俱在價内長活玖拾壹丈陆尺南横活叁丈四尺四五分北横活叁丈肆尺八寸中横活叁丈肆尺八寸

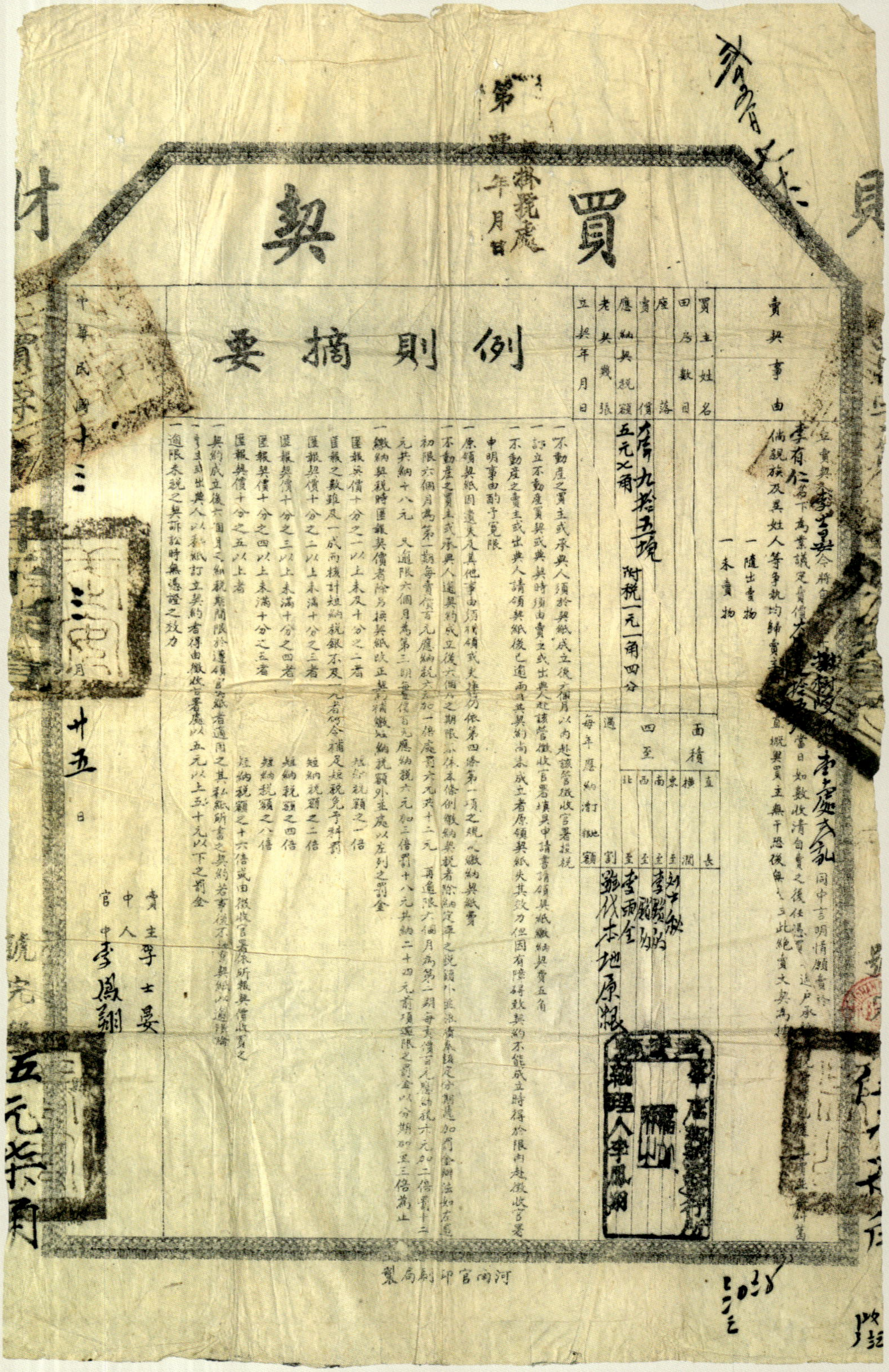

◎ 武安县李有仁买李士晏地买契

年代：民国十三年（1924）

尺寸：495×307 毫米

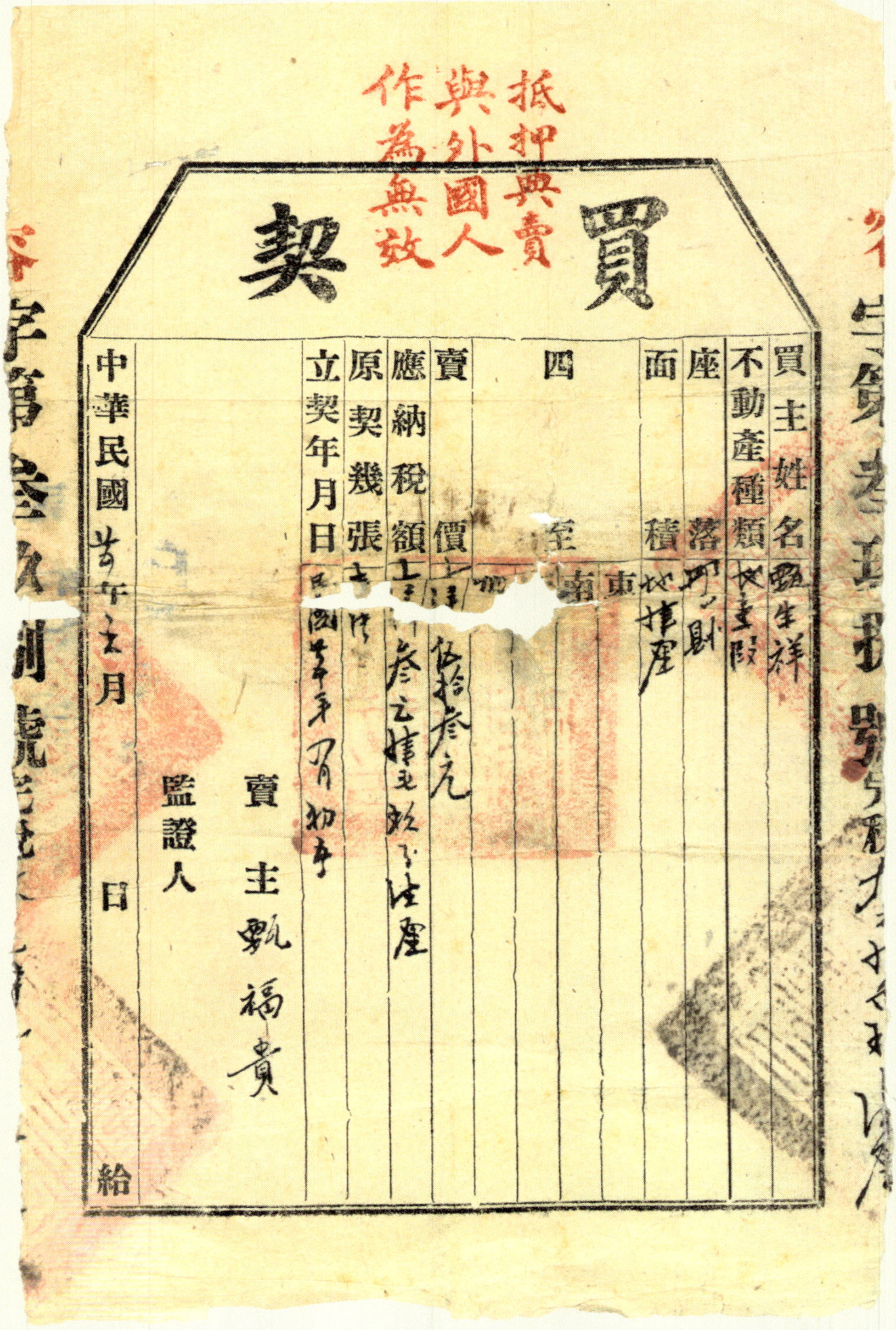

◎ 甄生祥买甄福贵地买契

年代：民国二十五年（1936）

尺寸：277×180毫米

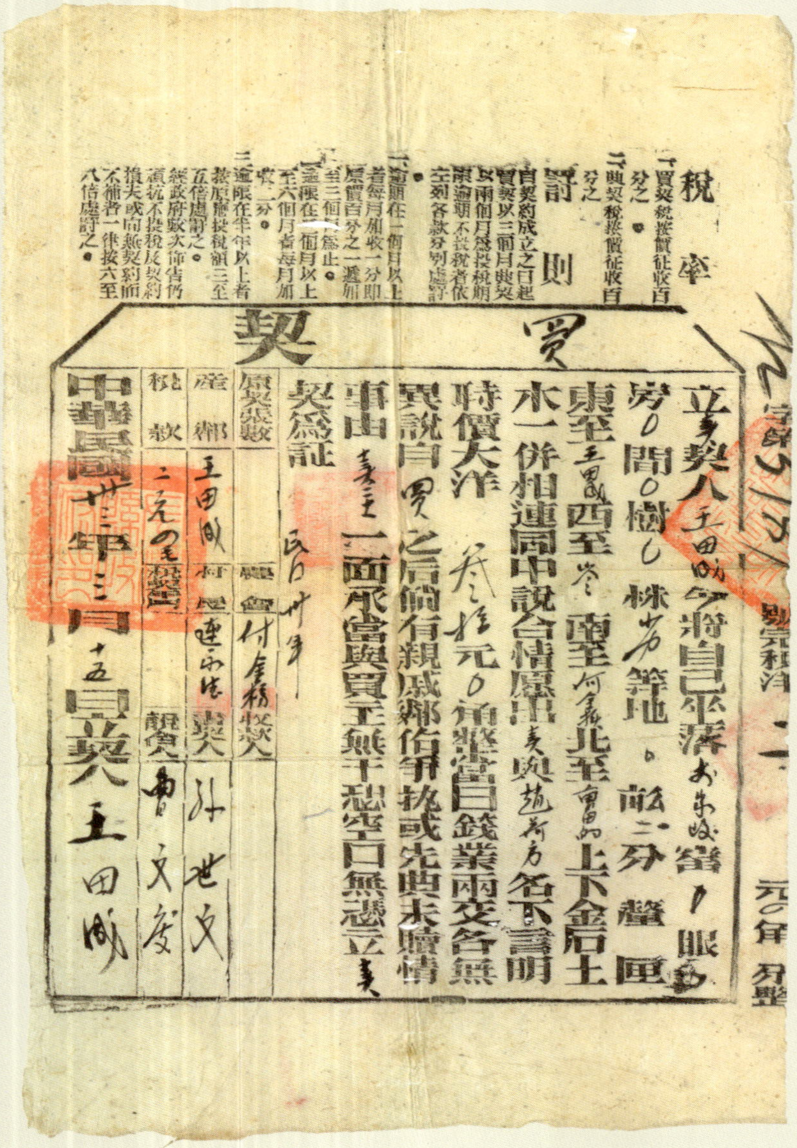
税率
一、買契稅按價征收百分之
二、典契稅按價征收百分之
罰則
自契約成立之日起買契以三個月典契以兩個月為投稅期限逾期不投稅者依左列各款分別處罰
一、逾期在一個月以上者每月加收一分即原價百分之一遞加至三個月為止
二、逾限在三個月以上至六個月者每月加收二分
三、逾限在半年以上者按原應投稅額三至五倍處罰之
經政府數次佈告仍頑抗不投稅及契約損失或向無契約而不補者一律按六至八倍處罰之

買契
立賣契人王田成今將自己坐落 窑1眼 房0間0樹0株 地 畝二分 整 東至王田成 西至 南至何金義 北至曹田 上下金石土木一併相連同中說合情願出賣與趙荷方名下言明時價大洋叁拾元0角整當日錢業兩交各無異說自賣之後倘有親族鄰佑爭執或先典未贖情事由賣主一面承當與買主無干恐空口無憑立賣契為証
原契張數
產鄉 王田成
稅款 二元0毛
付金榜
連永德
孫世文
曹文發
中華民國卅三年三月十五日立賣契人王田成

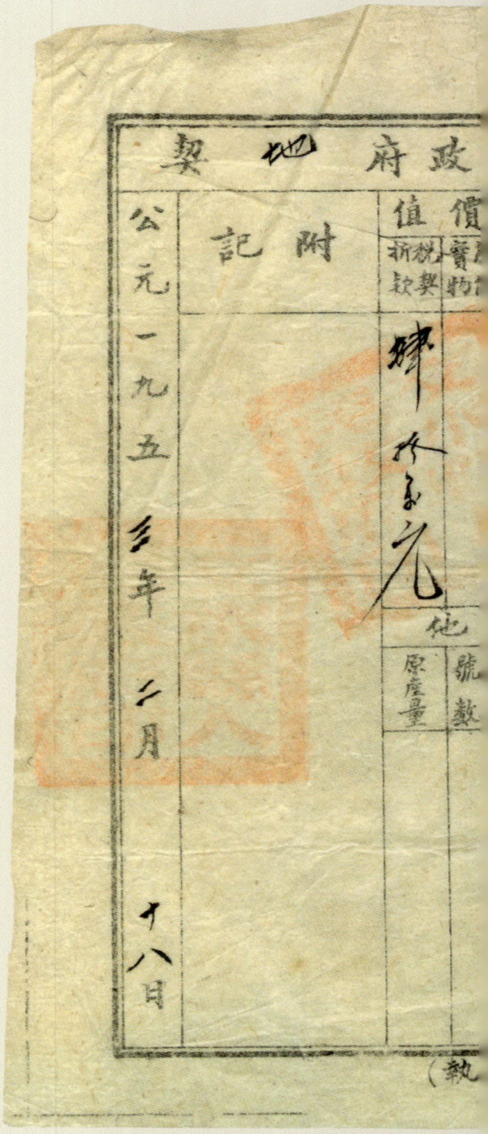
政府地契
價值
附記
公元一九五三年二月十八日

◎ 左权县赵荷方买王田成地买契

年代：民国三十三年（1944）

尺寸：430×296 毫米

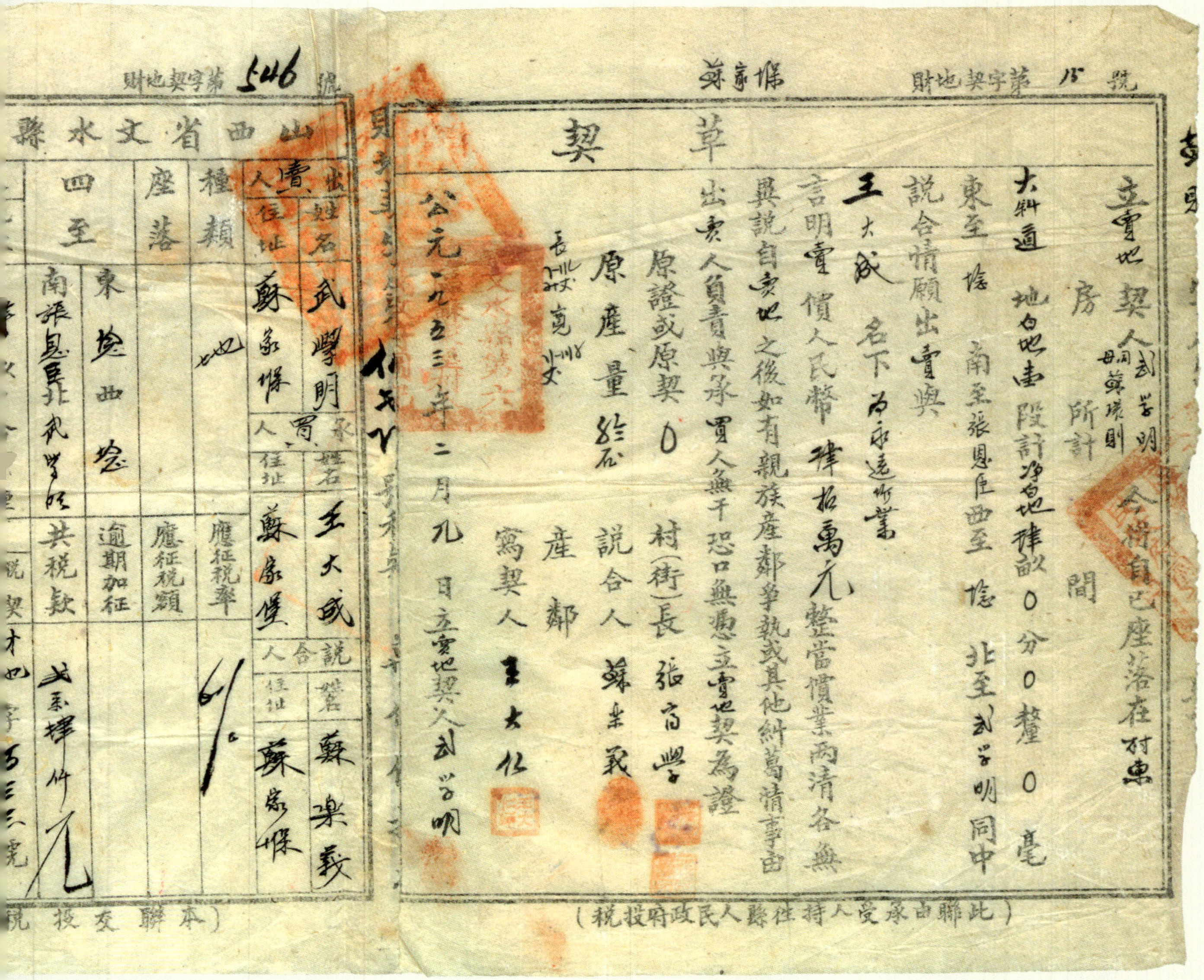

財地契字第546號

山西省文水縣

| | | |
|---|---|---|
| 賣主人 | 姓名 | 武學明 |
| | 住址 | 蘇家堡 |
| 買主人 | 姓名 | 王大成 |
| | 住址 | 蘇家堡 |
| 說合人 | 姓名 | 蘇来義 |
| | 住址 | 蘇家堡 |
| 種類 | | 地 |
| 座落 | | |
| 四至 | 東 | 墙 西 墙 |
| | 南 | 張恩臣 北 武学明 |
| 應征稅率 | | 6% |
| 應征稅額 | | |
| 逾期加征 | | |
| 共稅款 | | [illegible] |

（本聯交投稅）

財地契字第15號

蘇家堡

草契

立賣地契人武學明（同母蘇環則）今將自己座落在村東 房 間 所計 大料道 地白地壹段計净白地肆畝0分0釐0毫 東至墙 南至張恩臣 西至墙 北至武学明 同中說合情願出賣與王大成名下為永遠業 言明賣價人民幣肆拾萬元整當價業兩清各無異說自賣地之後如有親族産鄰爭執或其他糾葛情事由出賣人負責與承買人無干恐口無憑立賣地契為證

原證或原契 0

原產量 [illegible]

村（街）長 張富學

說合人 蘇来義

產鄰

寫契人 王大仁

公元一九五三年二月九日 立賣地契人 武学明

（此聯由承受人持往縣人民政府投稅）

◎ 山西省文水县苏家堡王大成买武学明地草契并地契

年代：1953

尺寸：草契 251×252 毫米，地契 251×231 毫米

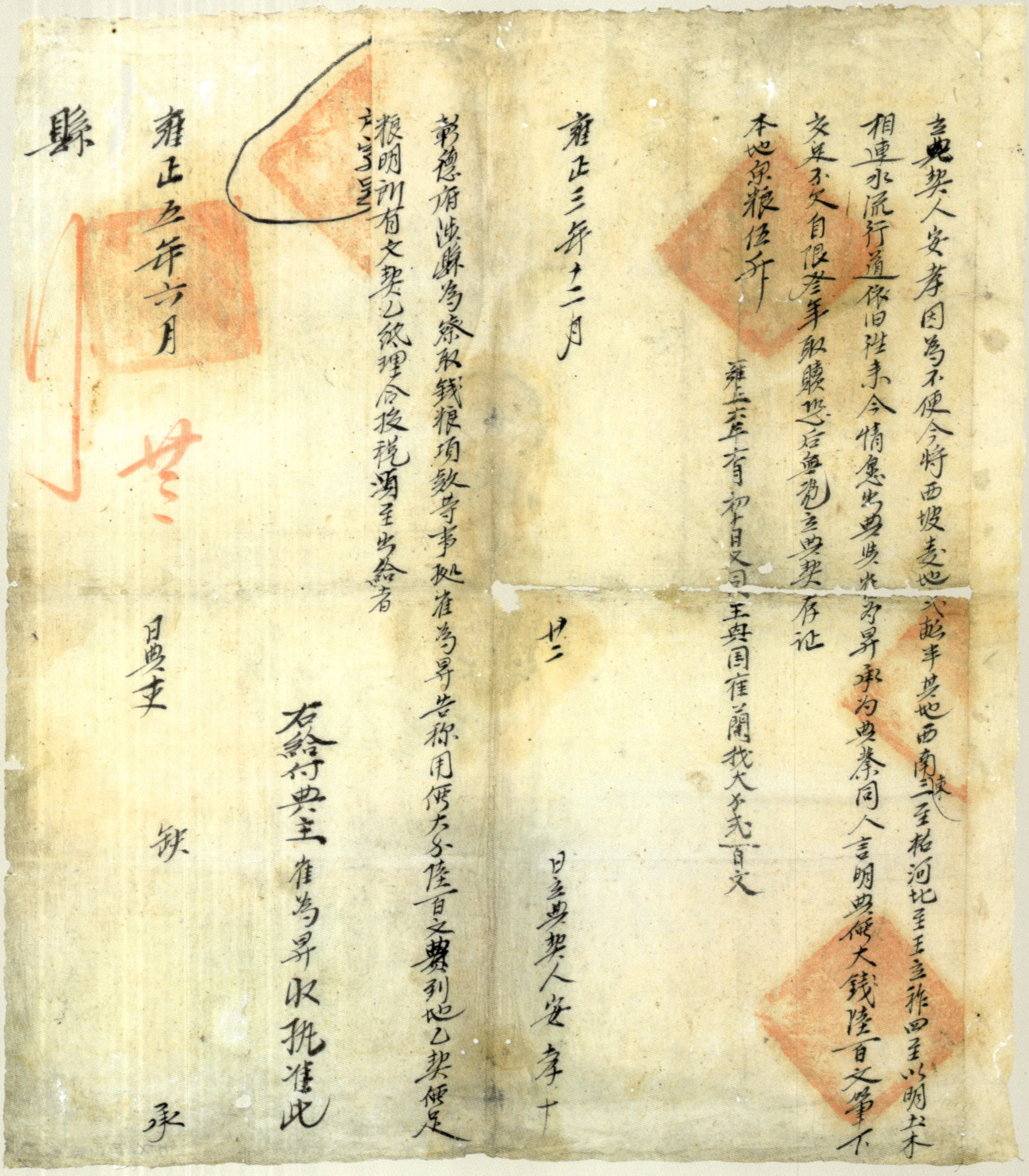
立典契人安孝因為不便今将西坡麦地弍畝半共地西南三至東拈河北至王立孫四至以明上木
相連水流行道依旧往來今情愿出典與崔為昇承為典業同人言明典價大錢陸百文筆下
交足不欠自限叁年取贖恐后無憑立典契存証
本地京粮伍升
雍正五年六月初十日又同王典同崔蘭找大錢弍百文
雍正三年十二月 廿二 日立典契人安孝十
彰德府涉縣為察取錢粮項数等事批准為昇告稱用價大錢陸百文典到地乙契使足
粮明訓有文契乙紙理合投税須至出給者
右給付典主崔為昇收執准此
雍正五年六月 廿 日典吏 缺 承
縣

◎ 彰德府涉县安孝典当土地典契

年代：雍正三年（1725）

尺寸：462×394 毫米

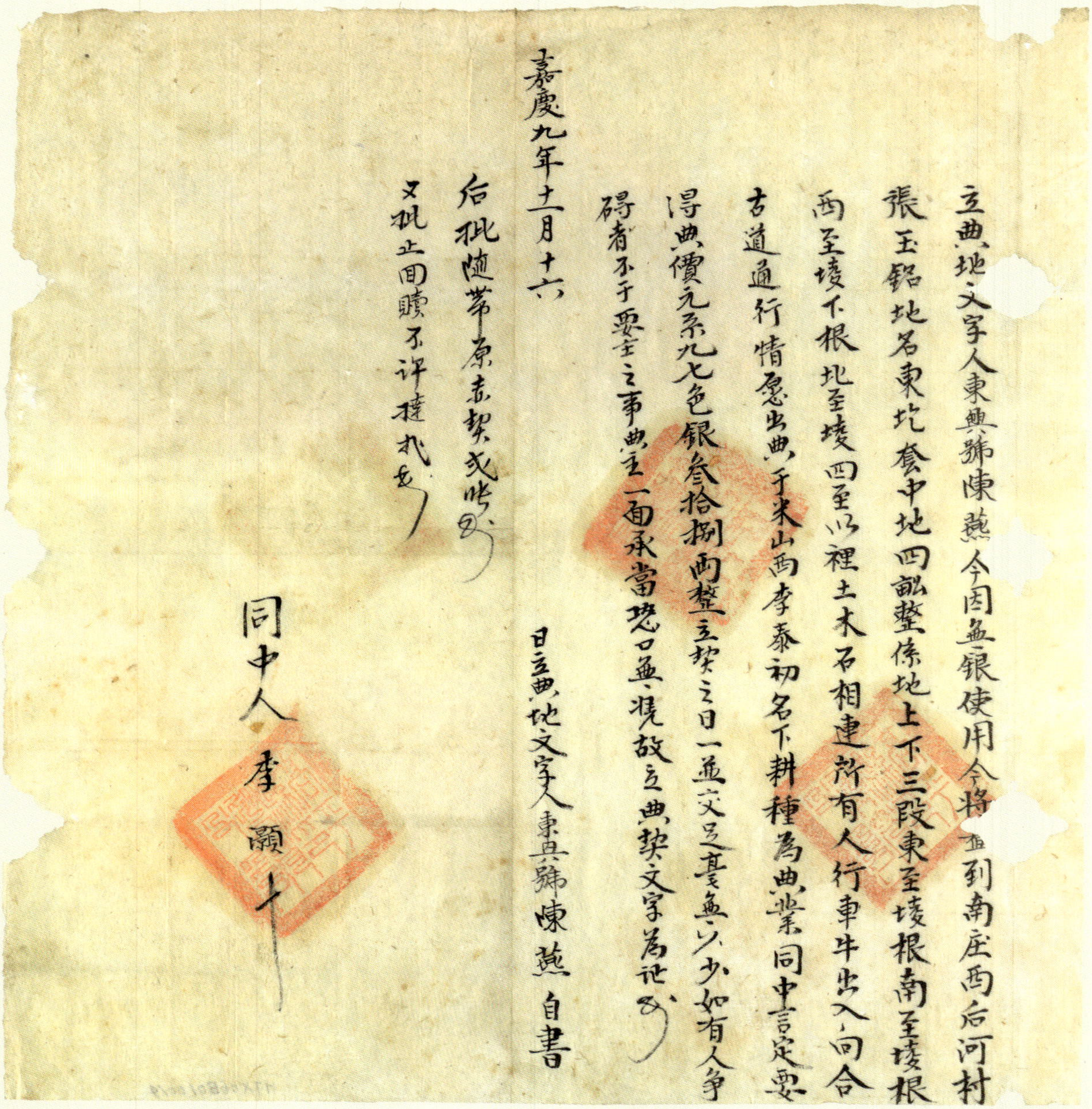

立典地文字人東興翁陳燕今因無銀使用今將[illegible]坐到南庄西后河村
張玉銘地名東圪套中地四畝整係地上下三段東至墳根南至墳根
西至墳下根北至墳四至以裡土木石相連所有人行車牛出入向合
古道通行情愿出典于米山西李泰初名下耕種為典業同中言定要
得典價元系九七色銀叁拾捌兩整立契之日一並交足無欠少如有人爭
碍者不干要主之事典主一面承當恐口無憑故立典契文字為証用
嘉慶九年十二月十六
日立典地文字人東興翁陳燕自書
后批隨帶原赤契弍張用
又批止回贖不許措扎用
同中人李顯十

◎ 高平县陈燕典当土地典地文字

年代：嘉庆九年（1804）

尺寸：451×430毫米

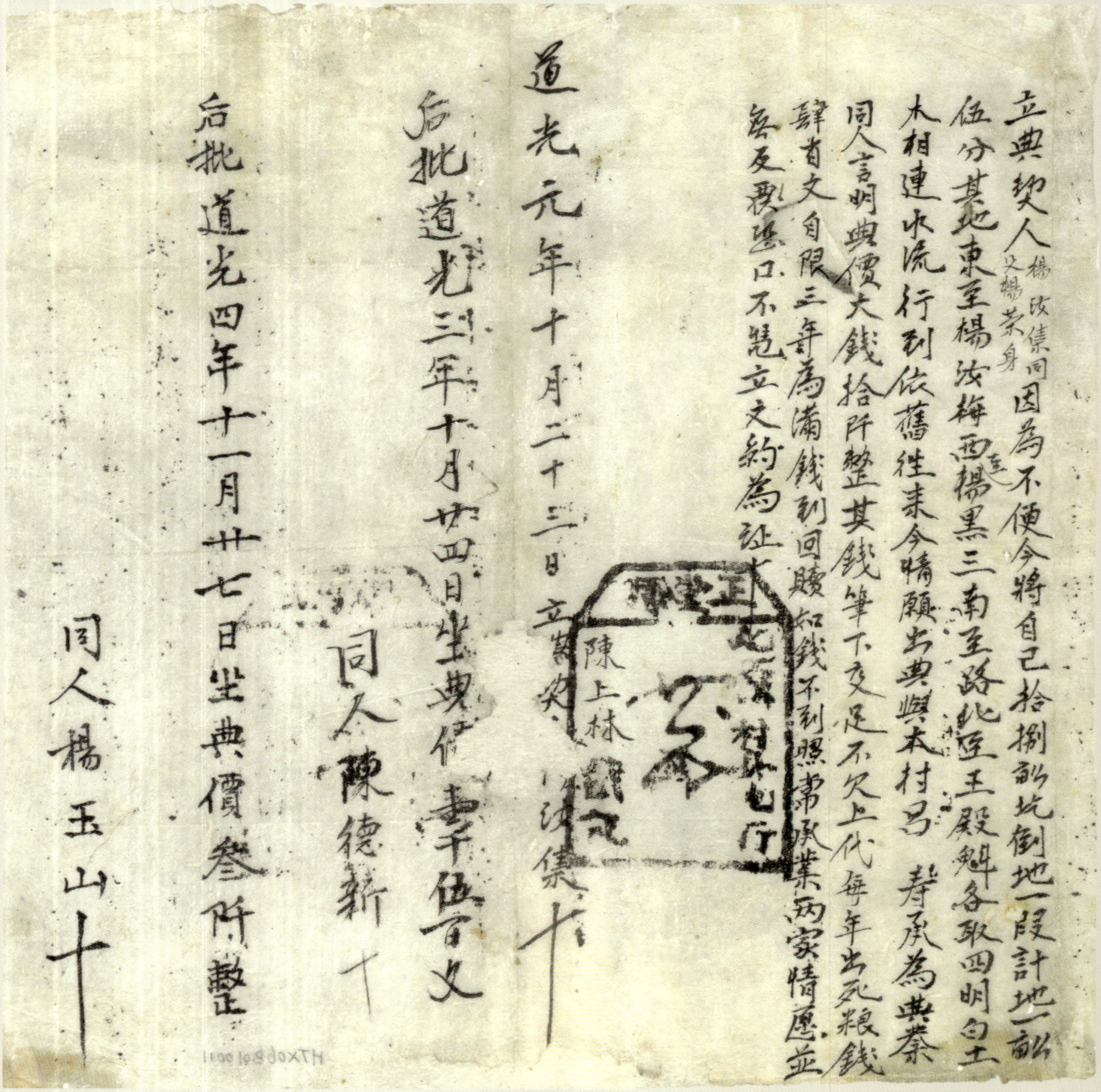

立典契人楊汝集同父楊榮身因為不便今將自己拾捌畝坑倒地一段計地一畝
伍分其地東至楊汝梅西至楊黒三南至路北至王殿魁各取四明白土
木相連水流行到依舊往來今情願出典與本村呂壽庆為典業
同人言明典價大錢拾仟整其錢筆下交足不欠上代每年出死糧錢
肆百文自限三年為滿錢到回贖如錢不到照常承業兩家情愿並
無反悔恐口不憑立文約為証
道光元年十月二十三日立典契人楊汝集十
陳上林
后批道光三年十月廿四日坐典價壹千伍百文
同人陳德新十
后批道光四年十一月廿七日坐典價叁仟整
同人楊玉山十

◎ **杨汝集同父杨荣身典当土地典契**

年代：道光元年（1821）

尺寸：270×257 毫米

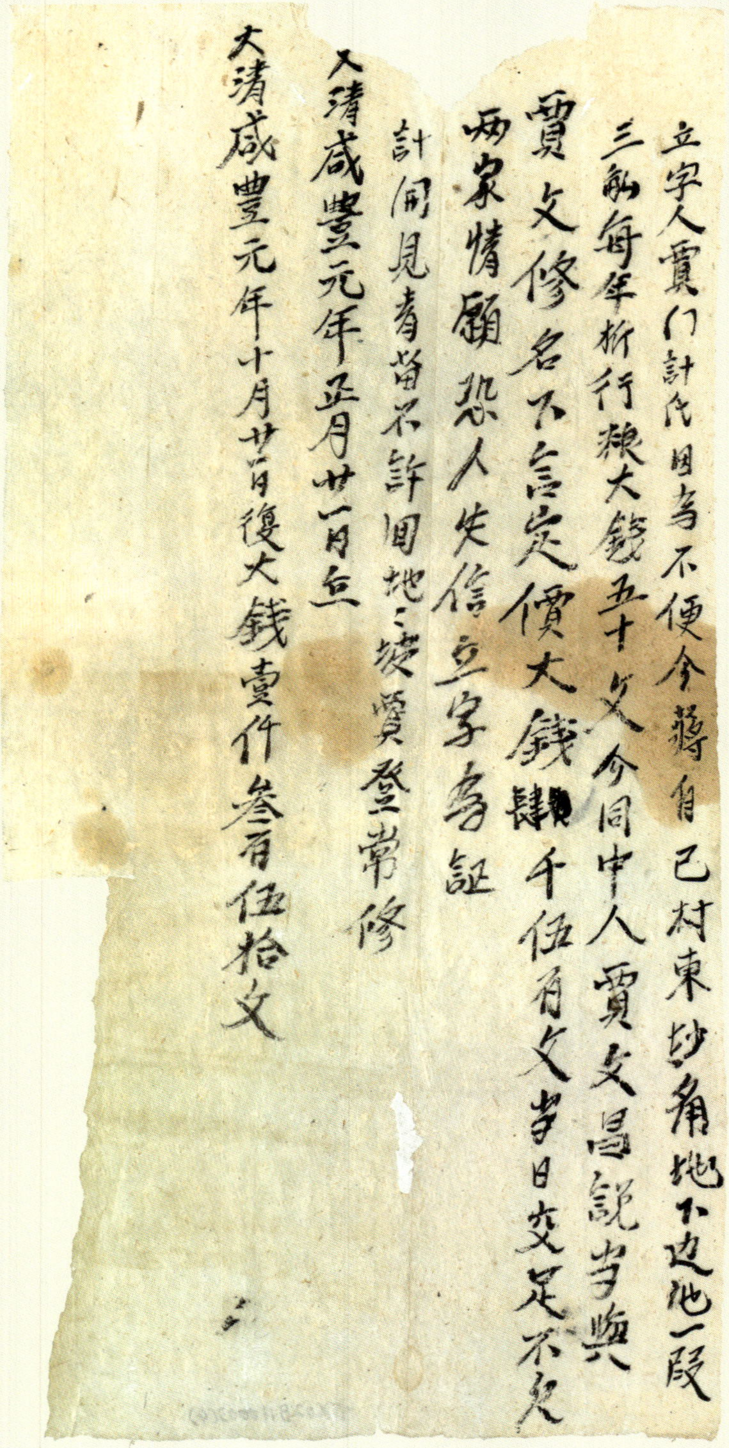
立字人賈门計氏因為不便今將自己村東坡角地下边地一段
三畝每年折行粮大錢五十文今同中人賈文昌説當與
賈文修名下言定價大錢肆千伍百文当日交足不欠
两家情願恐人失信立字為証
計開見青苗不許回地之後賈登常修
大清咸豐元年五月廿一日立
大清咸豐元年十月廿日復大錢壹仟叁百伍拾文

◎ **贾门计氏典当土地字据**

年代：咸丰元年（1851）

尺寸：512×250 毫米

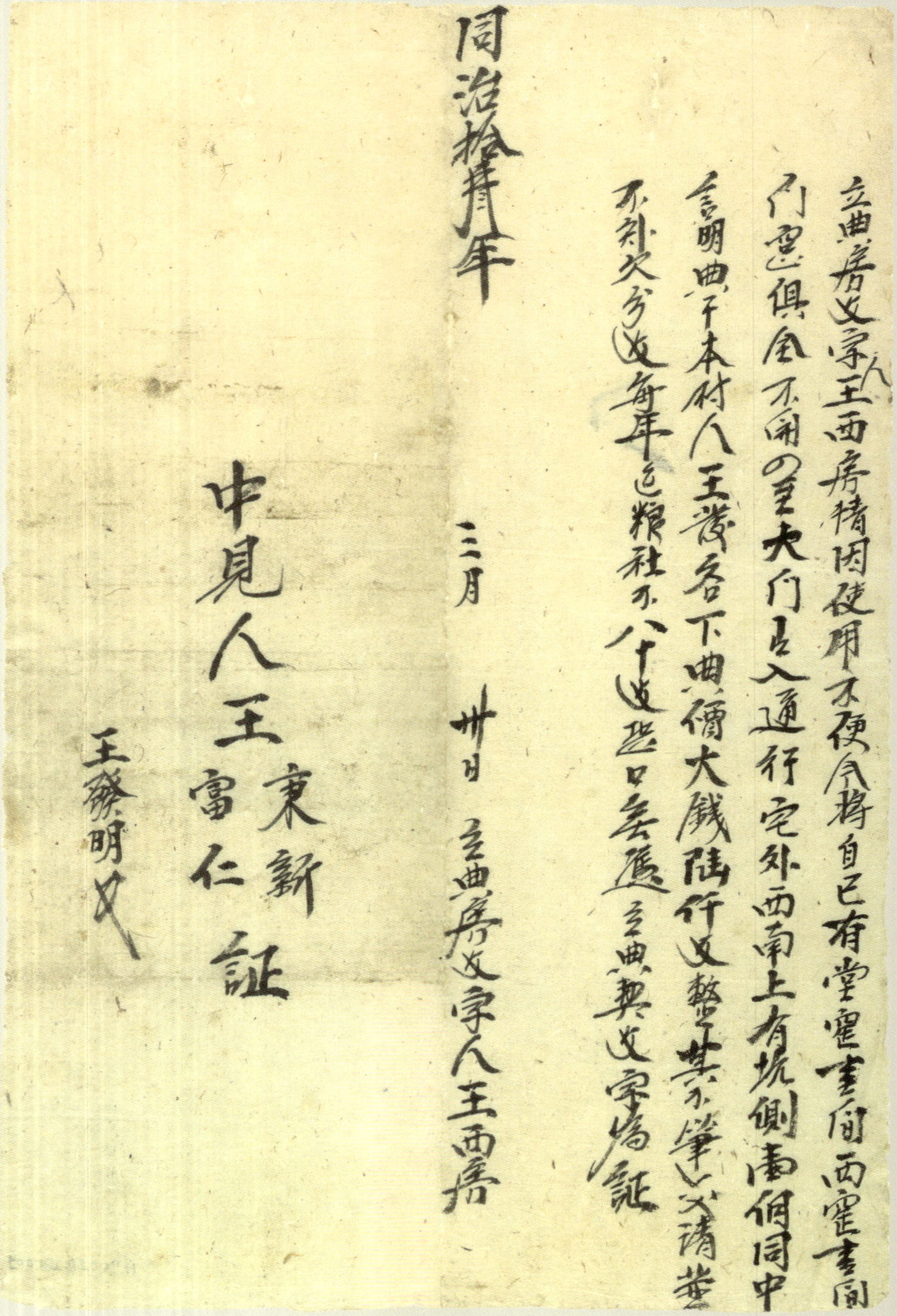

立典房文字人王西房，情因使用不便，今將自己有堂窰壹間、西窰壹間
門窗俱全，不開□至大門出入通行，宅外西南上有坑側面，倆同中
言明典于本村人王發名下，典價大錢陆仟文整，其錢筆下交清，並
不欠分文，每年出粮社錢八十文，恐口無憑，立典契文字為証。

同治拾叁年 三月 廿日 立典房文字人王西房

中見人 王東新 王富仁 証

王發明

◎ **王西房典当窑典房文字**

年代：同治十三年（1874）

尺寸：360×240 毫米

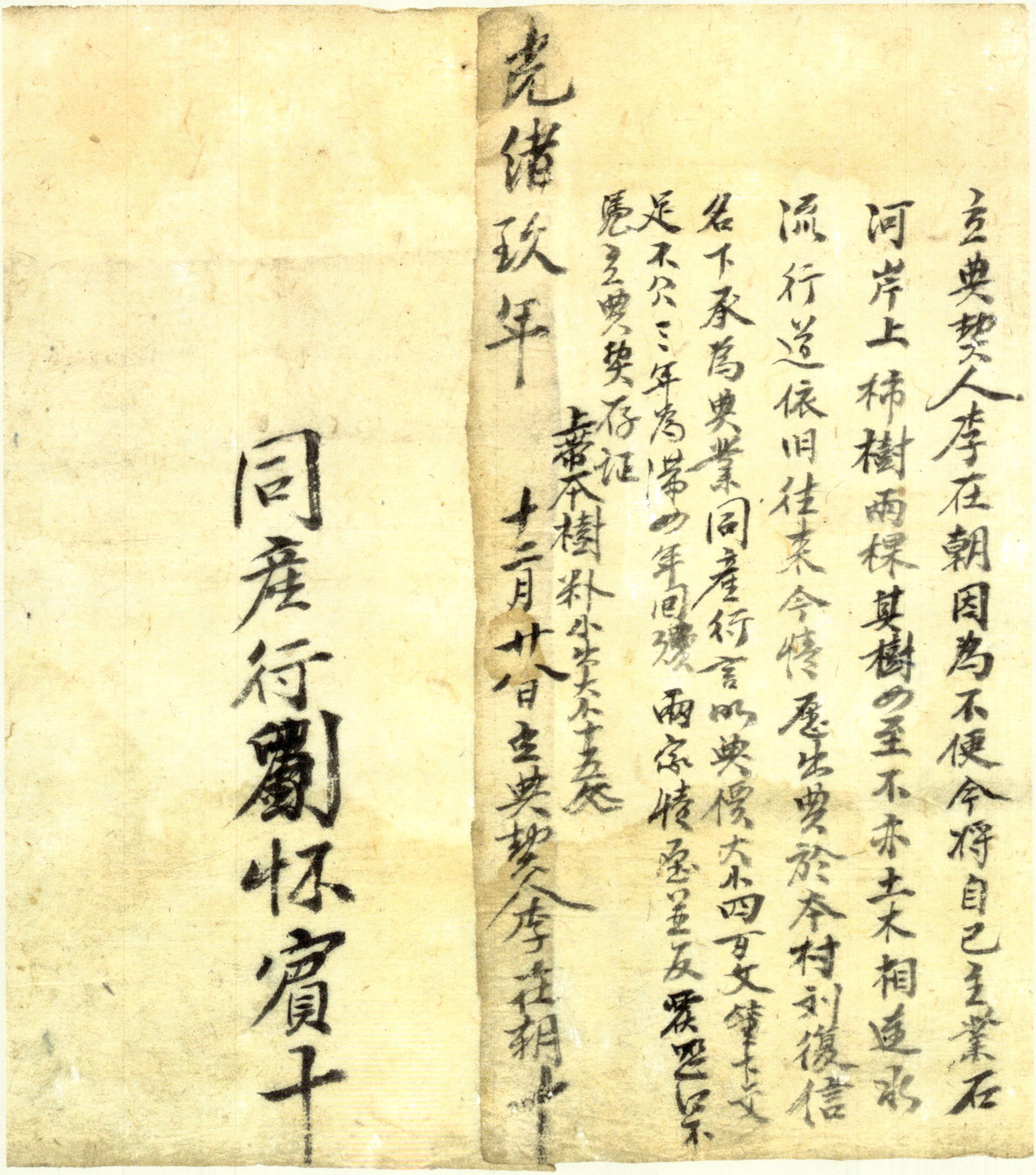

立典契人李在朝因為不便今將自己主業石
河岸上柿樹兩棵其樹四至不亦土木相連永
流行道依旧往來今情愿出典於本村剥復信
名下承為典業同產行言明典價大小四百文錢十文
足不欠三年為滿四年回贖兩家情愿並反罢恐口不
憑立典契存証
柿本樹料小小大大十五株
光緒玖年十二月廿八日立典契人李在朝十
同產行劉怀賓十

◎ 李在朝典当柿树典契

年代：光绪九年（1883）

尺寸：245×220 毫米

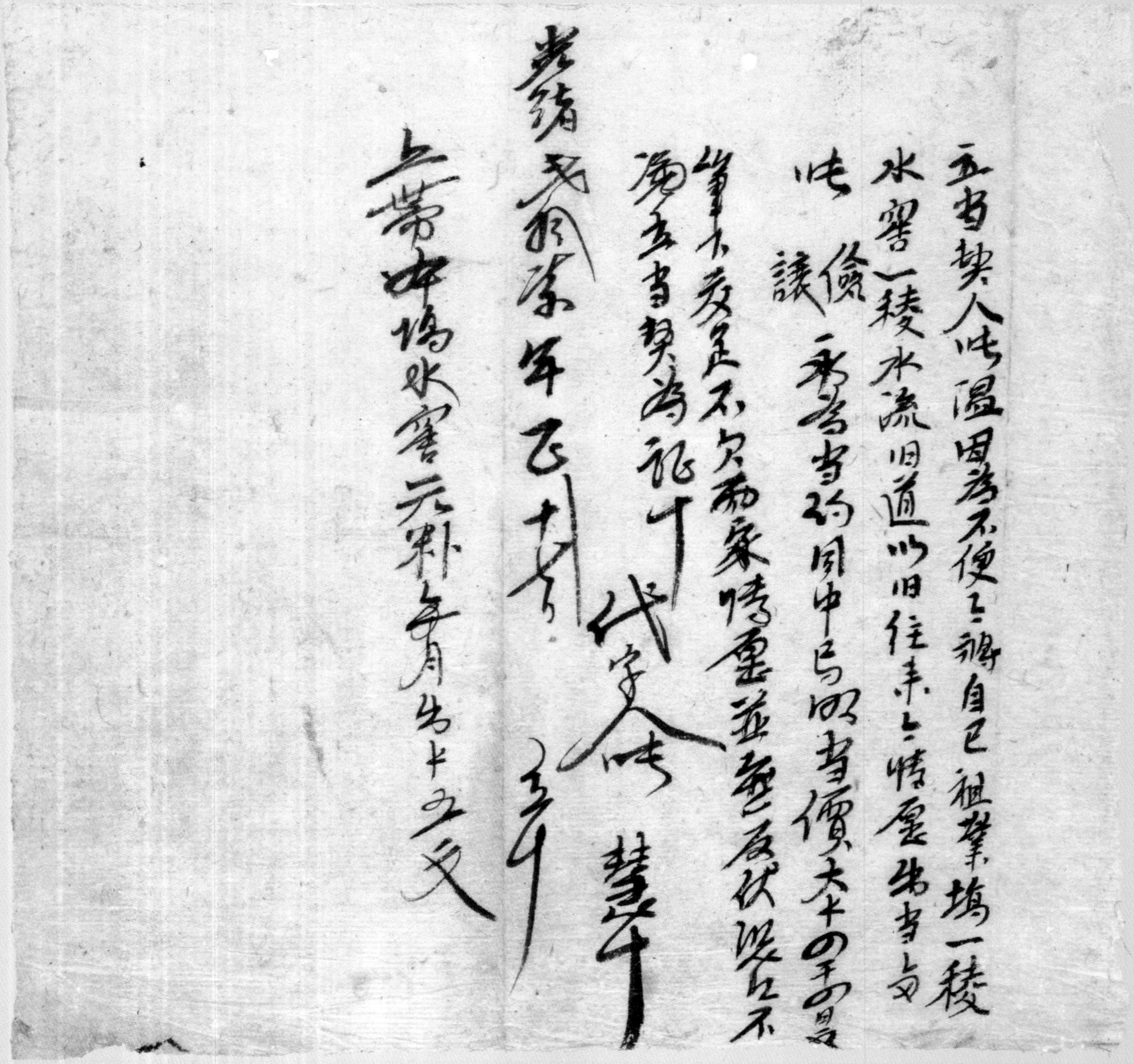

立当契人张温因为不便，今将自己祖业场一稜
水窖一稜，水流旧道，以旧往来，今情愿出当与
张儉
議承为当约，同中言明当价大钱四千四百文
当下交足不欠，两家情愿，并无反悔，恐后不
凭，立当契为证 十
光绪贰拾柒年正月十二日 立
代字人张 慧 十
上带中场水窖元粮每月出钱五文

◎ 张温典当场、水窖当契

年代：光绪二十七年（1901）

尺寸：272×275 毫米

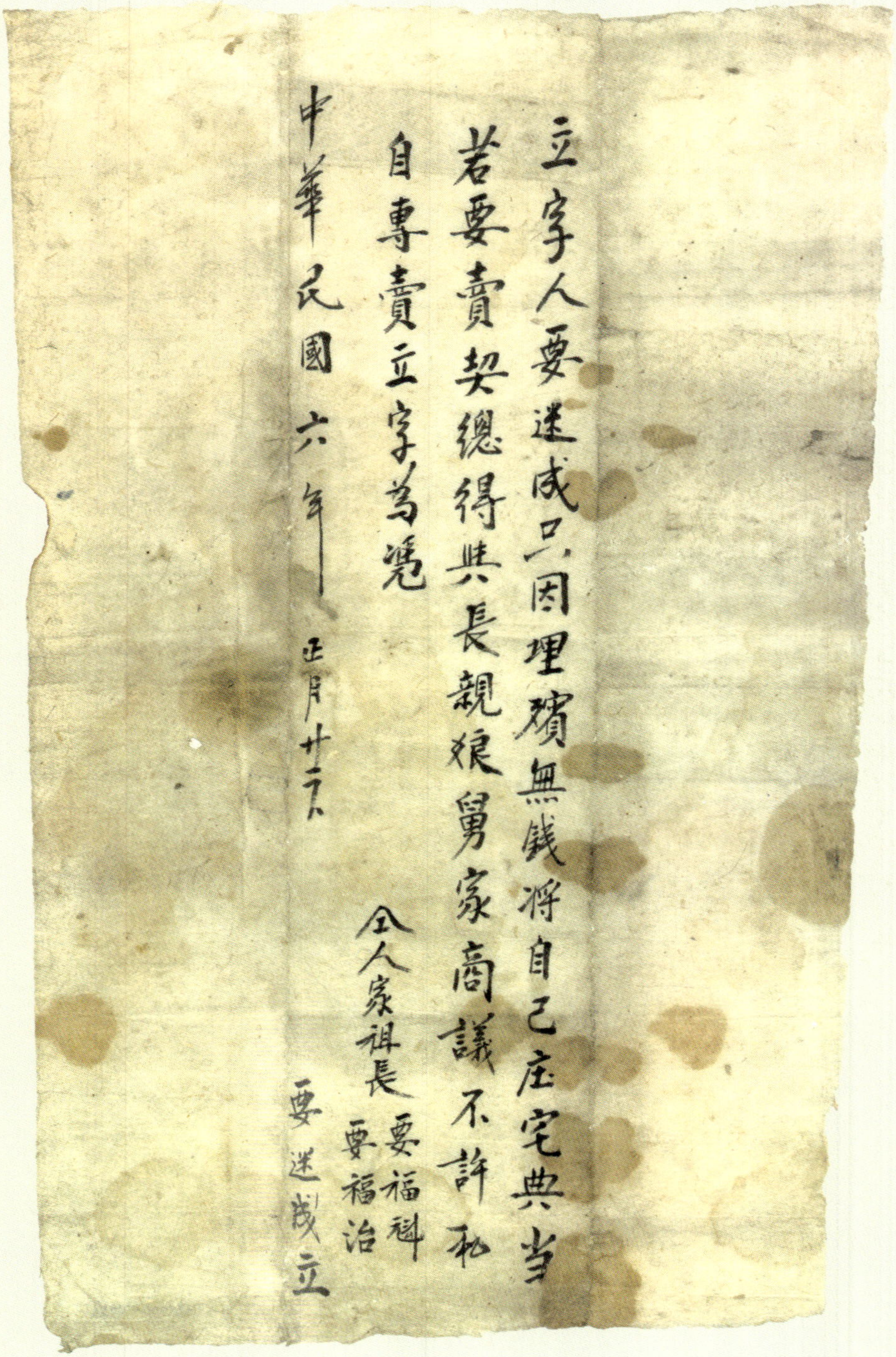
立字人要迷成只因埋殯無錢將自己庄宅典当
若要賣契總得其長親娘舅家商議不許私
自專賣立字爲憑

仝人家祖長 要福科
要福治

中華民國六年 正月廿六 要迷成立

◎ **要迷成典当庄宅字据**

年代：民国六年（1917）

尺寸：370×236 毫米

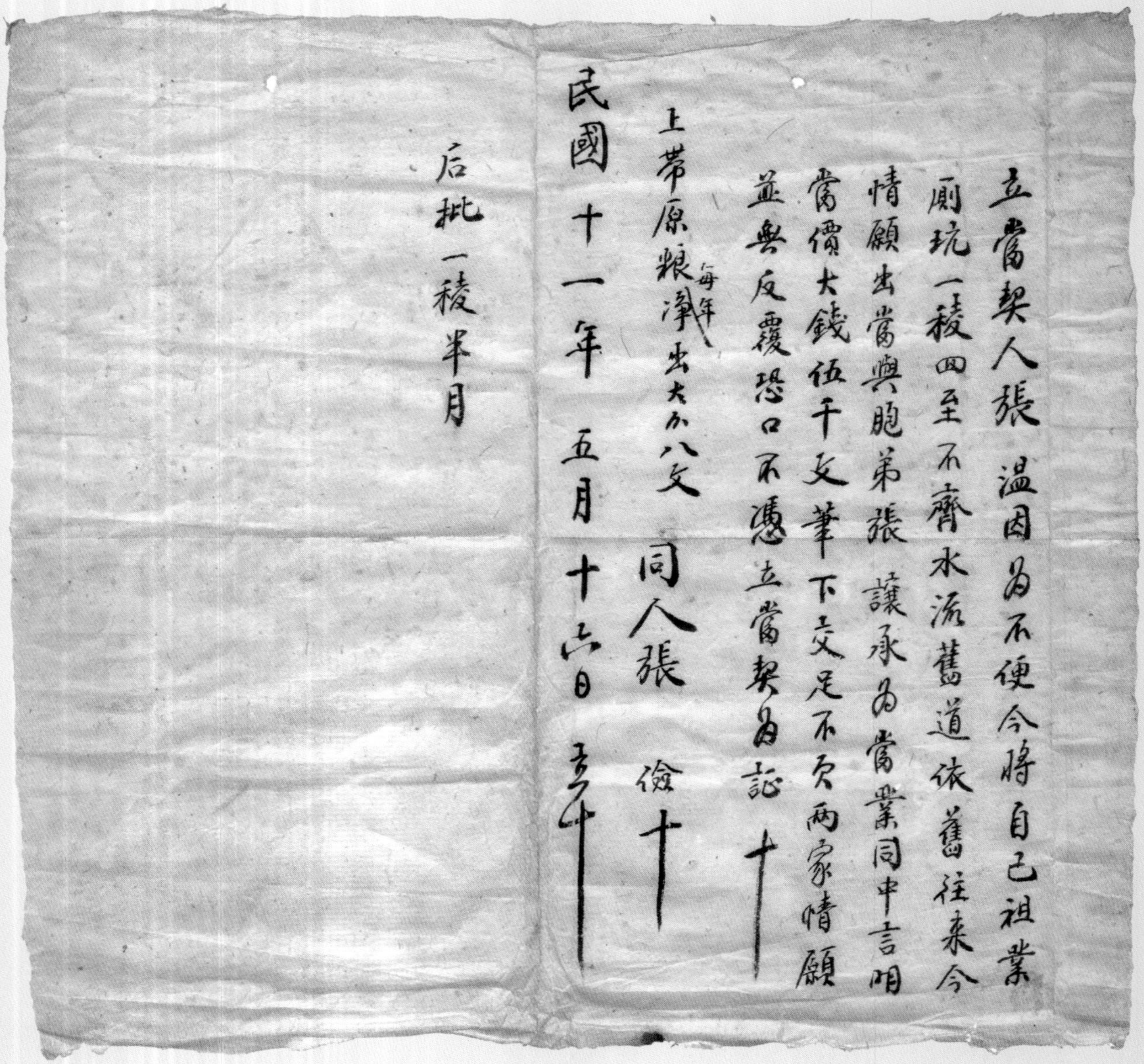


◎ 张温典当厕坑当契

年代：民国十一年（1922）

尺寸：256×266 毫米

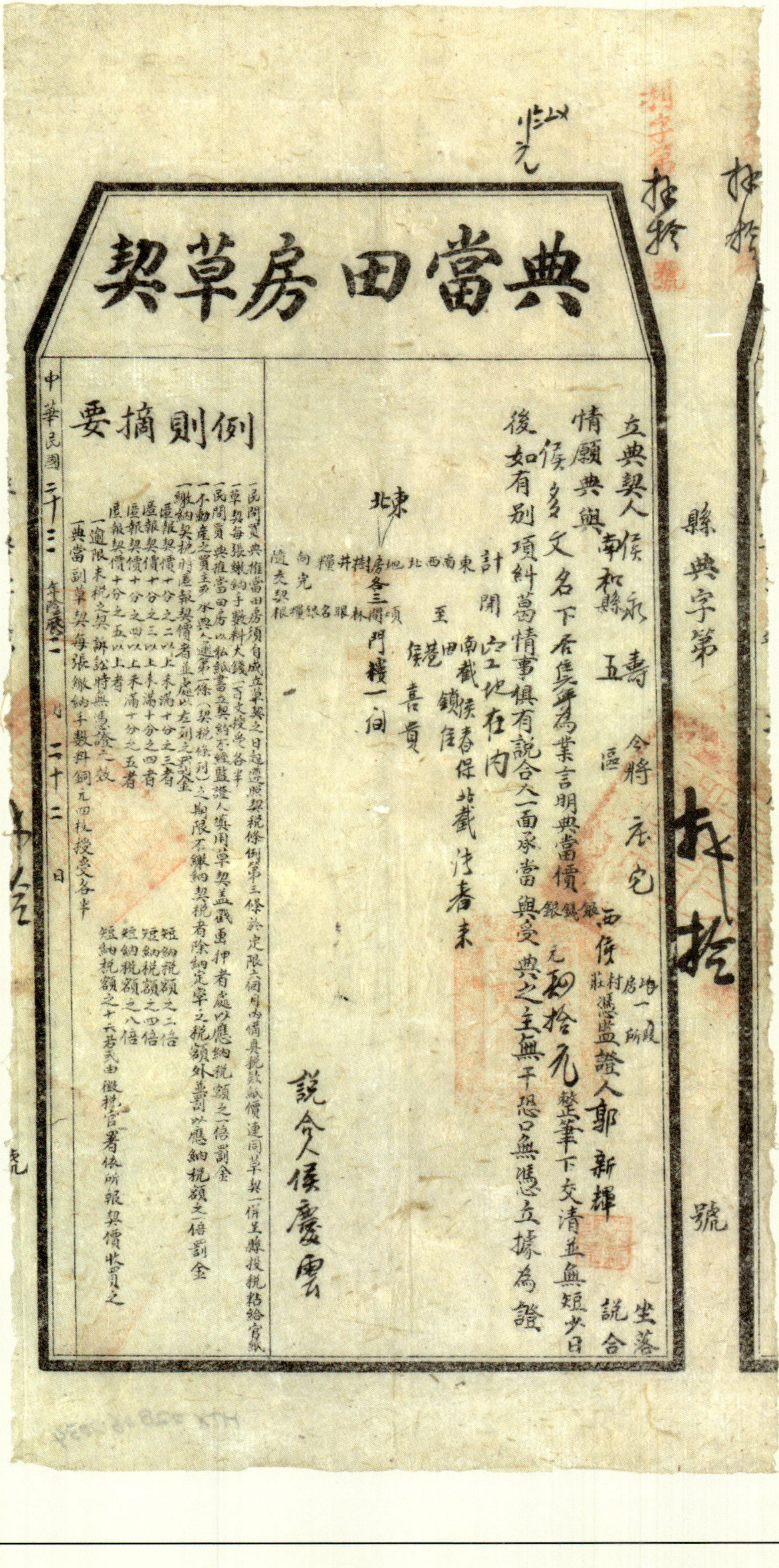

典當田房草契

縣典字第　號

立典契人侯永壽南和縣五區今將庄宅地房一所坐落西侯村莊憑監證人郭新輝說合
情願典與侯多文名下承業為業言明典當價銀元柒拾元整筆下交清並無短少日
後如有別項糾葛情事俱有說合人一面承當與受典之主無干恐口無憑立據為證

計開 空地在內 南截侯春保 北截侯春來

東至巷 南至田 侯喜貴 侯鎖住

地 頃 東 南 西 北

房各三間 門樓一向

樹 林 井 眼 糧名 銀 向完糧 隨交契根

說合人侯慶雲

中華民國二十三年陰曆二月二十二日

例則摘要

一民間買典推當田房須自成立草契之日起遵照契稅條例第三條於定限六個月內備具稅款紙價連同草契一併呈縣投稅粘給官紙

一草契每張繳納手數料大錢一百文投受各半

一民間買典推當田房以私紙書立契約不經監證人填用草契蓋戳畫押者處以應納稅額之一倍罰金

一不動產之買主典受人違第一條（契稅條例）之期限不繳納契稅者除納定率之稅額外並罰以應納稅額之一倍罰金

一繳納契稅時匿報契價者並處以左列之罰金

匿報契價十分之二以上未滿十分之三者 短納稅額之二倍

匿報契價十分之三以上未滿十分之四者 短納稅額之四倍

匿報契價十分之四以上未滿十分之五者 短納稅額之八倍

匿報契價十分之五以上者 短納稅額之十六倍其由徵稅官署依所報契價收買之

一逾限未稅之契訴訟時無憑證之效

一典當副草契每張繳納手數料銅元四枚投受各半

◎ **南和县五区西侯村侯永寿典当庄宅草契**

年代：民国二十三年（1934）

尺寸：399×201 毫米

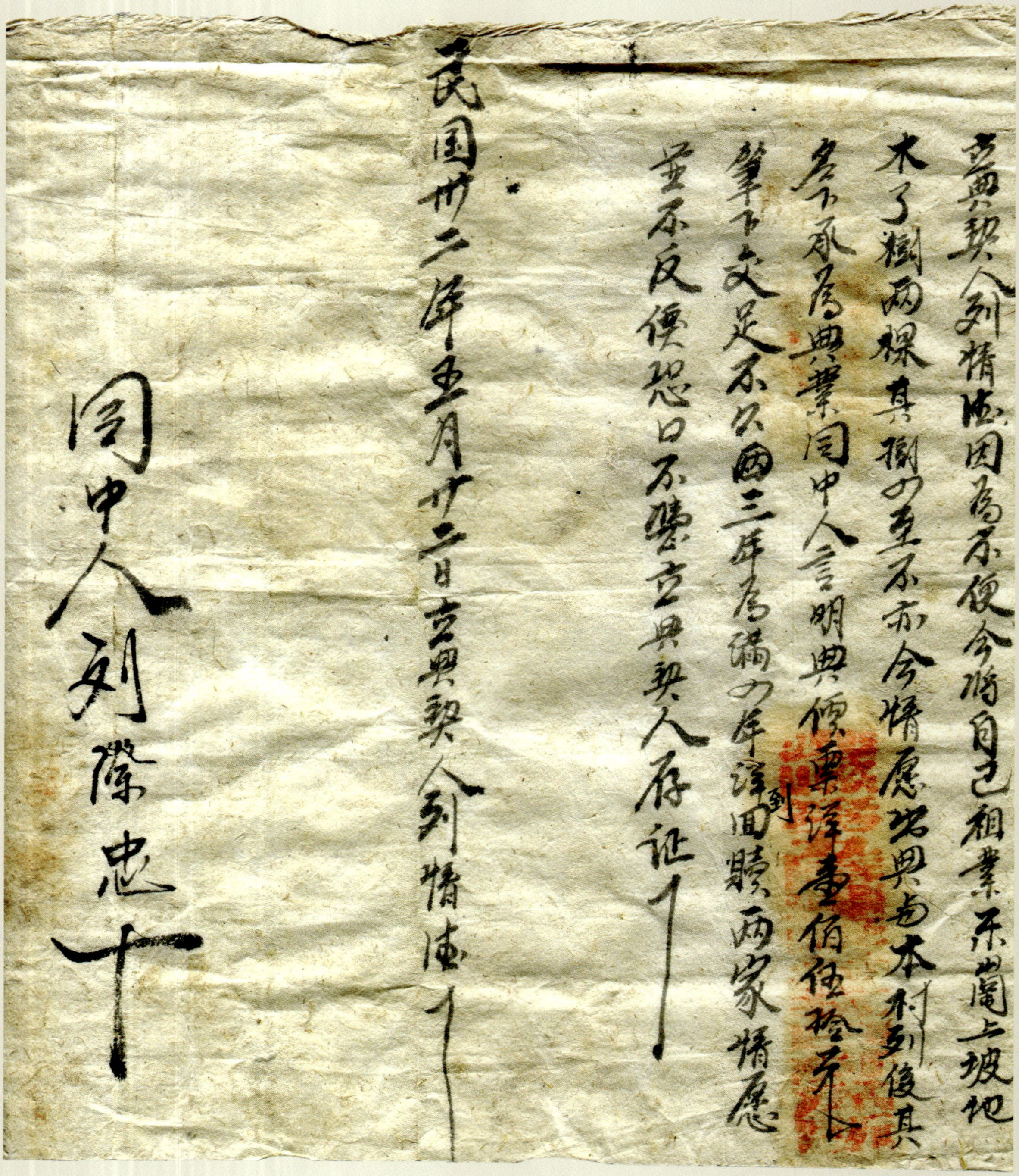
立典契人刘情德因为不便今将自己祖业东岗上坡地
木了树两棵其树四至不亦今情愿出典与本村刘俊其
名下承为典业同中人言明典价票洋壹佰伍拾元
笔下交足不欠以内三年为满四年洋到回赎两家情愿
并不反悔恐口不凭立典契人存证
民国卅二年五月廿二日立典契人刘情德
同中人刘际忠 十

◎ 涉县连泉村刘情德典当木了树典契

年代：民国三十二年（1943）

尺寸：260×250 毫米

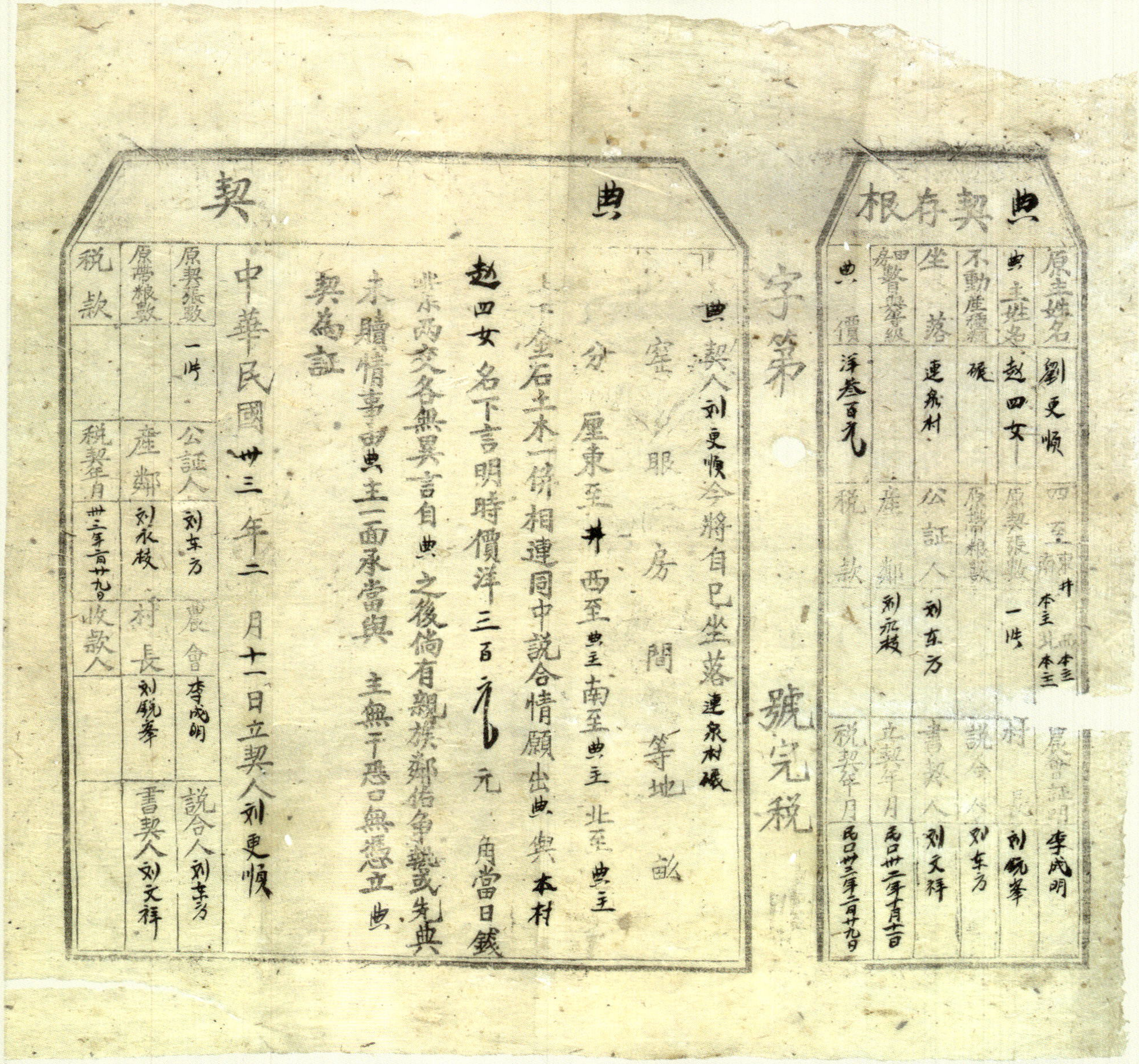


◎ 涉县连泉村刘更顺典当碾典契及存根

年代：民国三十三年（1944）

尺寸：396×377 毫米

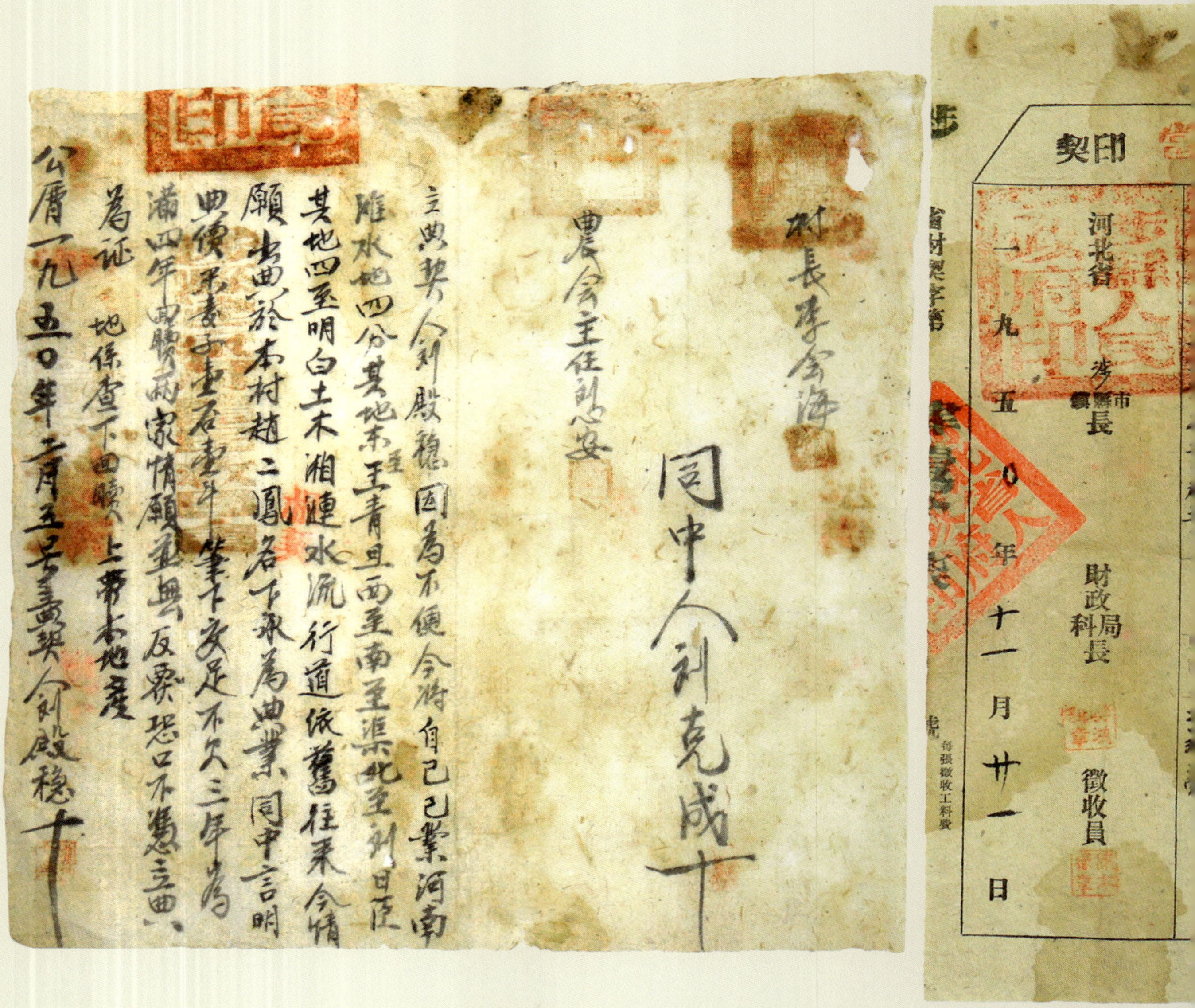

村長李含海

農会主任刘心安

立典契人刘殿稳因為不便今將自己己業河南
灘水地四分其地东至王青旦西至南至渠北至刘日臣
其地四至明白土木相連水流行道依舊往來今情
願出典於本村趙二鳳名下承為典業同中言明
典價米麦子壹石壹斗筆下交足不欠三年為
滿四年回贖兩家情願並無反悔恐口不憑立典
為証 地係查下回贖上帶本地產
公曆一九五〇年十二月五号立典契人刘殿稳 十

同中人刘克成 十

印契
河北省
涉縣 市長
一九五〇年十一月廿一日
財政局科長
徵收員

◎ 涉县连泉村刘殿稳典当土地典契、印契并草契

年代：1950

尺寸：典契 245×246 毫米，印契 277×200 毫米，草契 320×220 毫米

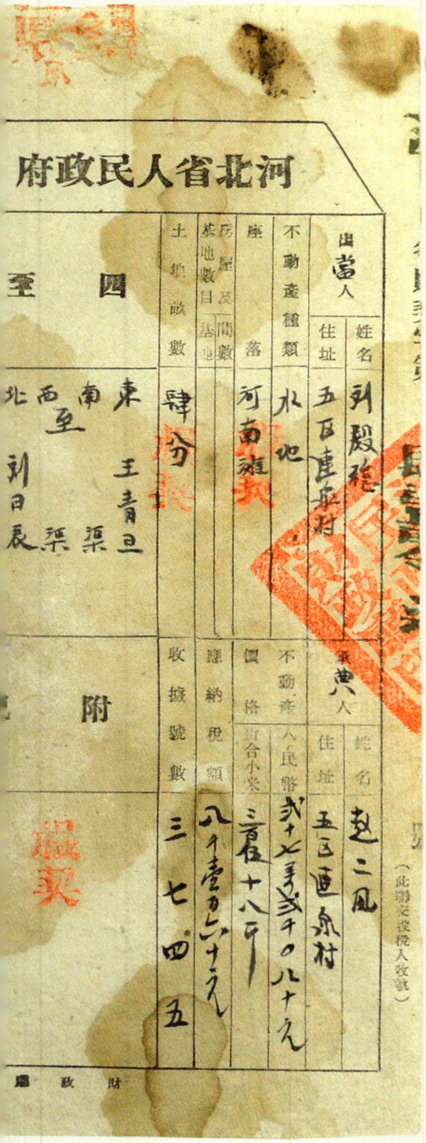
河北省人民政府

| 出當人 | 姓名 | 刘殿穗 |
| --- | --- | --- |
| | 住址 | 五区連泉村 |
| 不動產種類 | | 水地 |
| 座落 | | 河南雅 |
| 房屋及基地數目 | 間數 基地 | |
| 土地畝數 | | 肆分 |
| 四至 | 東 | 王青旦 |
| | 南 | 渠 |
| | 西 | 渠 |
| | 北 | 刘日辰 |
| 承典人 | 姓名 | 趙二風 |
| | 住址 | 五区連泉村 |
| 不動產價格 | 人民幣 | 弍十七萬弍千〇八十九 |
| | 折合小米 | 三百五十八斤 |
| 應納稅額 | | 八千壹百六十九 |
| 收據號數 | | 三七四五 |

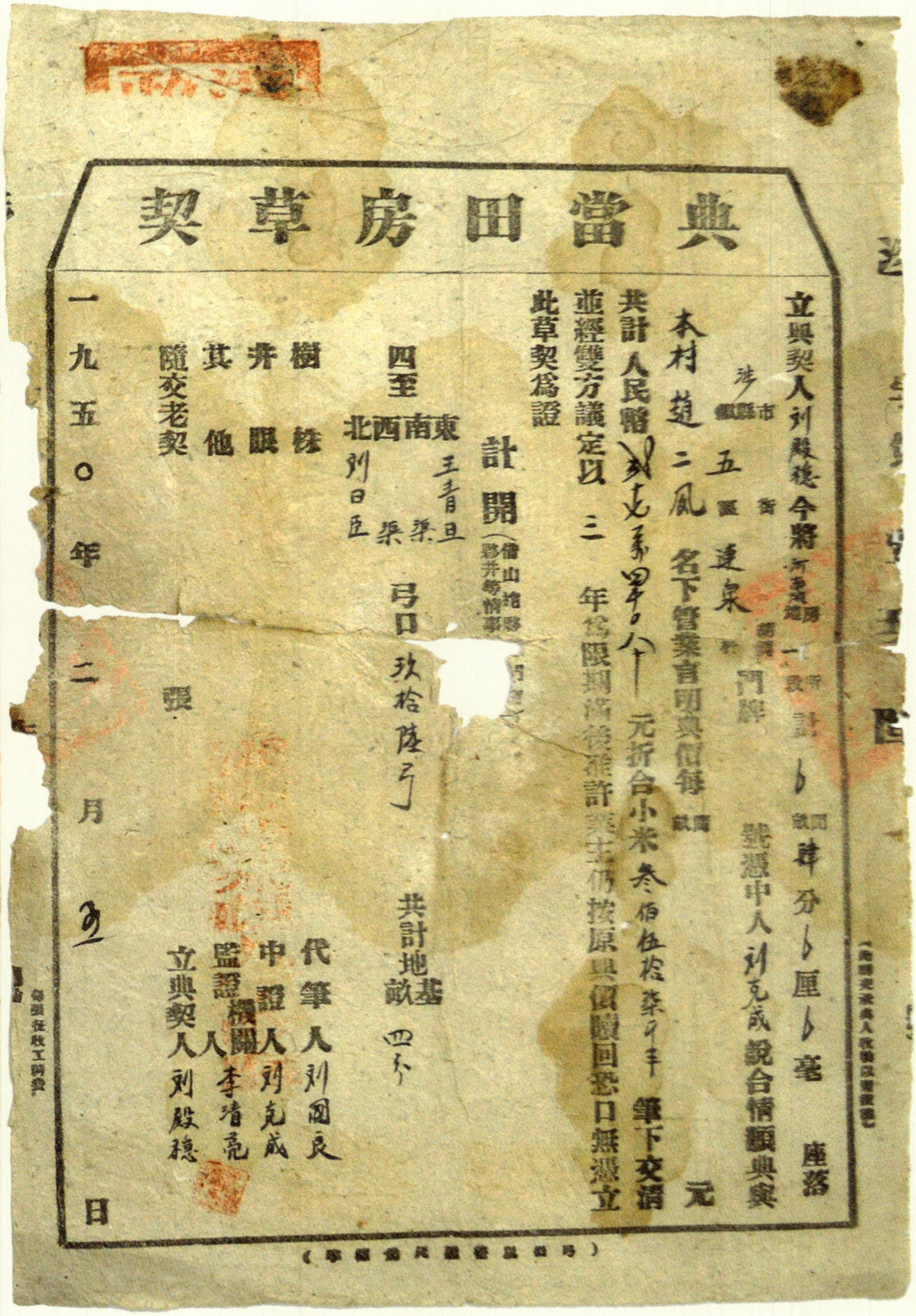
# 典當田房草契

立典契人刘殿穗今將涉縣市五區連泉村門牌 號所有土地　畝四分　厘　毫座落本村趙二風名下管業言明典價每畝　元，號憑中人刘克成說合情願典與共計人民幣弍拾柒萬弍千〇八十九元折合小米叁佰伍拾捌斤，筆下交清，並經雙方議定以三年為限期滿後准許業主仍按原典價贖回恐口無憑立此草契為證

計開（借山地形井等情事）

四至　東王青旦　南渠　西渠　北刘日臣

弓口玖拾陸弓

共計地畝基　四分

樹株

井眼

其他

隨交老契　張

代筆人刘國良

中證人刘克成

監證機關人李増亮

立典契人刘殿穗

一九五〇年二月五日

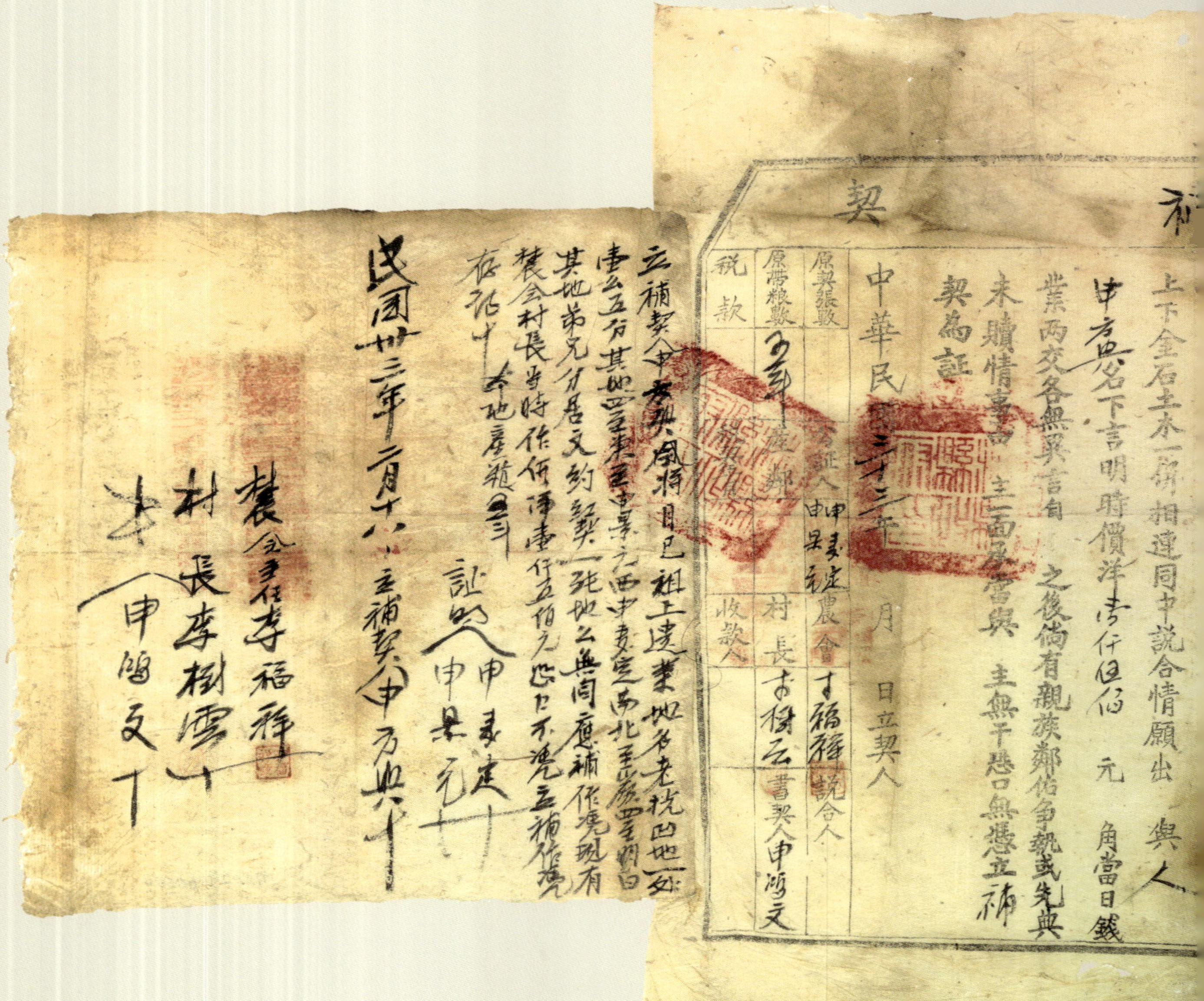

◎ **涉县申方兴土地补契**

年代：民国三十三年（1944）

尺寸：草契 257×242 毫米

官契 364×258 毫米

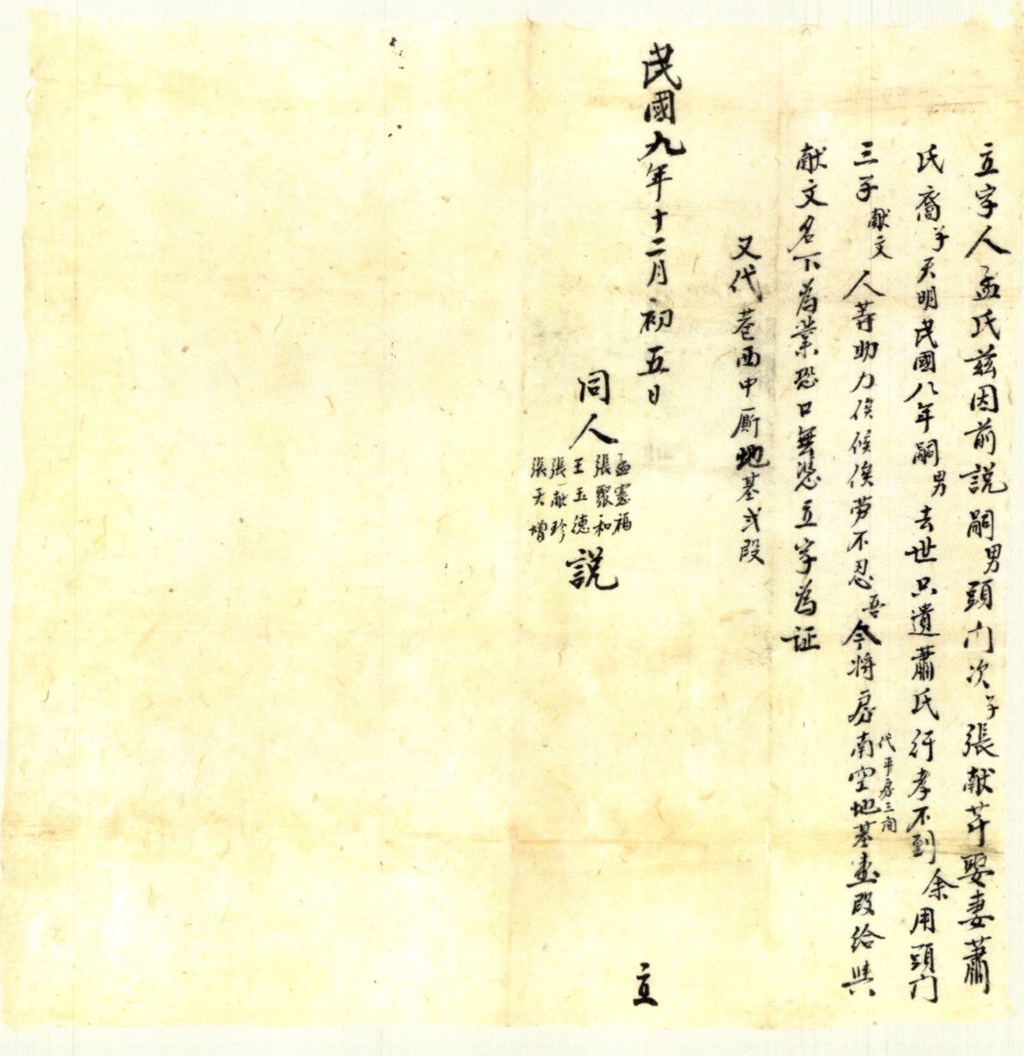

立字人孟氏茲因前説嗣男頭门次子張献芹娶妻蕭
氏裔子天明民國八年嗣男去世只遺蕭氏行孝不到余用頭门
三子献文人等助力侍候侍奉不忍吾今將房南空地基壹段代平房三间给與
献文名下爲業恐口無憑立字為证
又代巷西中廁地基弍段

民國九年十二月初五日 同人 孟憲福 張聚和 王玉德 張献珍 張天增 説

立

◎ **孟氏将地基房屋赠予头门三子献文字据**

年代：民国九年（1920）

尺寸：434×417 毫米

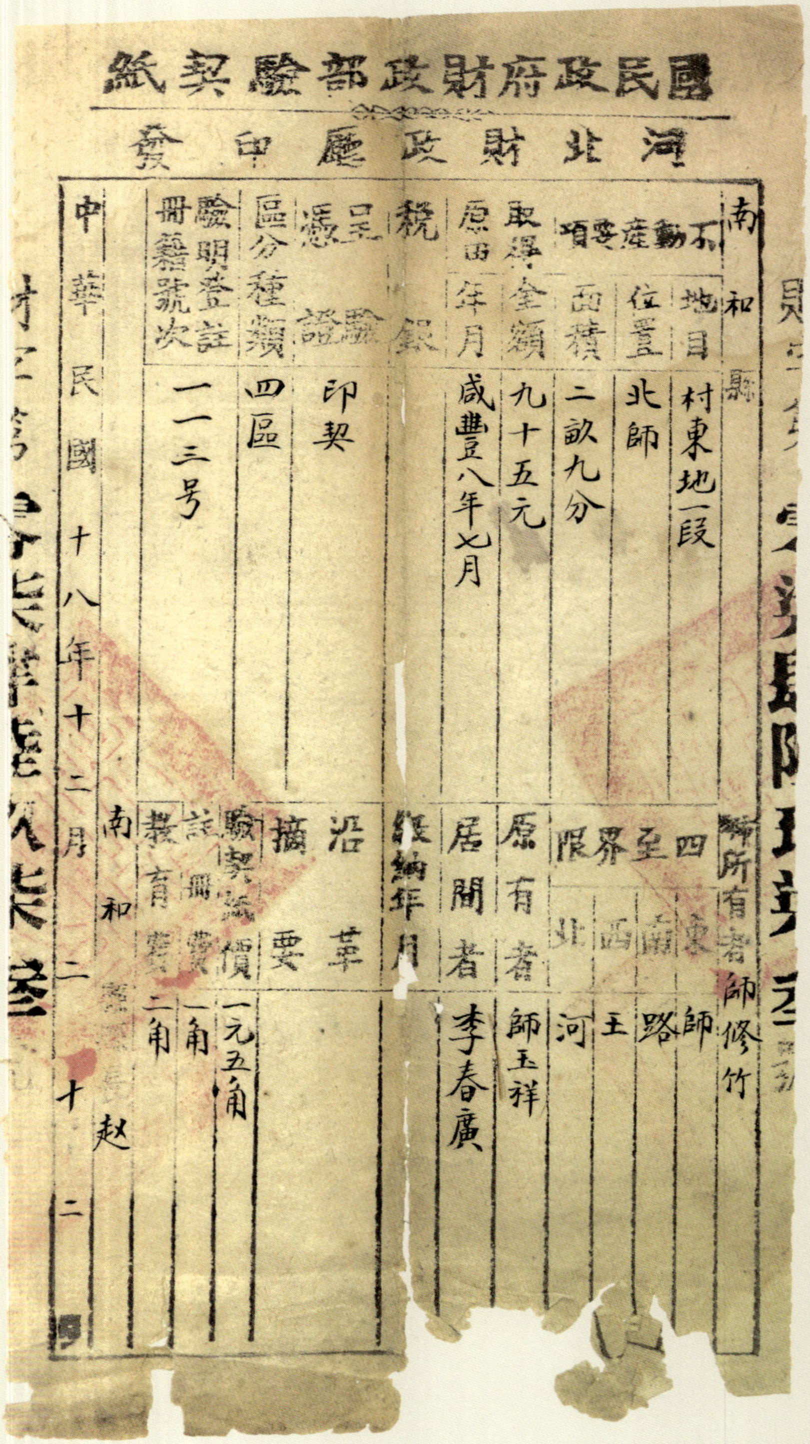
國民政府財政部驗契紙
河北財政廳印發
南和縣
不動產要項
地目 村東地一段
位置 北師
面積 二畝九分
取得全額 九十五元
原由年月 咸豐八年七月
稅銀
呈驗證憑 印契
區分種類 四區
驗明登註冊籍號次 一一三号
所有者 師修竹
四至界限 東 師 南 路 西 王 北 河
原有者 師玉祥
居間者 李春廣
繳納年月
沿革
摘要
驗契紙價 一元五角
註冊費 一角
教育費 二角
南和縣縣長 赵
中華民國十八年十二月二十二日

◎ 南和县四区师修竹印契验契纸

年代：民国十八年（1929）

尺寸：274×150 毫米

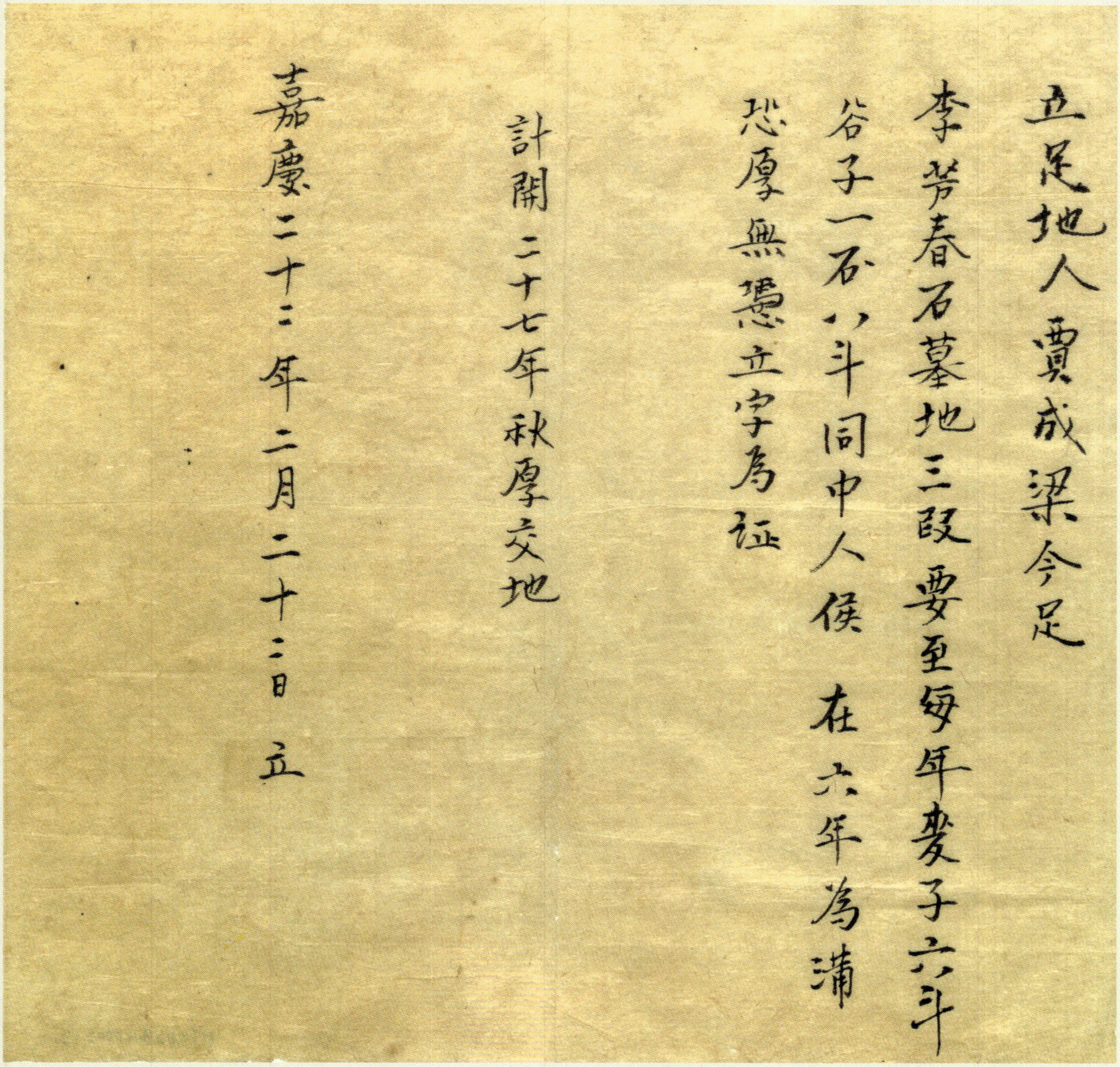

立足地人賈成梁今足
李芳春石墓地三段要至每年麦子六斗
谷子一石八斗同中人侯 在六年為满
恐厚無憑立字為証
許開二十七年秋厚交地
嘉慶二十二年二月二十二日 立

◎ 贾成梁租李芳春地字据

年代：嘉庆二十二年（1817）

尺寸：235×245 毫米

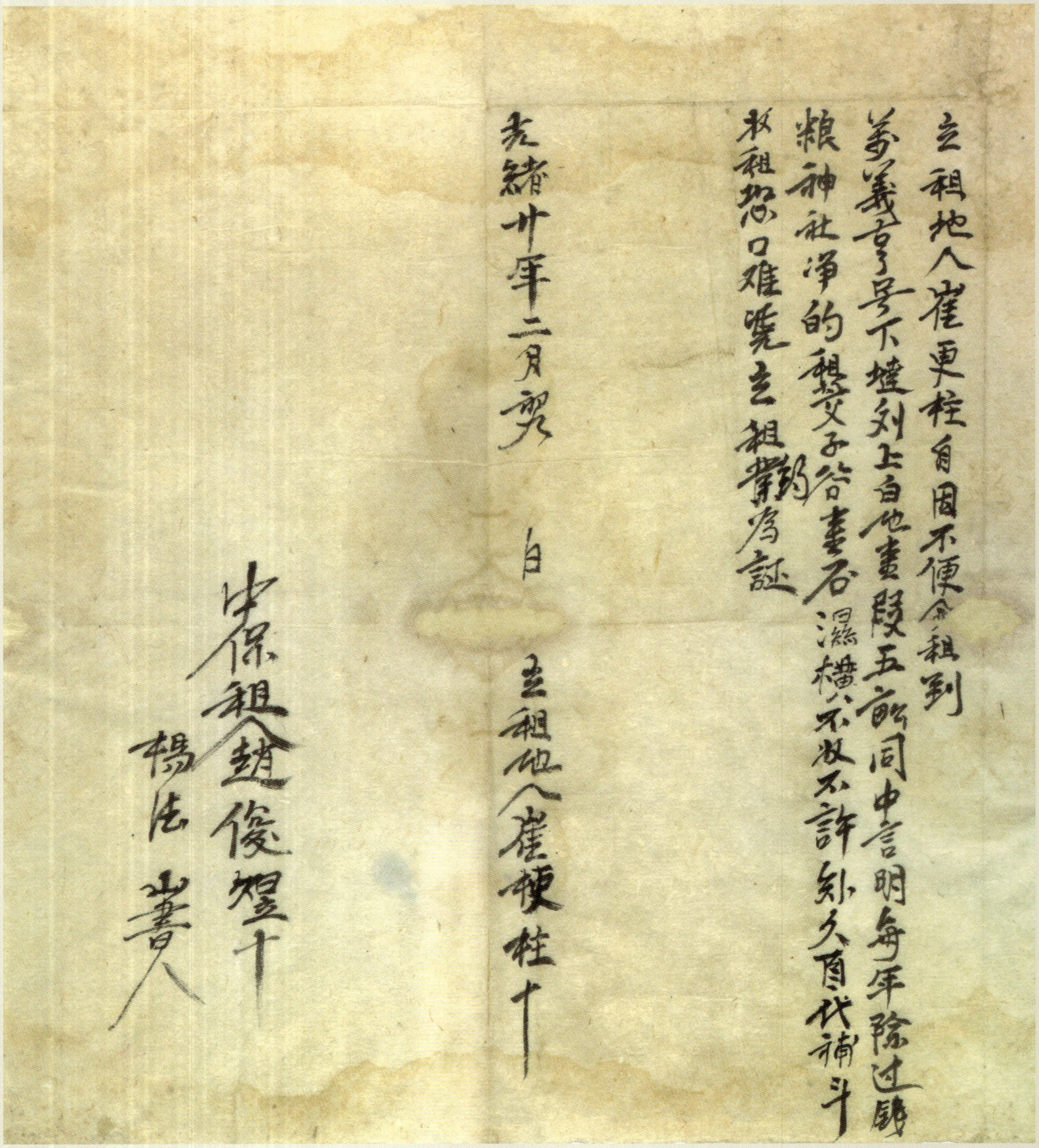

立租地人崔更柱自因不便今租到
萬義亨号下墇刘上白地壹段五畝同中言明每年除过錢
粮神社淨的租父子谷壹石旱澇橫災不收不許短欠有代補斗
秋租恐口难凭立租契約為証

光緒廿年二月　契

白　立租地人崔更柱十

中保租人趙俊煌十

楊法書人

◎ **崔更柱租万义亨号地租约**

年代：光绪二十年（1894）

尺寸：360×315 毫米

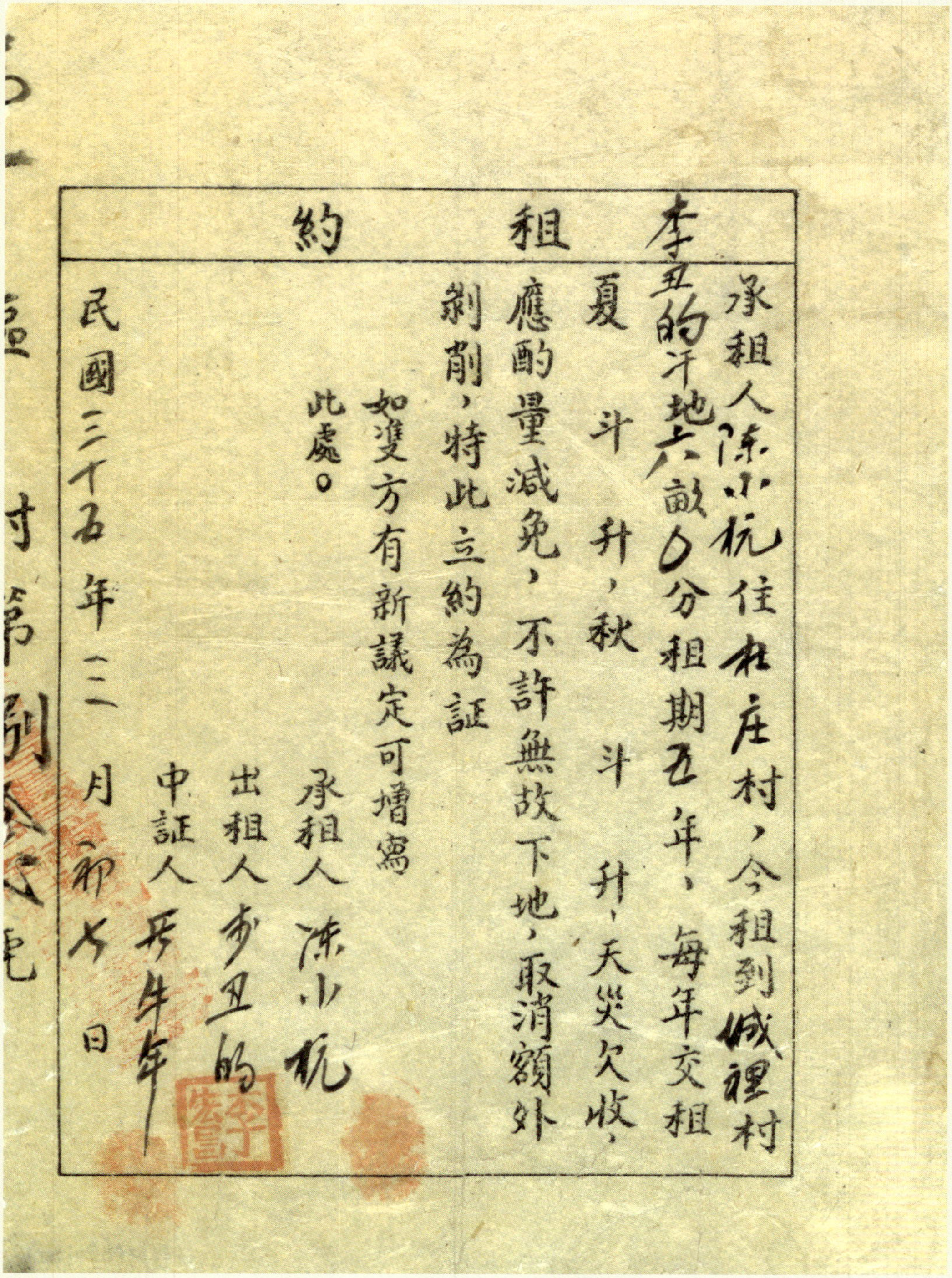
租約

承租人陳小杭住杜庄村，今租到城裡村
李丑的旱地六畝〇分租期五年，每年交租
夏　斗　升，秋　斗　升，天災欠收，
應酌量減免，不許無故下地，取消額外
剝削，特此立約為証
如變方有新議定可增寫
此處。

承租人　陳小杭
出租人　李丑的
中証人　安牛年

民國三十五年二月初七日

◎ 杜庄村陈小杭租李丑的旱地租约

年代：民国三十五年（1946）

尺寸：200×150毫米

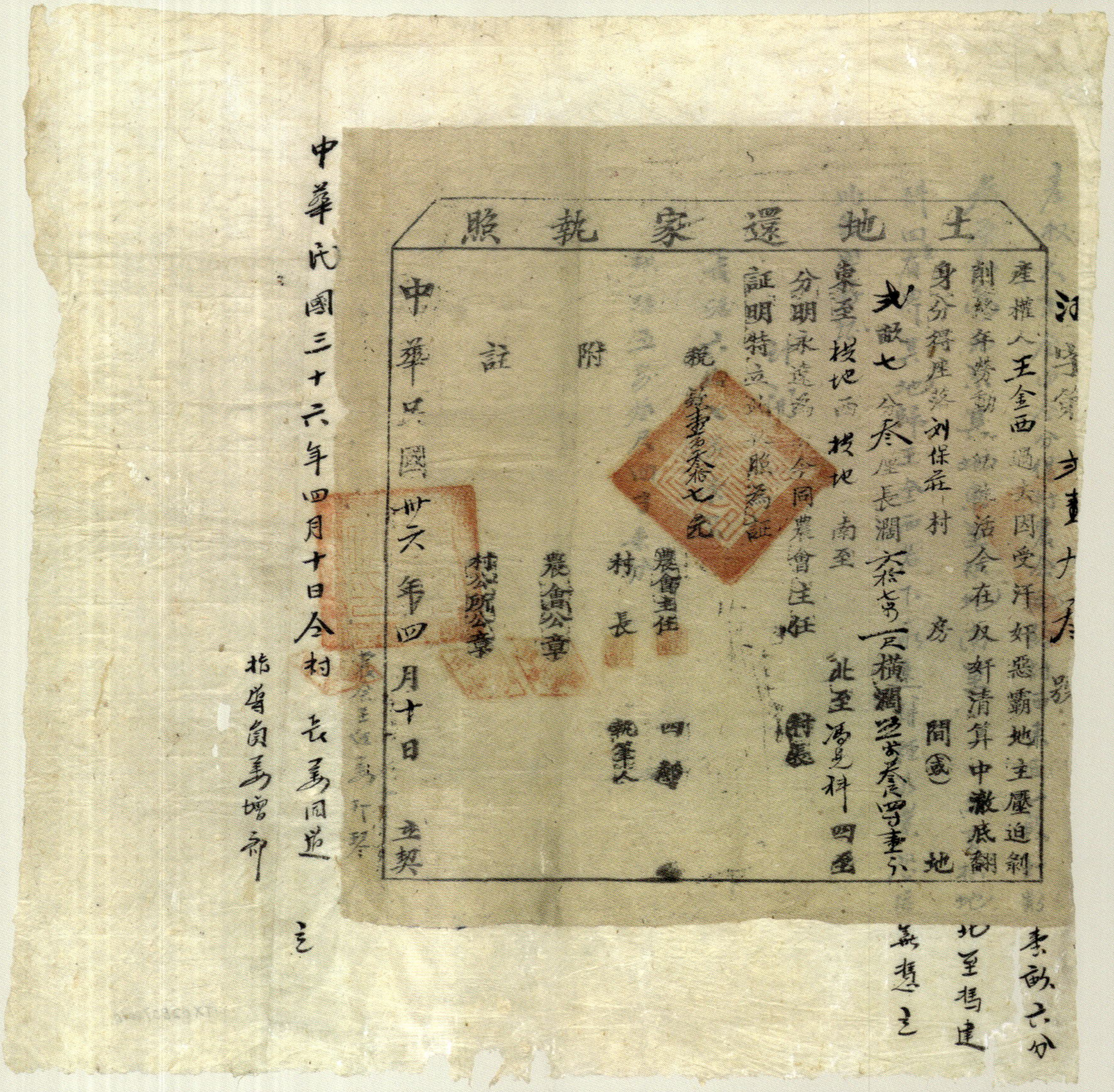

◎ 清河县刘保庄村王金西土地还家执照

年代：民国三十六年（1947）

尺寸：草契 436×426 毫米

官契 326×292 毫米

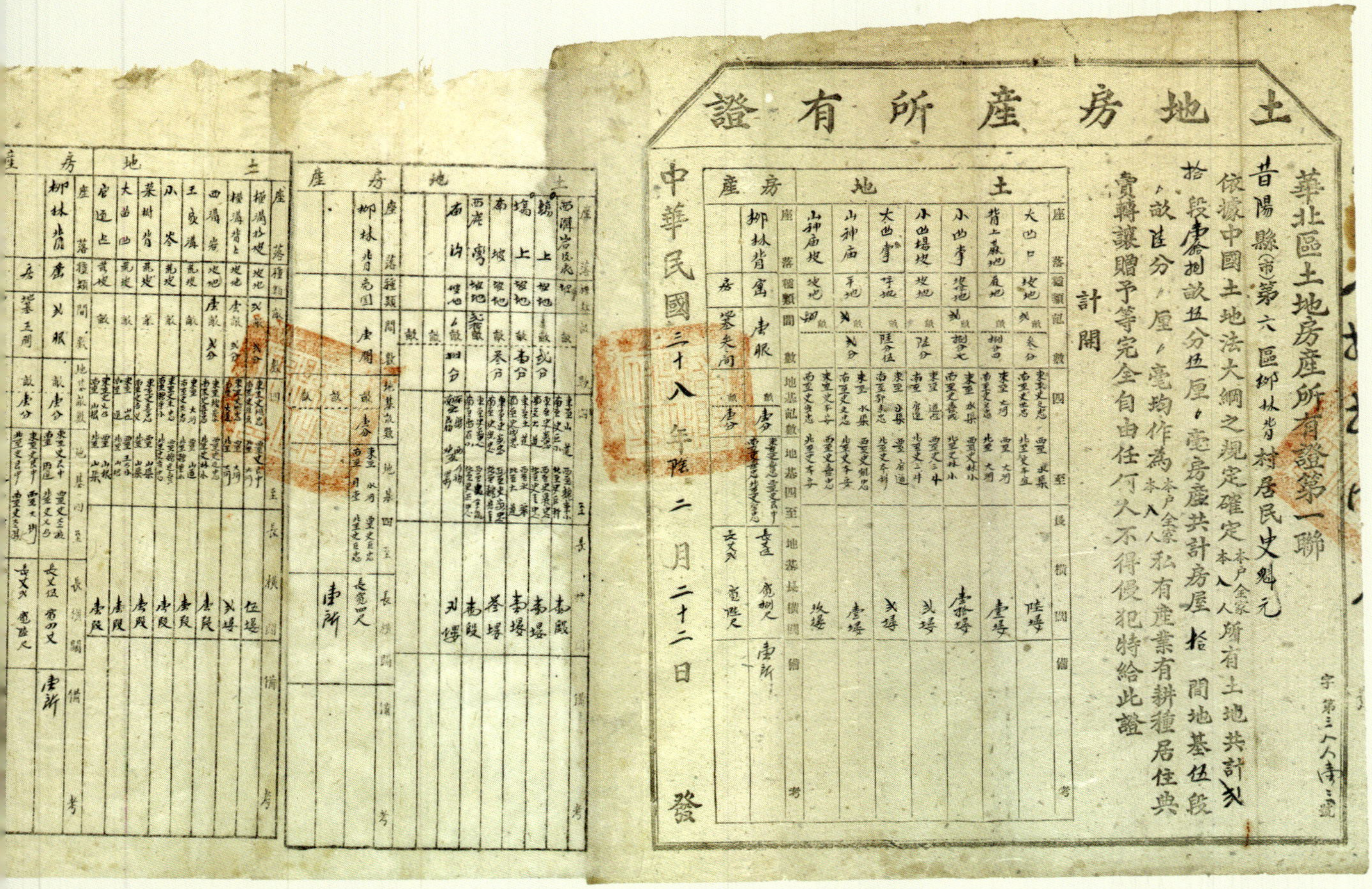

◎ 昔阳县第六区柳林背村史魁元土地房产所有证

年代：民国三十八年（1949）

尺寸：374×628毫米

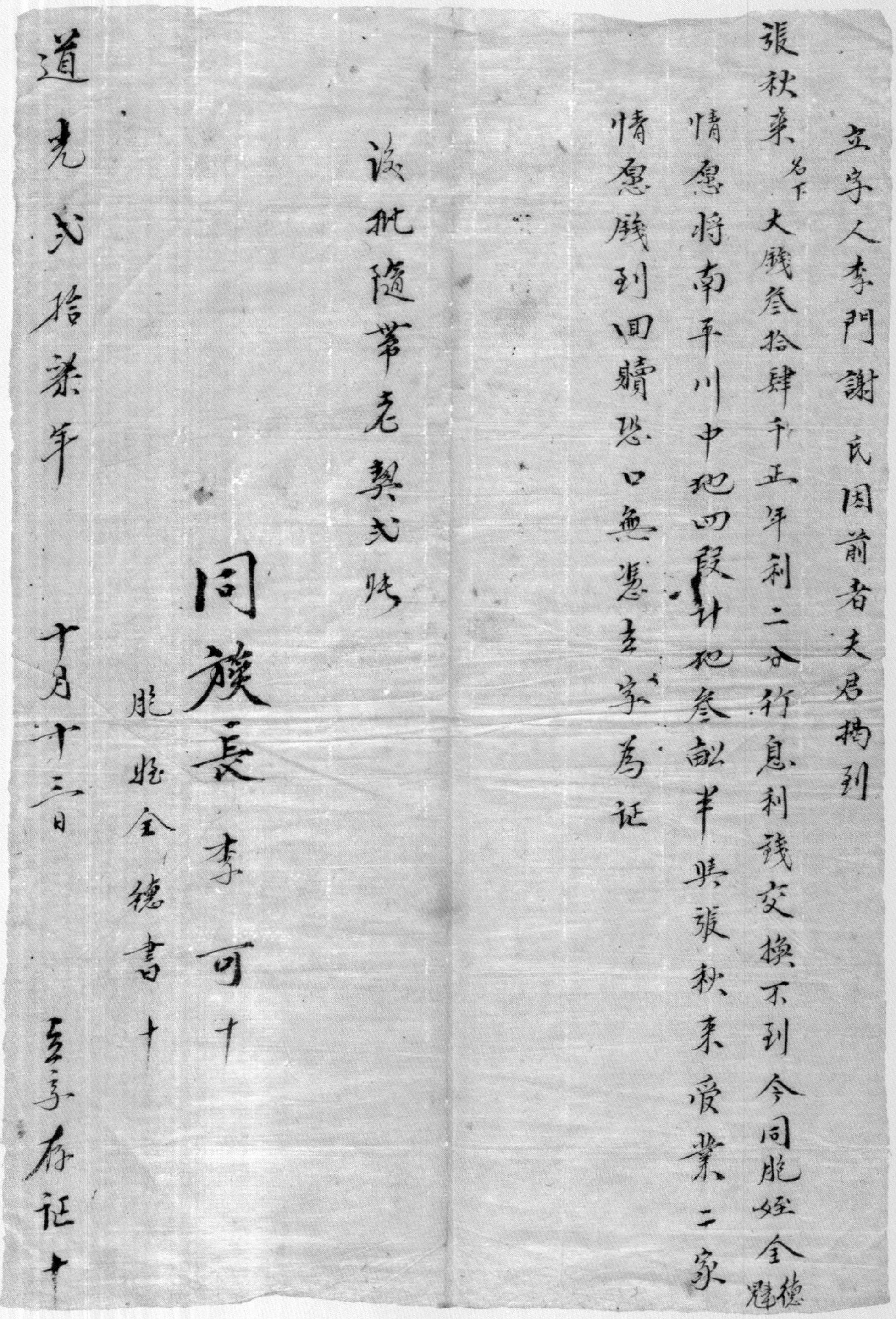
立字人李門謝氏因前者夫君揭到
張秋來名下大錢叁拾肆千正年利二分行息利錢交換不到今同胞姪全德
情愿將南平川中地四段計地叁畝半與張秋來爲業二家
情愿錢到回贖恐口無憑立字爲证
後批隨帶老契弍張
同族長 李可十
胞姪全德書十
道光弍拾柒年 十月廿三日 立字存证十

◎ **李门谢氏回赎其夫揭约字据**

年代：道光二十七年（1847）

尺寸：371×245 毫米

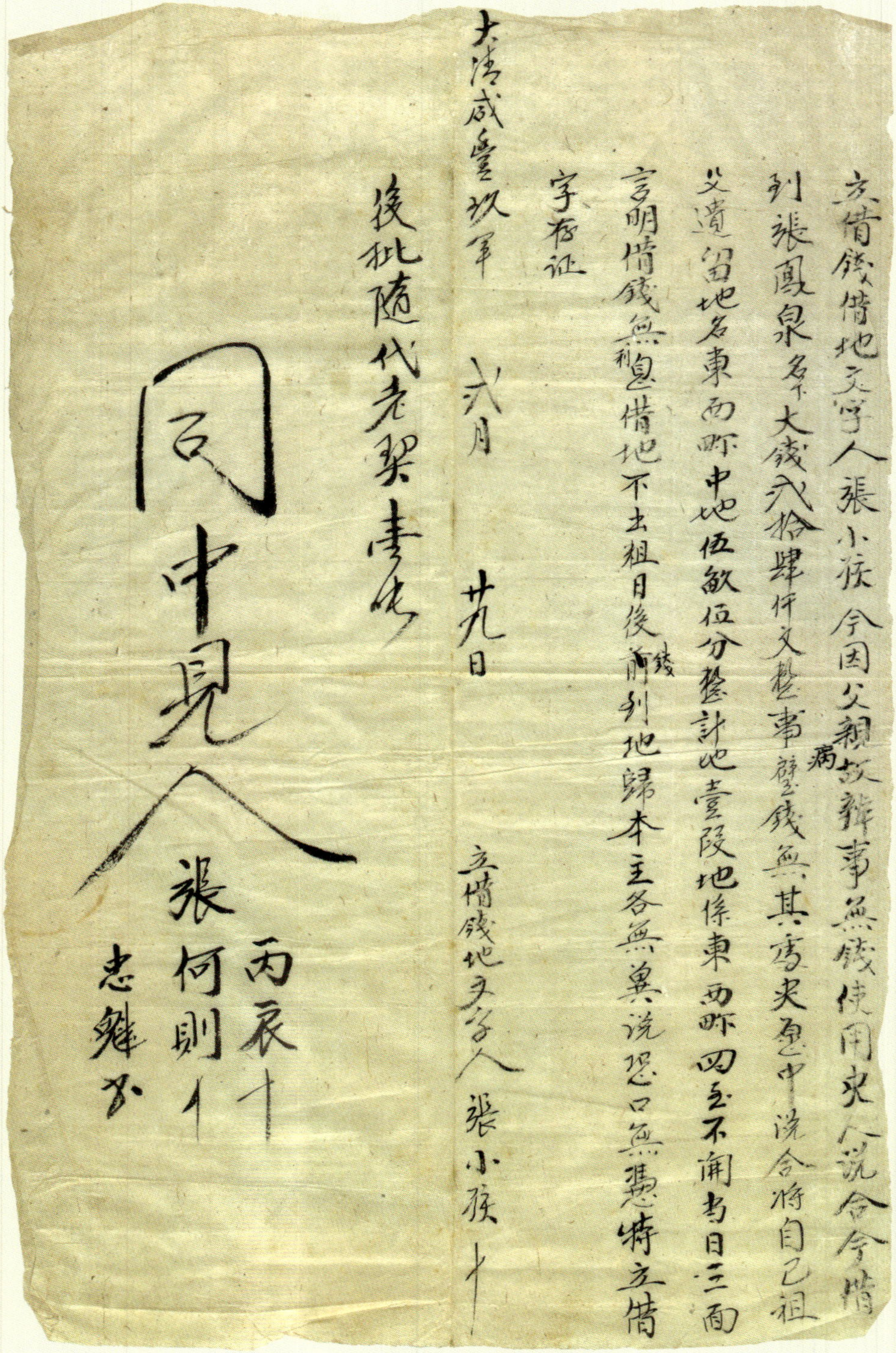

立借錢借地文字人張小孩，今因父親病故辦事無錢使用，央人說合，今借
到張鳳泉名下大錢弍拾肆仟文整，事壹錢無其寫，央中說合將自己祖
父遺留地名東西畛中地伍畝伍分整，計地壹段，地係東西畛，四至不開，当日三面
言明借錢無利息，借地不出租，日後有錢到地歸本主，各無異說，恐口無憑，特立借
字存证

大清咸豐玖年 弍月 廿九日 立借錢地文字人 張小孩 十

後批隨代老契壹張

同中見人 張何則 十 丙辰 十 忠雜 书

◎ 张小孩借张凤泉钱并将土地抵给对方耕种文字

年代：咸丰九年（1859）

尺寸：432×267 毫米

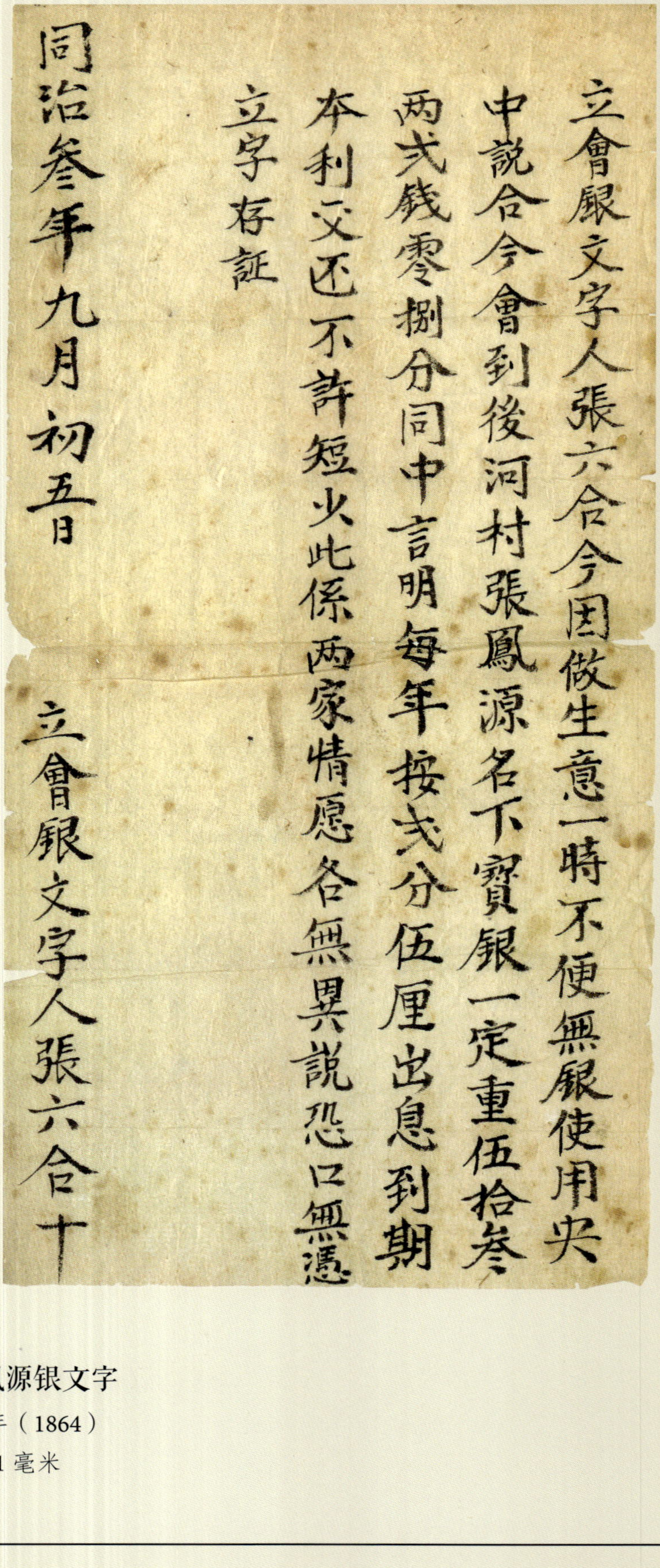
立會銀文字人張六合今因做生意一時不便無銀使用央
中說合今會到後河村張鳳源名下寶銀一定重伍拾叁
兩弍錢零捌分同中言明每年按弍分伍厘出息到期
本利交还不許短少此係兩家情愿各無異說恐口無憑
立字存証
同治叁年九月初五日
立會銀文字人張六合十

◎ 张六合会张凤源银文字

年代：同治三年（1864）

尺寸：351×171 毫米

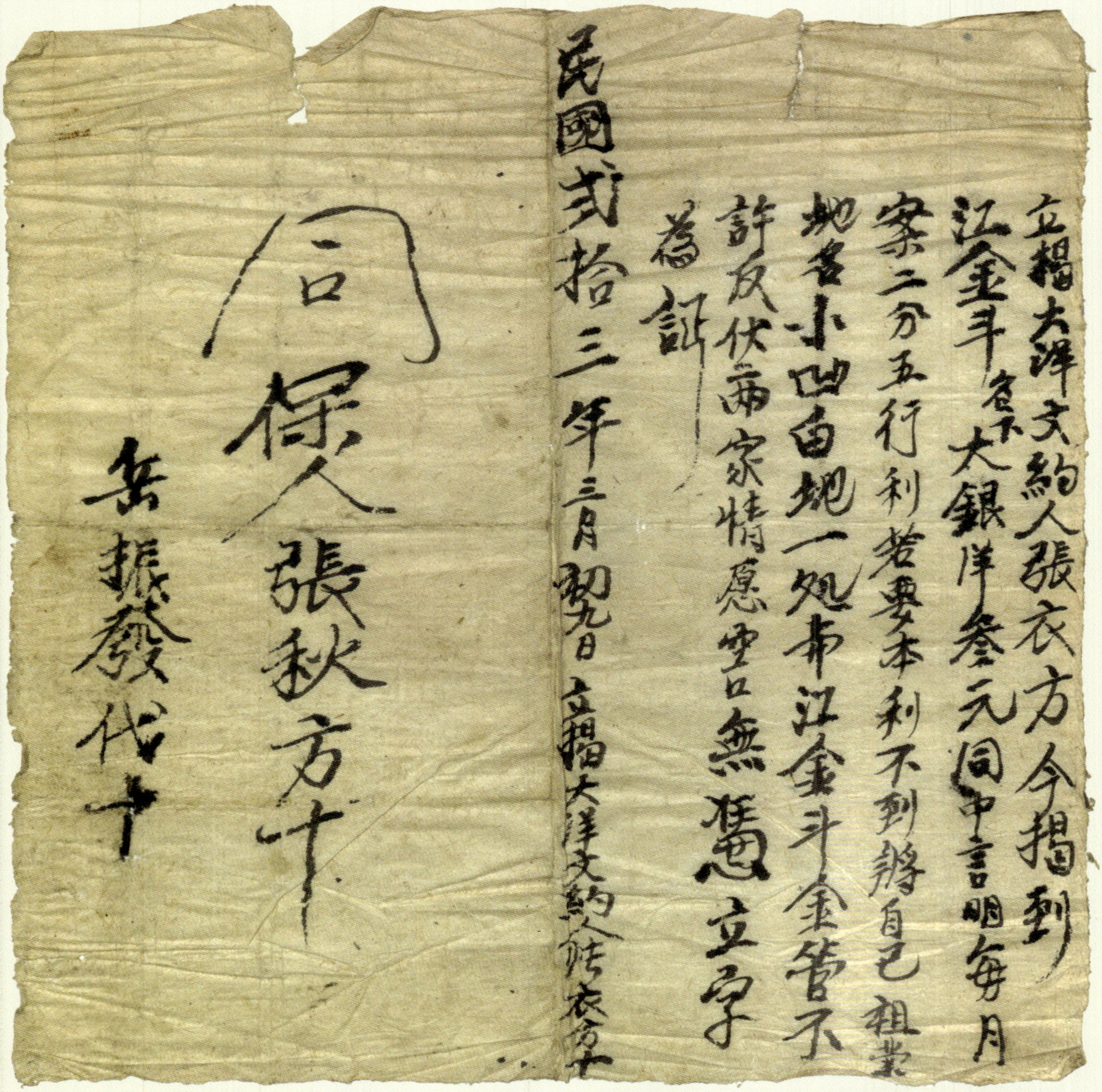

立揭大洋文約人張衣方今揭到
江金斗名下大銀洋叁元同中言明每月
案二分五行利若要本利不到將自己祖業
地名小凹白地一塊歸江金斗金管不
許反伏兩家情愿空口無憑立字
為証

民國弍拾三年三月初九日 立揭大洋文約人張衣方十

同 保人 張秋方十

岳振發代十

◎ 张衣方揭江金斗大洋抵押文约

年代：民国二十三年（1934）

尺寸：256×247 毫米

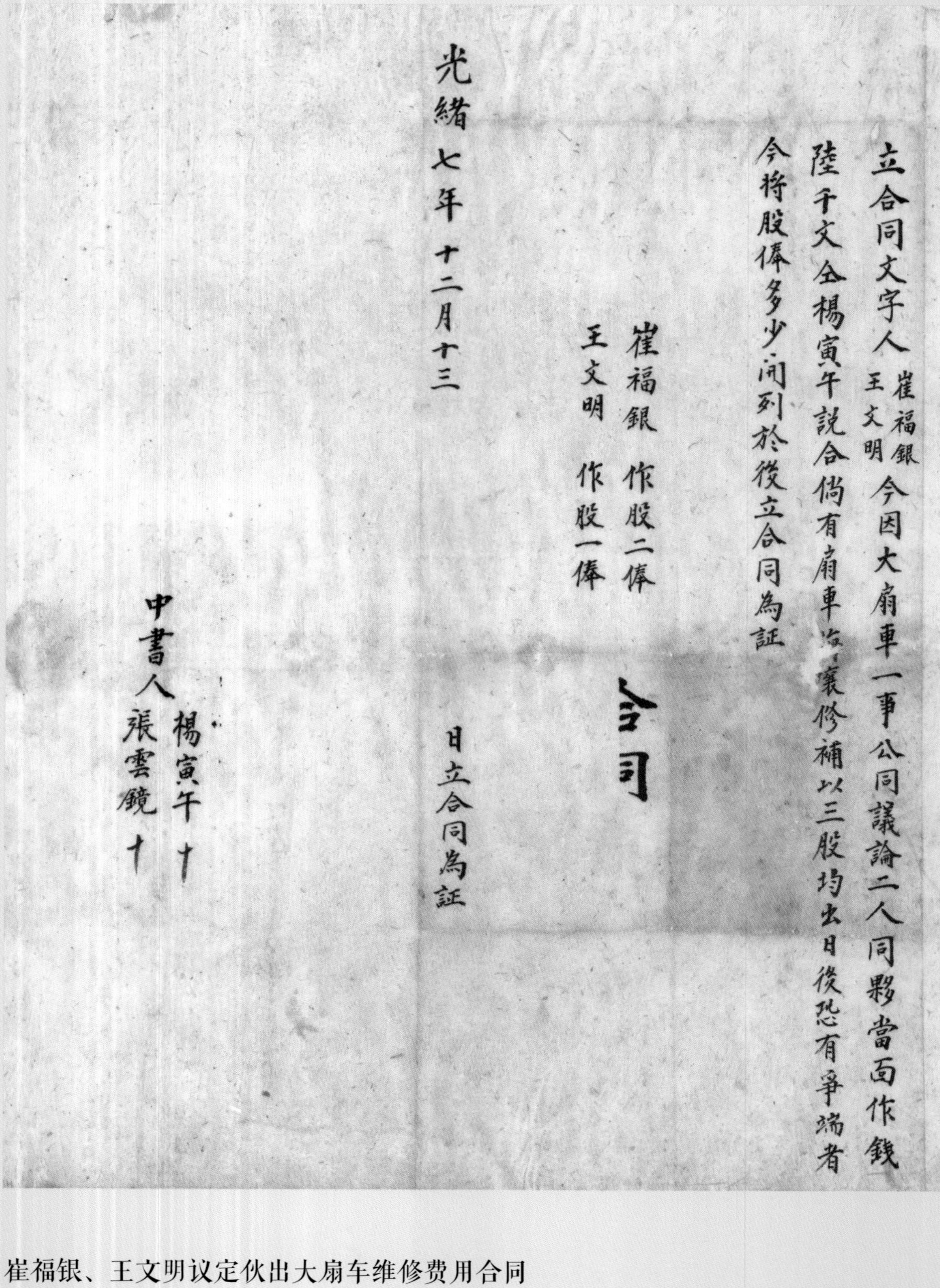

立合同文字人崔福銀、王文明今因大扇車一事公同議論二人同夥當面作錢陸千文仝楊寅午說合倘有扇車汚壞修補以三股均出日後恐有爭端者今將股俸多少開列於後立合同為証

崔福銀 作股二俸
王文明 作股一俸

合同

光緒七年十二月十三日立合同為証

中書人 楊寅午 十
張雲鏡 十

◎ **崔福银、王文明议定伙出大扇车维修费用合同**

年代：光绪七年（1881）

尺寸：540×460 毫米

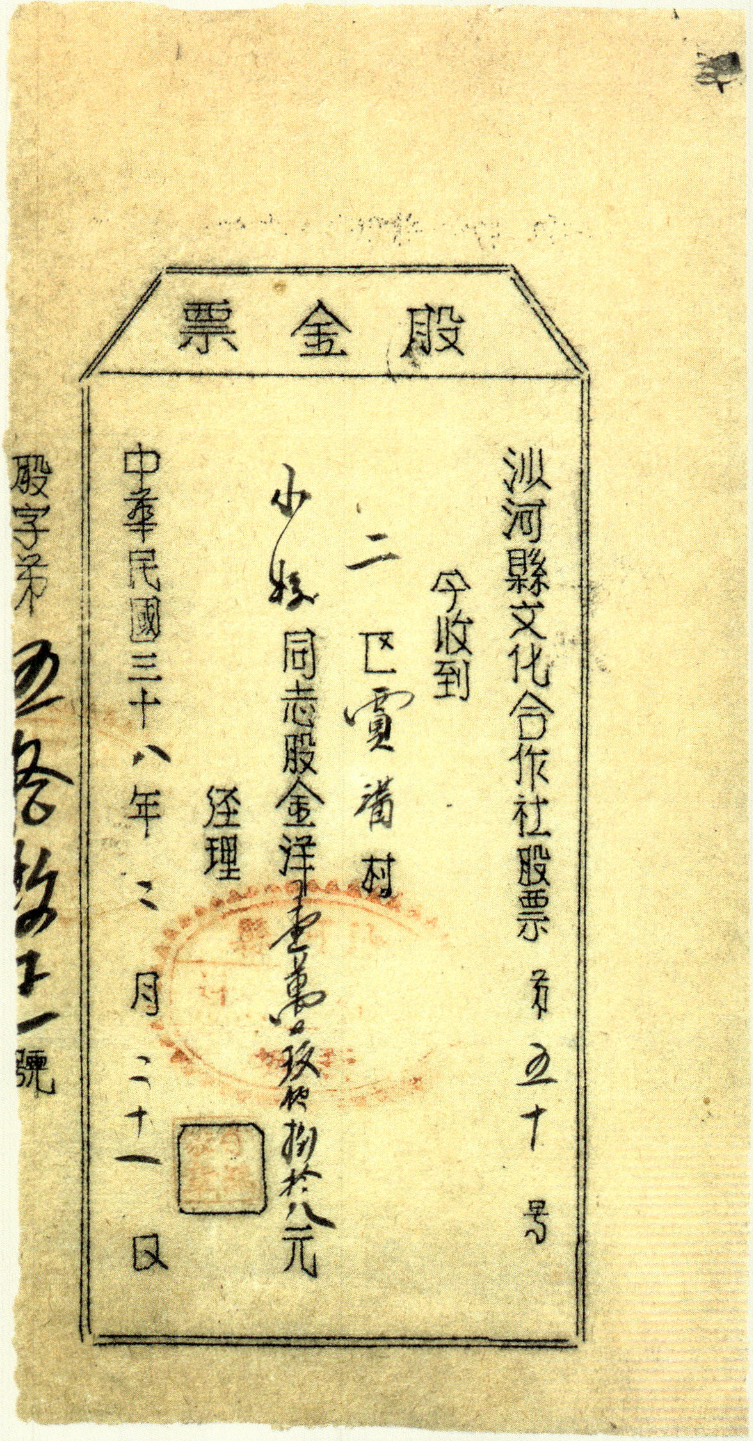
股金票

沙河縣文化合作社股票 第五十号

今收到

二区[illegible]村

少林同志股金洋壹萬[illegible]八元

经理

中華民國三十八年二月二十一日

股字第[illegible]一號

◎ **沙河县文化合作社股金票**

年代：民国三十八年（1949）

尺寸：190×97毫米

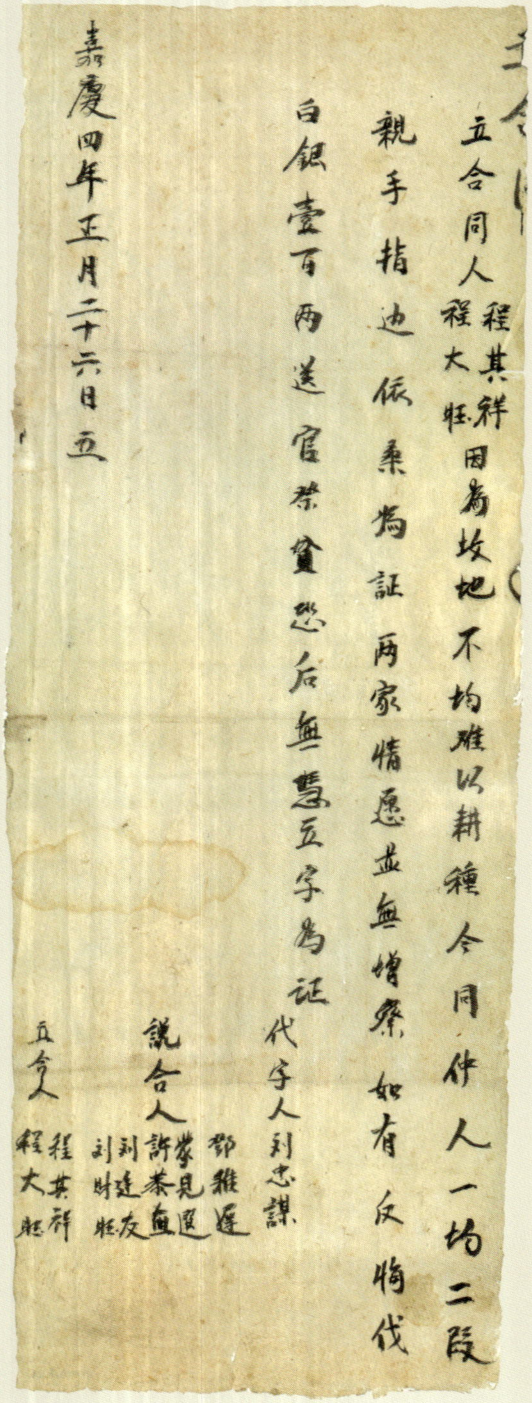
立合同人程其祥、程大旺因為坟地不均难以耕種今同中人一均二段
親手指边依業為証兩家情愿並無增察如有反悔伐
白銀壹百两送官禁賞恐后無憑立字為証
代字人刘忠謀
說合人 鄧維選 許榮見 許恭查 刘廷友 刘財旺
立合人 程其祥 程大旺
嘉慶四年正月二十六日立

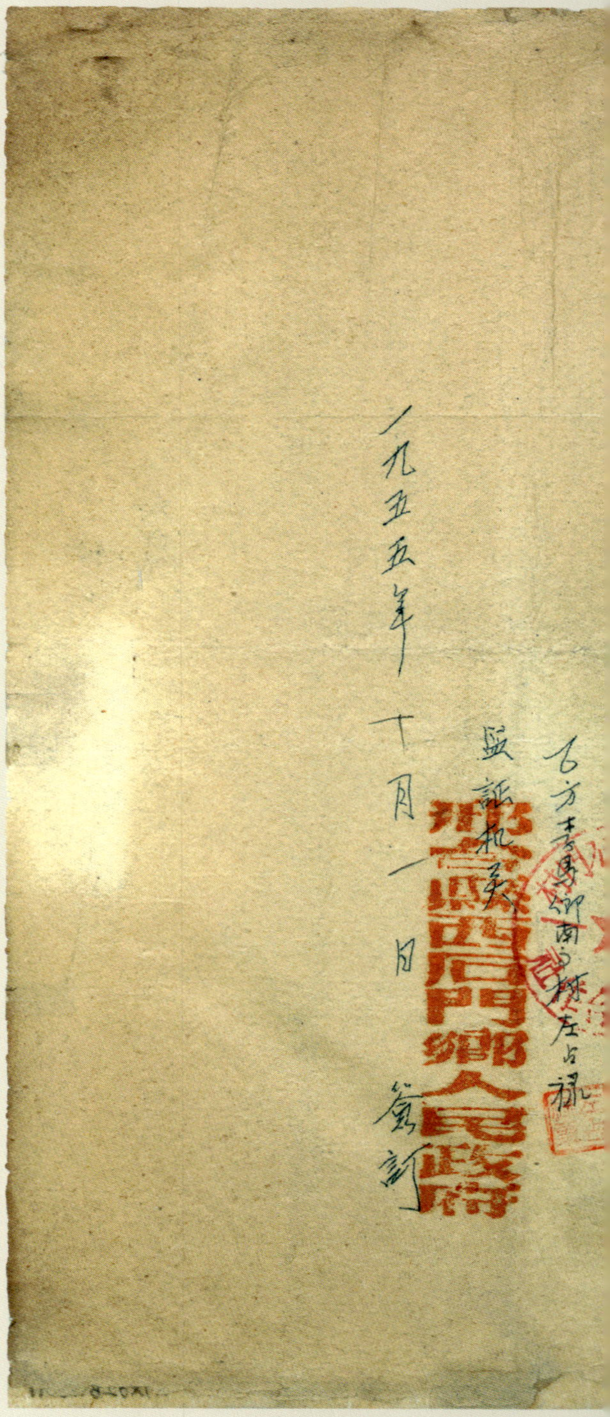
一九五五年十月一日
監証机关
古方寺鄉南寺村左占禄
簽訂
邢台縣西石門鄉人民政府

◎ 程其祥、程大旺因坟地不均重新分地合同

年代：嘉庆四年（1799）

尺寸：550×220毫米

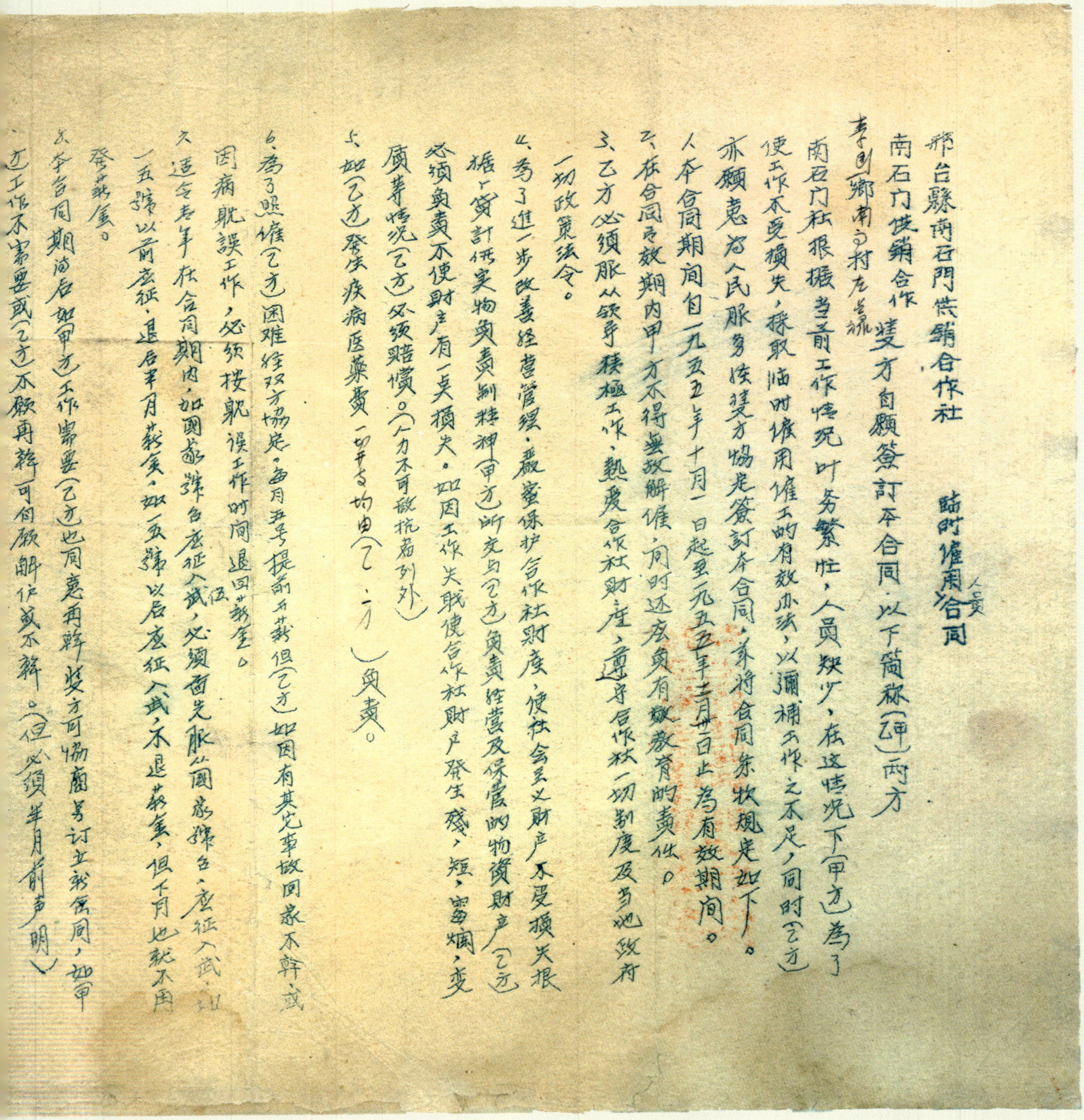

临时雇用人员合同

邢台縣南石門供銷合作社
南石门供销合作雙方自願簽訂本合同，以下簡稱（甲乙）兩方
李固鄉南屯村左荔
南石门社根據当前工作情况叶务繁忙，人員缺少，在这情况下（甲方）為了
使工作不受損失，採取临时雇用雇工的有效办法，以彌補工作之不足，同时（乙方）
亦願意為人民服务，經雙方協定簽訂本合同，并将合同条款规定如下：
1、本合同期间自一九五五年十月一日起至一九五五年十二月卅日止為有效期间。
2、在合同有效期内甲方不得無故解雇，同时还应负有教育的责任。
3、乙方必須服从领导积极工作，熱愛合作社财產，遵守合作社一切制度及当地政府
一切政策法令。
4、為了進一步改善经营管理，严密保护合作社財產，使社会主义财产不受損失，根
據上级计供实物負责制精神（甲方）所交与（乙方）負責经营及保管的物資财产（乙方）
必須負責不使財产有一點損失。如因工作失職使合作社財产發生殘、短、霉烂、变
質等情况（乙方）必須賠償。（人力不可抵抗者列外）
5、如（乙方）發生疾病医藥費一切开支均由（乙方）負責。
6、為了照顧（乙方）困难经双方協定，每月五号提前开薪，但（乙方）如因有其它事故回家不辭、或
因病耽誤工作，必须按耽误工作时间退回工薪。
7、適令青年在合同期内，如國家號召應征入伍，必須首先服从國家號召，應征入伍，如
一五號以前應征，退后半月薪金，如一五號以后應征入伍，不退薪金，但下月也就不開
發薪金。
8、本合同期满后如（甲方）工作需要（乙方）也同意再幹，雙方可協商另订立新合同，如（甲
方）工作不需要或（乙方）不願再幹可自願解约或不幹。（但必須半月前声明）

◎ 邢台县南石门供销社临时雇工合同

年代：1955

尺寸：270×393 毫米

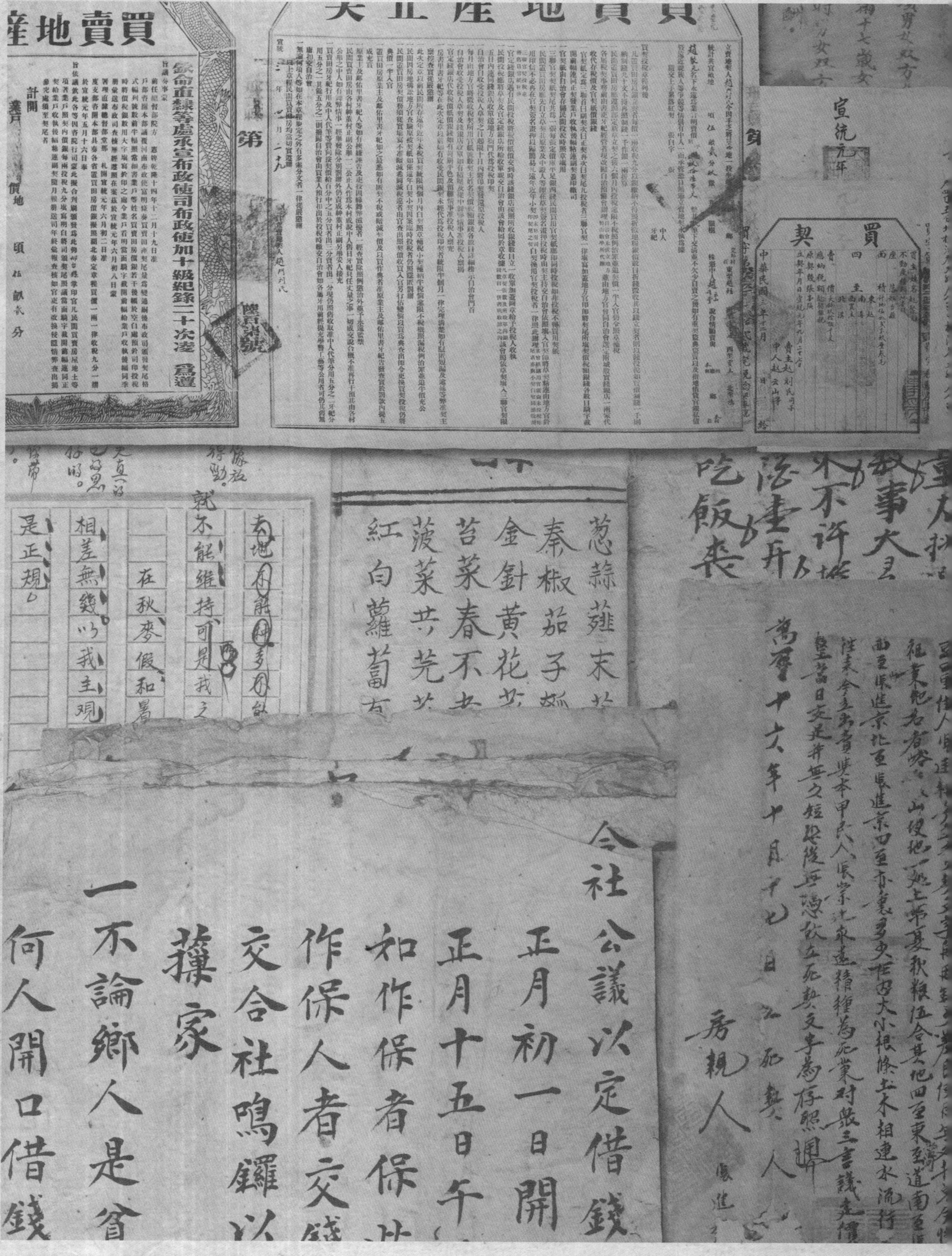
買賣地產
欽命直隸等處承宣布政使司布政使加十級紀錄二十次淩 爲遵
宣統元年
買契
葱蒜薤末
秦椒茄子
金針黃花
紅白蘿蔔
合社公議以定借錢
正月初一日開
正月十五日午
和作保者保
作保人者交
交合社鳴鑼以
穫家
一不論鄉人是
何人開口借錢
萬曆十六年十月十七日
房親人

# 第三章 村落文书

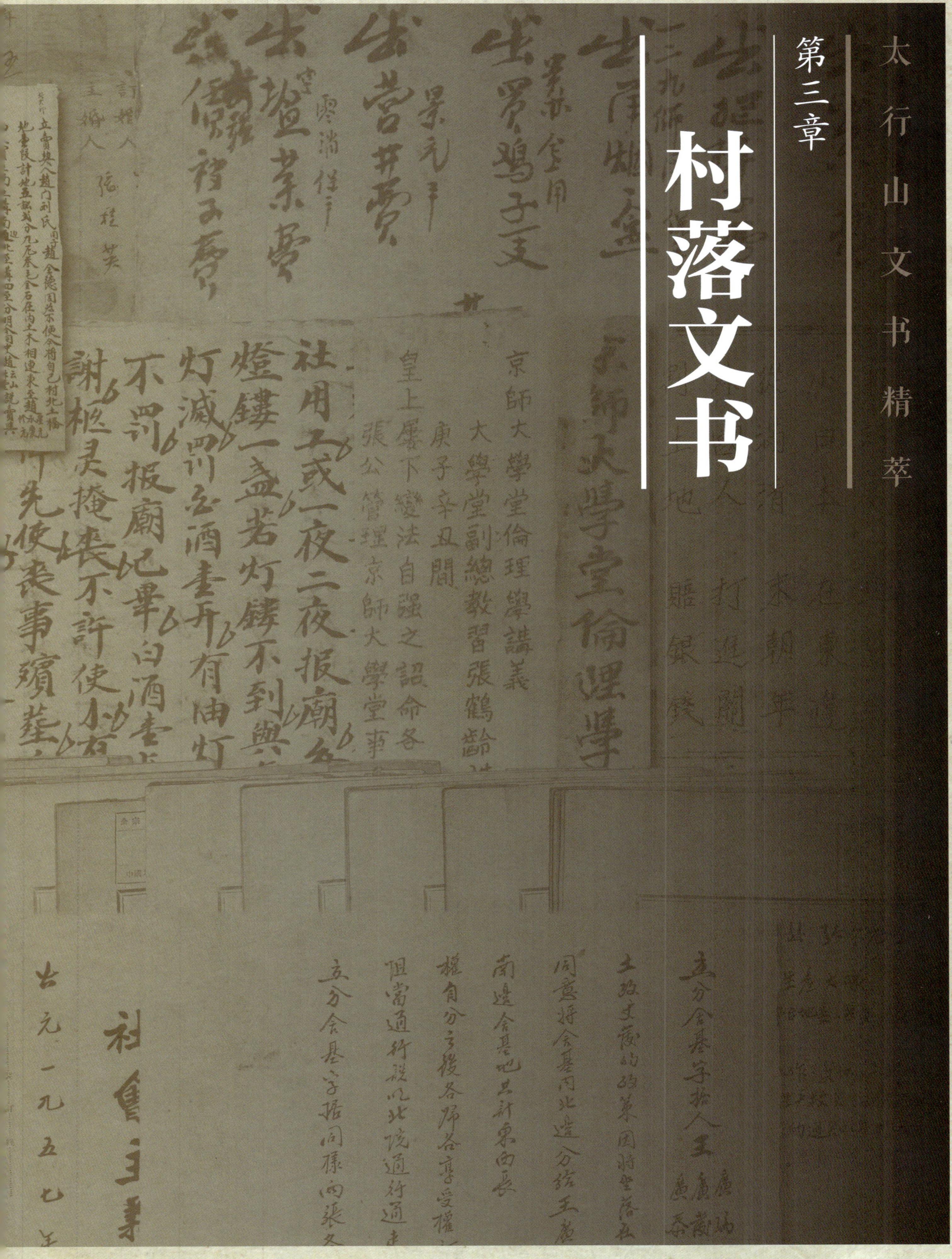

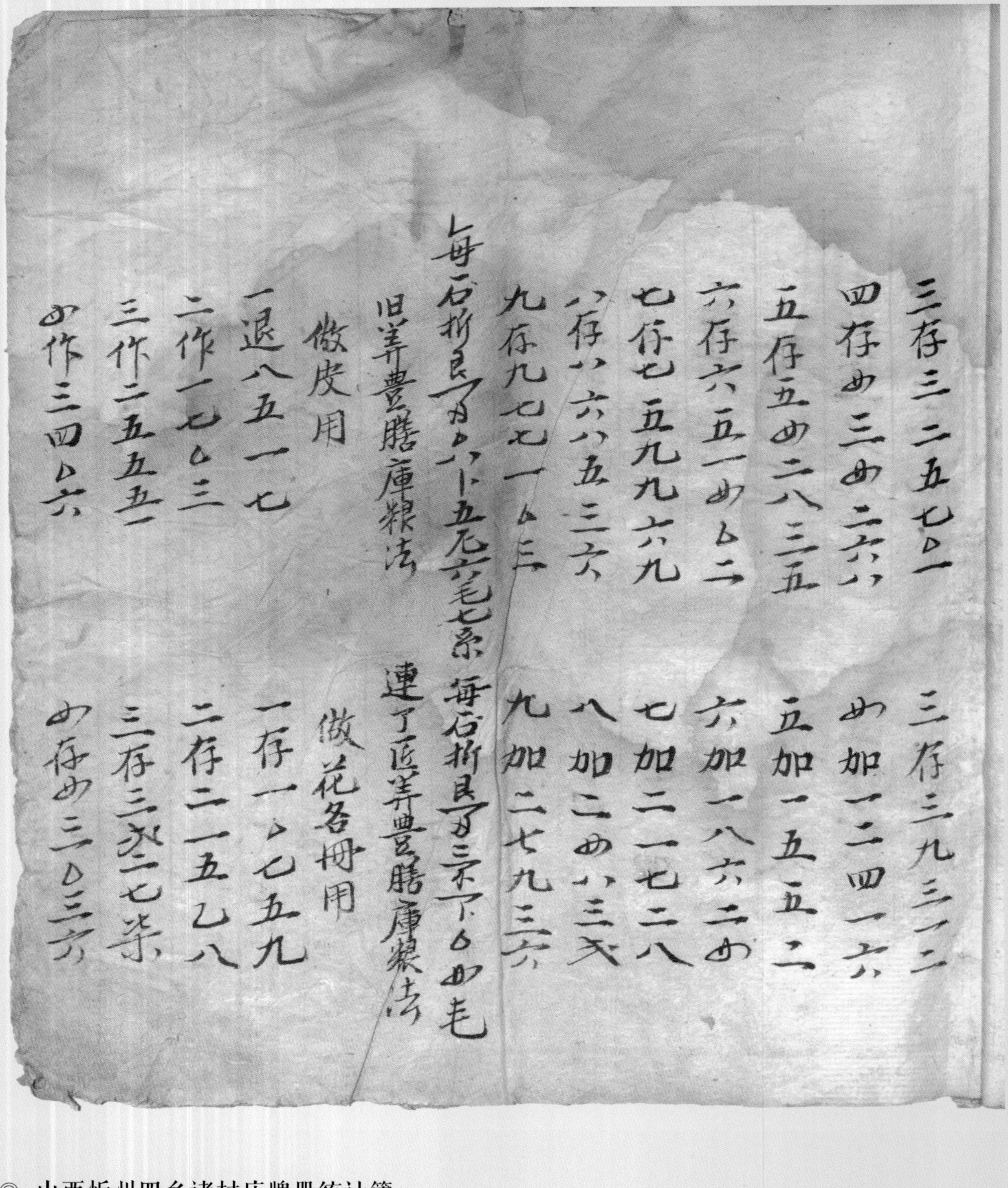

◎ **山西忻州四乡诸村庄牌册统计簿**

年代：清末

尺寸：251×246毫米

该牌册共29页，记载了清末忻州四乡各村户数，后附粮银折算法则。

東呼延　一百四十五户　上社村　八十八户
共五十五牌乙七户
黄龍王溝
范履盛所管
温　村　一百一十一户　大王村　三十九户
黄龍王溝　一十二户　小尖村　九　户
水泉溝　九　户　西呼延　四十八户
西溝村　二十户　苗　庄　五十户
陀罗村　二十一户
共叁拾乙牌叁玖户
四六奇村
周如意所管
明望村　一百乙四户　加禾村　一百四十八户
寺　庄　三十八户　趙家庄　三十八户

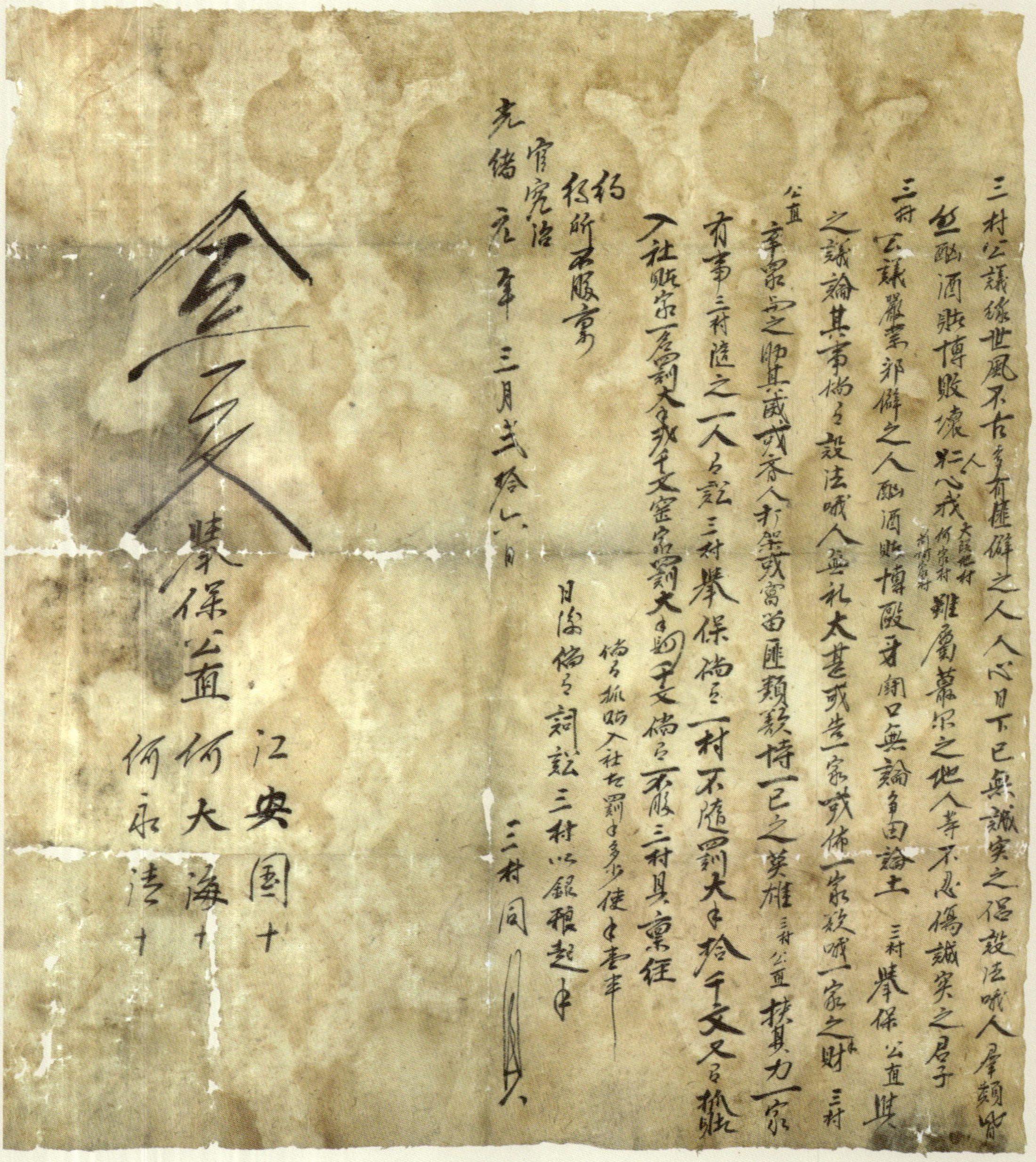

◎ 涉县大段地村、何家村、前何家村三村公约

年代：光绪元年（1875）

尺寸：498×460 毫米

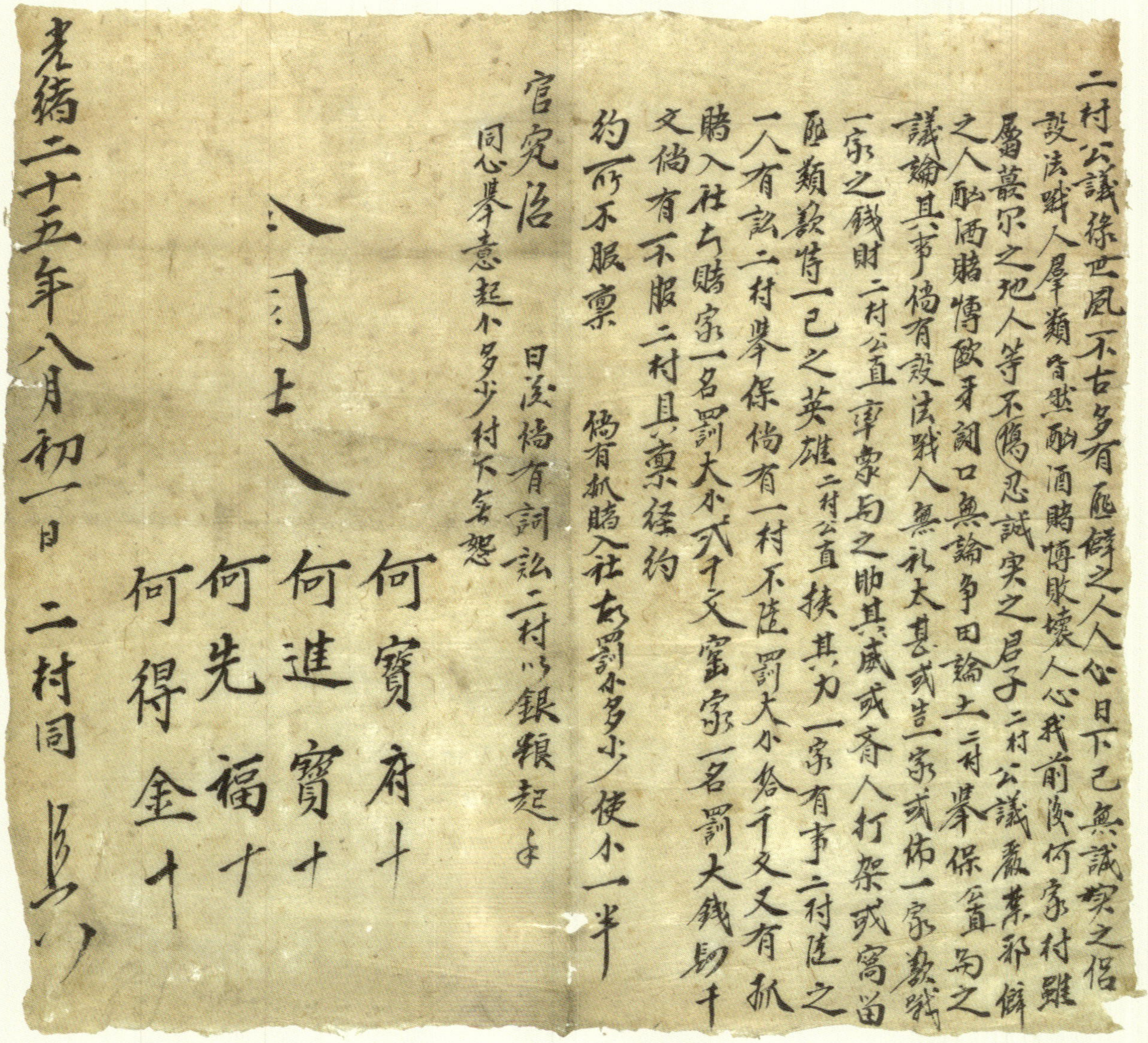
二村公議係世風不古多有匪僻之人人心日下已無誠實之侶
設法賭人羣類皆些酗酒賭博敗壞人心我前後何家村雖
屬蕞尔之地人等不僞忍誠実之君子二村公議嚴禁邪僻
之人酗酒賭博斂才闘口無論争田論土二村舉保公直為之
議論其事倘有設法賭人無禮太甚或告一家或佈一家數戰
一家之錢財二村公直率衆為之助其威或斉人打架或寫留
匪類欺侍一己之英雄二村公直挟其力一家有事二村陸之
一人有訟二村舉保倘有一村不陸罰大小各千文又有抓
賭入社与賭家一名罰大小弍千文窩家一名罰大錢駒千
文倘有不服二村具稟経約
約所不服禀　倘有抓賭入社扣罰小多少使小一半
官究治　日後倘有詞訟二村以銀粮起手
同心舉意起小多少村下客怨
何寶府十
何進寶十
何先福十
何得金十
光緒二十五年八月初一日　二村同

◎ 涉县前、后何家村二村公约

年代：光绪二十五年（1899）

尺寸：265×283 毫米

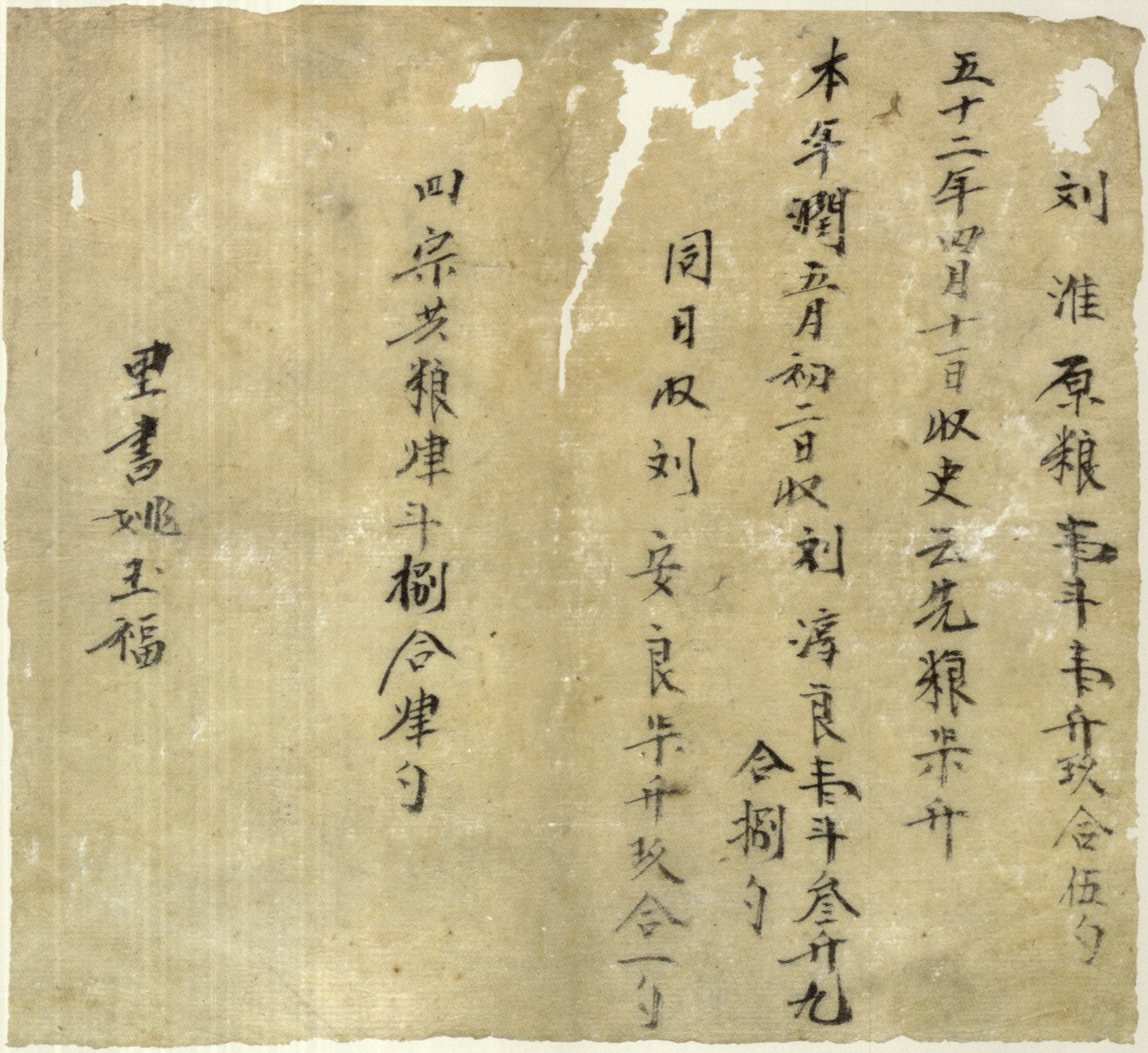
刘 淮 原粮壹斗壹升玖合伍勺
五十二年四月十一日收史云先粮柒升
本年闰五月初二日收刘 淳良壹斗叁升九合捌勺
同日收刘 安良柒升玖合一勺
四宗共粮肆斗捌合肆勺
里書姚玉福

◎ **里书姚玉福征收田赋账目**

年代：康熙五十二年（1713）

尺寸：170×193 毫米

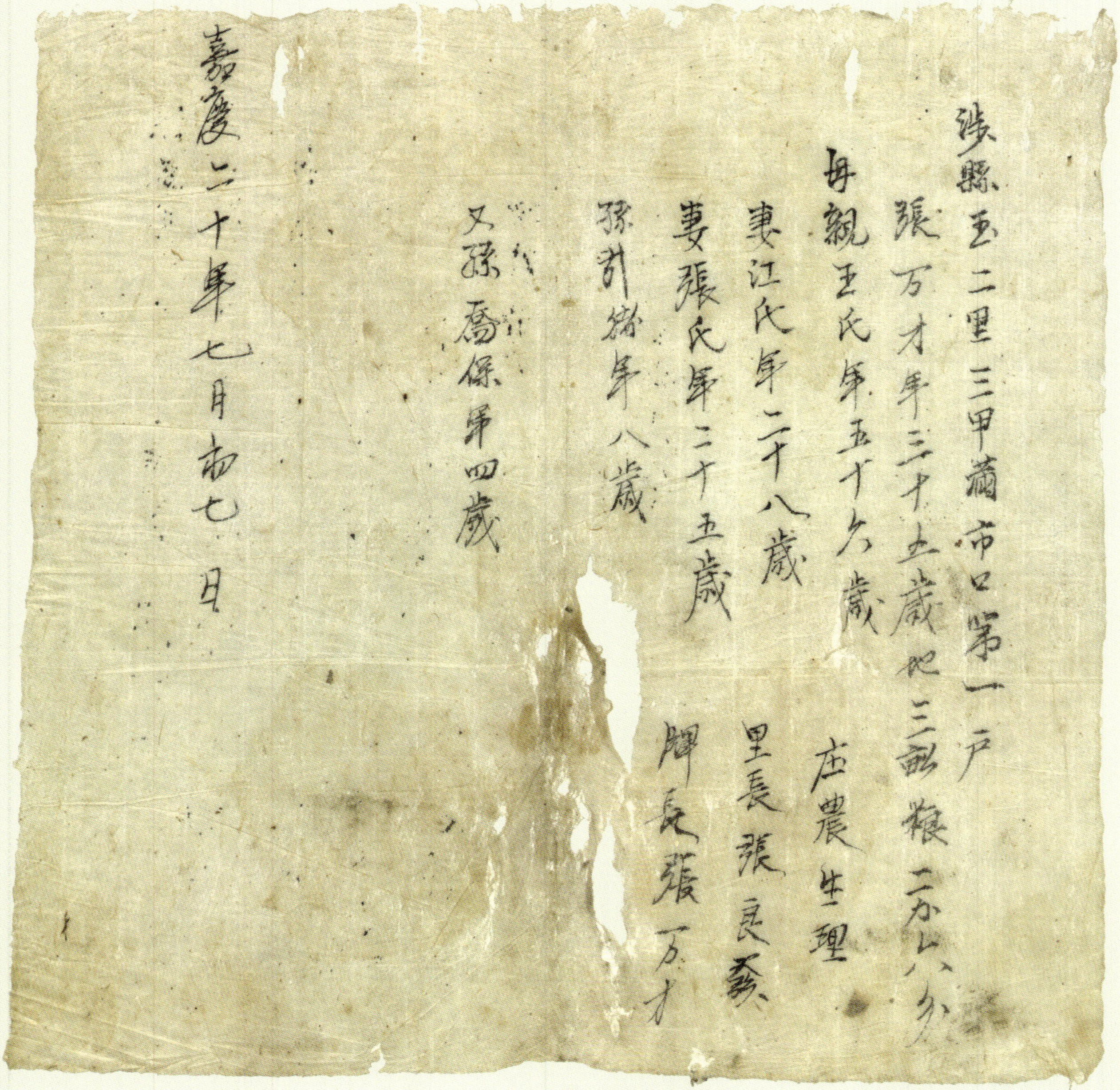
涉縣玉二里三甲滿市口第一戶
張万才年三十五歲地三畝糧二分[illegible]八分
母親王氏年五十六歲
庄農生理
妻江氏年二十八歲
里長張良發
妻張氏年二十五歲
脚長張万才
孫背豬年八歲
又孫喬保年四歲
嘉慶二十年七月初七日

◎ 涉县玉二里三甲满市口第一户张万才里甲页

年代：嘉庆二十年（1815）

尺寸：282×282 毫米

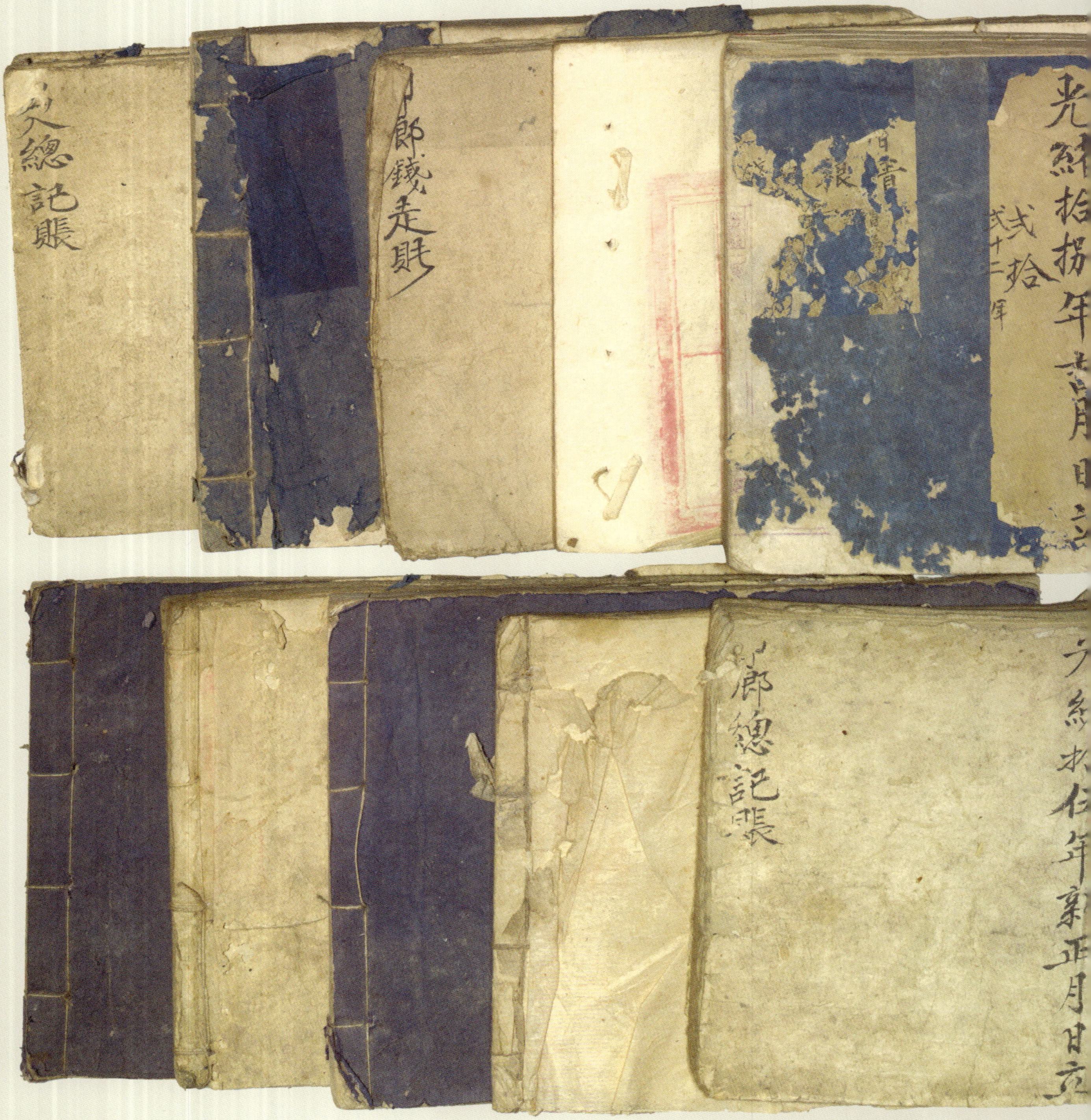
總記賬
錢走賬
總記賬

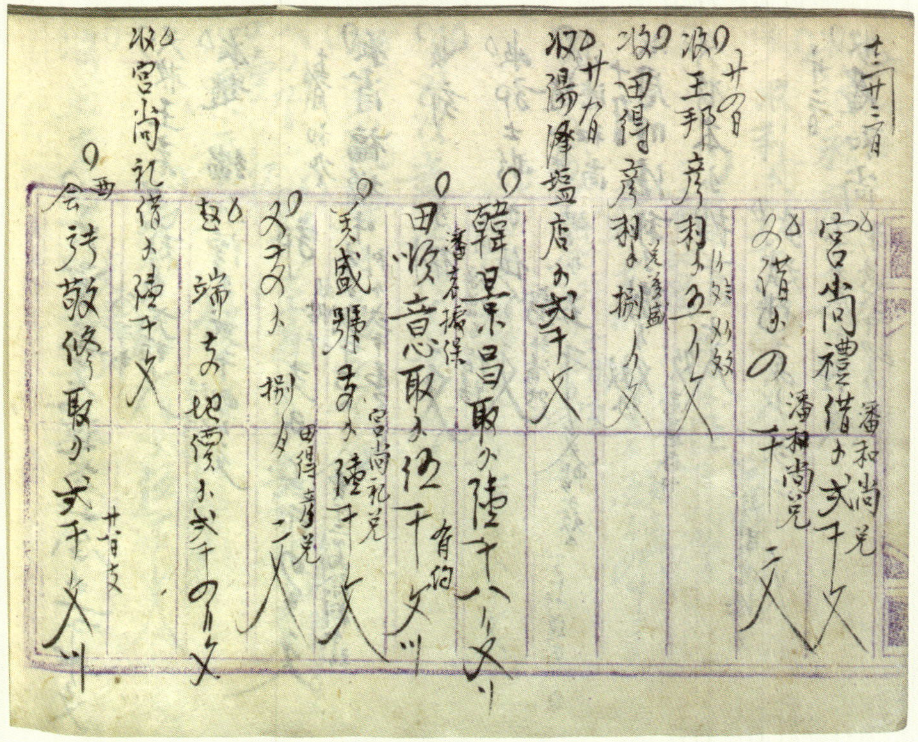

◎ **赞皇县修积堂账簿**

年代：光绪年间

尺寸：157×218 毫米～157×239 毫米

这批账簿共 10 册，计 463 页，内容为修积堂放款、收租、买卖土地和树木的账目。

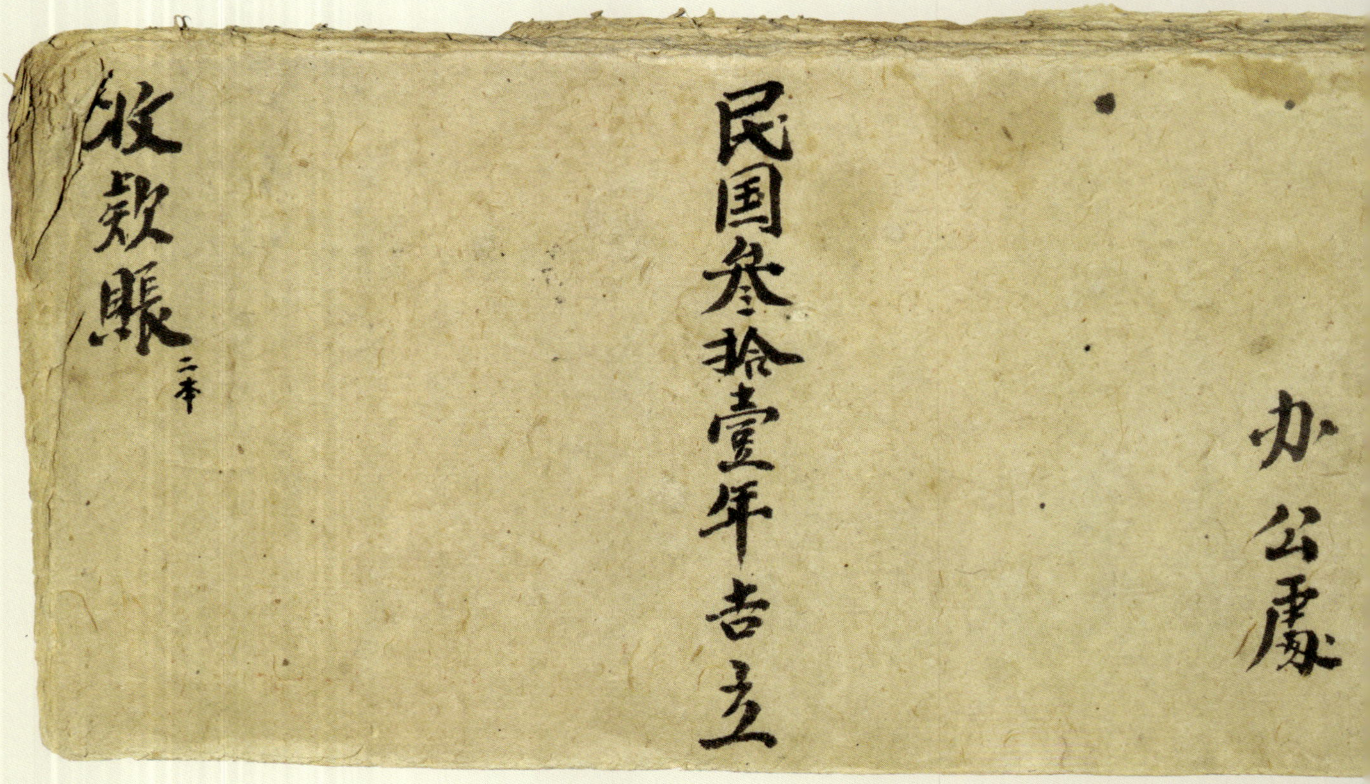

◎ **办公处账簿**

年代：民国三十一年（1942）

尺寸：137×287 毫米

这批账簿共 3 册，计 119 页，其中一册为民国三十一年二月立办公处“日记流水”，32 页；一册为民国三十一年立办公处“收款账”，46 页；一册为“办公处记”，41 页，内容为收款、物账目。

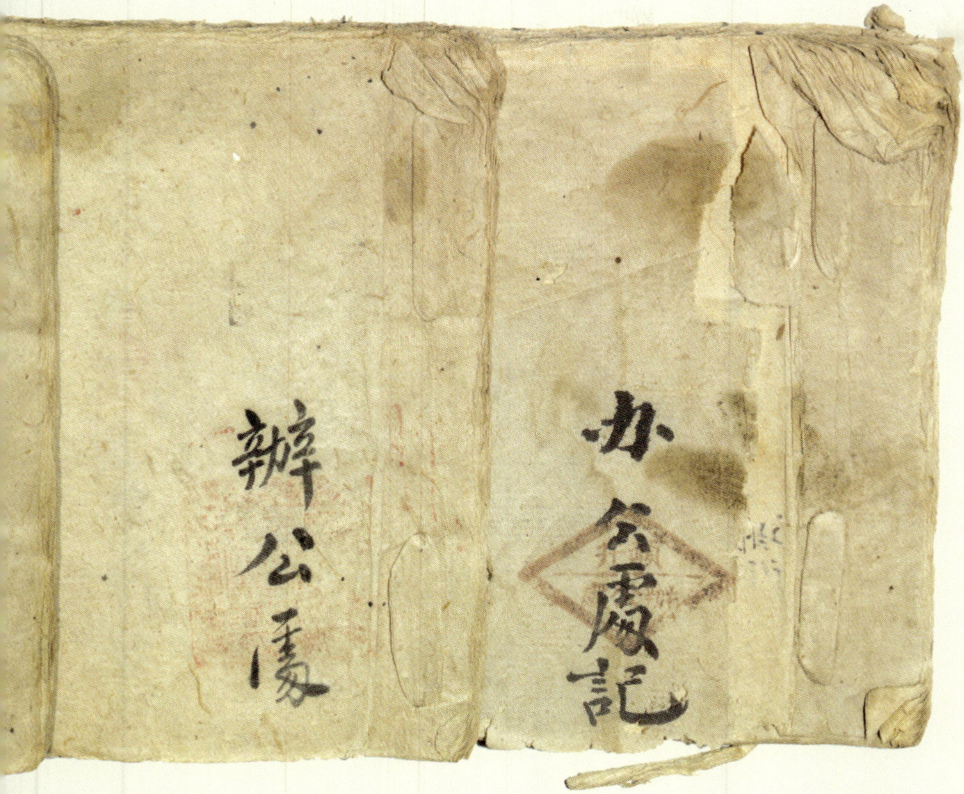
辦公處
办公處記

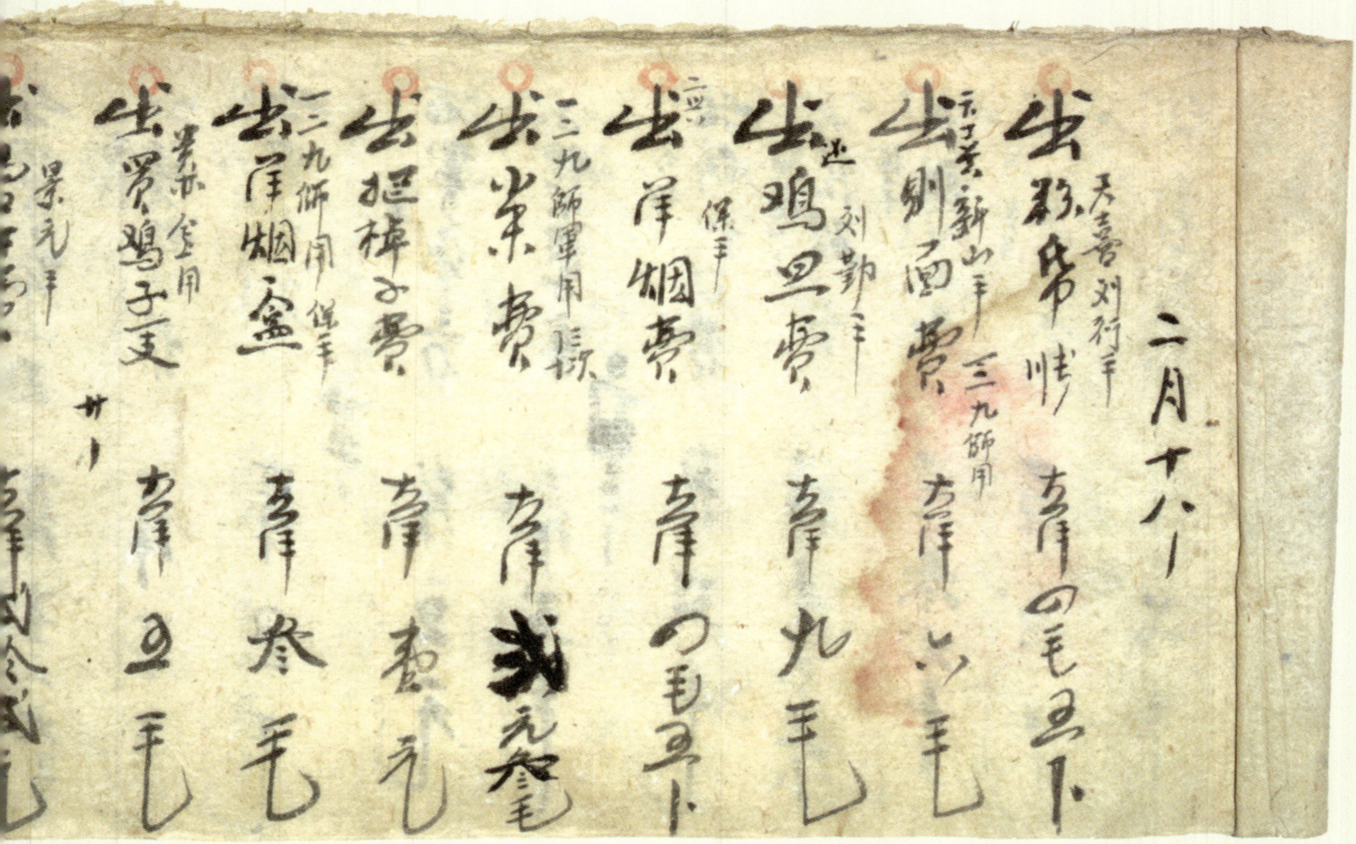
二月十八

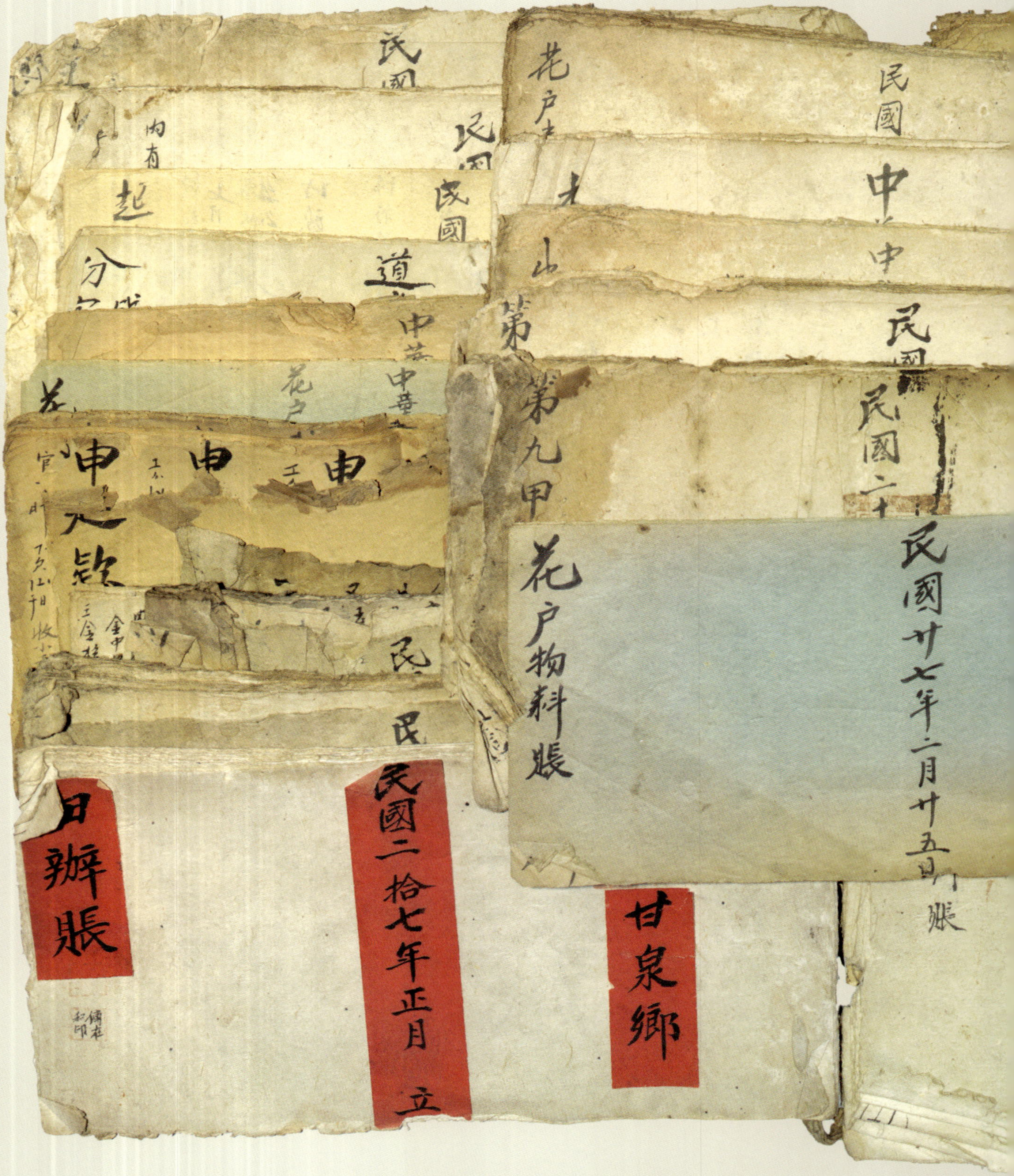
花户物料賬
民國廿七年二月廿五日
賬
辦賬
民國二拾七年正月 立
甘泉鄉

◎ **涉县甘泉村保甲账簿**

年代：晚清、民国

尺寸：139×312 毫米～158×311 毫米

这批账簿共39册，计511页，其中33册为1938年账本，包括钱粮摊派账本、外乡来往账、花户总账等；其余6册分别为晚清宁松等取钱粮账、宁宽等钱粮账、道光廿三年正月廿四日宁同春分家居钱件账、民国四年正月立涉县孝社规矩账、民国十一年和二十年六甲粮账。

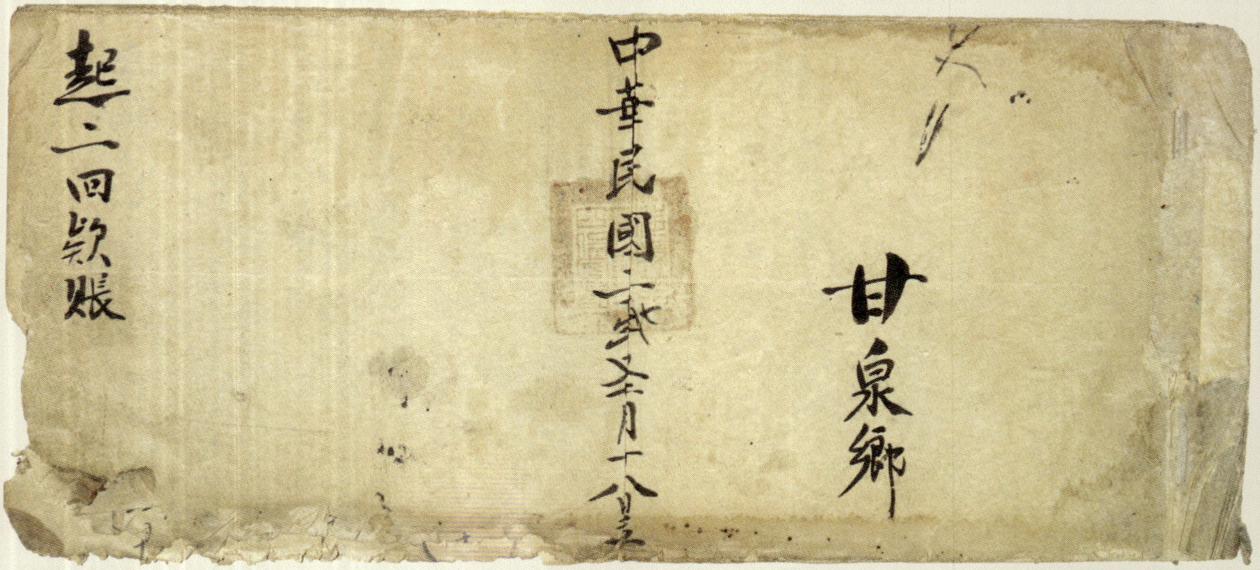
起二回歀賬
中華民國二十二年冬月十八日立
甘泉鄉

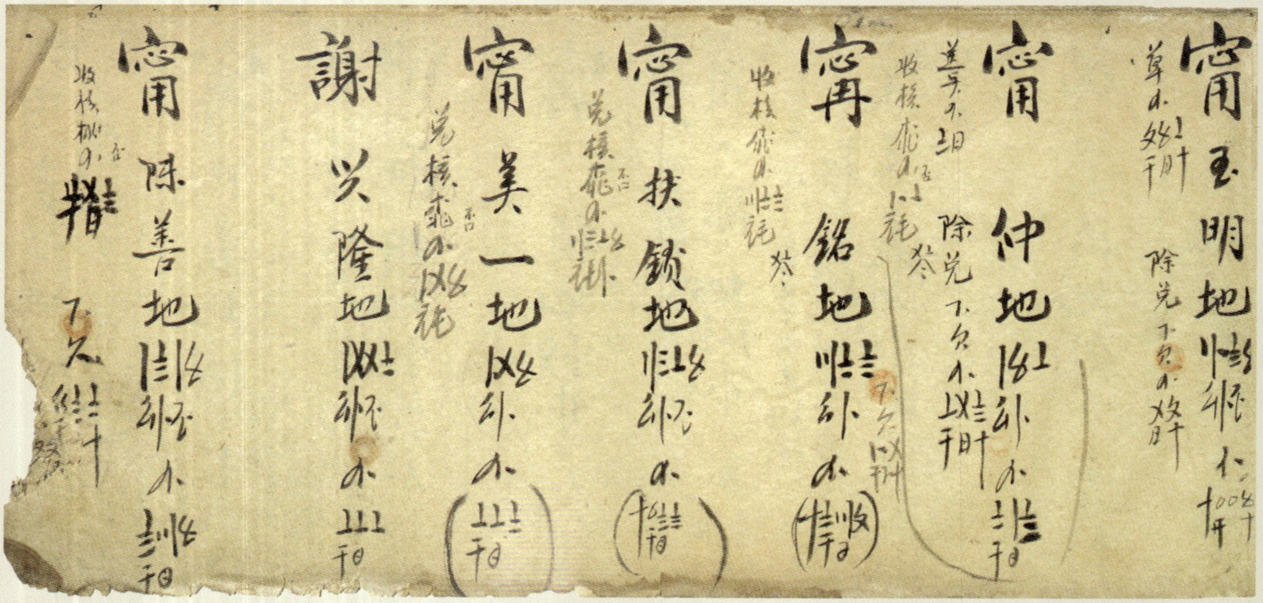
甯玉明地
甯仲地
甯銘地
甯扶鎖地
甯美一地
謝兴隆地
甯保善地

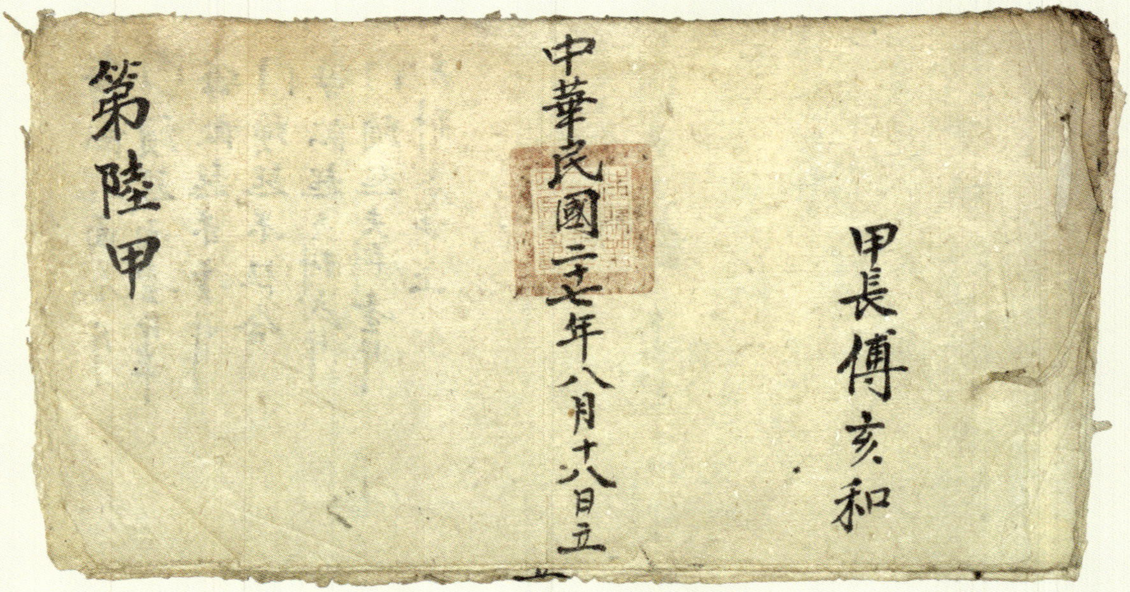

甲長傅亥和

中華民國二十七年八月十八日立

第陸甲

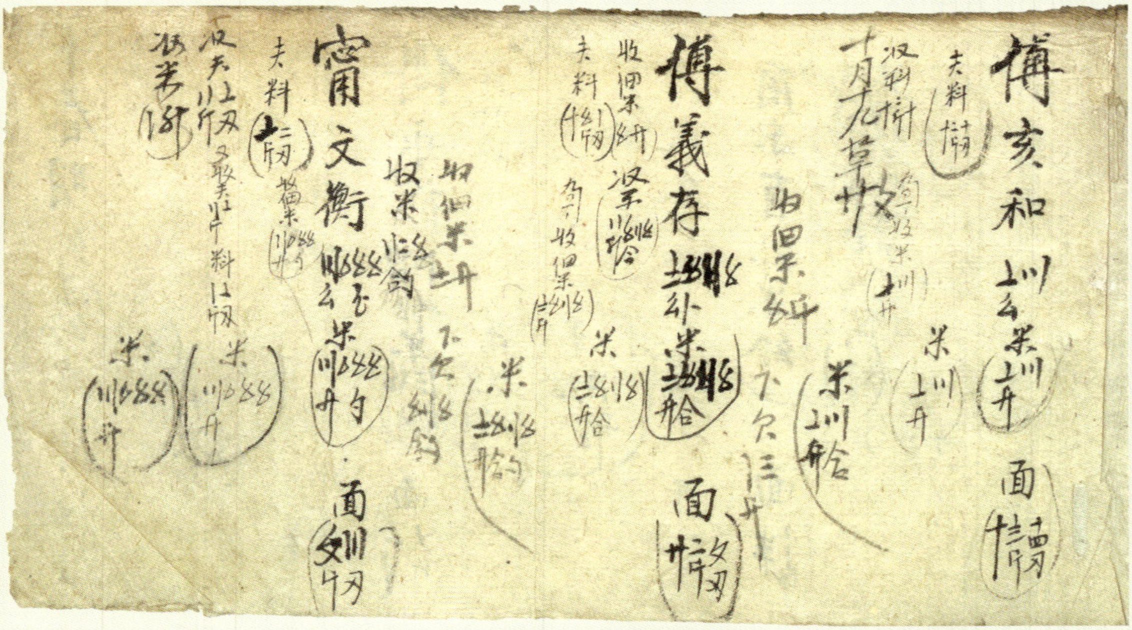

傅亥和

傅義存

甯文衡

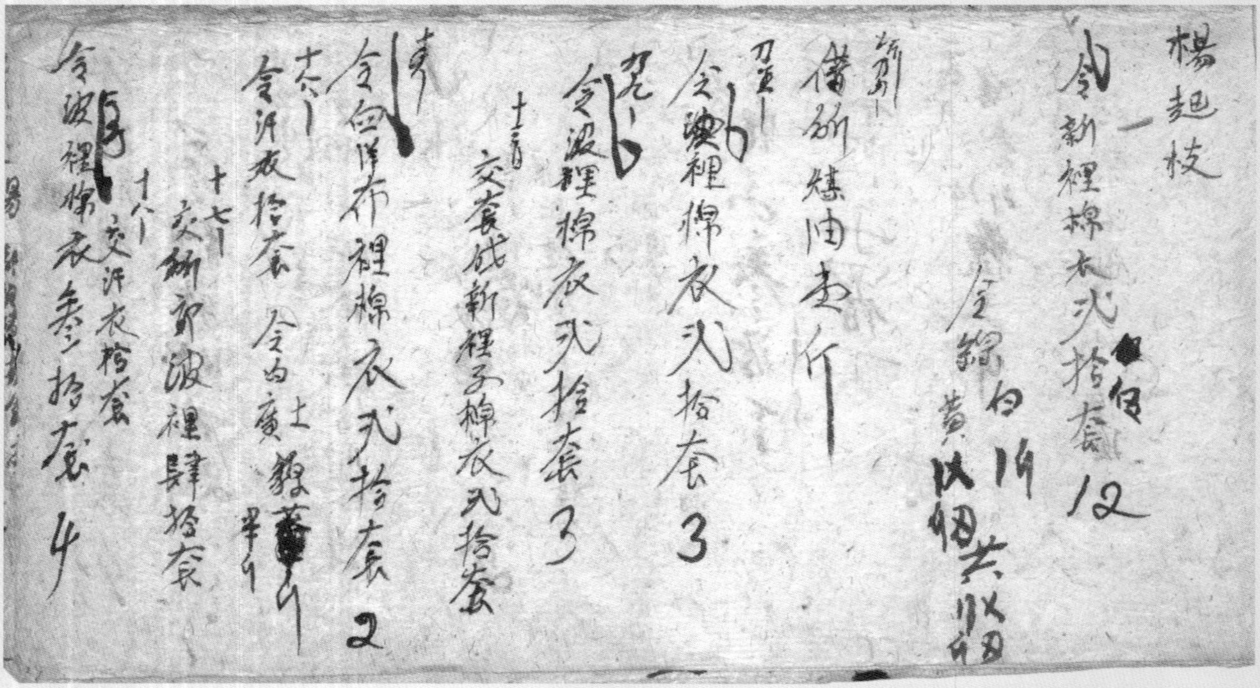

◎ **互助成衣局账簿**

年代：民国三十六年（1947）

尺寸：138×268 毫米

该账簿为 2 本账册之合订本，其中一本账册为廿五日立“所部来往账”，计 14 页；另一册为十八日立“杂记账”，计 19 页。

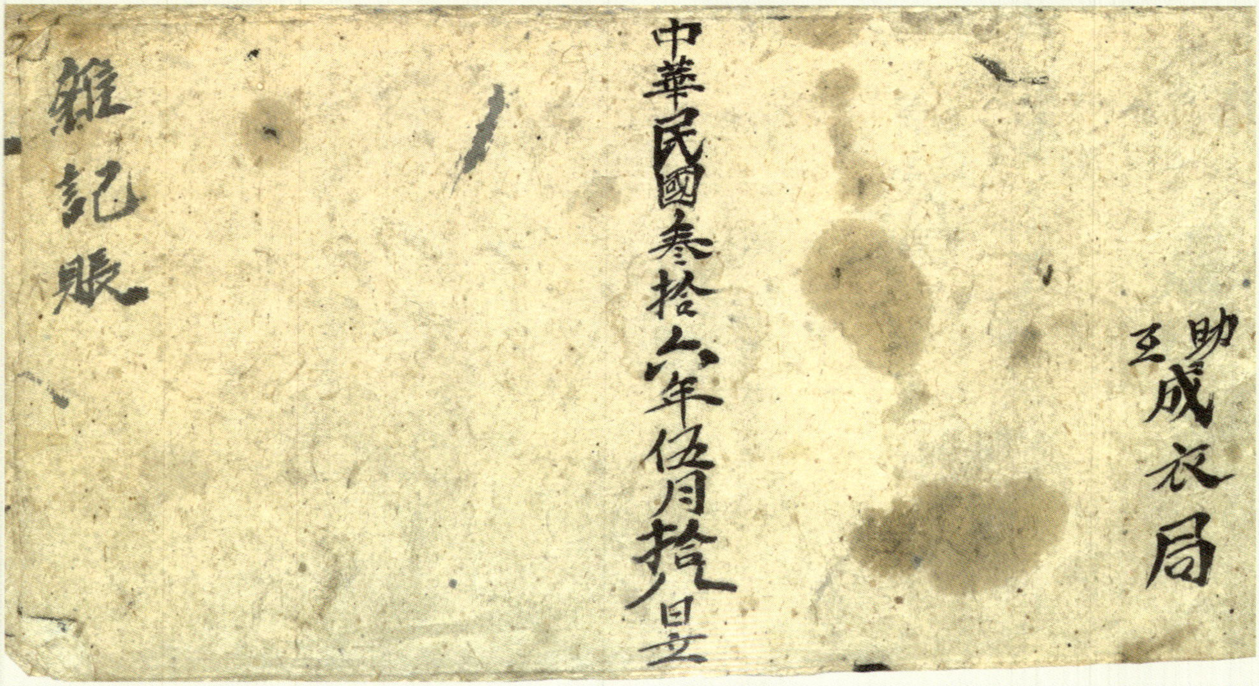

雜記賬

中華民國叁拾六年伍月拾日立

助成衣局

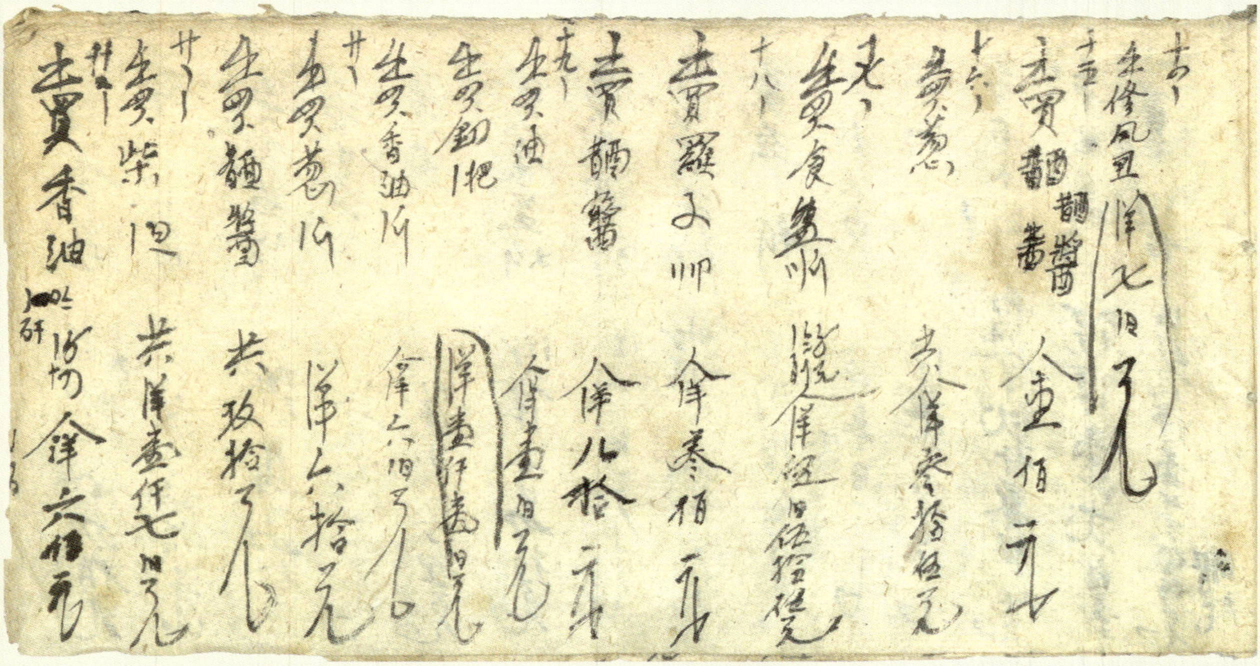

十六 來條[illegible] 洋七佰元

十五 支買麵醬 洋壹佰元

十六 支買葱 共洋叁拾伍元

十七 支買食鹽 [illegible]洋[illegible]

十八 支買羅子一把 洋叁佰元

支買麵醬 洋八拾元

十九 支買油 洋壹佰元

支買釦1把 洋壹仟壹佰元

廿 支買香油斤 洋六佰元

支買葱斤 洋六拾元

廿一 支買麵醬 共玖拾元

支買柴 共洋壹仟七佰元

廿二 支買香油 洋六佰元

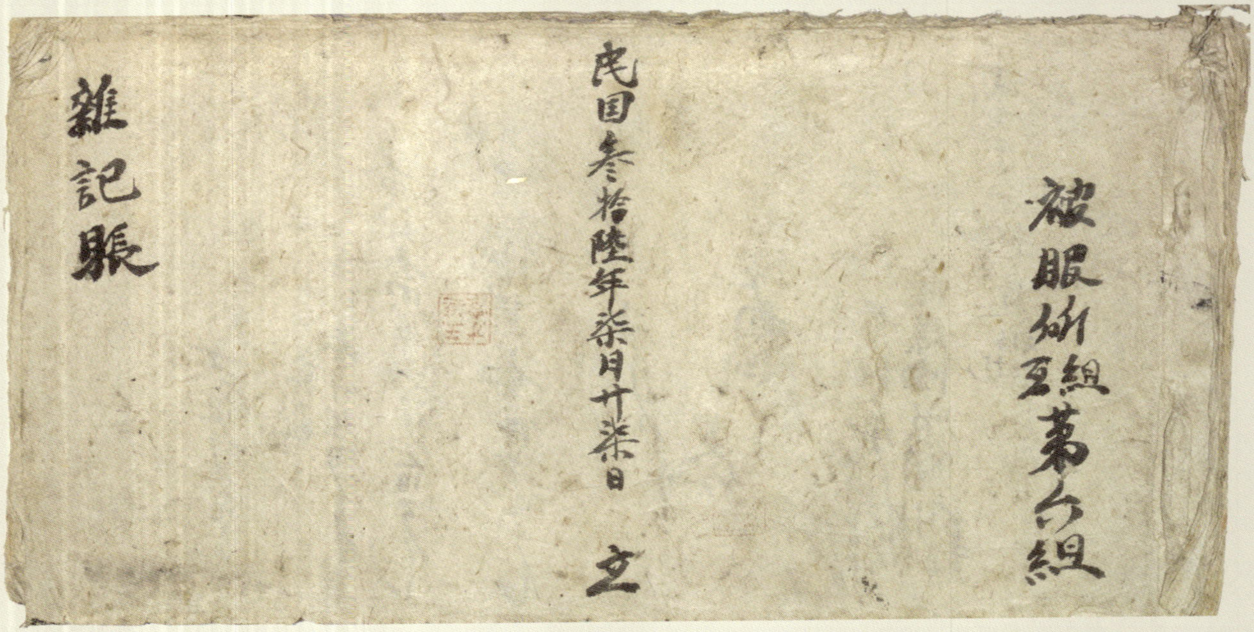

被服所互組第六組

民国叁拾陆年柒月廿柒日 立

雜記賬

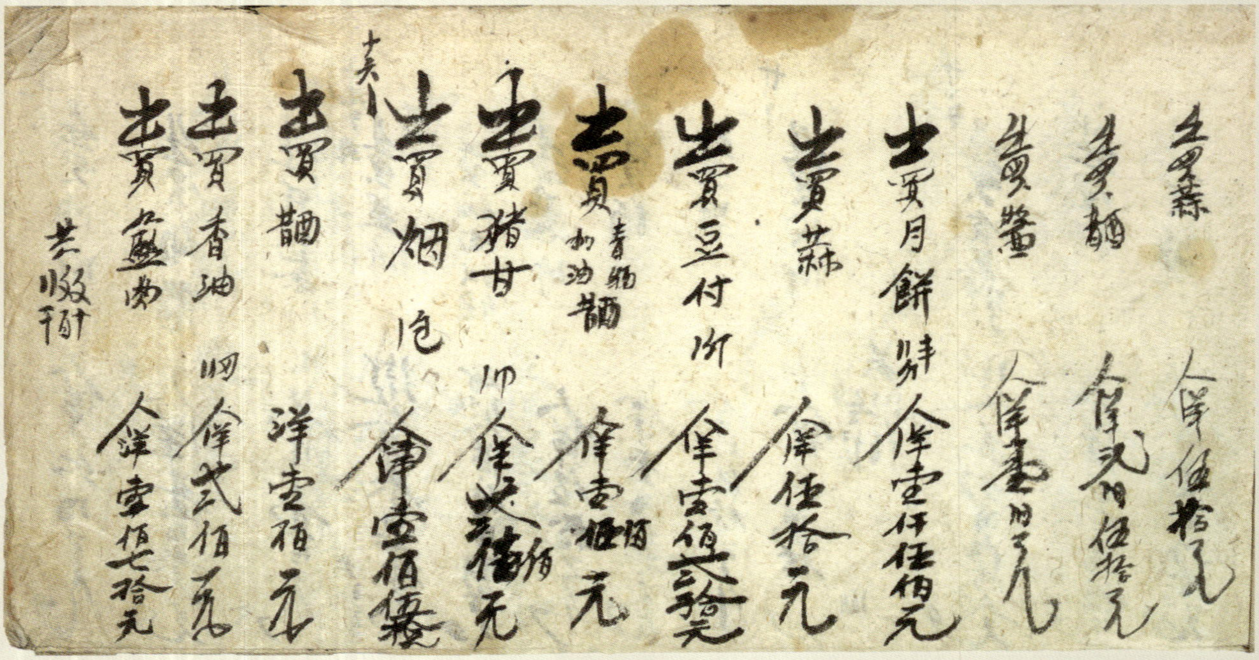

◎ **被服所互助第六组杂记账**

年代：民国三十六年（1947）

尺寸：139×271 毫米

该账簿共 22 页。

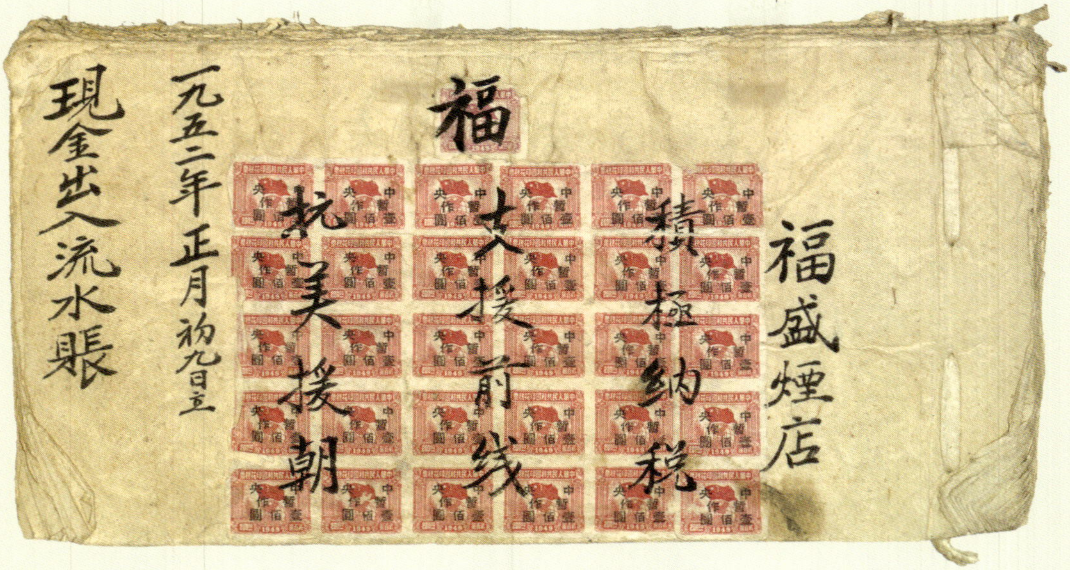


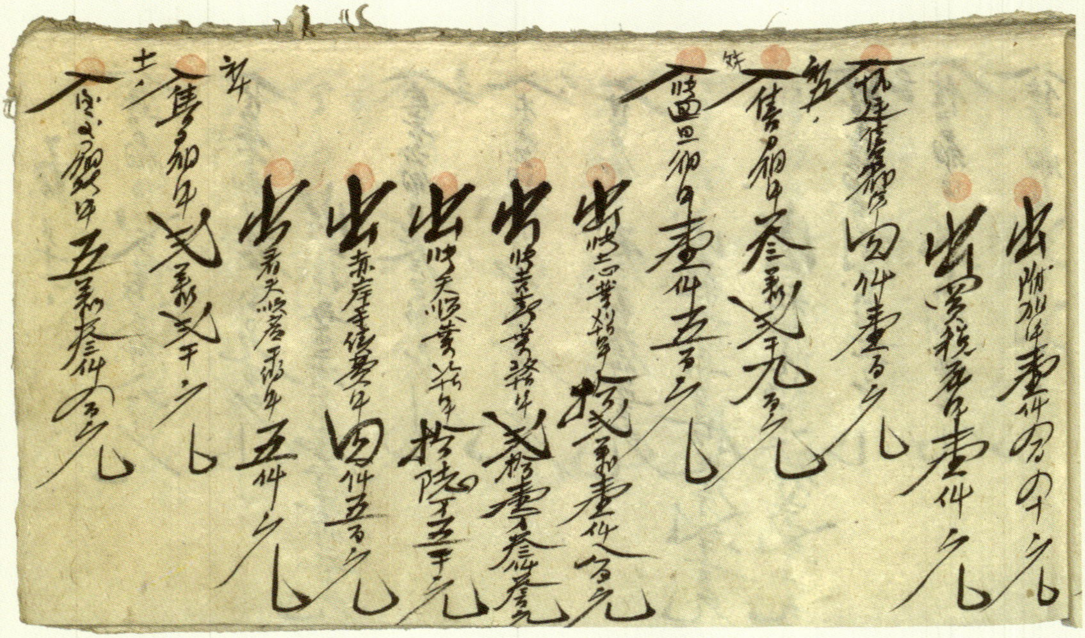

◎ **福盛烟店账簿**

年代：1952

尺寸：144×285 毫米～213×199 毫米

这批账簿共 3 册，其中一册为“一九五二年六月初六日立福盛烟店本外村取货老账”，计 82 页；一册为“一九五二年正月初九日立福盛烟店现金出入流水账”，计 71 页；一册为“一九五二年正月初九日立福盛烟店取货流水账”，计 136 页。

## ◎ 涉县索堡地亩账

年代：20 世纪 50 年代

尺寸：210×200 毫米

这批地亩账共 11 册，其中 10 册分别为 1952 年索堡第一至第六街地亩产粮账册，计 1045 页；1 册为 1957 年第四街劳动社地亩账，计 87 页。

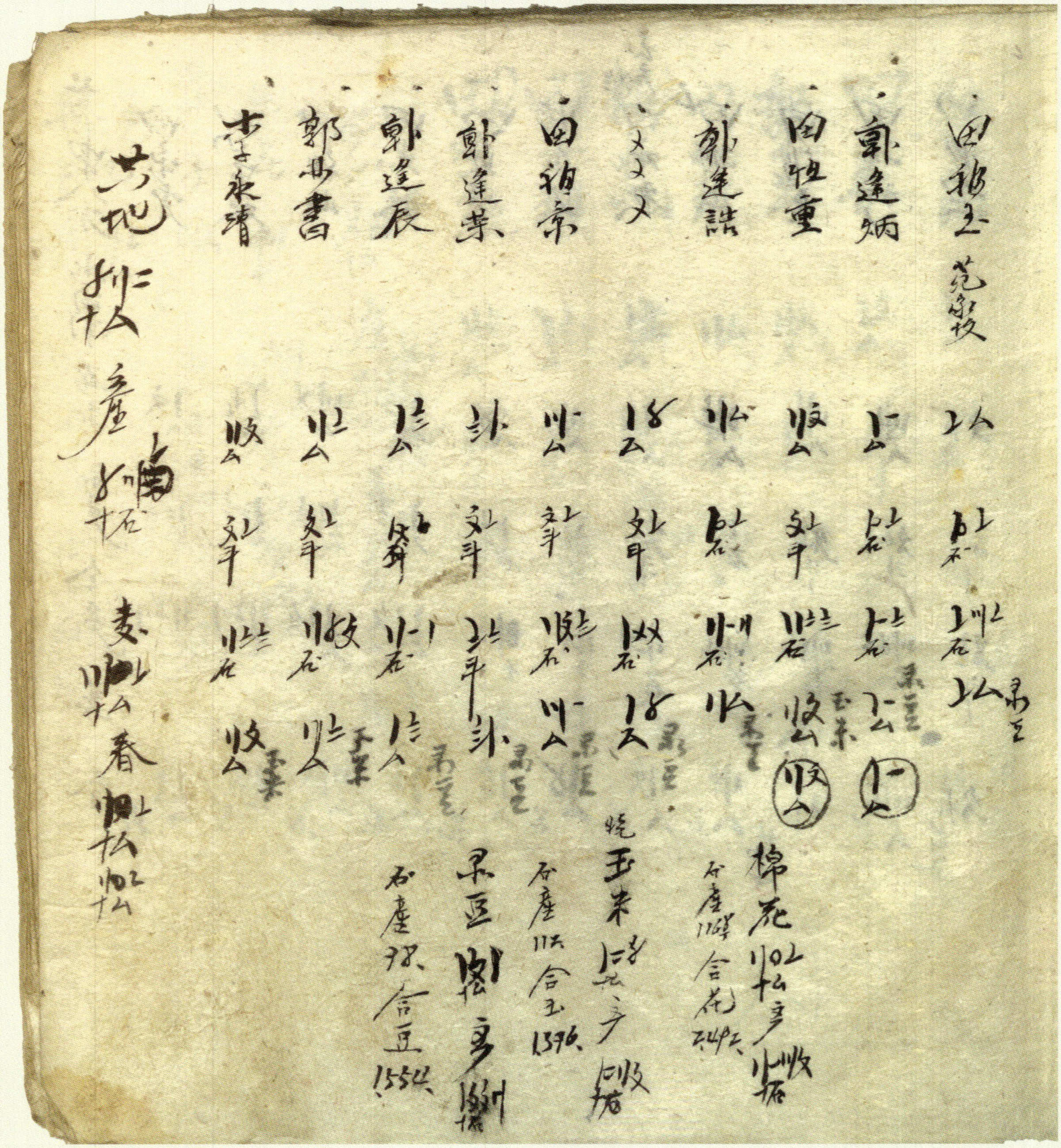
田报玉 苑家
郭逢炳
田牡重
郭逢诰
又又又
田相宗
郭逢桨
郭逢辰
郭西书
李春清
共地
棉花
晚玉米
豇豆

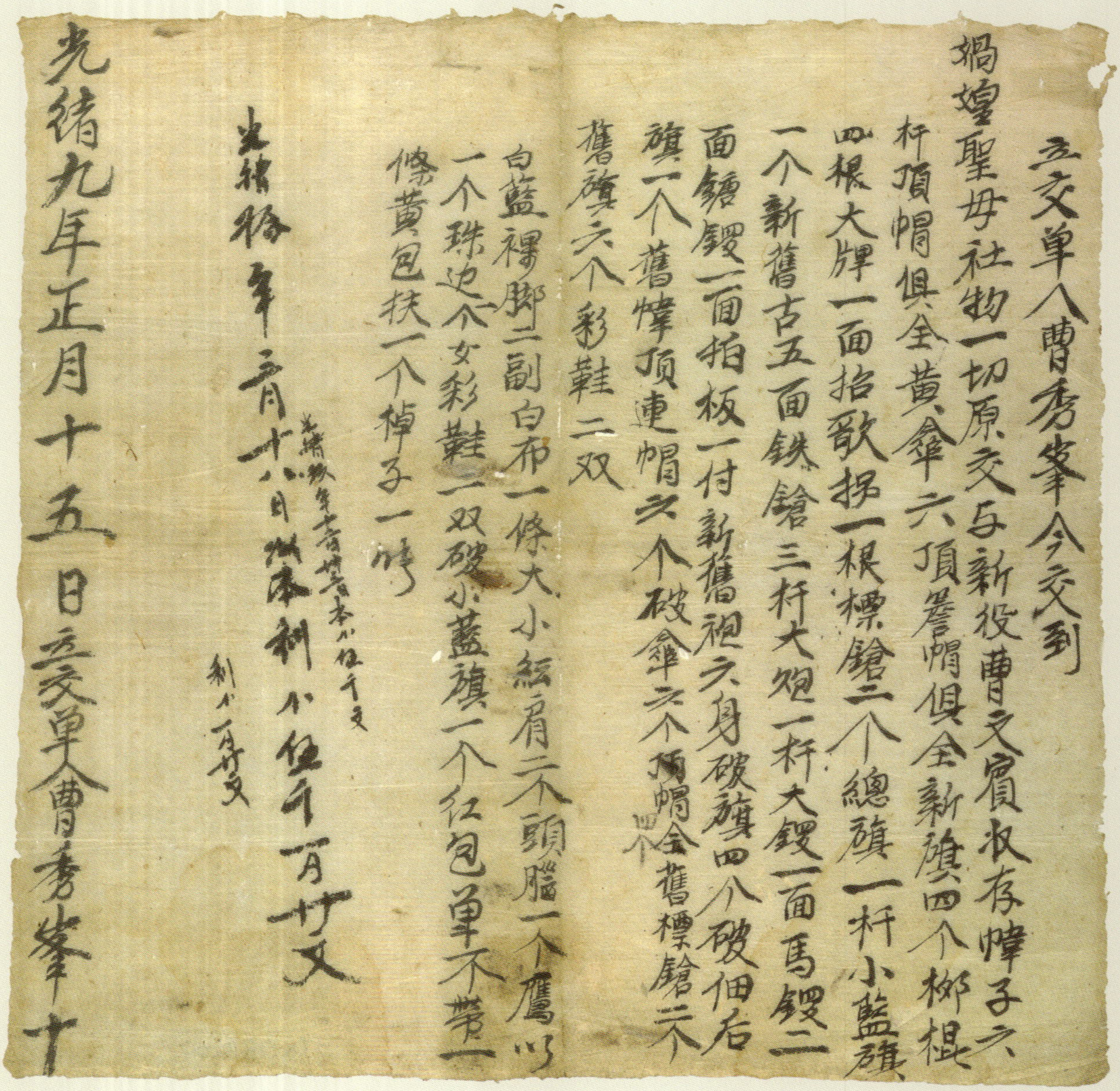
立交单人曹秀峰今交到
娲煌聖母社物一切原交与新役曹文官收存幛子六
杆頂帽俱全黄傘六頂簪帽俱全新旗四个梆棍
四根大牌一面掐歌捊一根標鎗二个總旗一杆小藍旗
一个新舊古五面鉄鎗三杆大炮一杆大鑼一面馬鑼二
面鐃鈸一面拍板一付新舊袍六身破旗四个破佃后
旗一个舊幛頂連帽六个破傘六个頂帽全舊標鎗二个 四个
舊旗六个彩鞋二双
白藍褂脚二副白布一條大小紅肩二个頭腦一个鷹以
一个珠边个女彩鞋一双破小藍旗一个红包单不带一
條黄包扶一个俾子一條
光绪拾年二月十八日除本利小钱千百廿文
光绪拾年十一月廿三日本小钱千文
利小一千文
光绪九年正月十五日立交单人曹秀峰十

◎ **曹秀峰交娲媓圣母社物品交单**

年代：光绪九年（1883）

尺寸：286×288 毫米

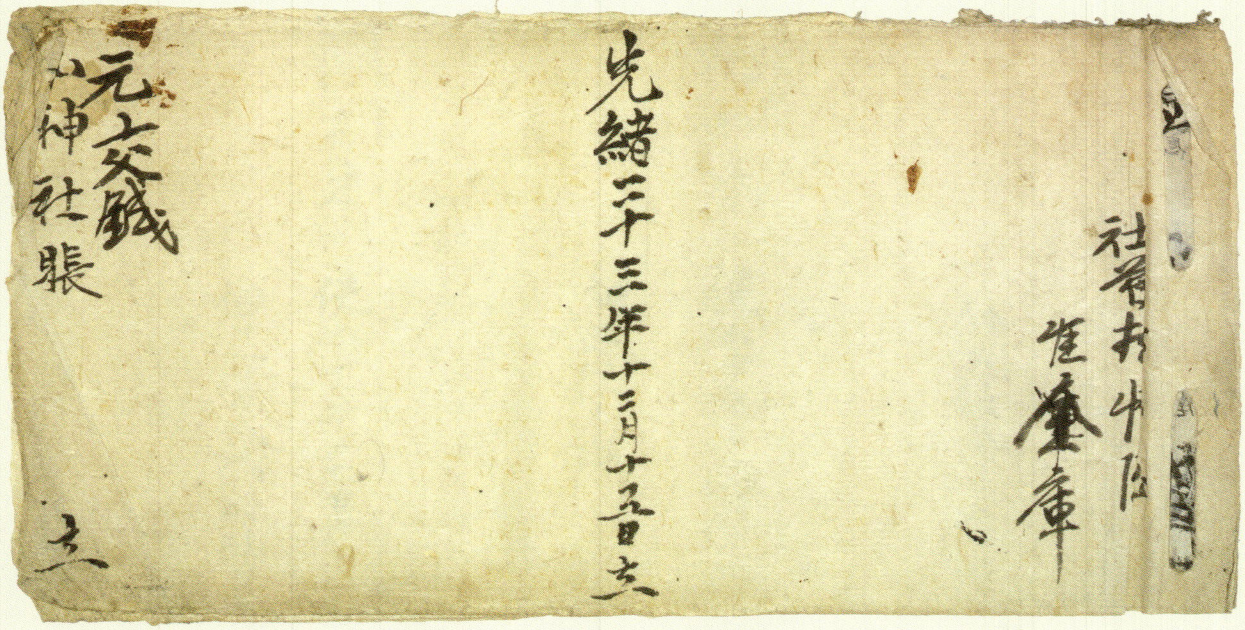
光绪二十三年十二月十五日立
山神社賬

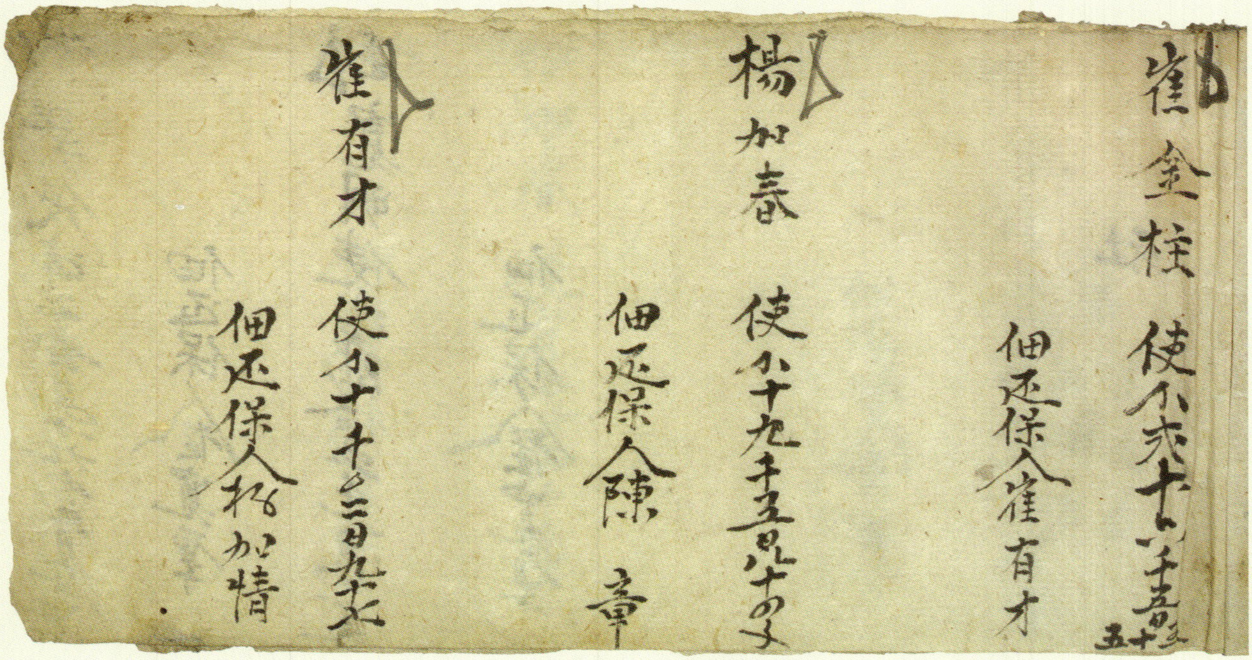

◎ **山神社账**

年代：光绪二十三年（1897）

尺寸：140×278 毫米

这本账为山神社放款账目，共 6 页。

◎ 天地社账簿

年代：宣统元年至民国三十二年（1909～1943）

尺寸：210×200 毫米～250×270 毫米

该账簿为 4 本账册合订本，其中一册为“天地社会首账”，计 20 页；一册为天地社放款章程，计 2 页；一册为“民国廿一年正月初一日立天地社会首账”，计 8 页；一册为“民国三十二年立天地社存钱账”，计 3 页。

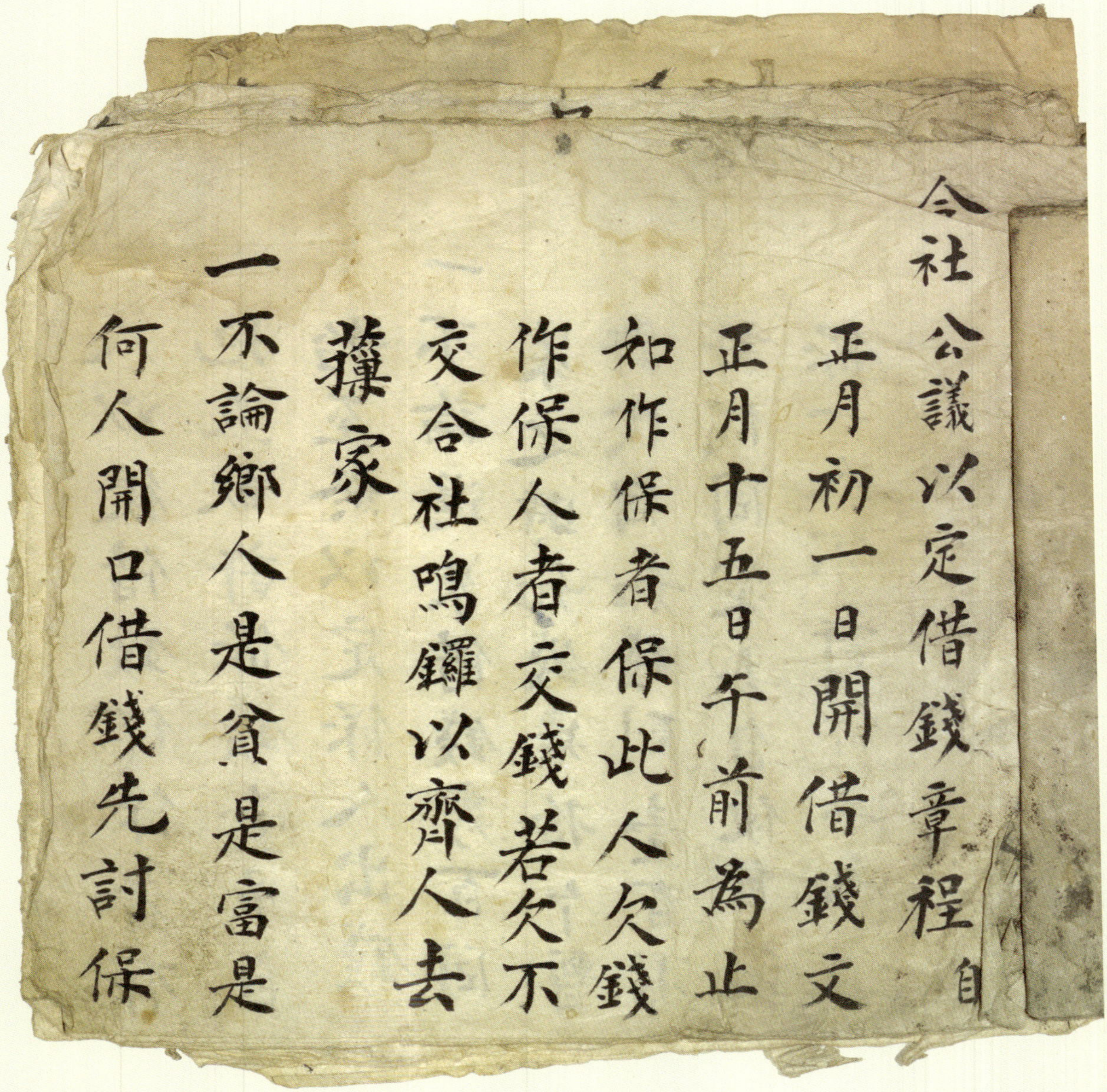
合社公議以定借錢章程自
正月初一日開借錢文
正月十五日午前為止
知作保者保此人欠錢
作保人者交錢若欠不
交合社鳴鑼以齊人去
攏家
一不論鄉人是貧是富是
何人開口借錢先討保

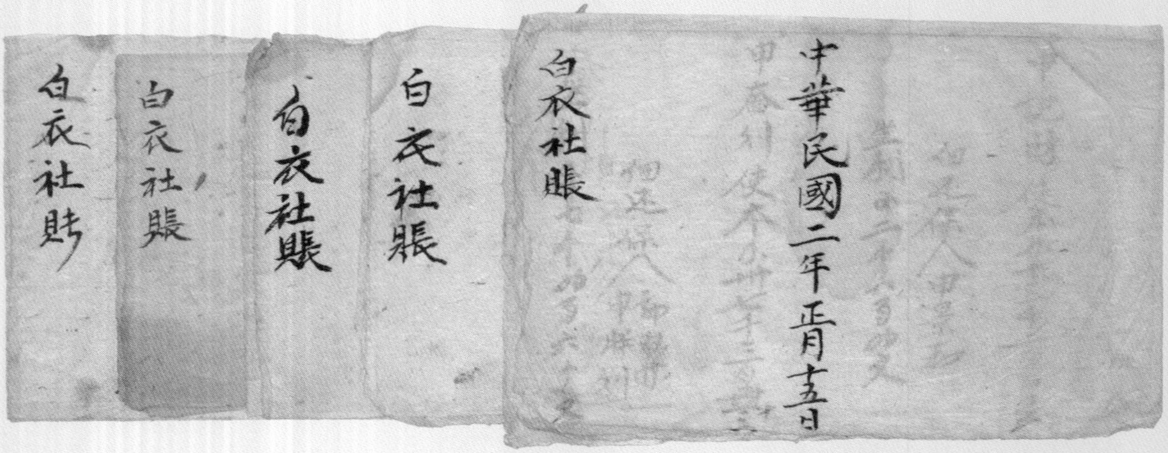


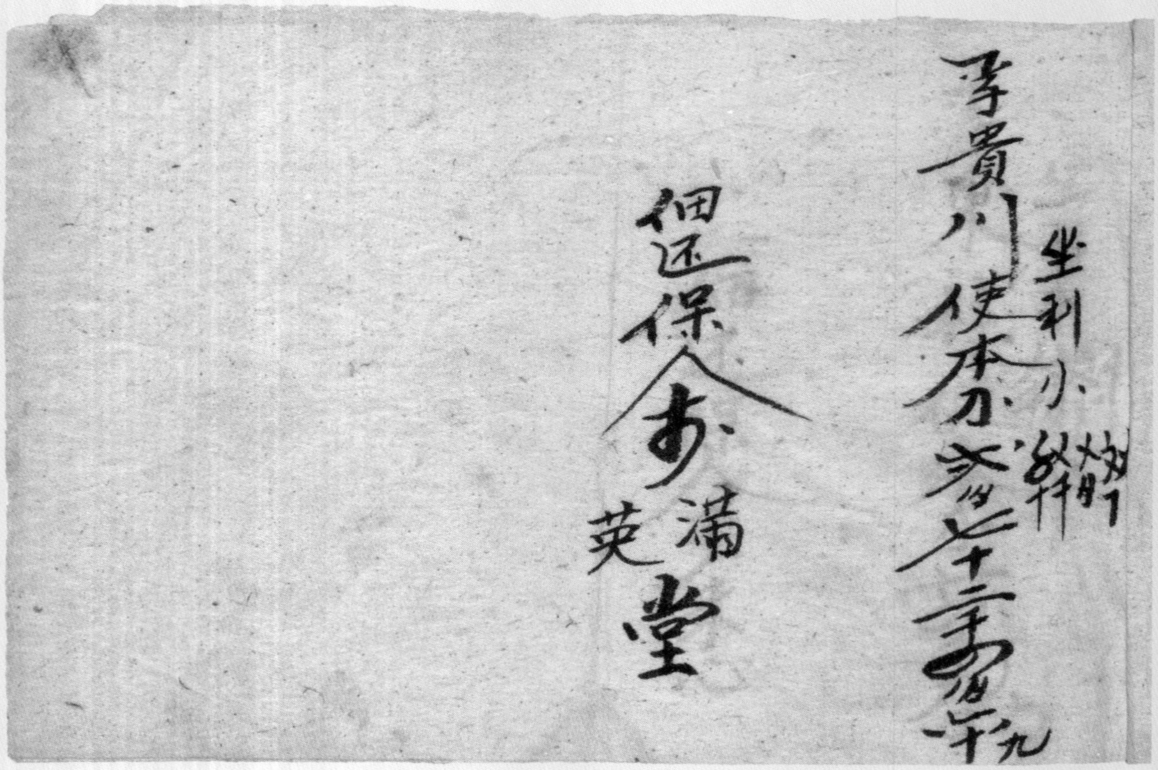

◎ **白衣社账簿**

年代：民国年间

尺寸：106×167 毫米 ~ 125×186 毫米

这批账簿共 5 册，分别为民国二年、九年、十三年、十四年、十五年白衣社放款账目。

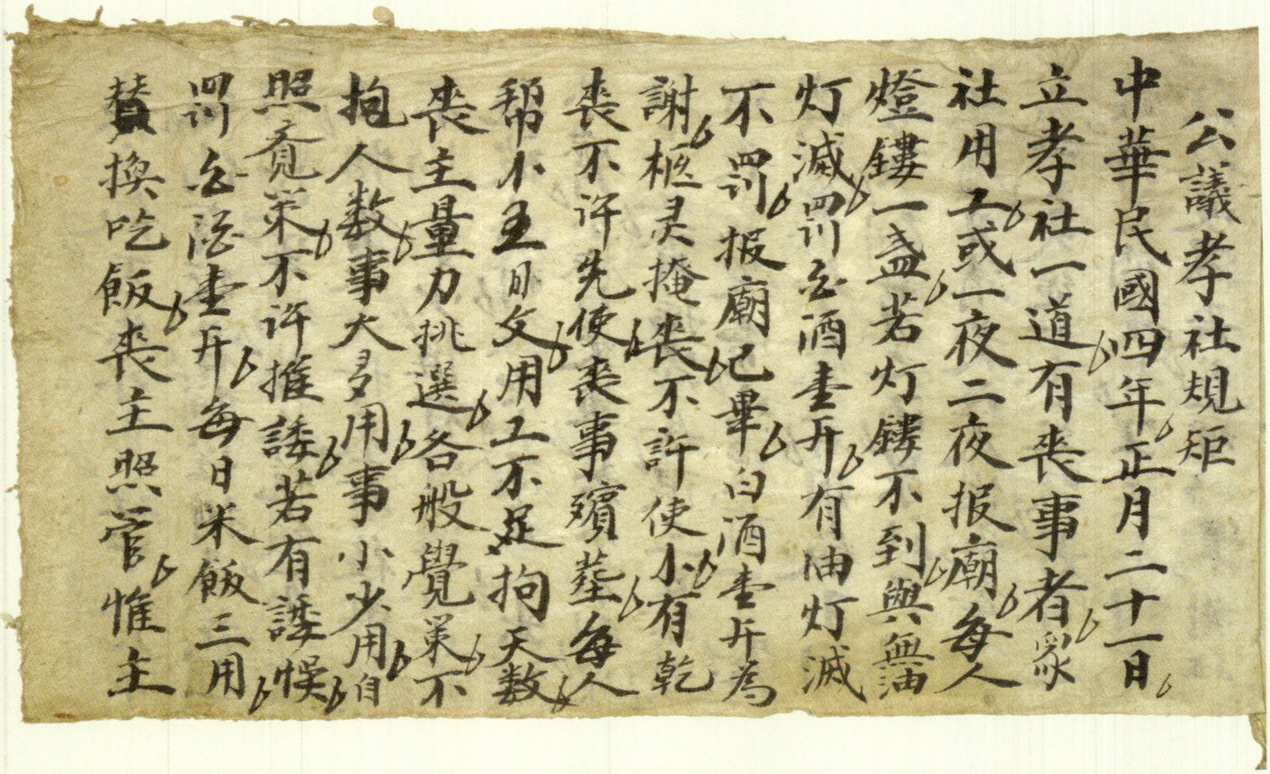

公議孝社規矩
中華民國四年正月二十一日
立孝社一道有喪事者衆
社用工或一夜二夜報廟每人
燈鏤一盞若灯鏤不到與無油
灯滅罰出酒壹斤有由灯滅
不罰報廟叱畢白酒壹斤為
謝柩灵掩喪不許使小有乾
喪不许先使喪事殯葬每人
帮小主日文用工不足拘天數
喪主量力挑選各般覺菜不
抱人數事大多用事小少用自
照看菜不许推誘若有護悮
罰出酒壹斤每日米飯三用
替換吃飯喪主照管惟主

◎ 涉县甘泉村孝社规矩账

年代：民国四年（1915）

尺寸：136×255 毫米

该账册共 9 页，内容包括“公议孝社规矩”和民国八年十二月初六日置办物品账目。

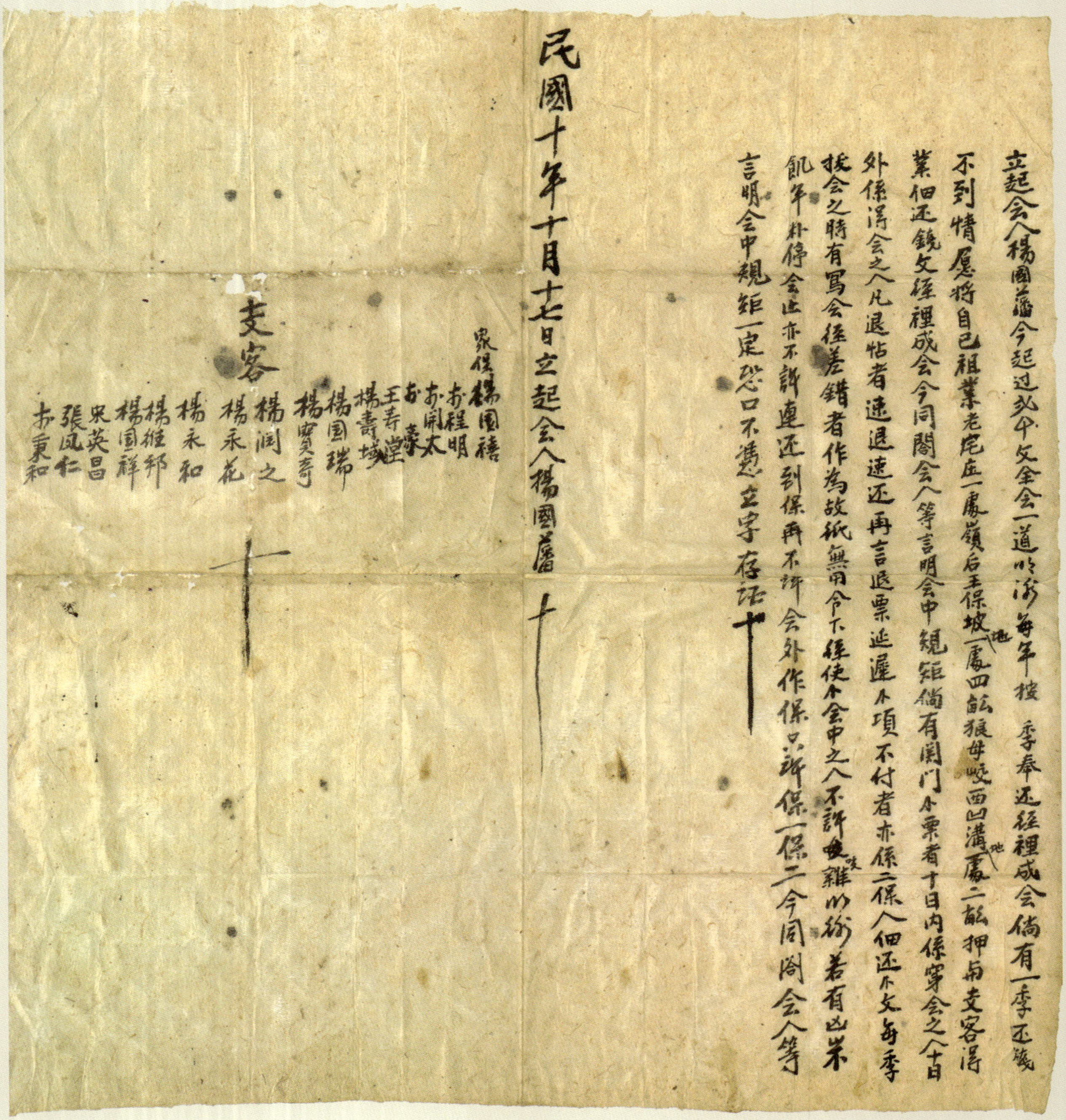
立起会人楊國藩今起过弍千文全会一道以後每年按 季奉还經理成会備有一季还錢不到情愿将自己祖業老宅庄一處嶺后王保坡地一處四畝狼母岐西凹溝地一處二畝押与支客得業佃还錢文經理成会今同闔会人等言明会中規矩備有閑門个粟者十日内係寫会之人十日外係得会之人凡退帖者速退速还再言退粟延遲个項不付者亦係二保人佃还个文每季拔会之時有寫会經差錯者作為故紙無用今下經使个会中之人不許攻雜紛紛若有凶荒飢年外停会止亦不許連还到保再不許会外作保只許保一保二今同闔会人等言明会中規矩一定恐口不憑立字存证 十

民國十年十月十七日立起会人楊國藩 十

衆保 楊国禧 亦程明 亦開太 亦泰 王壽堂 楊壽域 楊国瑞 楊寅壽

支客 楊潤之 楊永花 楊永和 楊継邦 楊国祥 宋英昌 張凤仁 亦秉和 十

◎ **杨国藩起会规矩文书**

年代：民国十年（1921）

尺寸：498×471 毫米

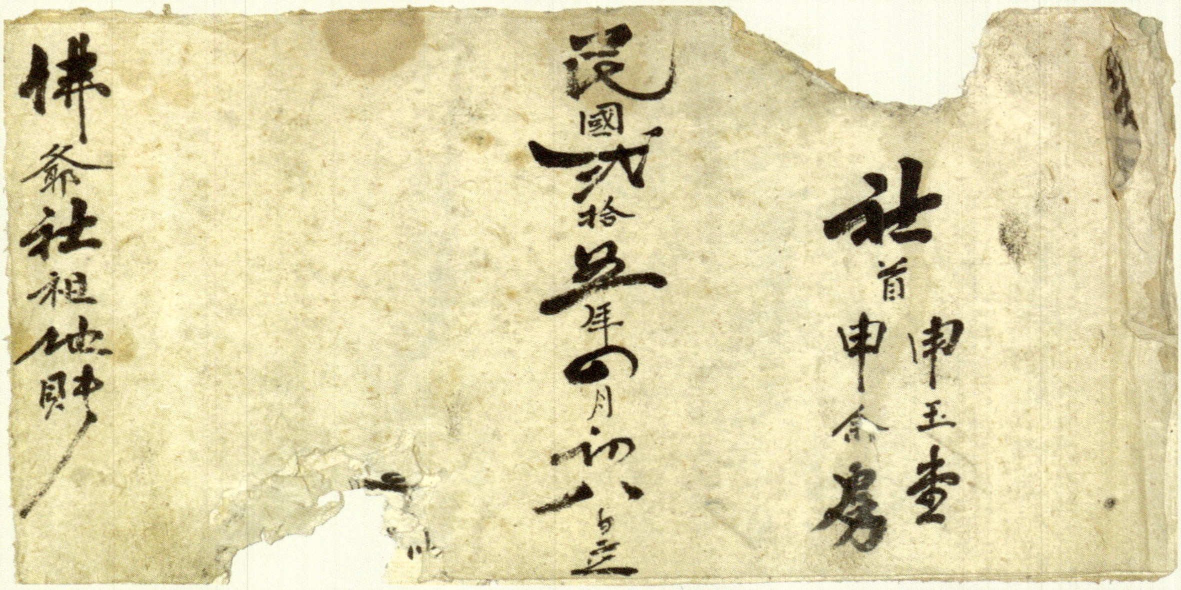

佛爺社租地賬

民國貳拾五年四月初八日立

社首 申玉堂 申余房

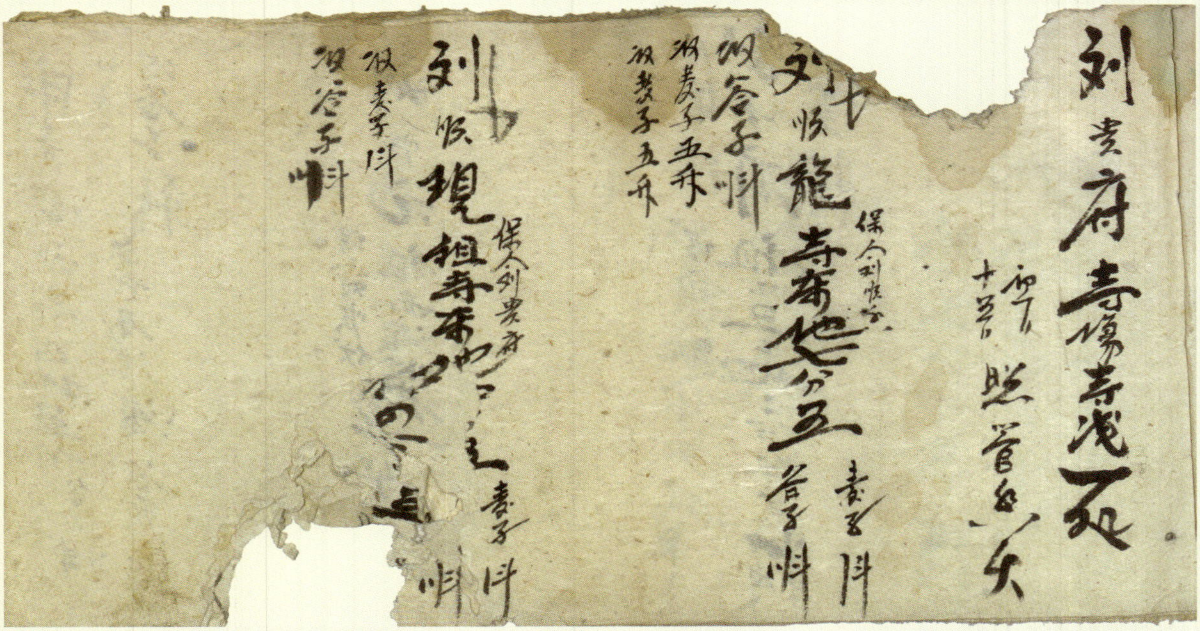

◎ **佛爷社账册**

年代：民国二十五年（1936）

尺寸：145×291 毫米

该账簿共 12 页，内容包括佛爷社租地账目、香火账目和出入流水账。

◎ **祖宗社账册**

年代：民国三十二年（1943）

尺寸：130×196 毫米

该账册共 9 页，内容为祖宗社放款收账账目。

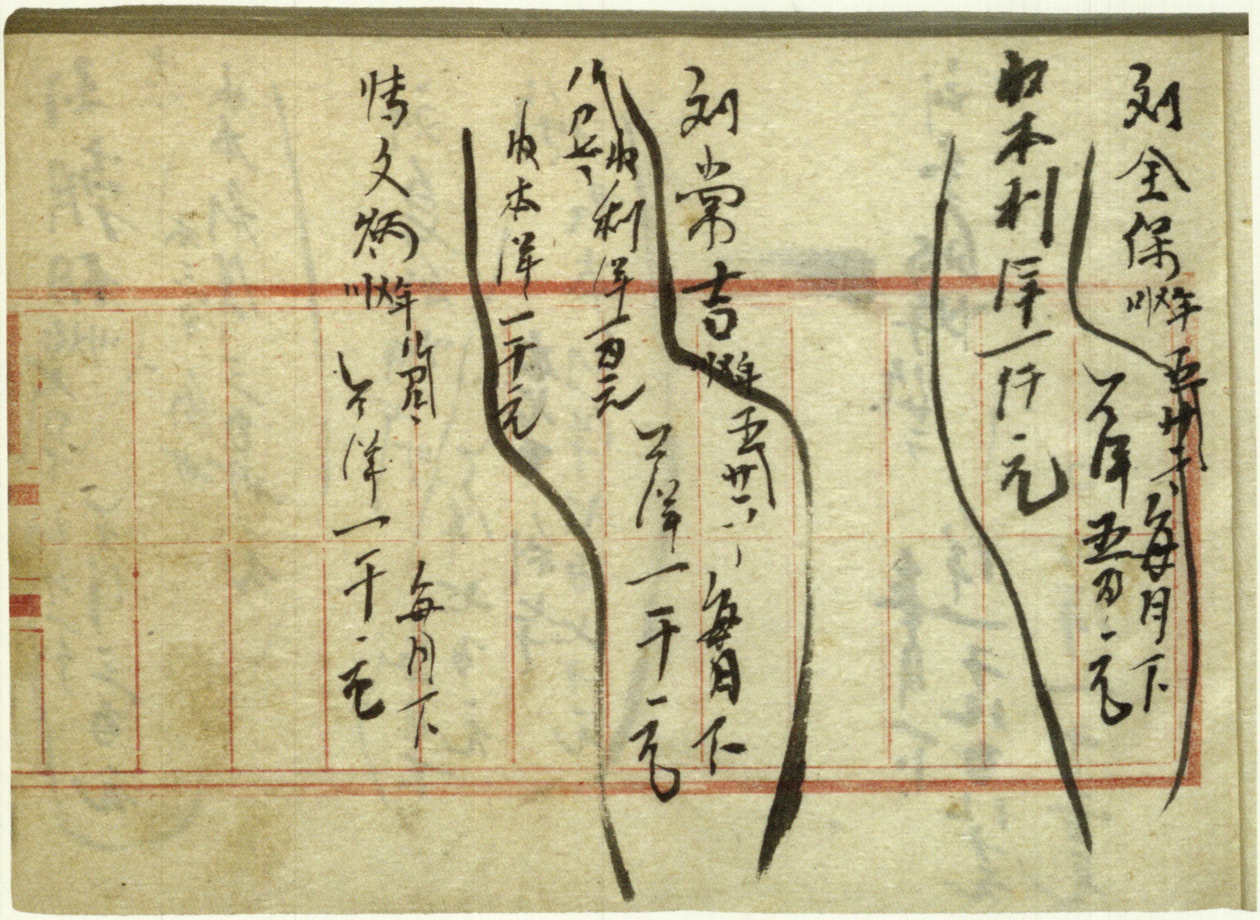
刘金保 〢年五卅六 每月下 本洋五百二元
收本利洋一仟元
刘常吉 〢年五卅六 每月下 本洋一千一元
八月五日收利洋五百元
收本洋一千元
情文炳 〢年八月 每月下 本洋一千二元

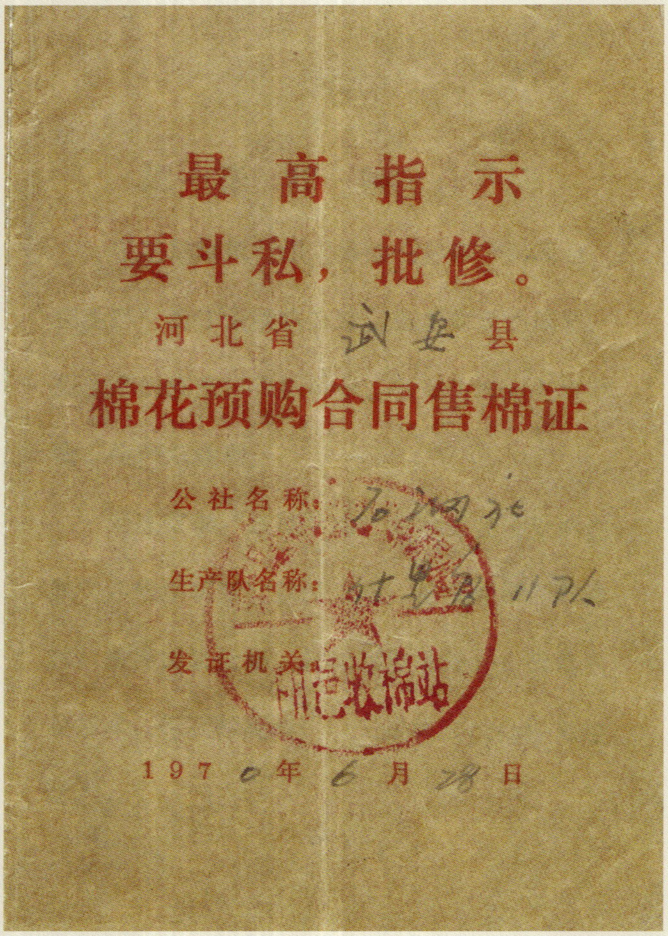

最高指示

要斗私，批修。

河北省 武安县

棉花预购合同售棉证

公社名称：石洞社

生产队名称：十里店 11队

发证机关：……收棉站

1970年6月28日

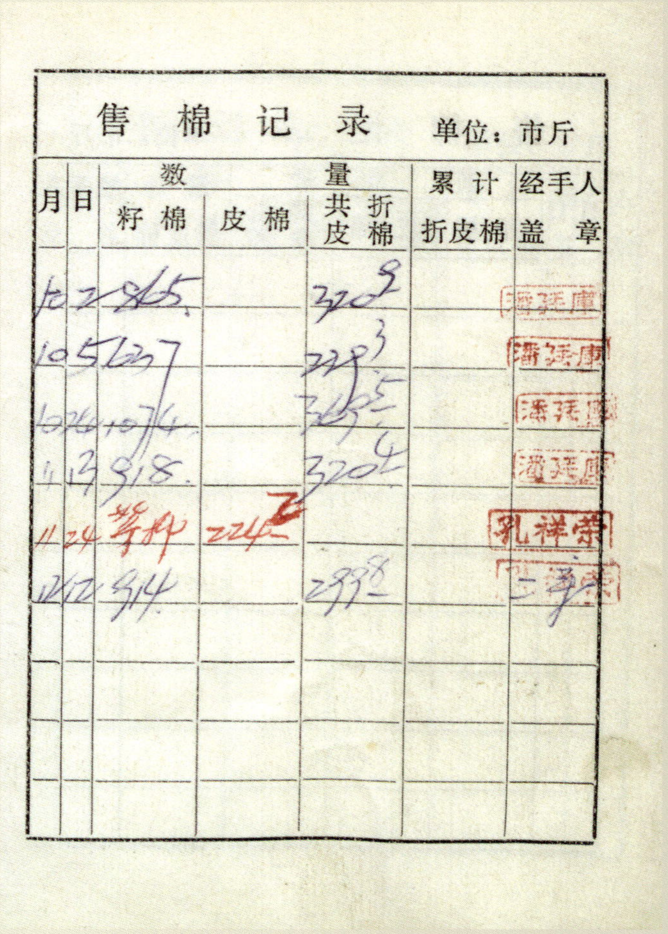

售棉记录 单位：市斤

| 月 | 日 | 数量 籽棉 | 皮棉 | 共折皮棉 | 累计折皮棉 | 经手人盖章 |
|---|---|---|---|---|---|---|
| 10 | 2 | 865. | | 320.9 | | 潘廷庚 |
| 10 | 5 | 627 | | 229.3 | | 潘廷庚 |
| 10 | 26 | 1074. | | 365.5 | | 潘廷庚 |
| 11 | 13 | 918. | | 320.4 | | 潘廷庚 |
| 11 | 24 | 等外 | 224. | | | 孔祥荣 |
| 12 | 12 | 914. | | 299.8 | | 孔祥荣 |

◎ **石洞公社十里店11队棉花预购合同售棉证**

年代：1970

尺寸：127×91毫米

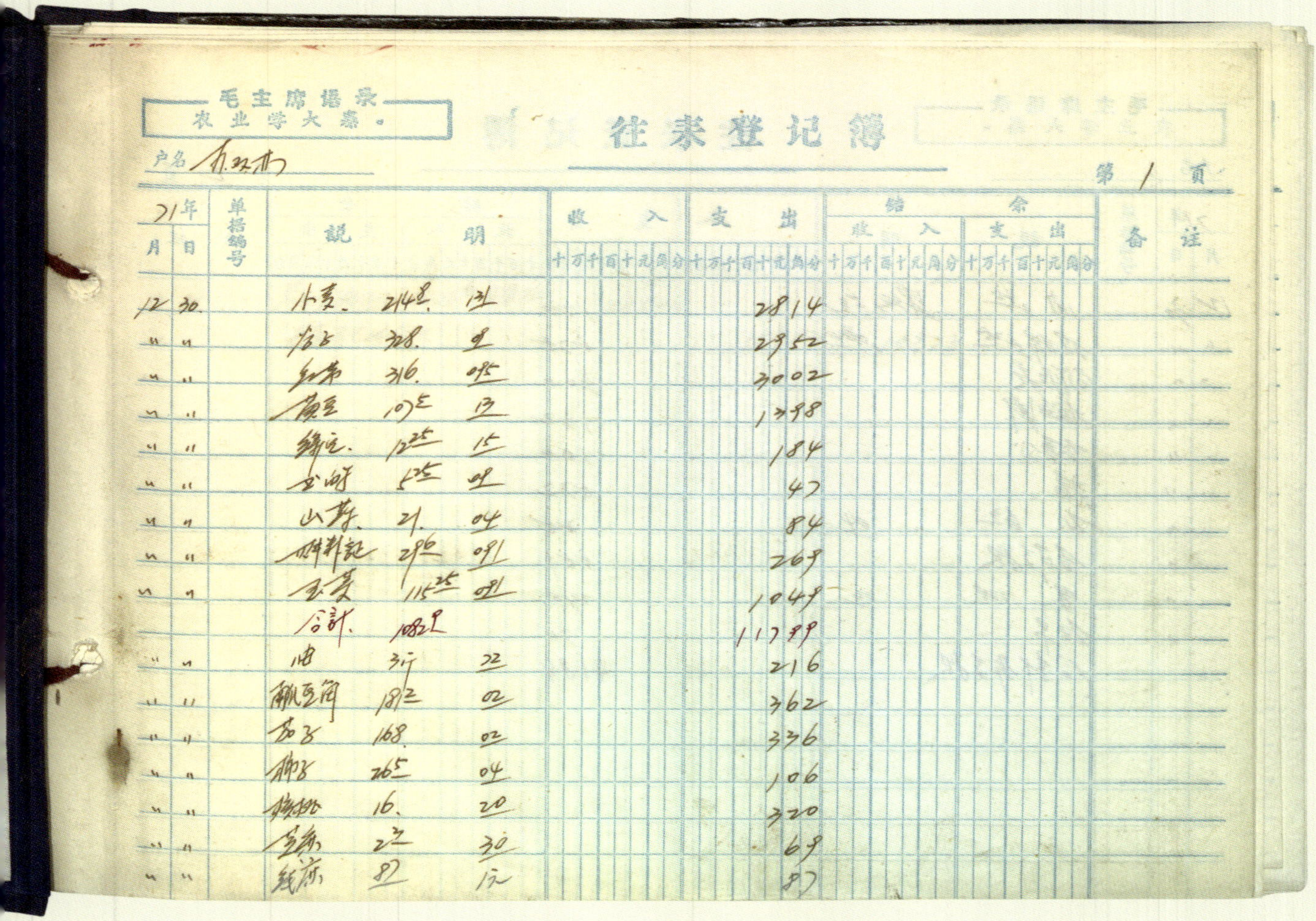






◎ 十里店大队第九生产队各户往来登记簿

年代：1971

尺寸：193×265 毫米

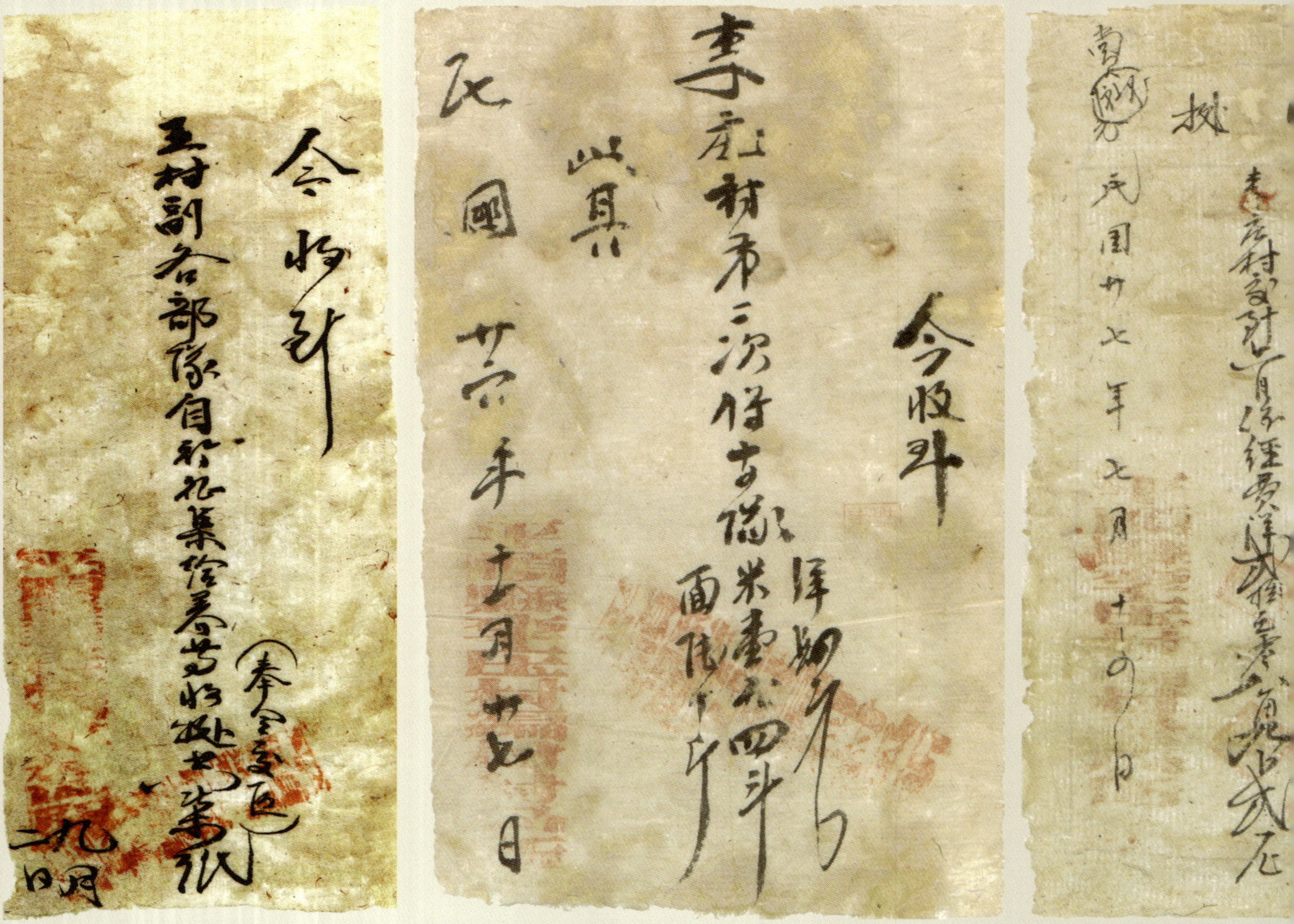

◎ **山西省平顺县李庄编村村公所单据**

年代：1938

尺寸：150×63 毫米～243×207 毫米

这批单据共 42 件，包括编村村公所开给李庄村的收条 18 件，八路军各部开给李庄编村村公所的罚单、借条、欠条、派单 21 件，平顺县财政局开给李庄村的收据 2 件，平顺县差徭局开给李庄编村村公所的收据 1 件。

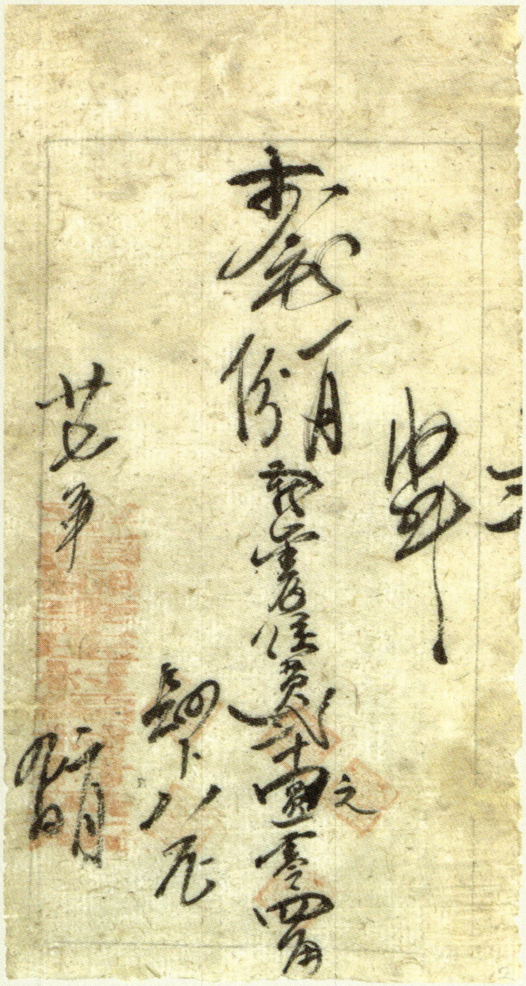

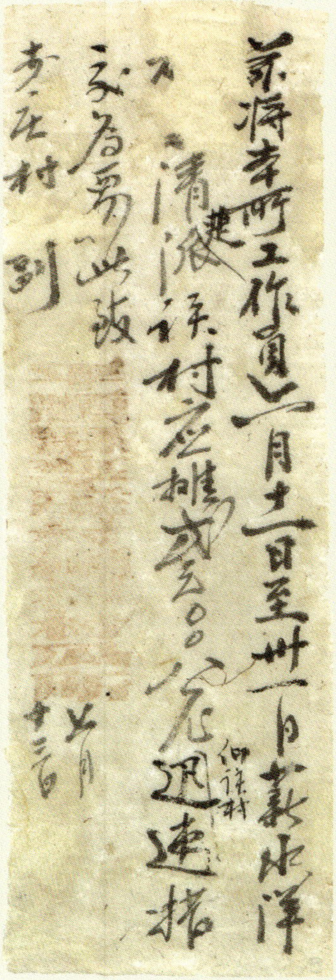
茲將本所工作員一月十二日至卅一日薪水洋
清派該村應攤[illegible]元迅速措
交爲要此致
東庄村副
十二月[illegible]日

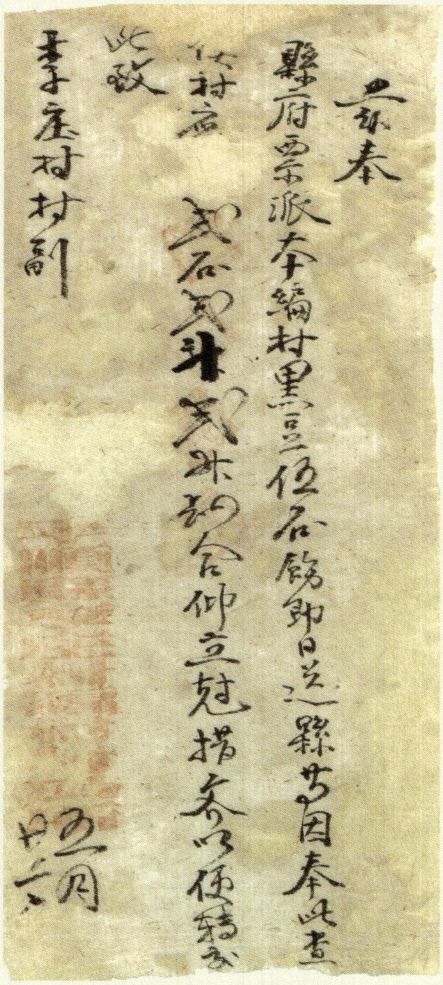
無奉
縣府票派本編村黑豆伍石飭即日送縣因奉此查
你村應[illegible]石[illegible]斗[illegible]此函合仰立刻措交以便轉[illegible]
此致
李庄村村副
四月 日

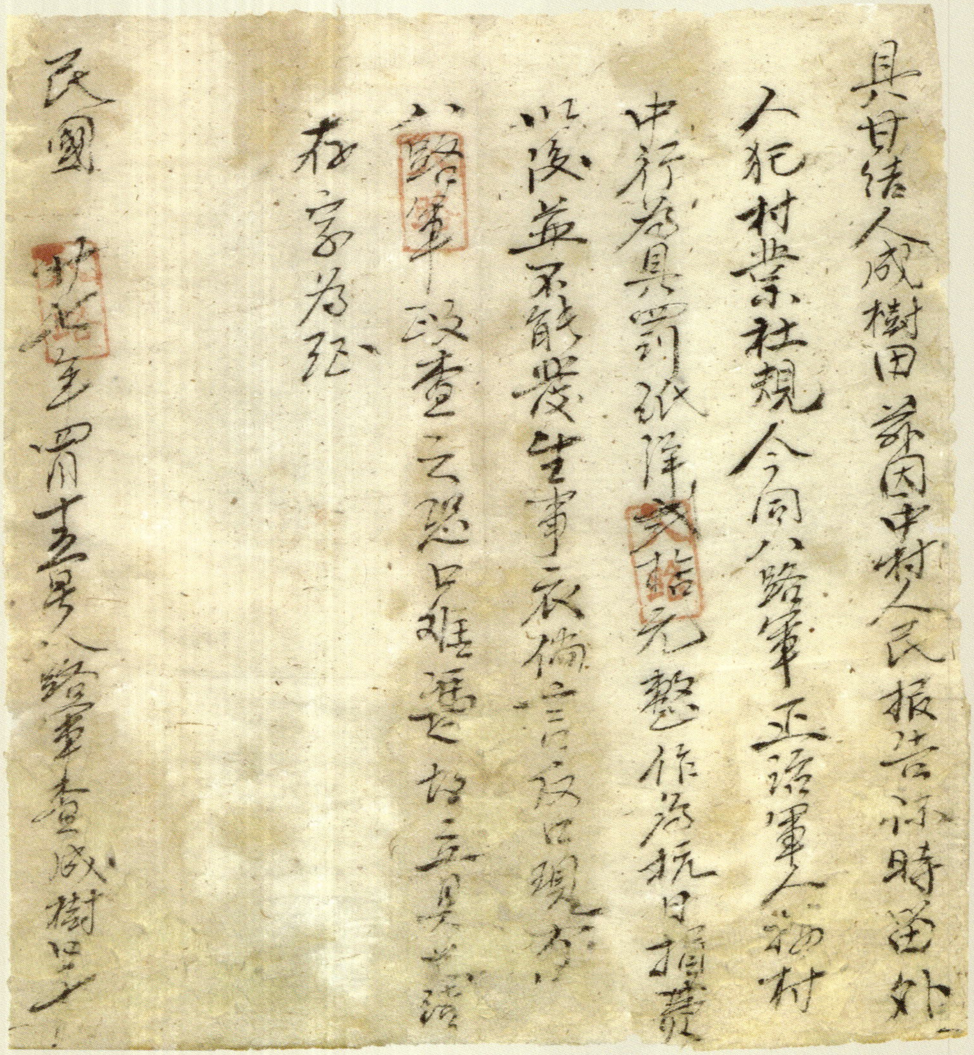
具甘結人成樹田，茲因中村人民報告，你時留外
人犯村禁社規，今同八路軍正該軍人，於村
中行為，具罰紙洋 元整，作為抗日捐費
以後並不能發生事，衣倫言，今日現有
八路軍政查之憑，口難憑，故立具[illegible]
存字為証
民國 卅三年四月十五日八路軍查成樹田立

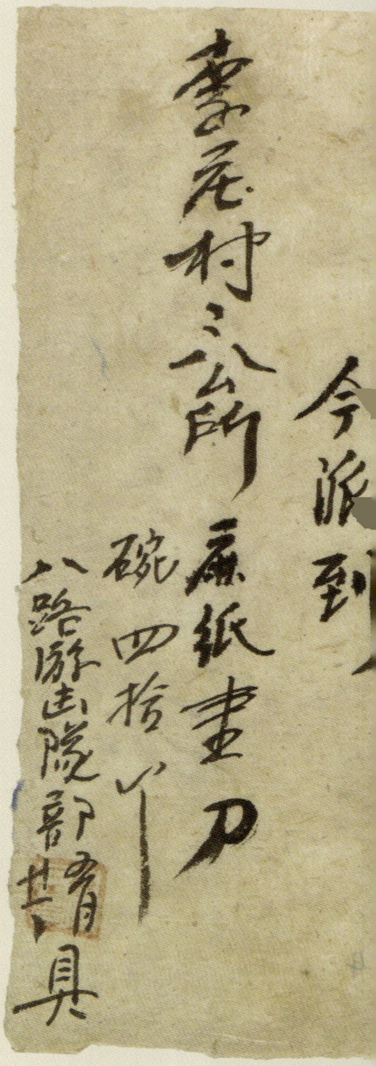
李庄村公所
今派到
麻紙壹刀
碗四拾个
八路游击隊部肖具

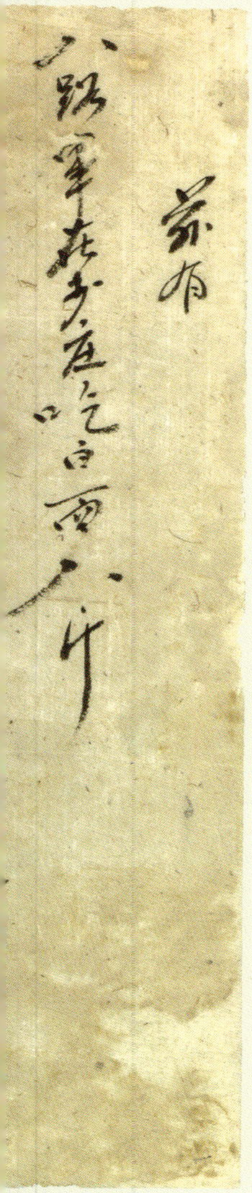
茶布
八路軍在李庄吃白面八斤

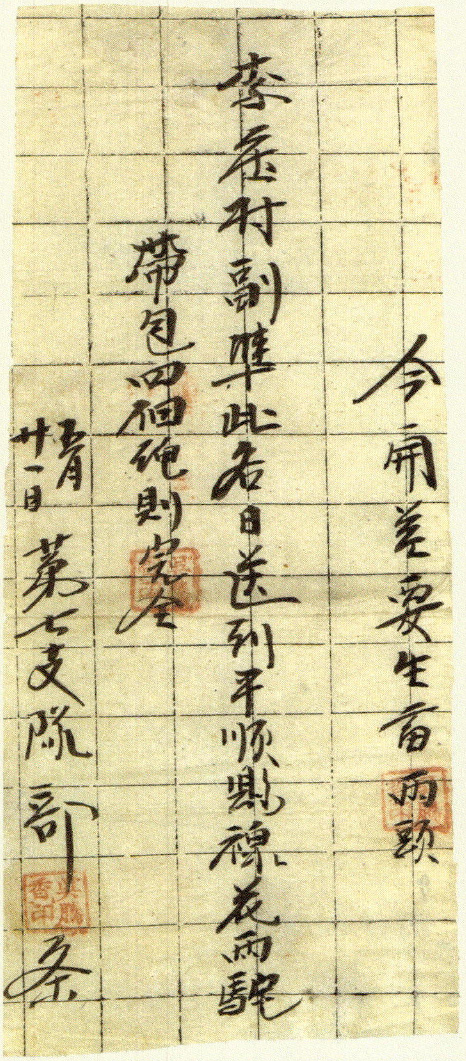
今用差要生畜兩頭
李莊村副準此名日送到平順縣碾花兩駝
帶包四個絕則完全
十一月廿一日 第七支隊部條

今收到
李莊村乾柴貳仟陆斤
八路軍游擊隊部

諭
李莊村長遵照速送谷草五百斤
八路軍游擊隊司令部條

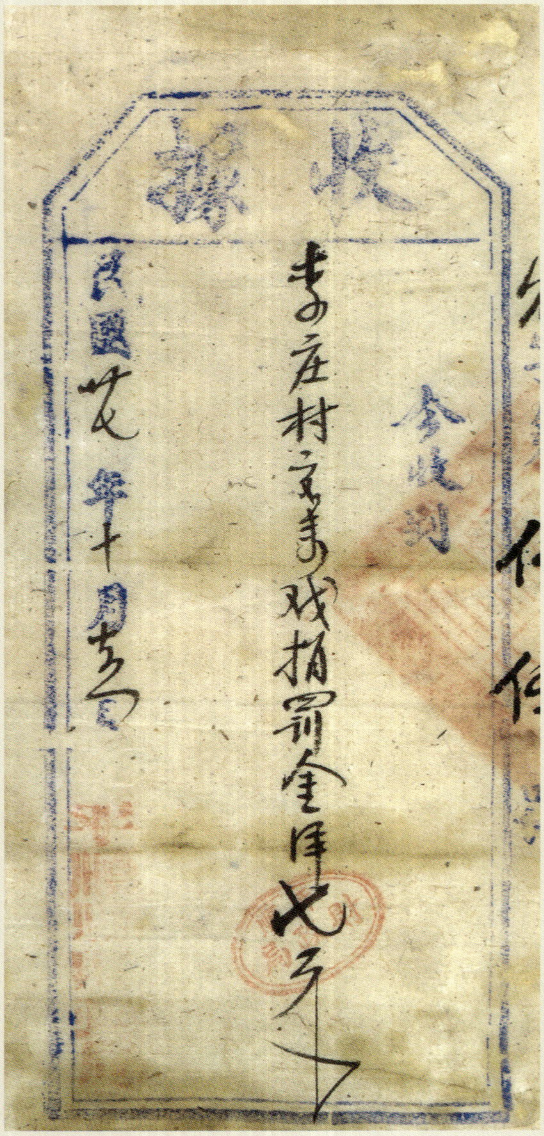
收據
今收到
李庄村文美戏捐罚金洋七元
民國廿七年十月十五日

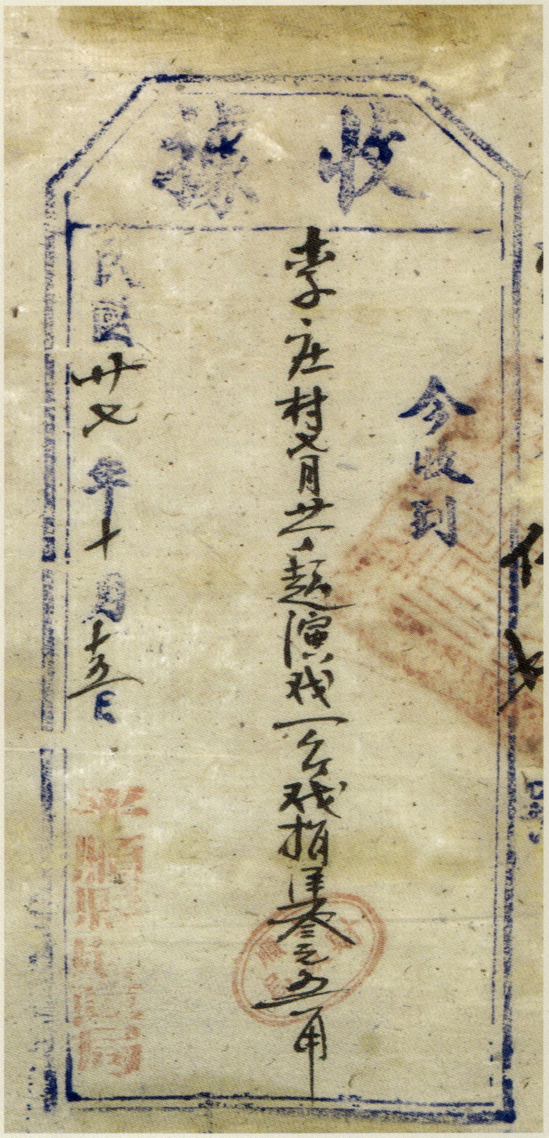
收據
今收到
李庄村五月廿一日起演戏一台戏捐洋叁元五角
民國廿七年十月十三日

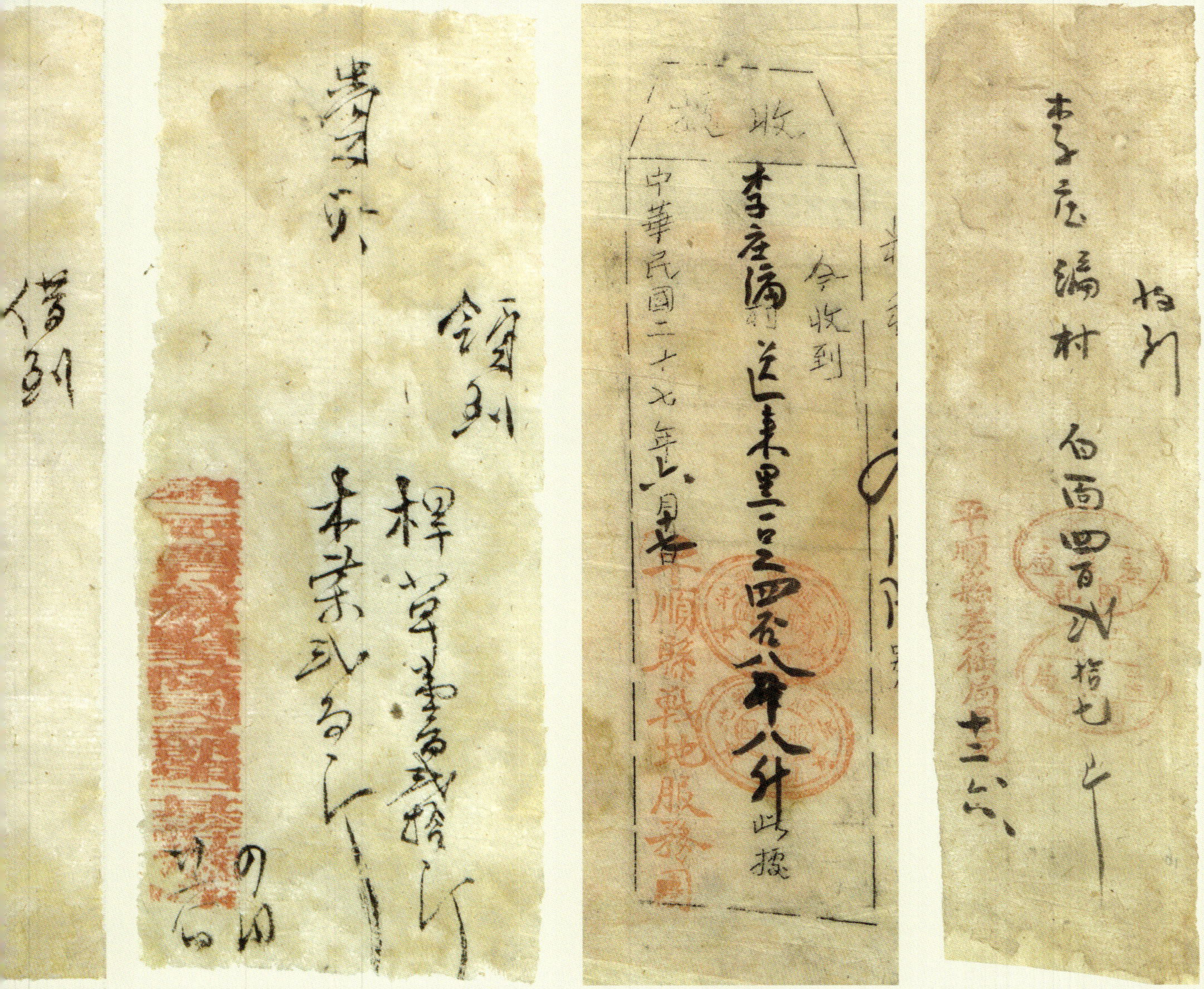

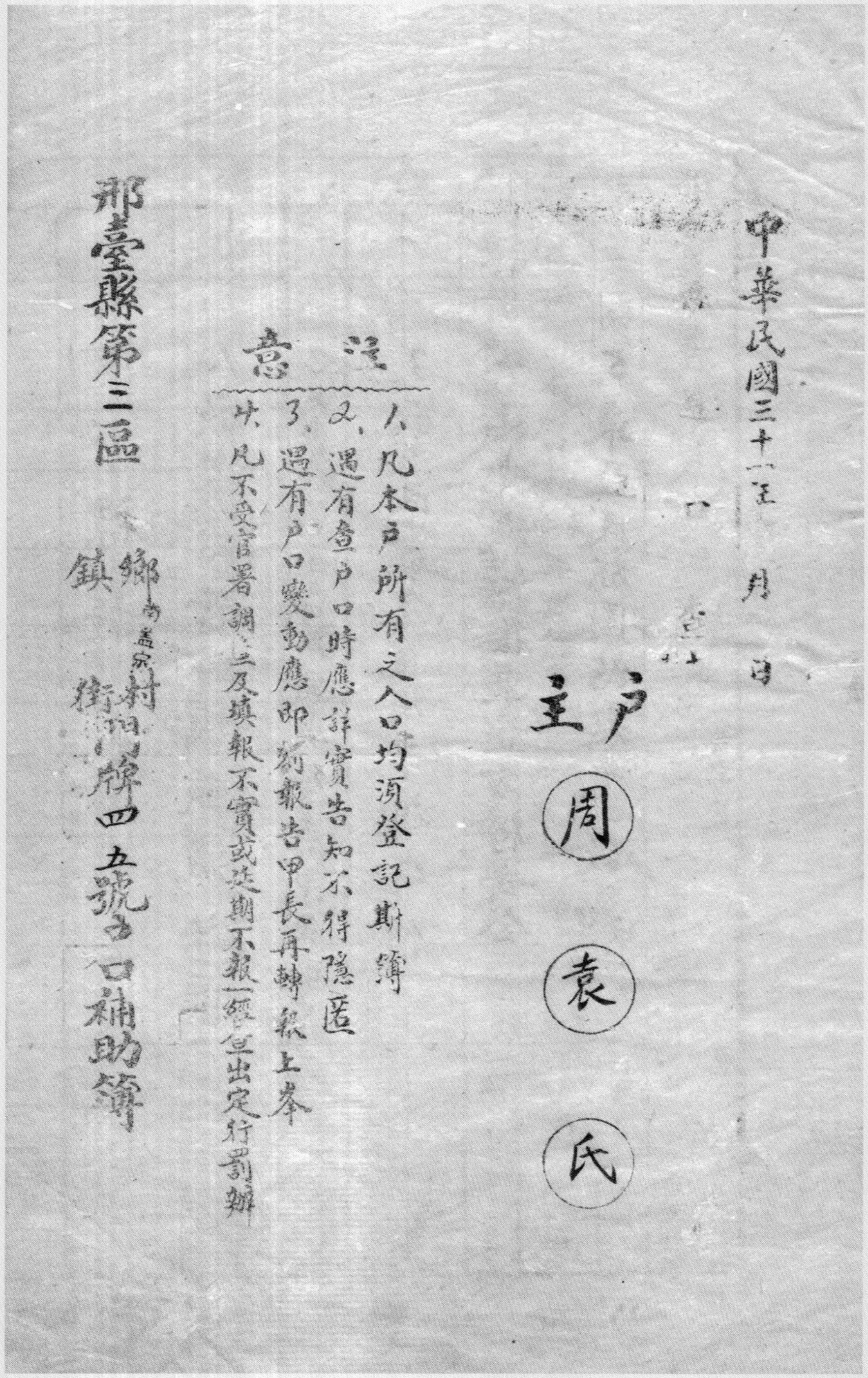

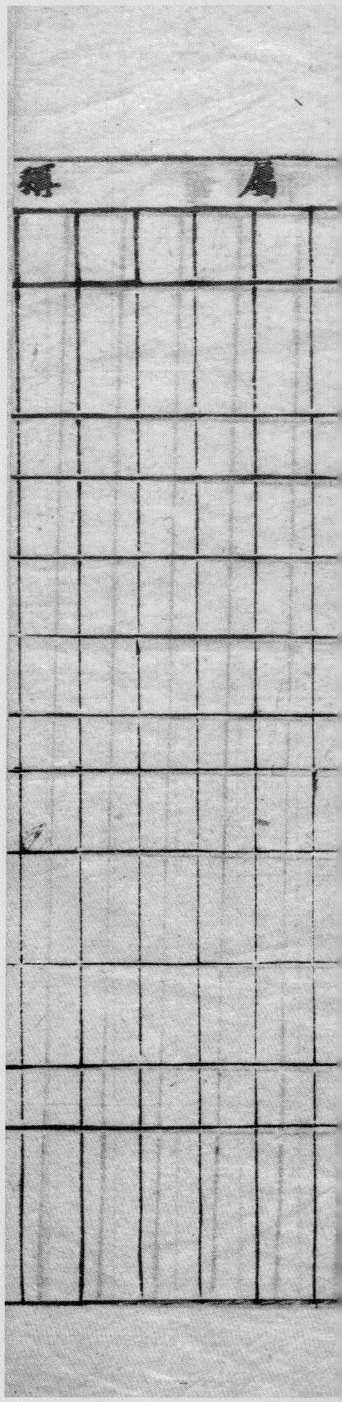

◎ 邢台县第三区南盖宗村周袁氏户口补助簿

年代：民国三十一年（1942）

尺寸：291×176毫米

此户口簿共8页，是日伪政权发给居民的户口簿，扉页印有反共标语，是中国共产党在华北坚持抗战的有力旁证。

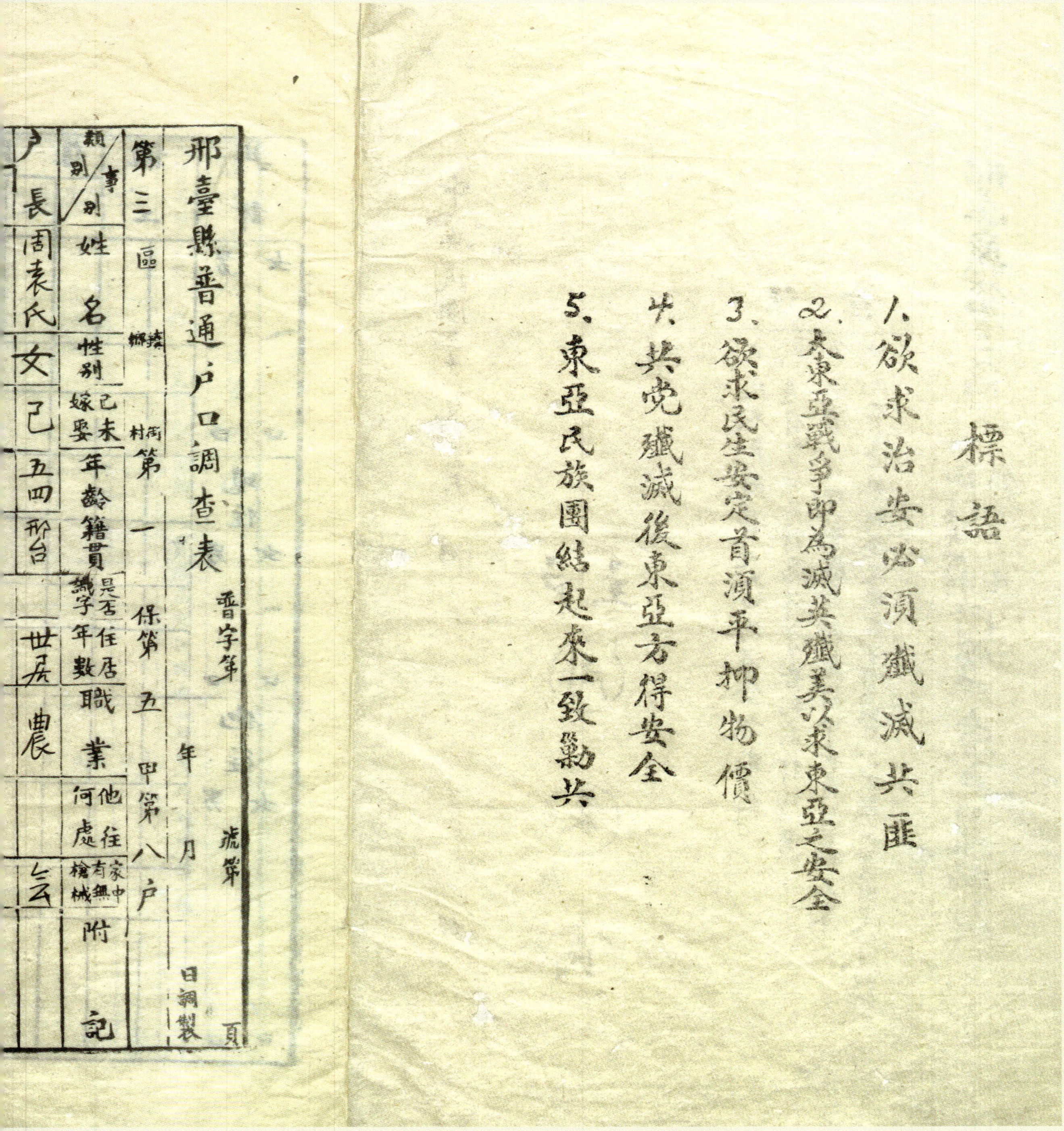

邢臺縣普通戶口調查表　晋字第　號第　頁

第三區　鄉鎮　村街第一　保第五　甲第八戶　年　月　日調製

| 事別/類別 | 姓名 | 性別 | 已未嫁娶 | 年齡 | 籍貫 | 是否識字 | 居住年數 | 職業 | 他往何處 | 家中有無機械 | 附記 |
|---|---|---|---|---|---|---|---|---|---|---|---|
| 戶長 | 周袁氏 | 女 | 已 | 五四 | 邢台 | | 世居 | 農 | | 无 | |

標語

1. 欲求治安必須殲滅共匪
2. 大東亞戰爭即為滅共殲美以求東亞之安全
3. 欲求民生安定首須平抑物價
4. 共党殲滅後東亞方得安全
5. 東亞民族團結起來一致剿共

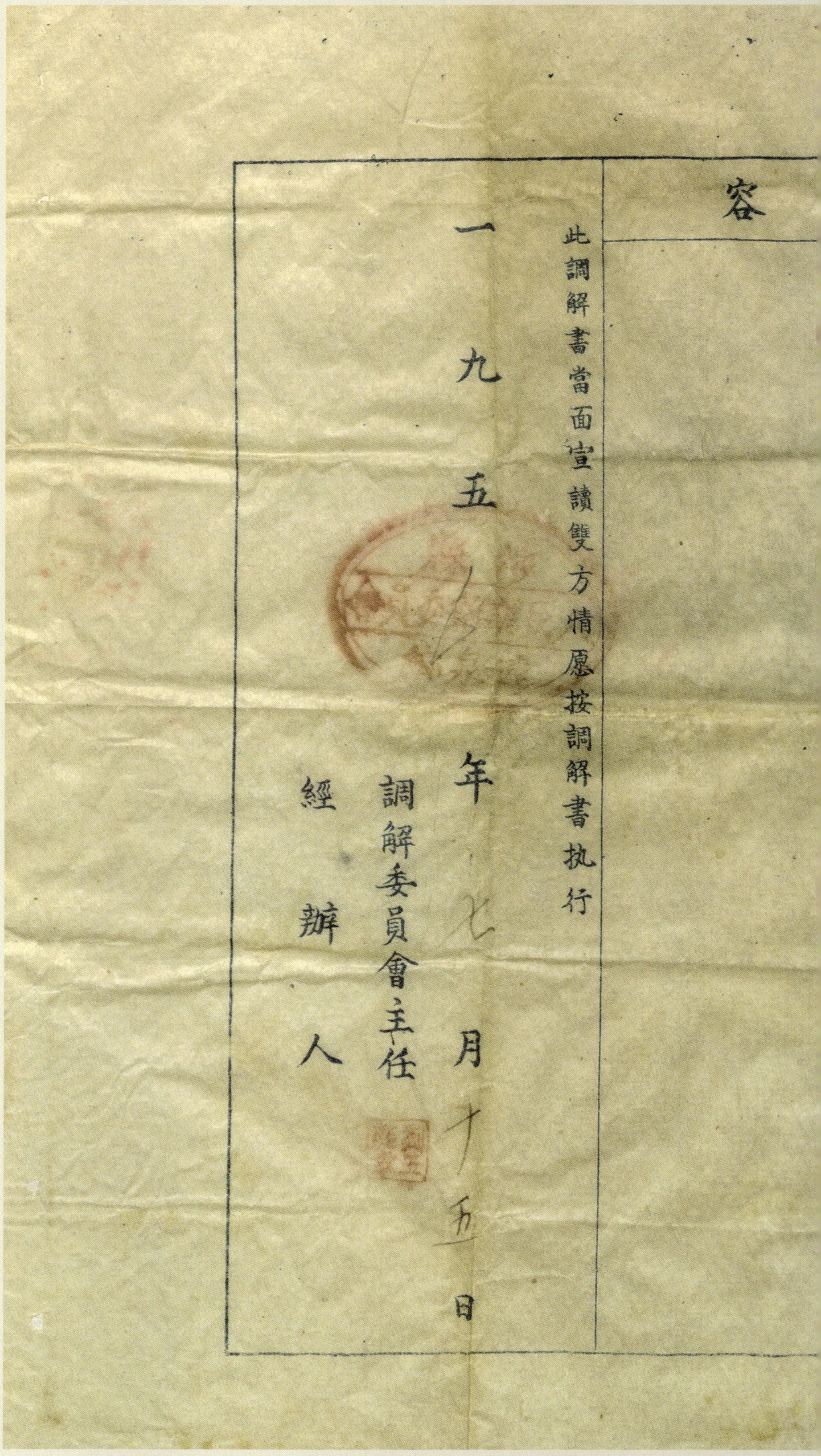
容

此調解書當面宣讀雙方情愿按調解書执行

一九五六年七月十五日

調解委員會主任

經辦人

◎ 涉县固新区连泉乡赵四女告胡亦堂民事调解书

年代：1956

尺寸：265×383 毫米

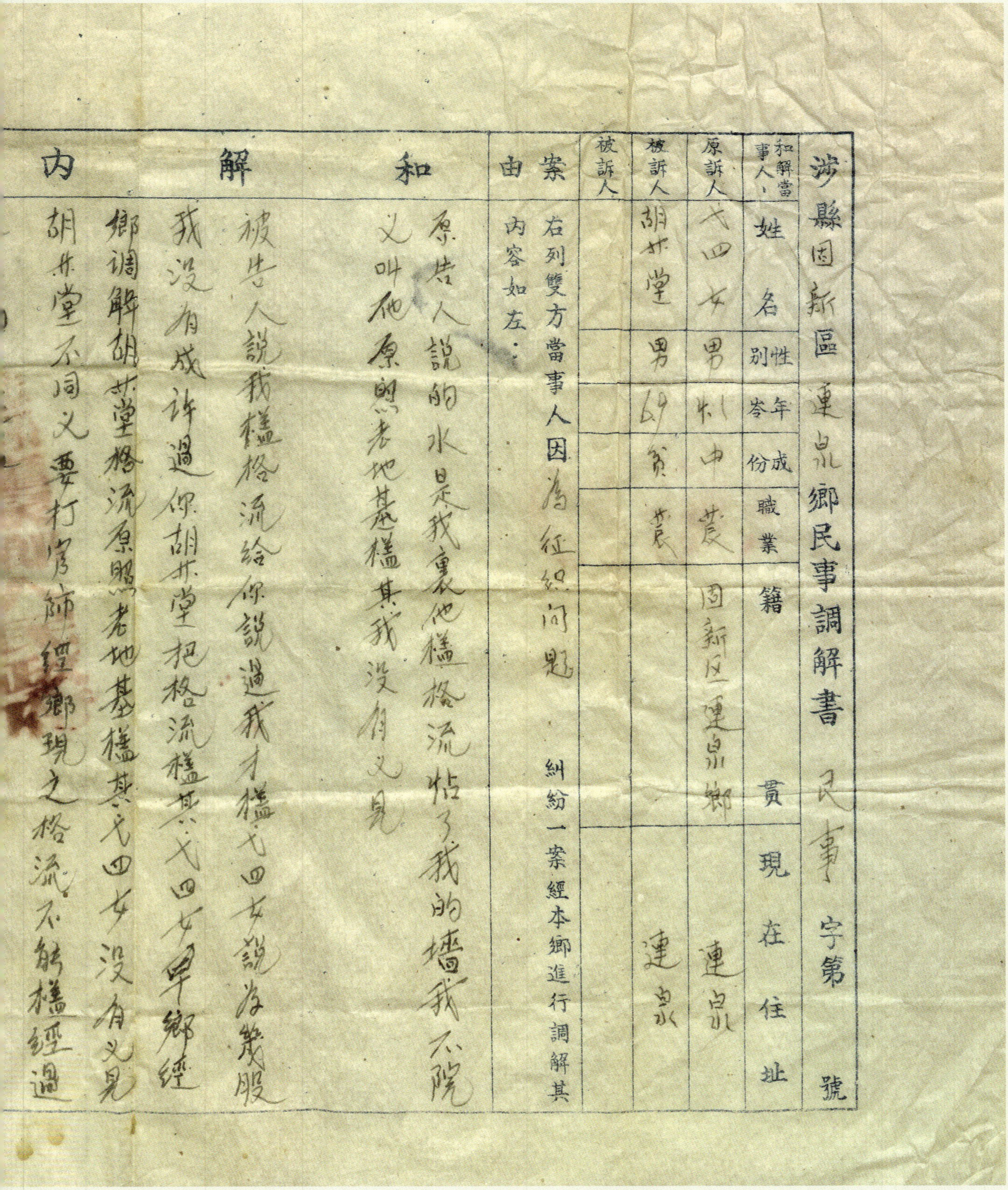

涉縣固新區連泉鄉民事調解書　民事　字第　號

| 和解當事人 | 姓名 | 性別 | 年岺 | 成份 | 職業 | 籍貫 | 現在住址 |
|---|---|---|---|---|---|---|---|
| 原訴人 | 弋四女 | 男 | 41 | 中 | 農 | 固新区連泉鄉 | 連泉 |
| 被訴人 | 胡廾堂 | 男 | 61 | 貧 | 農 | | 連泉 |
| 被訴人 | | | | | | | |

案由　右列雙方當事人因為征紀问題　糾紛一案經本鄉進行調解其內容如左：

和解內

原告人說的水是我裏他檯格流帖了我的墻我不院
又叫他原照老地基檯其我沒有义見
被告人說我檯格流給你說過我才檯弋四女說沒幾股
我沒有成許過你胡廾堂把格流檯其弋四女早鄉經
鄉調解胡廾堂格流原照老地基檯其弋四女沒有义見
胡廾堂不同义要打官師經鄉現之格流不能檯經過

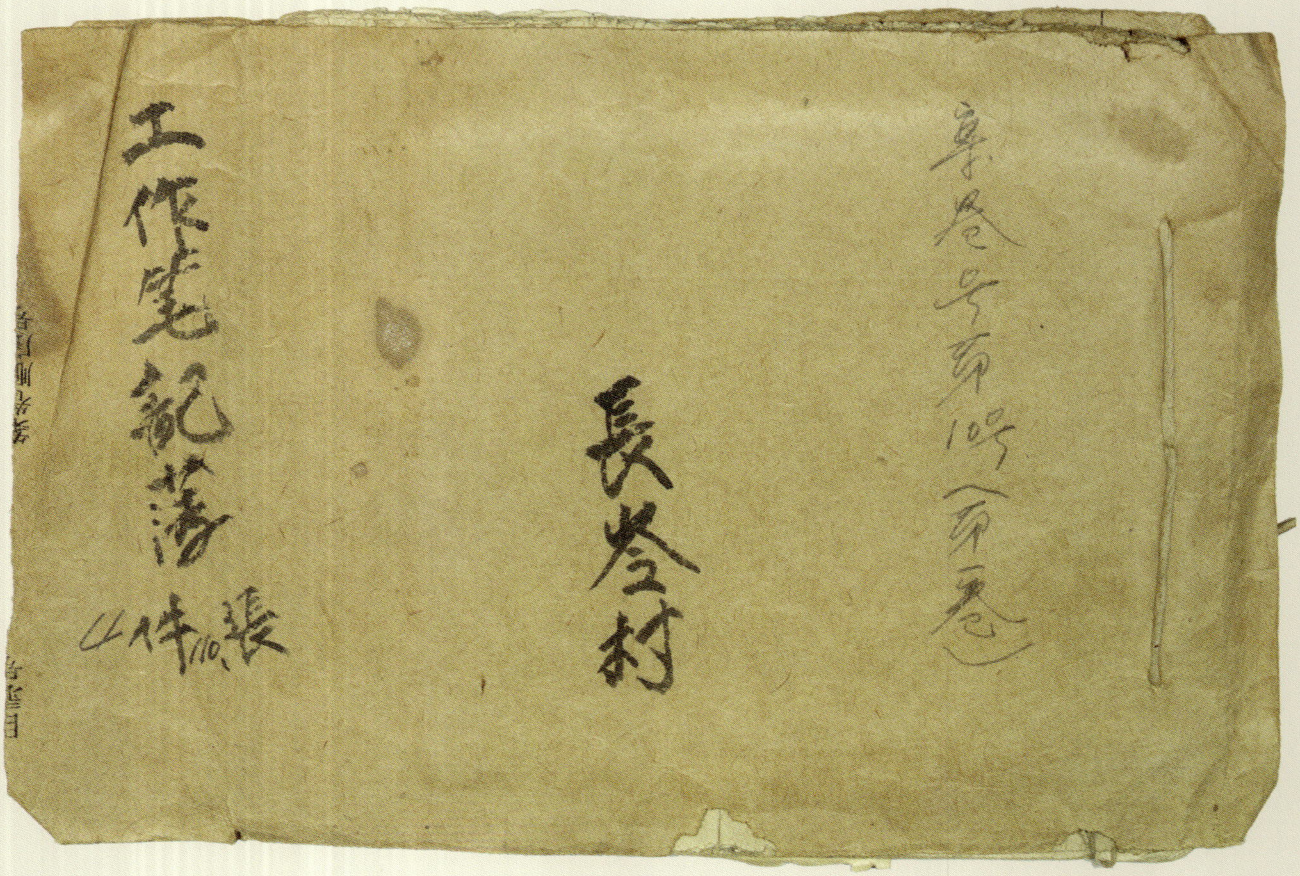


◎ **山西省昔阳县长岭村档案**

年代：1944～1984

尺寸：登记表 285×212 毫米

工作笔记簿 141×212 毫米

义仓账 135×245 毫米

该批档案时间起自1944年，止于1984年，总计70册（卷），包括革命历史资料、土改果实账、地亩账、单据、报表、药铺账册、上级文件、规划总计报告、阶级成分登记表、贫协会员申请表和登记表、证明信、介绍信、迁移证、合同书等。这批档案描绘出包括抗战、土改、合作化、人民公社、四清、“文革”和新时期在内的现当代华北乡村历史的全过程。

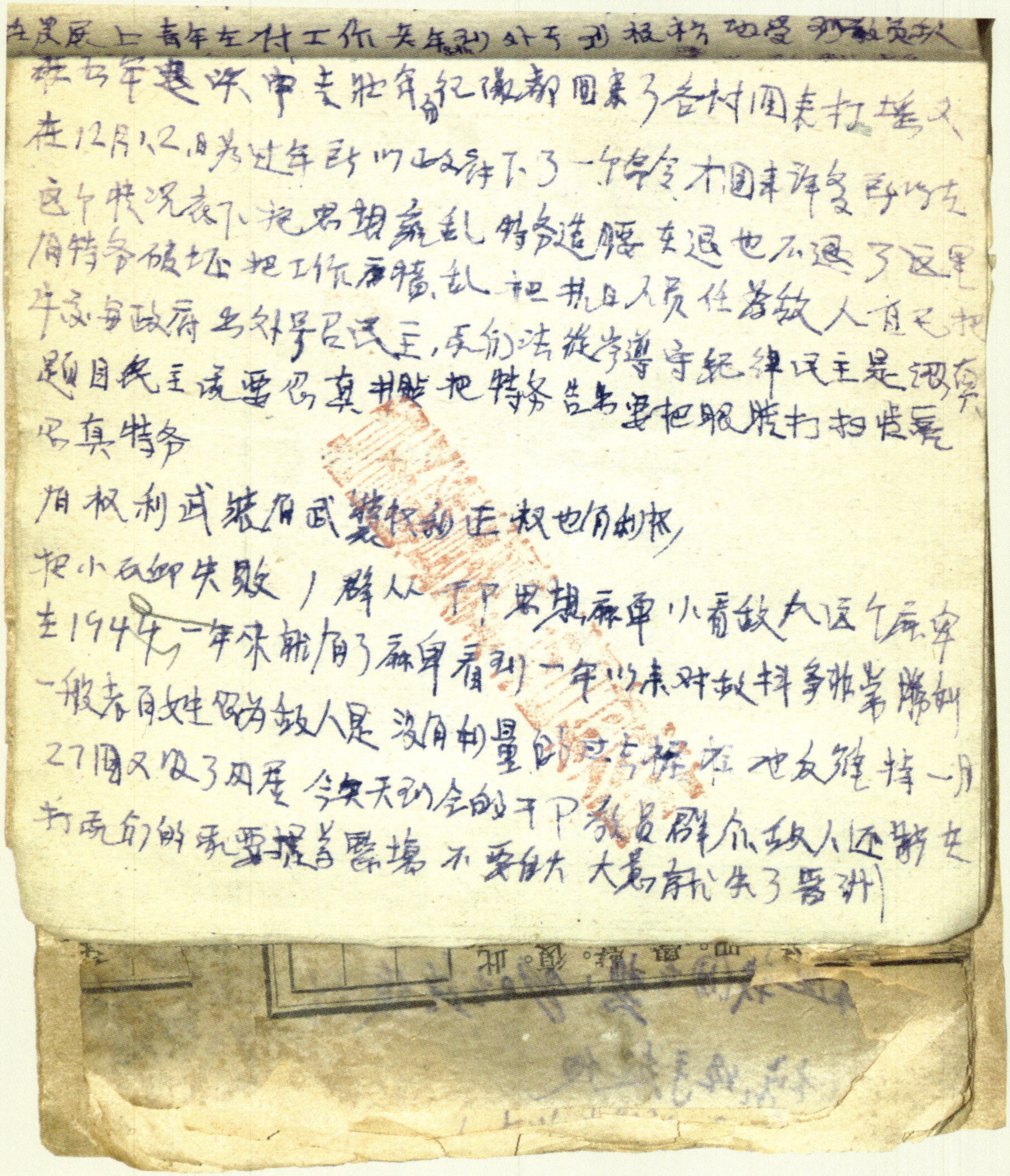
在农民上青年在村工作失年纪外于到极积地受到敌党
我去年退伍审查壮年的纪律都回来了各村回来打
在12月12日为过年政府下了一个命令不回来许多
这个情况表示把思想搞乱特务造谣说退也不退了这里
有特务破坏把工作弄搞乱把干部人员任务敌人直接把
政府……民主，……遵守纪律民主是
题目民主就要认真办理把特务告诉要把眼睛打扫清亮
认真特务
有权利武装有武装权利政权也有权利
把小组织失败 群众 干部思想麻痹小看敌人这个麻痹
在1944年一年来就有了麻痹看到一年以来对敌斗争非常胜利
一般老百姓认为敌人是没有力量……也有……一月
27日又改了风气今天到全的干部党员群众敌人还
……要提高警惕不要自大 大意就失了警惕

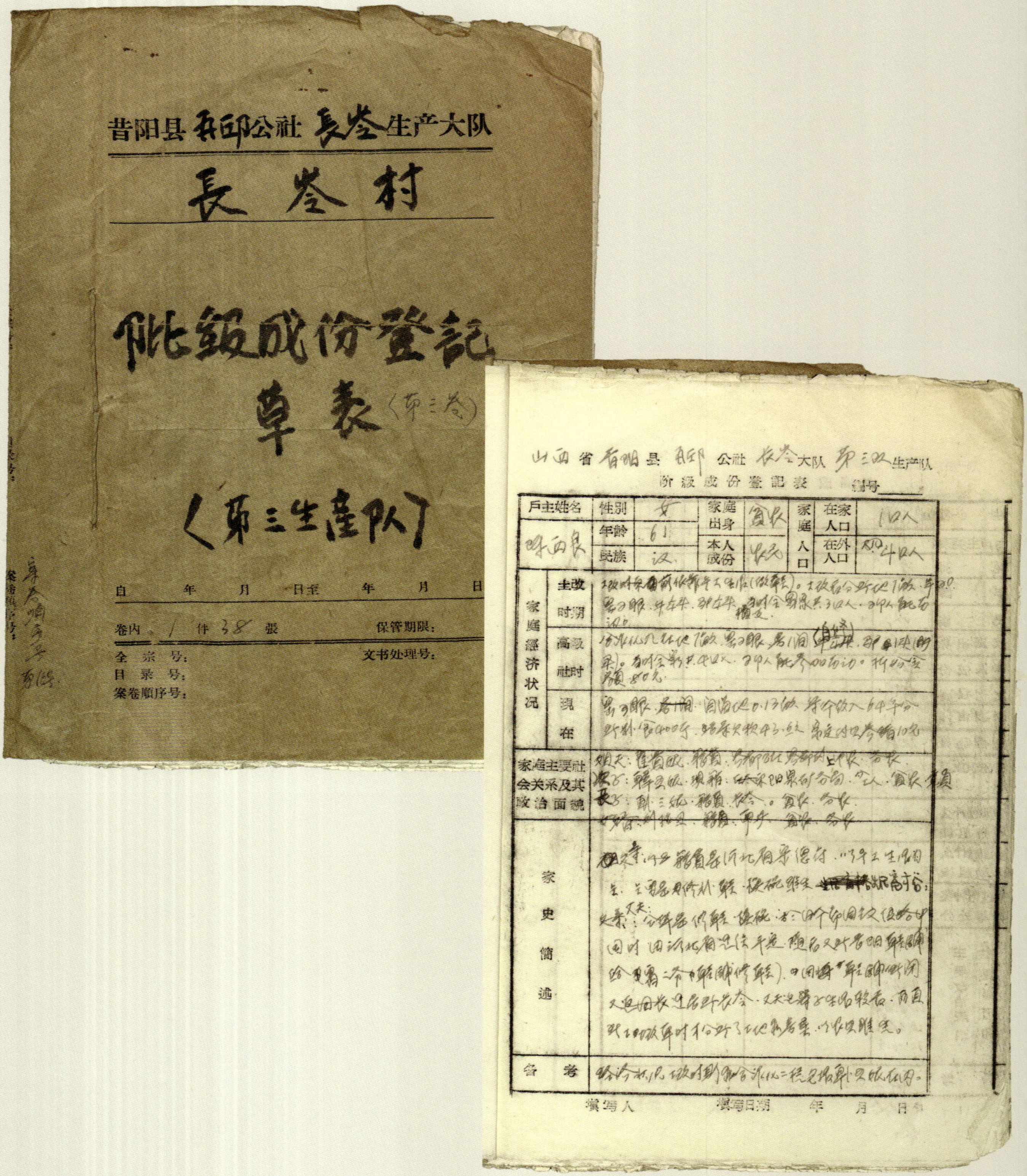
昔阳县 公社 長岺生产大队
長岺村
阶級成份登記草表（第三卷）
（第三生産队）
自 年 月 日至 年 月 日
卷内 1 件 38 張 保管期限：
全宗号：
目录号：
案卷顺序号：
文书处理号：

山西省昔阳县 公社 大队 生产队
阶級成份登記表 編号
戶主姓名 | 性别 | 年龄 | 民族 | 家庭出身 | 本人成份 | 家庭人口 | 在家人口 | 在外人口
家庭經济状况：主改时期 / 高級社时 / 現在
家庭主要社会关系及其政治面貌
家史簡述
备考
填写人 填写日期 年 月 日

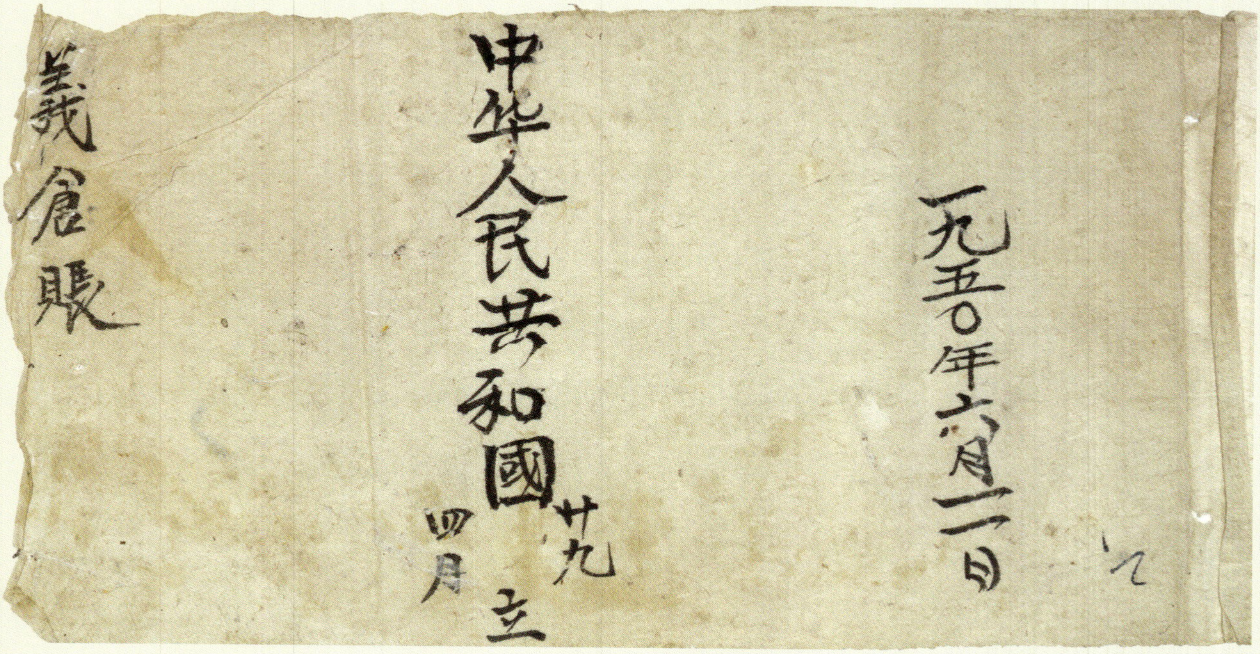
义仓账 (1950)


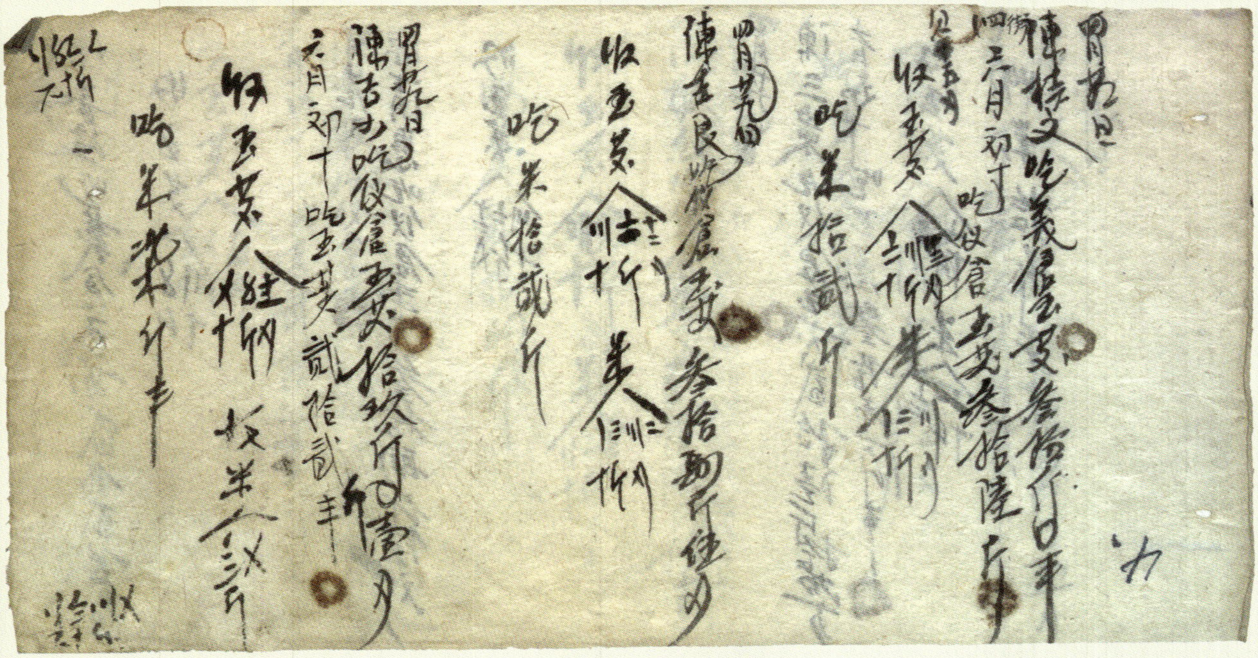

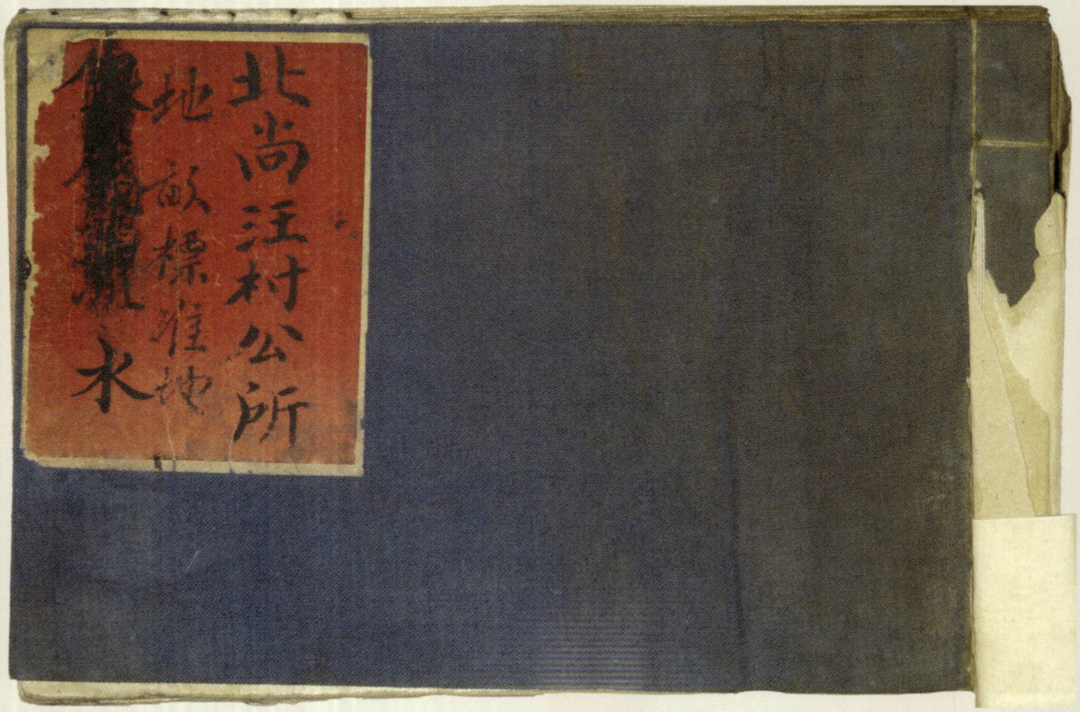
北尚汪村公所
地畝標准地
水

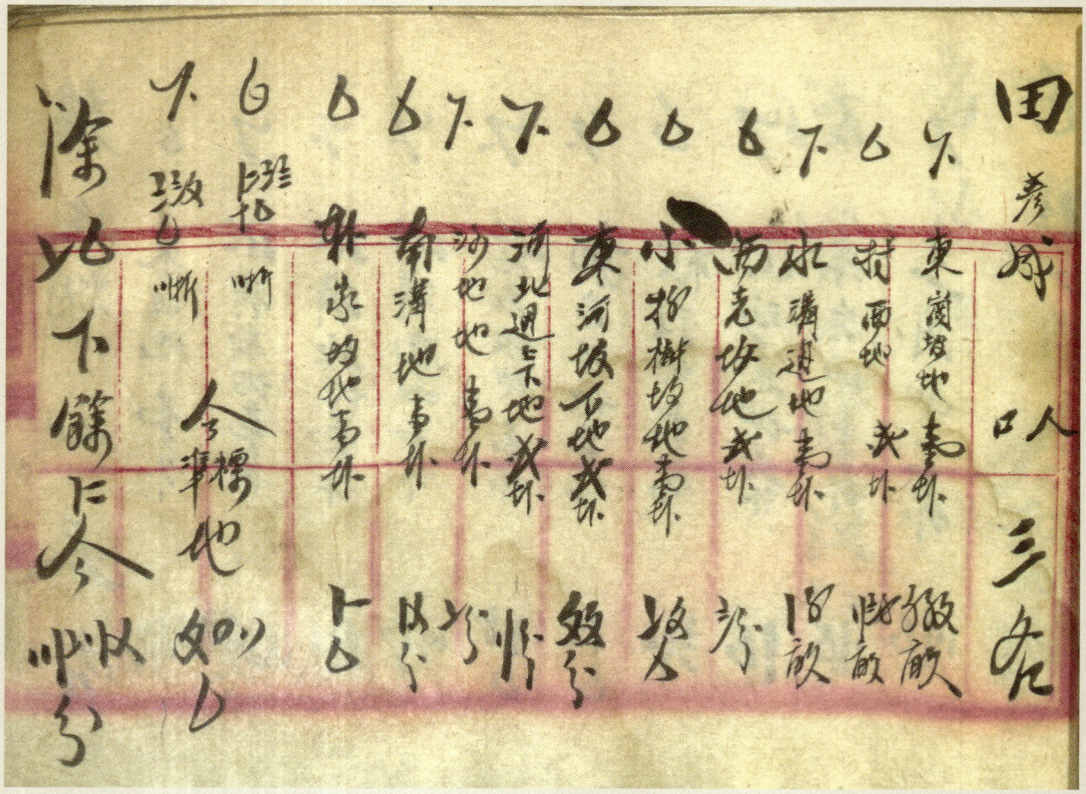

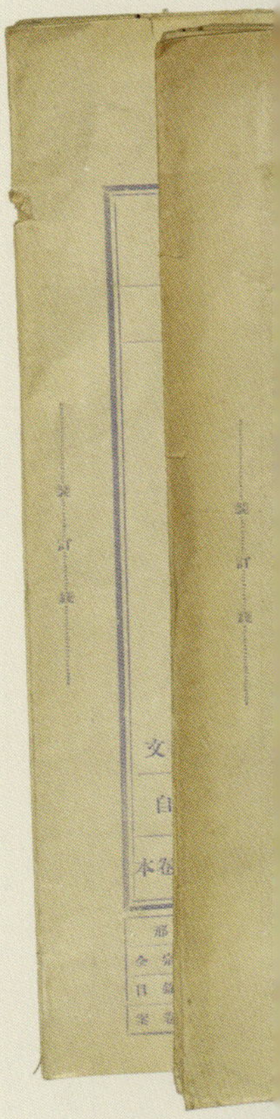

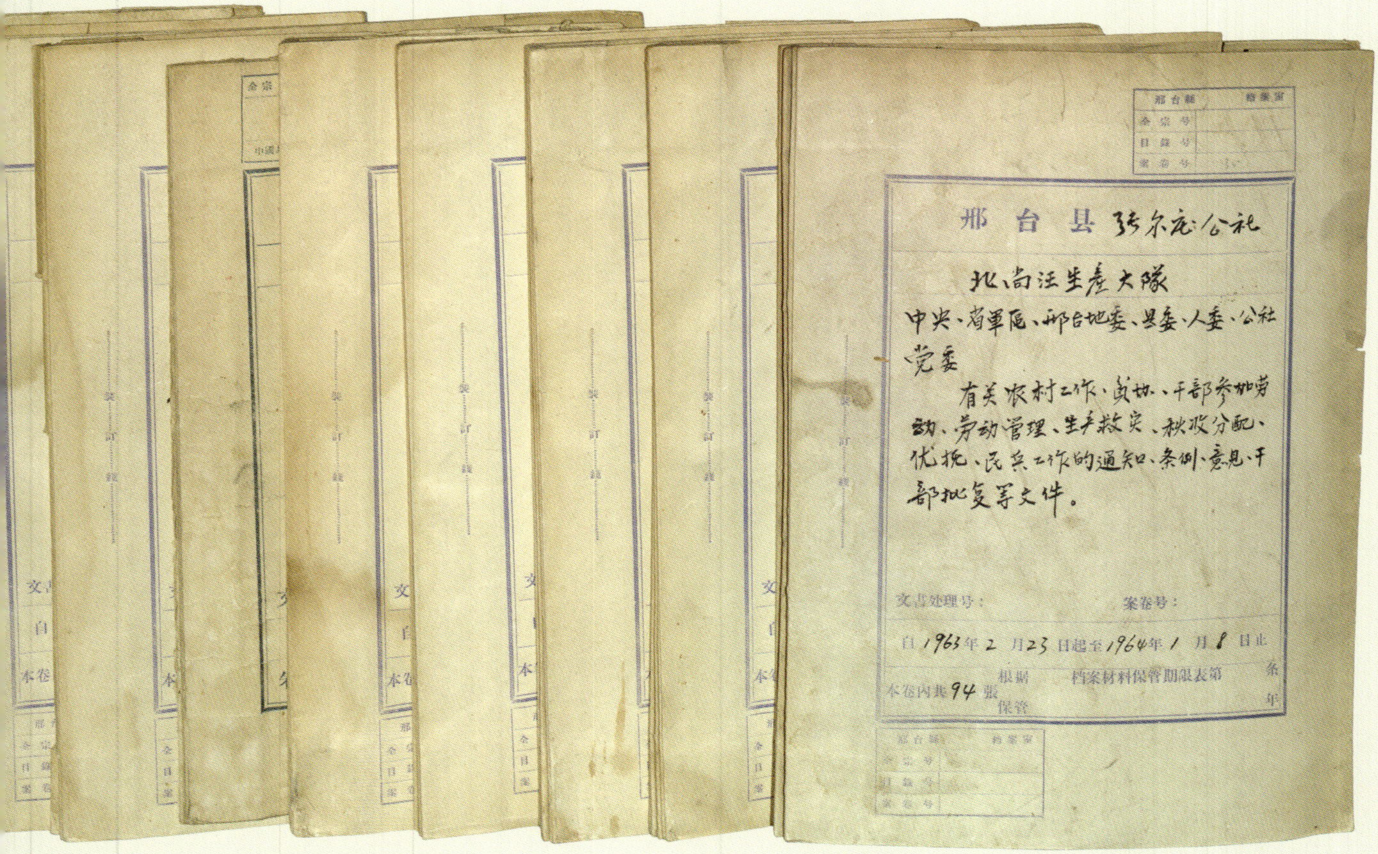


## ◎ 邢台县北尚汪村档案

年代：晚清～20世纪60年代

尺寸：档案292×210毫米

照片343×484毫米

这批档案总计约300卷（册），包括晚清天地社账册，20世纪40~60年代初地亩账，集体化时代账册、单据，成卷档案，干部档案，笔记，照片等。这批档案延续时间长、存量大，是较为罕见的华北农村近现代社会历史资料。

为

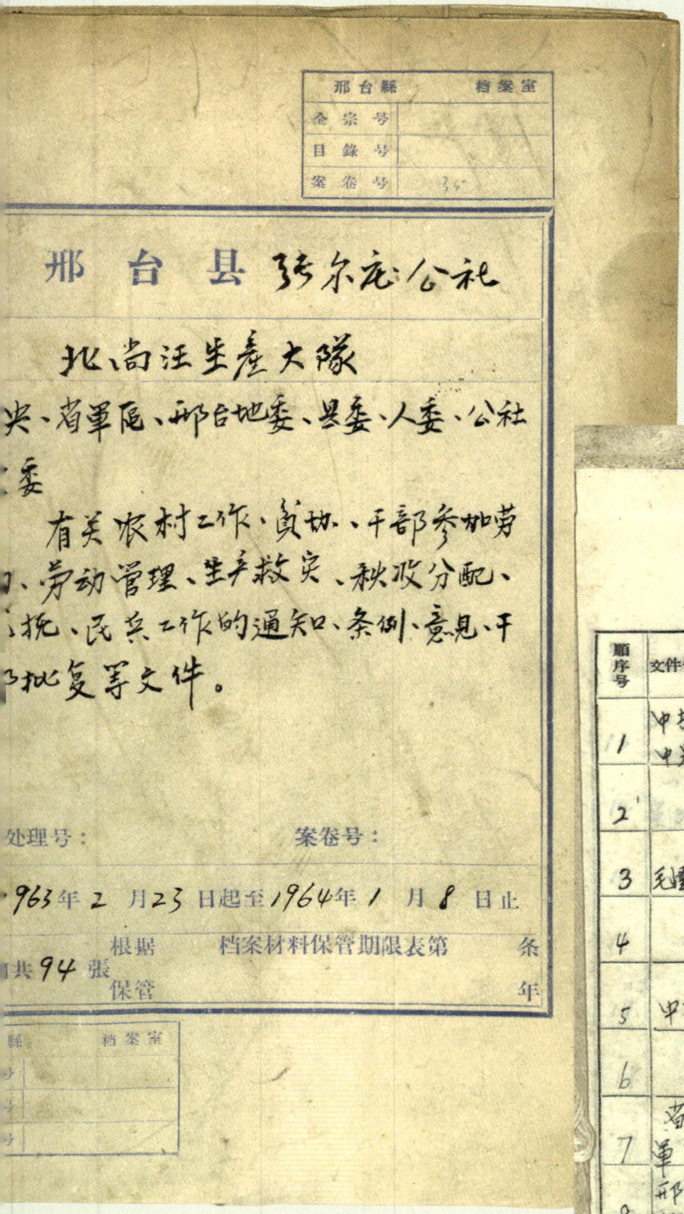

邢台县 档案室

| | |
|---|---|
| 全宗号 | |
| 目録号 | |
| 案卷号 | 35 |

邢台县 张尔庄公社

北尚汪生产大队

…央、省军区、邢台地委、县委、人委、公社
…委

有关农村工作、贫协、干部参加劳…、劳动管理、生产救灾、秋收分配、…抚、民兵工作的通知、条例、意见、干…批复等文件。

处理号：　　案卷号：

…963年 2 月23 日起至1964年 1 月 8 日止

…共94 张　根据　档案材料保管期限表第　条　保管　年

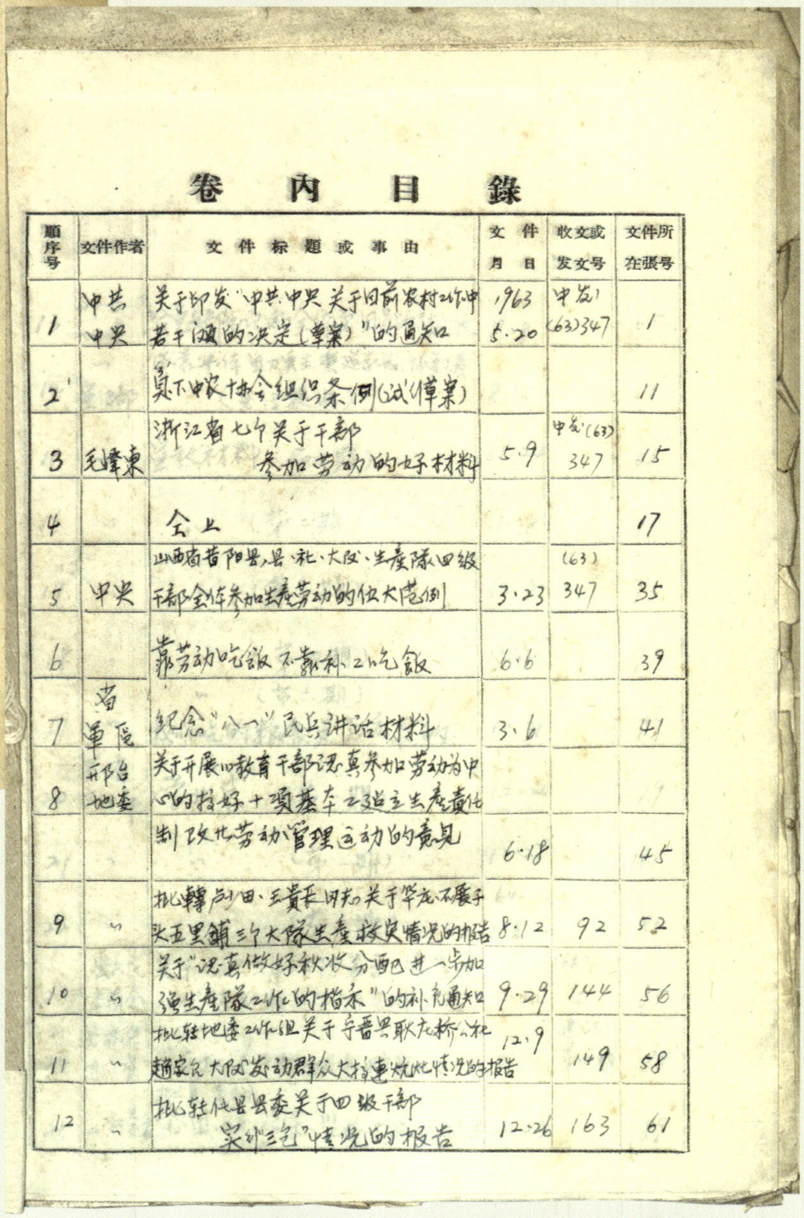

卷内目録

| 順序号 | 文件作者 | 文件标题或事由 | 文件月日 | 收文或发文号 | 文件所在張号 |
|---|---|---|---|---|---|
| 1 | 中共中央 | 关于印发"中共中央关于目前农村工作中若干问题的决定（草案）"的通知 | 1963 5.20 | 中发（63）347 | 1 |
| 2 | | 贫下中农协会组织条例（试行草案） | | | 11 |
| 3 | 毛泽东 | 浙江省七个关于干部参加劳动的好材料 | 5.9 | 中发（63）347 | 15 |
| 4 | | 会上 | | | 17 |
| 5 | 中央 | 山西省昔阳县、县、社、大队、生产队四级干部全体参加生产劳动的伍大范例 | 3.23 | （63）347 | 35 |
| 6 | | 靠劳动吃饭 不靠剥削吃饭 | 6.6 | | 39 |
| 7 | 省军区 | 纪念"八一"民兵讲话材料 | 3.6 | | 41 |
| 8 | 邢台地委 | 关于开展以教育干部认真参加劳动为中心的搞好十项基本工作建立生产责任制改进劳动管理运动的意见 | 6.18 | | 45 |
| 9 | 〃 | 批转卢田、王贵卿关于张庄公社五里铺三个大队生产救灾情况的报告 | 8.12 | 92 | 52 |
| 10 | 〃 | 关于"认真做好秋收分配进一步加强生产队工作的指示"的补充通知 | 9.29 | 144 | 56 |
| 11 | 〃 | 批转地委工作组关于宁晋县耿庄桥公社赵家庄大队发动群众大搞秋收情况的报告 | 12.9 | 149 | 58 |
| 12 | 〃 | 批转任县县委关于四级干部实行"三包"情况的报告 | 12.26 | 163 | 61 |

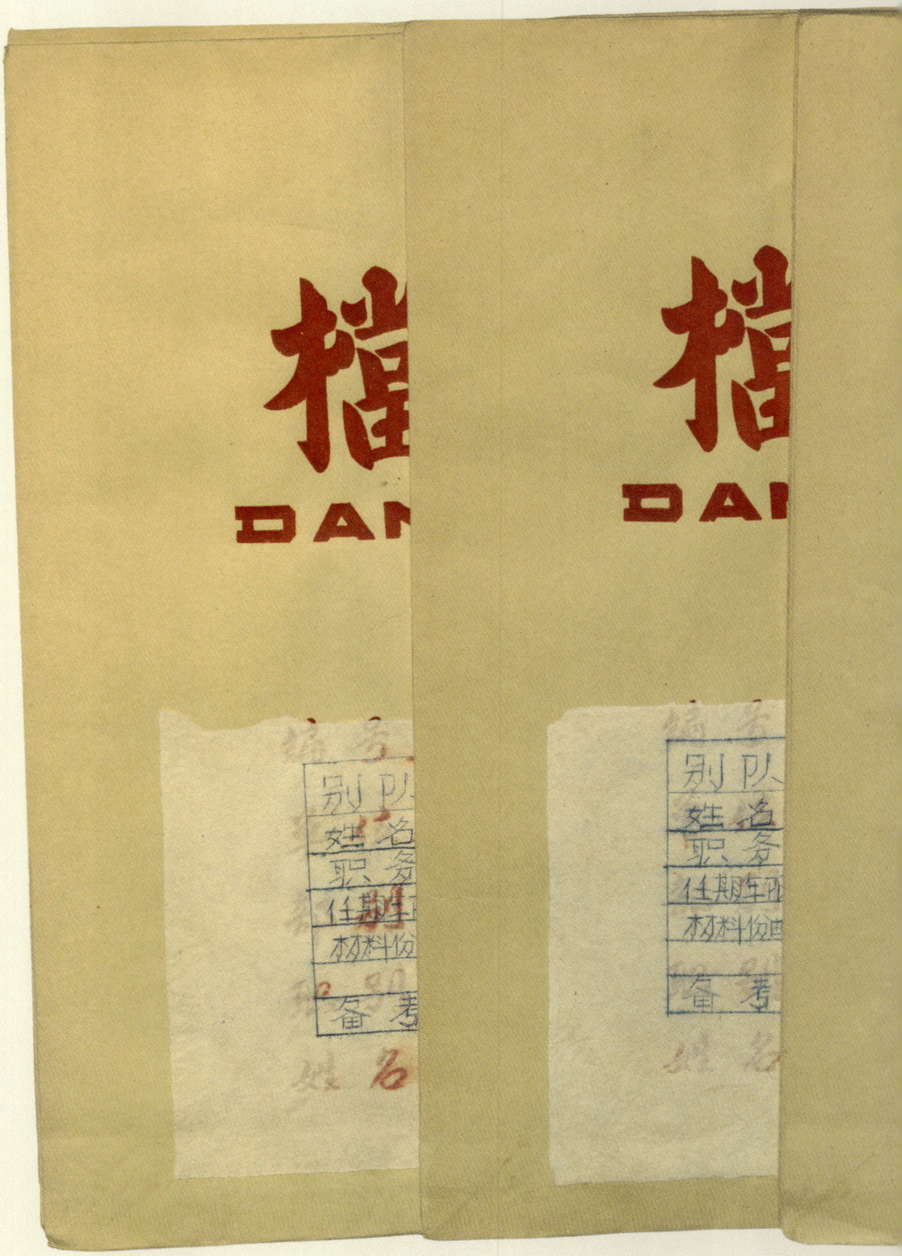


◎ 邢台县南康庄公社东由留大队四清档案

年代：20 世纪 60 年代

尺寸：328×248 毫米

这批档案总计约 270 卷。

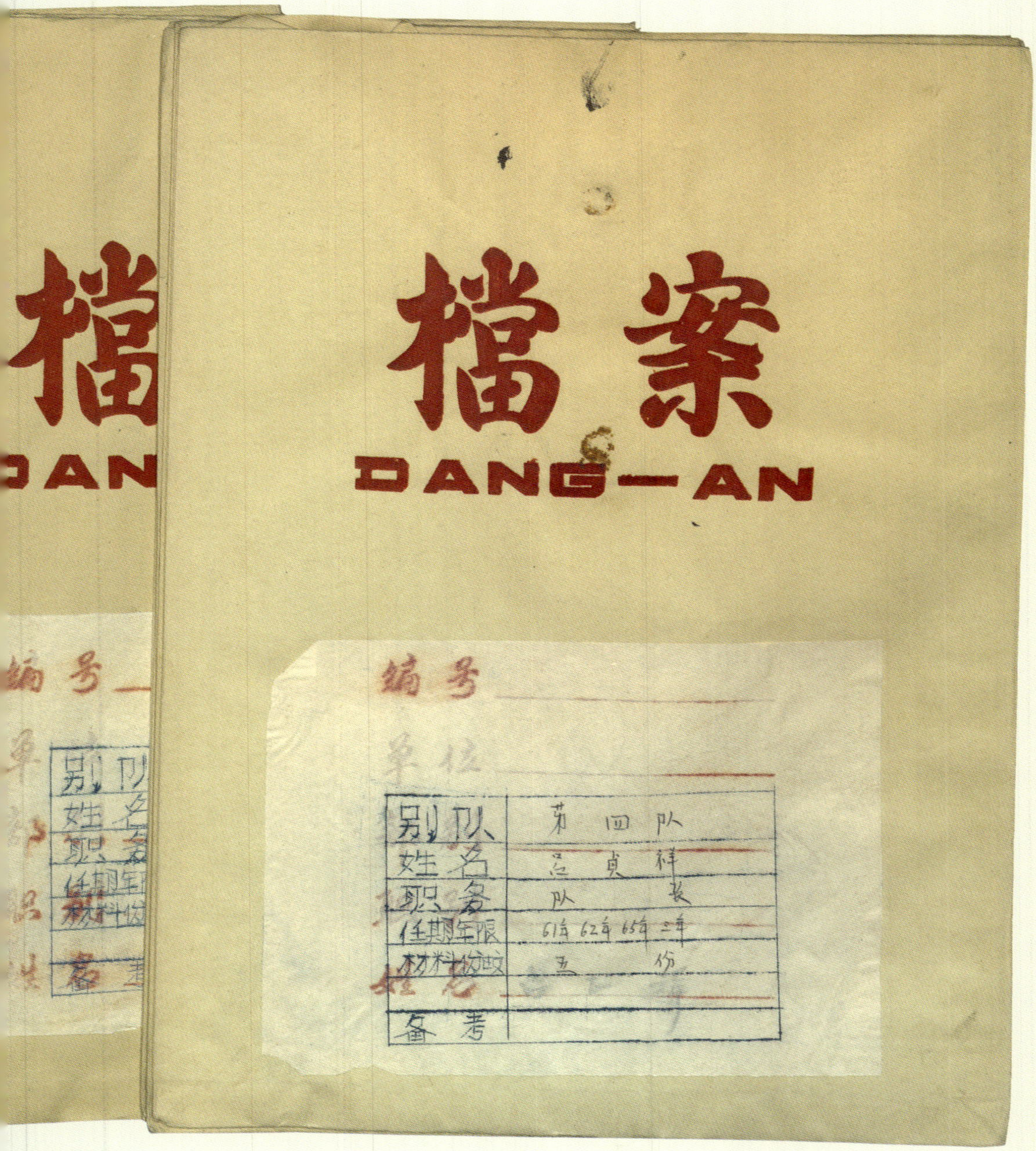
檔案
DANG—AN
编号
单位
别队 第四队
姓名 吕贞祥
职务 队长
任期年限 61年 62年 65年 三年
材料份数 五份
备考

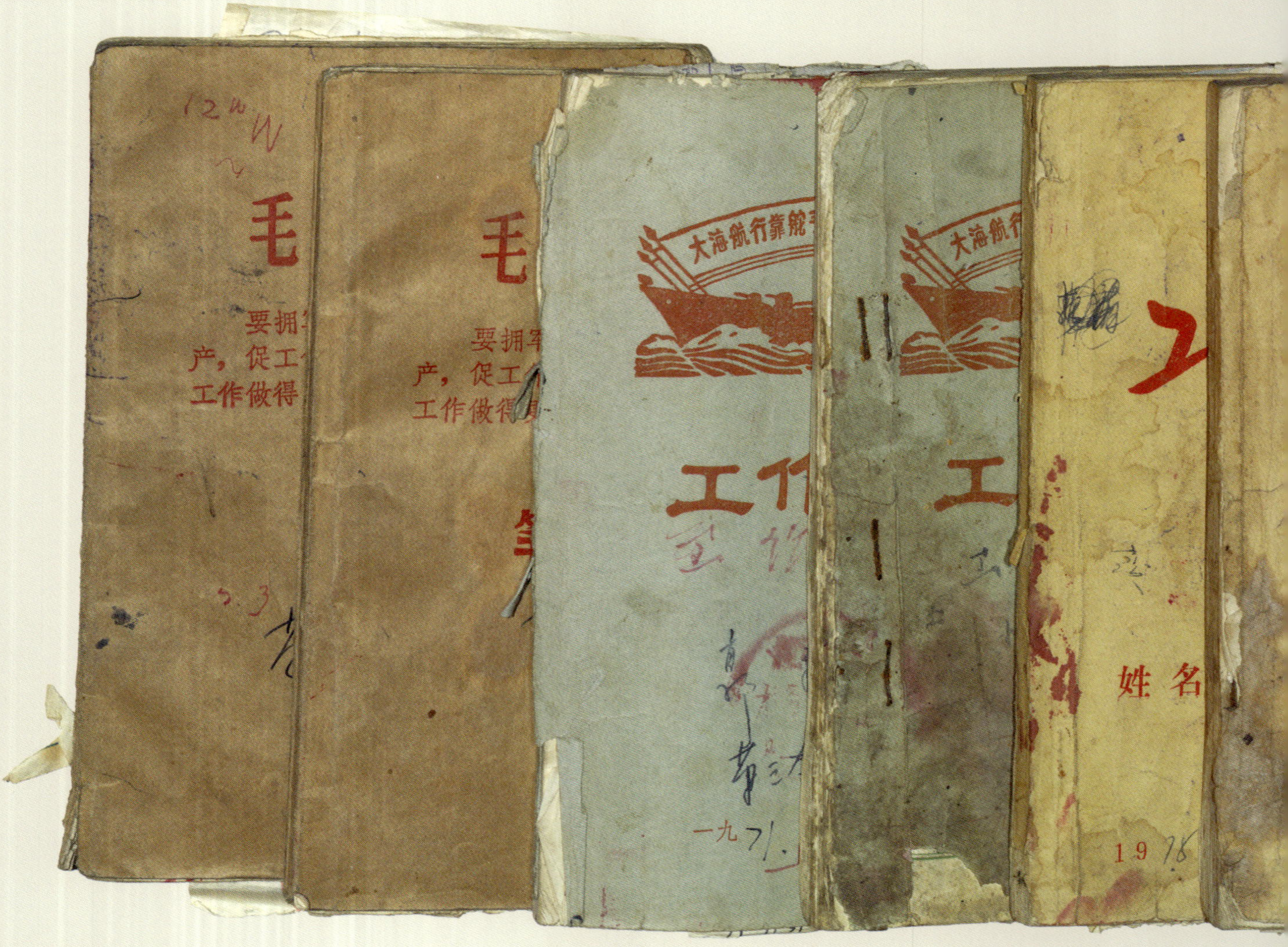


◎ 武安县柳家河公社龙务大队郭秘书笔记

年代：1969 ~1978

尺寸：147×104 毫米 ~176×131 毫米

该套笔记共 9 册，记录了龙务大队的生产安排、物资管理和收入分配等内容。

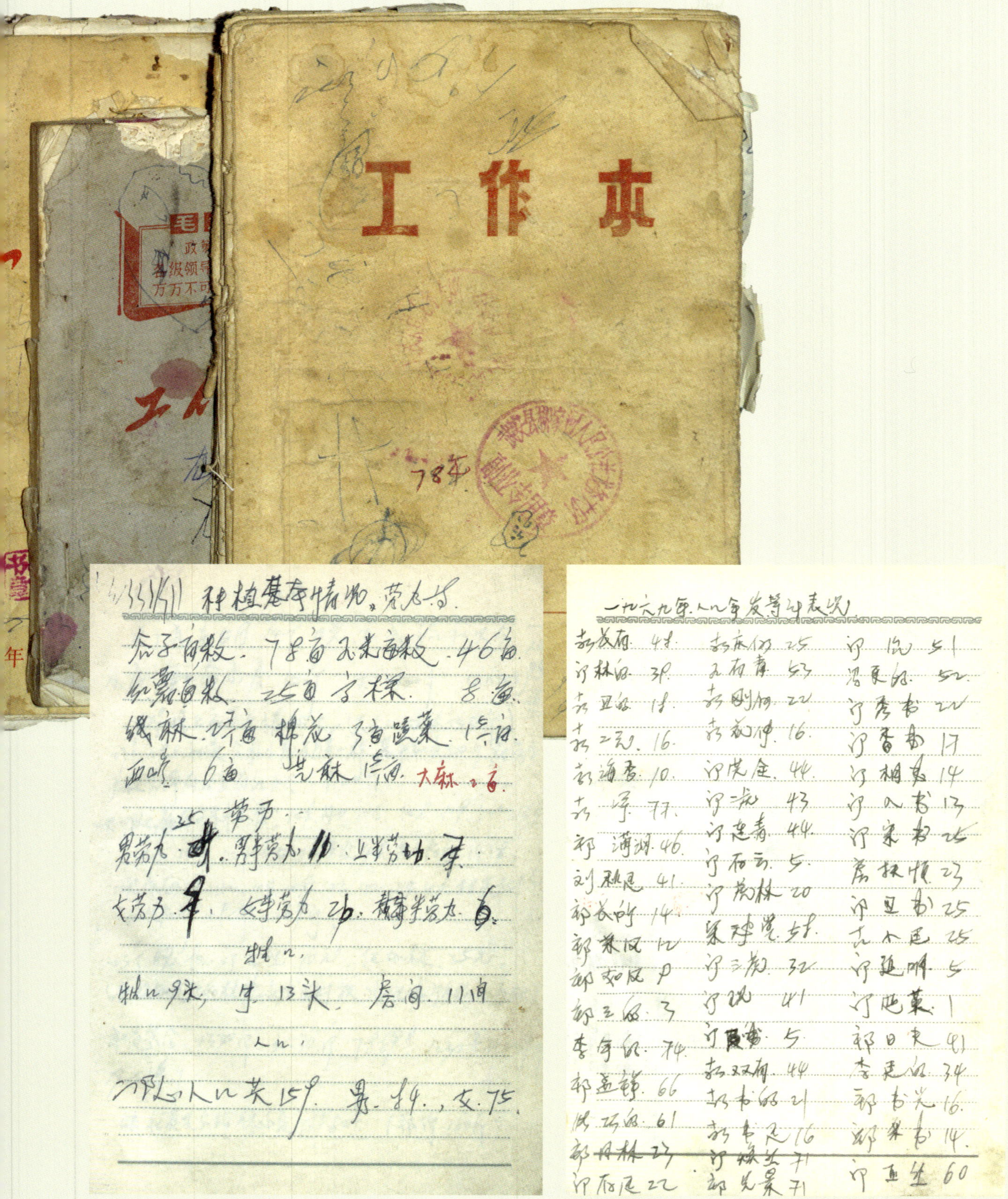
工作本
78年
种植基本情况
谷子亩数 78亩 玉米亩数 46亩
西瓜 6亩
大麻
劳力
男劳力
女劳力
牲口
牛 13头
房间 11间
人口
男 84，女 75

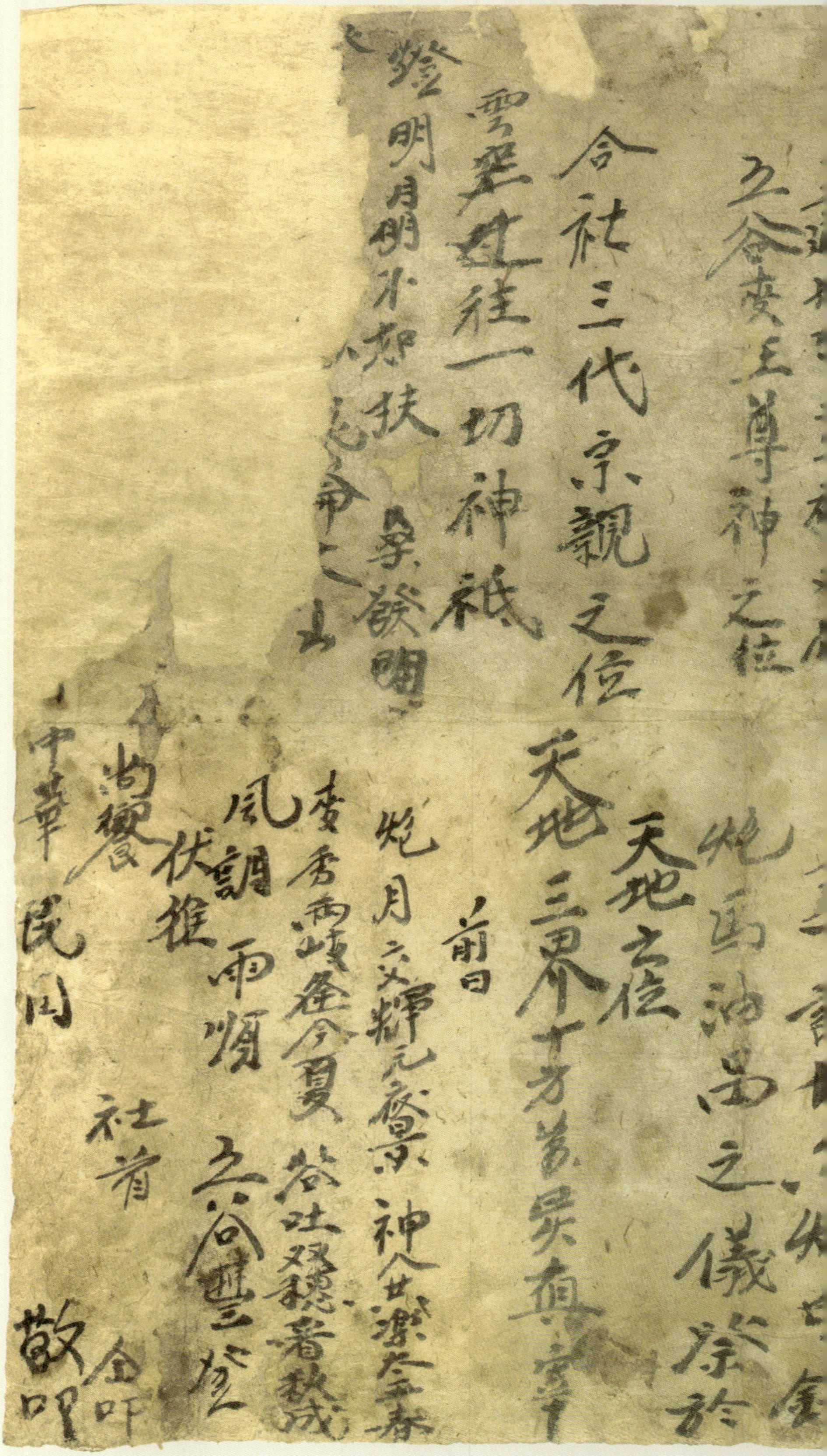

立合変王尊神之位

合社三代宗親之位

雲霄过往一切神祇

燈明月明不知扶 象發明

天地之位

天地三界十方萬象真宰

前日

炮月六叉輝元啓景 神人共濼太平春

麥秀兩岐逢今夏 穀社双穗督秋成

風調雨順 立合莊主

伏推

尚饗

社首

中華民国

敬叩 金叩

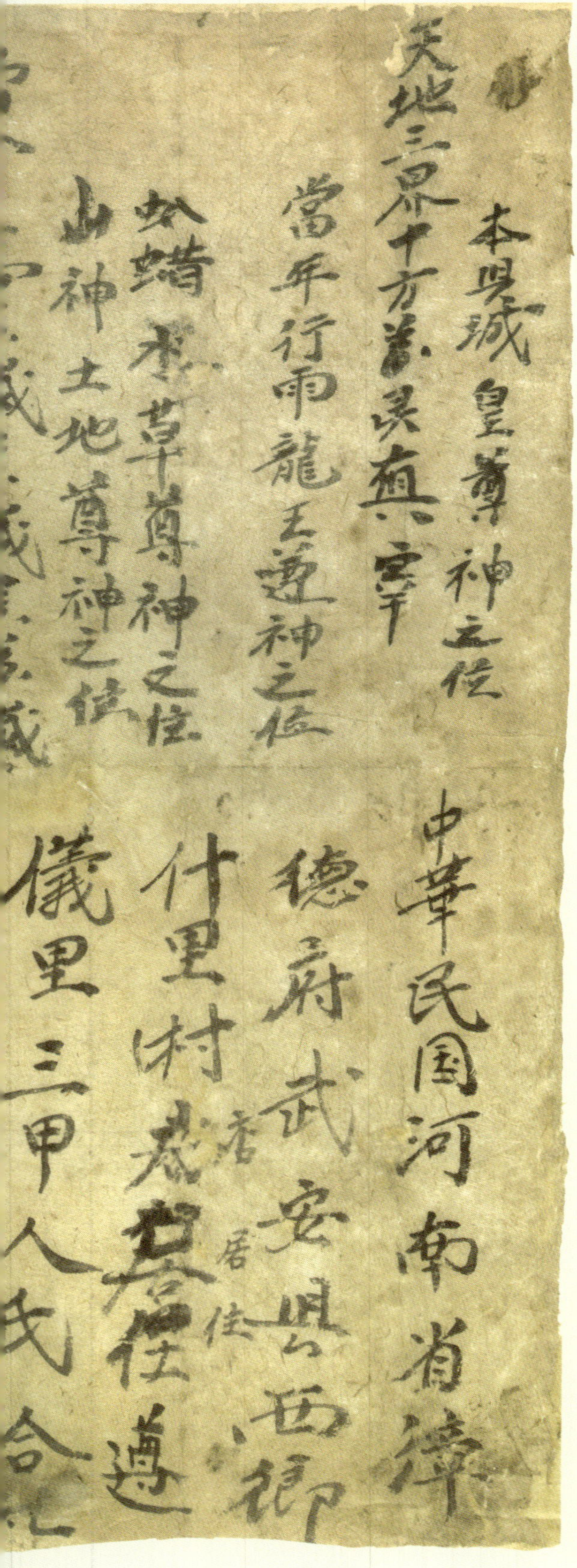
本县城皇尊神之位
天地三界十方万灵真宰
當年行雨龍王遵神之位
蚣蜡虫草尊神之位
山神土地尊神之位
中華民国河南省彰
德府武安县西鄉
什里村店居住遵
儀里三甲人氏合

◎ 武安县什里店村会社祭祀文书

年代：民国年间

尺寸：431×425毫米

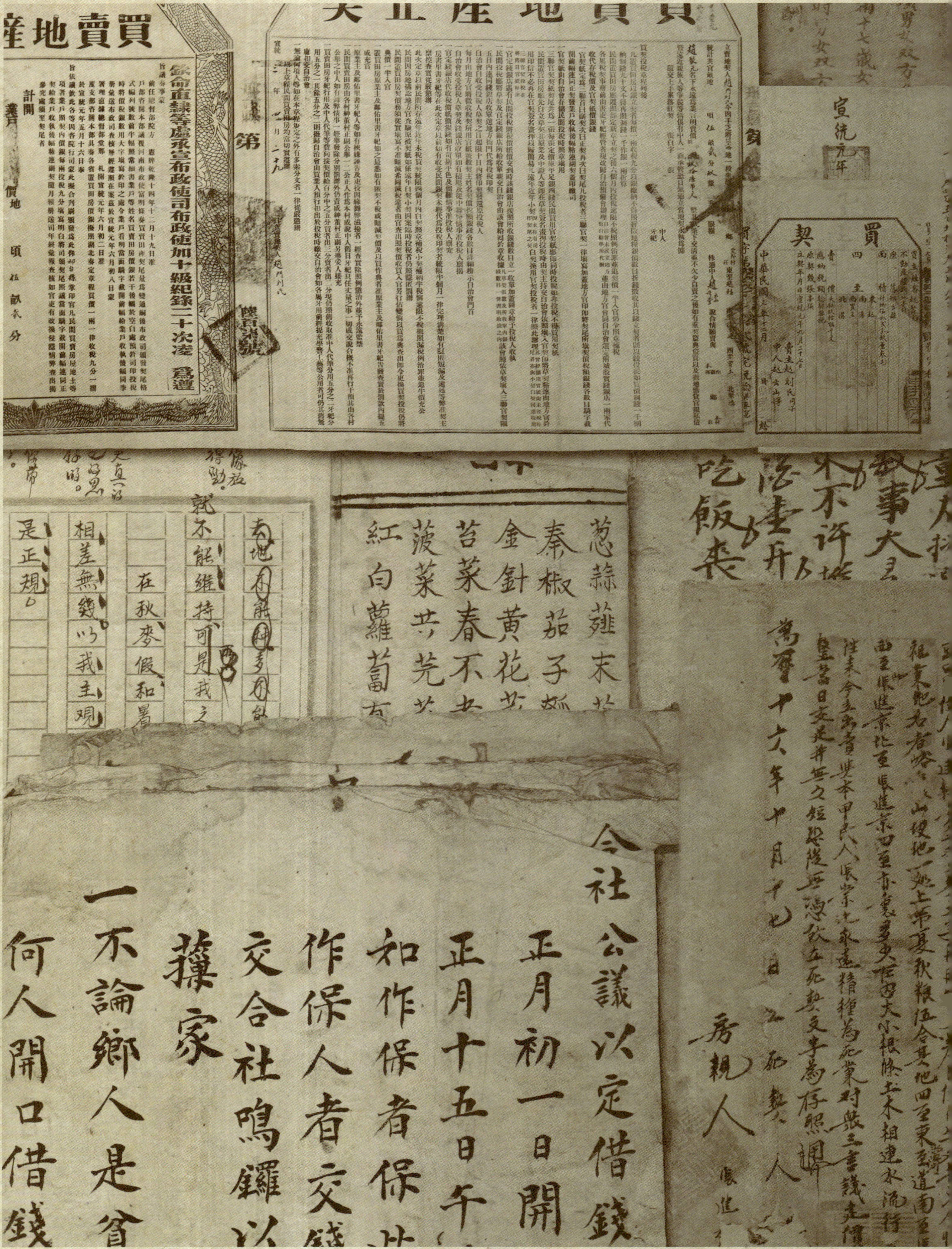

買賣地產
賣買地產
買契
宣統元年
葱蒜薤末
秦椒茄子
金針黃花
苜蓿春不
菠菜芫荽
紅白蘿蔔
是正規
相差無幾以我主觀
在秋麥假和暑
就不能維持可是我
合社公議以定借錢
正月初一日開
正月十五日午
和作保者保
作保人者交錢
交合社鳴鑼以
攏家
一不論鄉人是
何人開口借錢
萬曆十六年十月十七日
房親人

# 第四章 教育文书

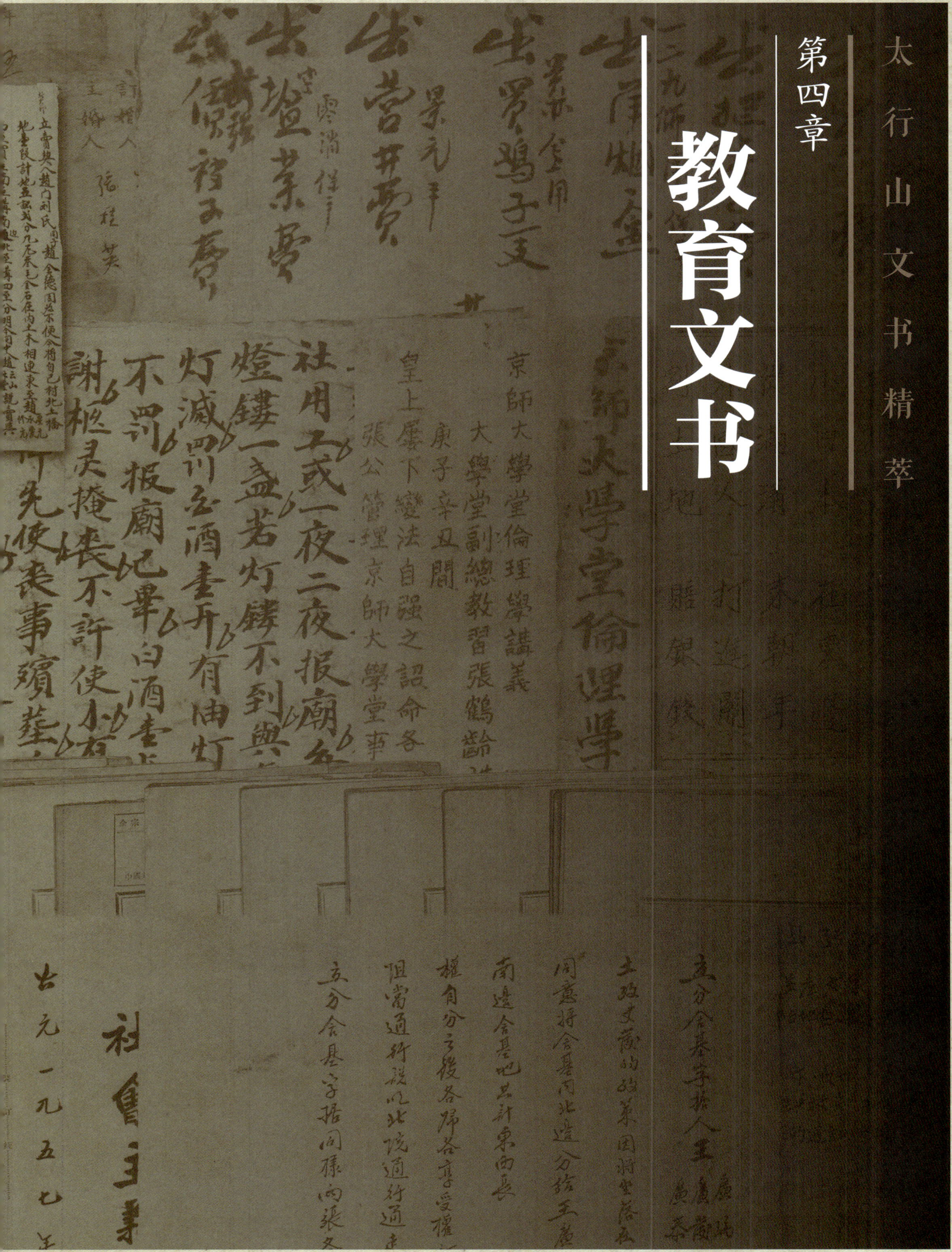

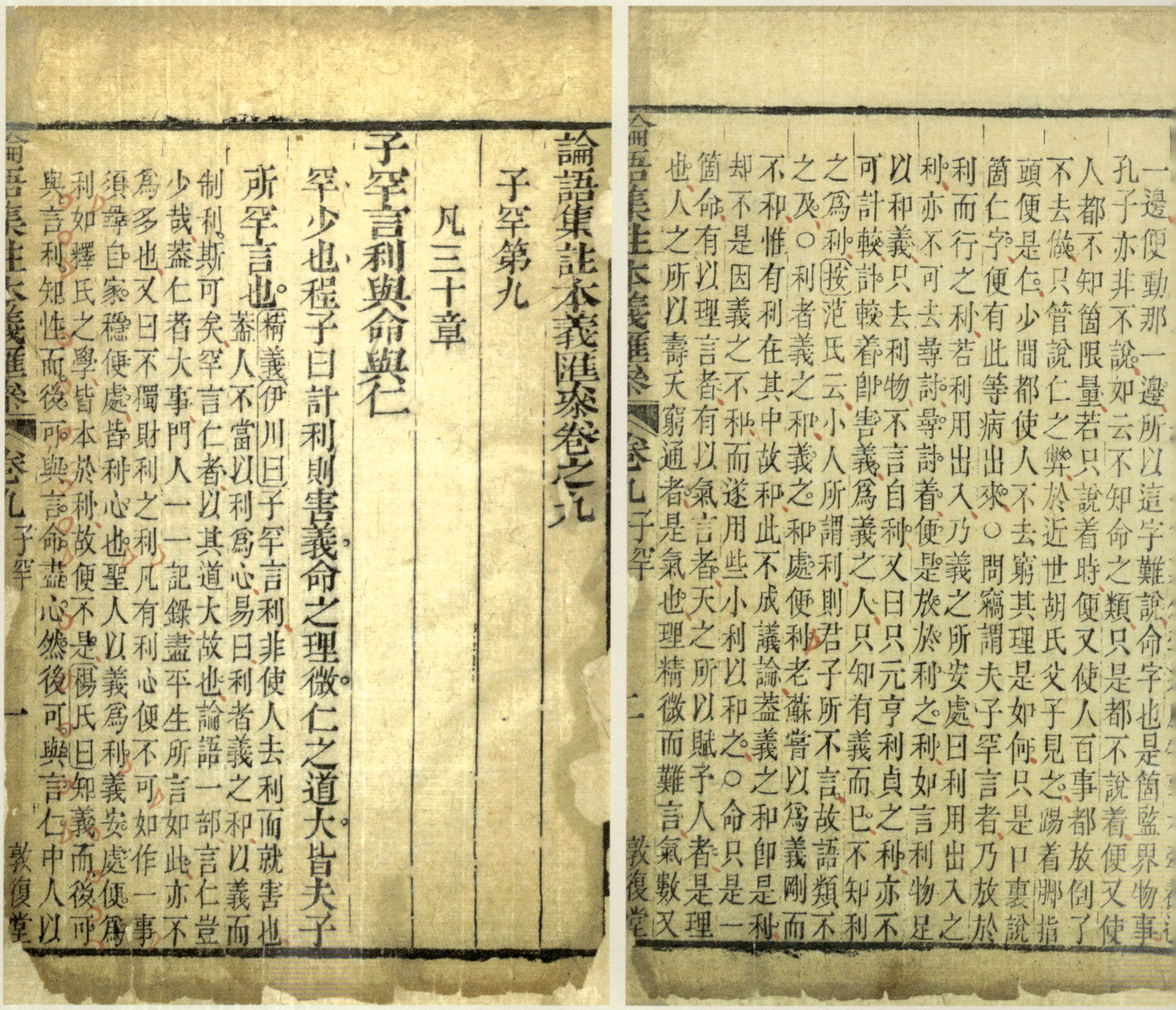
論語集註本義匯參卷之九

子罕第九

凡三十章

子罕言利與命與仁

罕少也程子曰計利則害義命之理微仁之道大皆夫子所罕言也[補義]伊川曰子罕言利非使人去利而就害也蓋人不當以利爲心易曰利者義之和以義而制利斯可矣罕言仁者以其道大故也論語一部言仁豈少哉蓋仁者大事門人一一記錄盡平生所言如此亦不爲多也又曰不獨財利之利凡有利心便不可如作一事須尋自家穩便處皆利心也聖人以義爲利義安處便爲利如釋氏之學皆本於利故便不是[楊氏]曰知義而後可與言利知性而後可與言命盡心然後可與言仁中人以

論語集註本義匯參 卷九 子罕 一 敦復堂

一邊便動那一邊所以這字難說命字也是箇監界物事孔子亦非不說如云不知命之類只是都不說着便又使人都不知箇限量若只說着時便又使人百事都放倒了不去做只管說仁之弊於近世胡氏父子見之踢着腳指頭便是仁少間都使人不去窮其理是如何只是口裏說箇仁字便有此等病出來○問竊謂夫子罕言者乃放於利而行之利若利用出入乃義之所安處曰利用出入之利亦不可去尋討尋討着便是放於利之利如言利物足以和義只去利物不言自利又曰只元亨利貞之利亦不可計較計較着即害義爲義之人只知有義而已不知利之爲利[按]范氏云小人所謂利則君子所不言故語類不之及○利者義之和義之和處便利老蘇嘗以爲義剛而不和惟有利在其中故和此不成議論蓋義之和即是利却不是因義之不利而遂用些小利以和之○命只是一箇命有以理言者有以氣言者天之所以賦予人者是理也人之所以壽夭窮通者是氣也理精微而難言氣數又

論語集註本義匯參 卷九 子罕 二 敦復堂

◎ **敦复堂课本**

年代：乾隆年间

尺寸：247×157毫米

本套课本为线装本，计有《论语集注本义会参》卷四至卷十、《中庸章句本义会参》卷五至卷六、《大学章句本义会参》卷三。

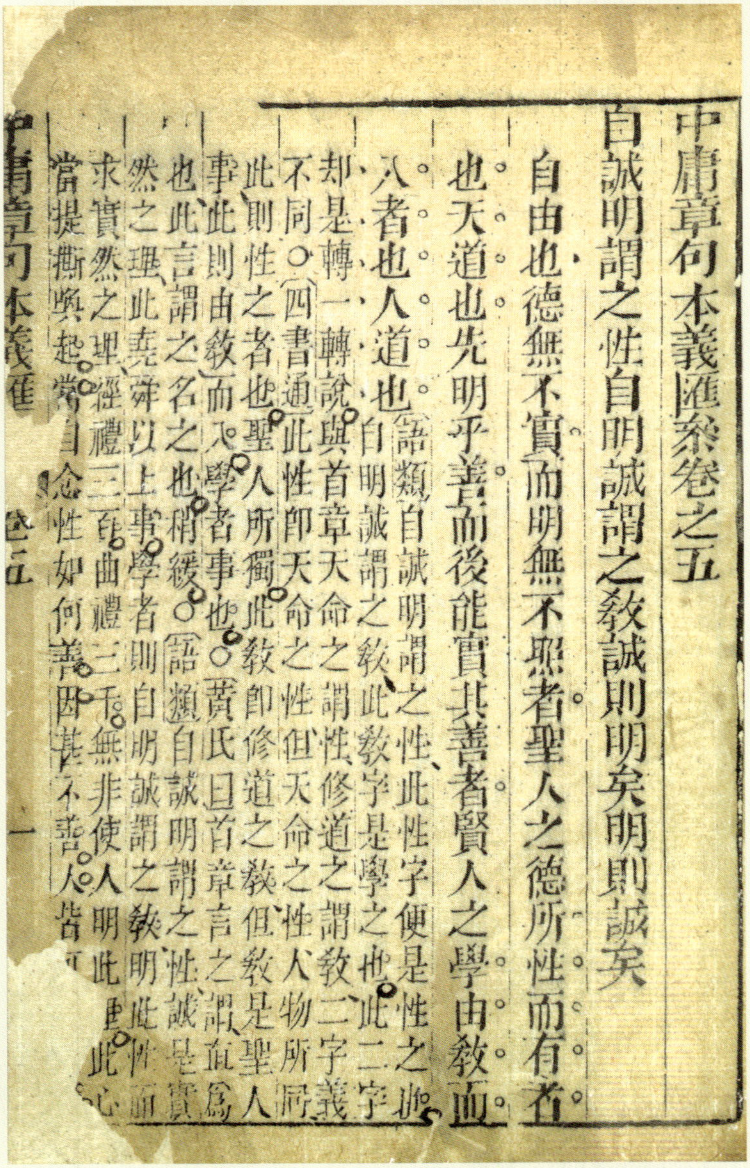

中庸章句本義匯參卷之五
自誠明謂之性自明誠謂之教誠則明矣明則誠矣
自由也德無不實而明無不照者聖人之德所性而有者
也天道也先明乎善而後能實其善者賢人之學由教而
入者也人道也〇語類自誠明謂之性此性字便是性之也
却是轉一轉說與首章天命之謂性修道之謂教二字義
不同〇四書通此性即天命之性但天命之性人物所同
此則性之者也聖人所獨此教即修道之教但教是聖人
事此則由教而入學者事也〇黃氏曰首章言之謂直爲
也此言謂之名之也稍緩〇語類自誠明謂之性誠是實
然之理此堯舜以上事學者則自明誠謂之教明此性而
求實然之理經禮三百曲禮三千無非使人明此理此心
當提撕喚起常自念性如何善因甚不善人皆可
中庸章句本義匯 卷五 一

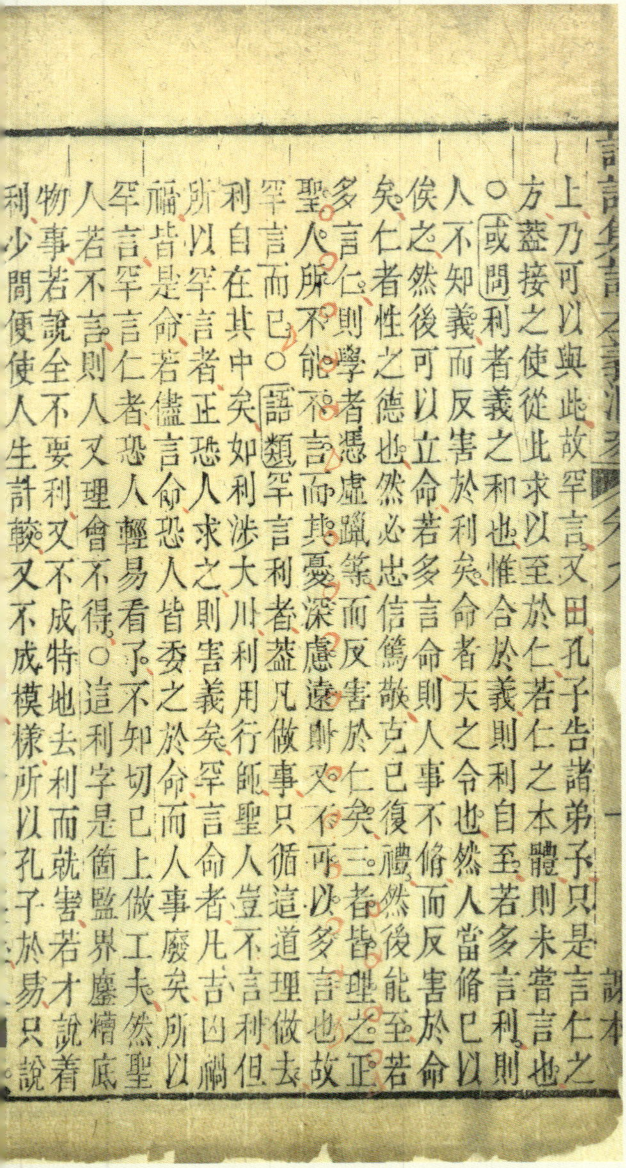

論語集註本義匯參
上乃可以與此故罕言又曰孔子告諸弟子只是言仁之
方蓋接之使從此求以至於仁若仁之本體則未嘗言也
〇或問利者義之和也惟合於義則利自至若多言利則
人不知義而反害於利矣命者天之令也然人當脩己以
俟之然後可以立命若多言命則人事不脩而反害於命
矣仁者性之德也然必忠信篤敬克己復禮然後能至若
多言仁則學者憑虛躐等而反害於仁矣三者皆理之正
聖人所不能不言而其憂深慮遠則又不可以多言也故
罕言而已〇語類罕言利者蓋凡做事只循這道理做去
利自在其中矣如利涉大川利用行師聖人豈不言利但
所以罕言者正恐人求之則害義矣罕言命者凡吉凶禍
福皆是命若儘言命恐人皆委之於命而人事廢矣所以
罕言罕言仁者恐人輕易看了不知切己上做工夫然聖
人若不言則人又理會不得〇這利字是箇監界鏖糟底
物事若說全不要利又不成特地去利而就害若才說着
利少間便使人生計較又不成模樣所以孔子於易只說

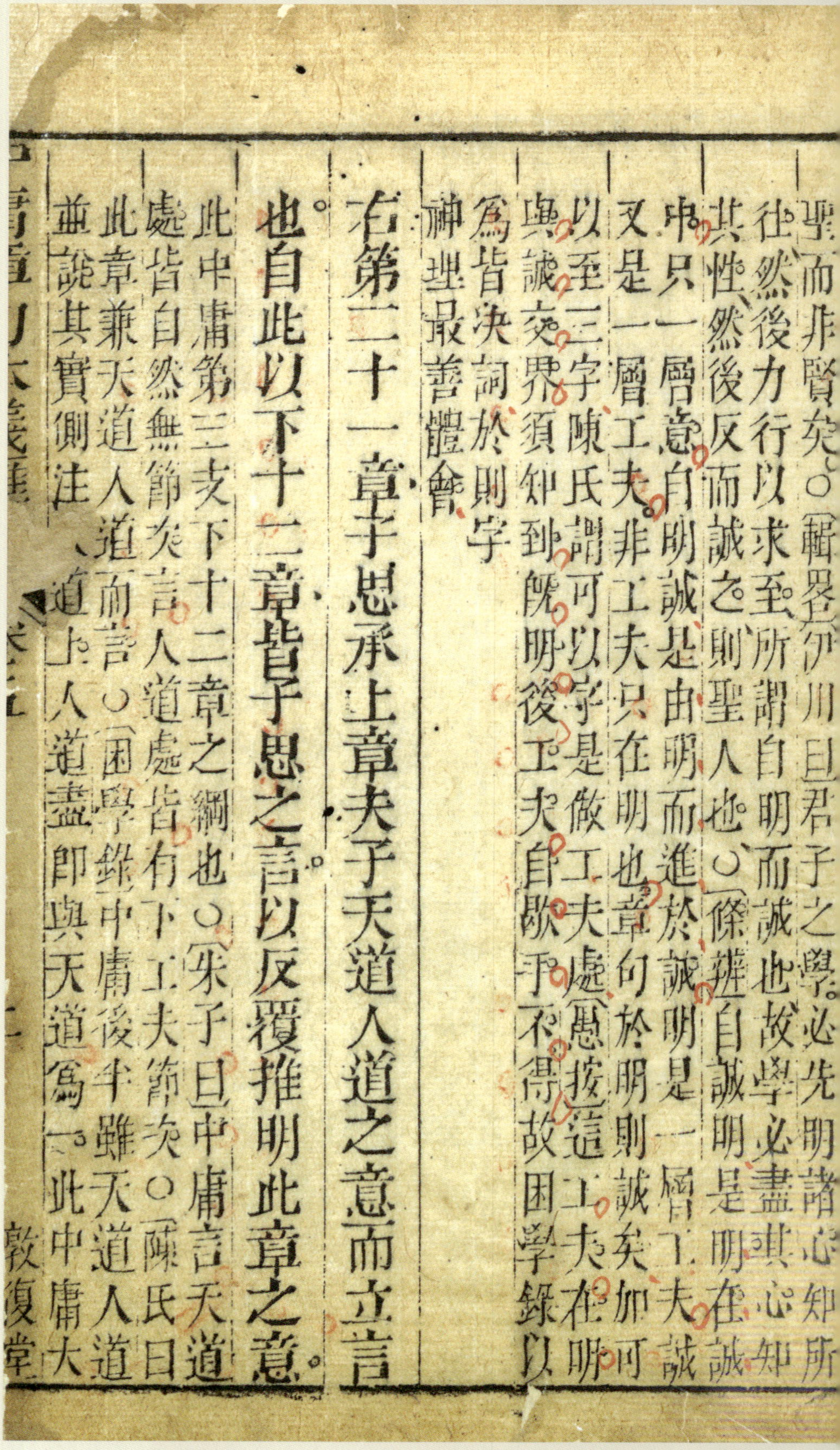
聖而非賢矣。〇〔輯畧〕伊川曰君子之學必先明諸心知所
往然後力行以求至所謂自明而誠也故學必盡其心知
其性然後反而誠之則聖人也〇〔條辨〕自誠明是明在誠
中只一層意自明誠是由明而進於誠明是一層工夫誠
又是一層工夫非工夫只在明也章句於明則誠矣加可
以至三字陳氏謂可以字是做工夫處〔愚按〕這工夫在明
與誠交界須知到既明後工夫自歇手不得故困學錄以
爲皆決詞於則字
神理最善體會
右第二十一章子思承上章夫子天道人道之意而立言
也自此以下十二章皆子思之言以反覆推明此章之意
此中庸第三支下十二章之綱也〇〔朱子〕曰中庸言天道
處皆自然無節次言人道處皆有下工夫節次〇〔陳氏〕曰
此章兼天道人道而言〇〔困學錄〕中庸後半雖天道人道
並說其實側注人道上人道盡即與天道爲一此中庸大
[illegible]書[illegible]大義匯　卷[illegible]　二　敦復堂

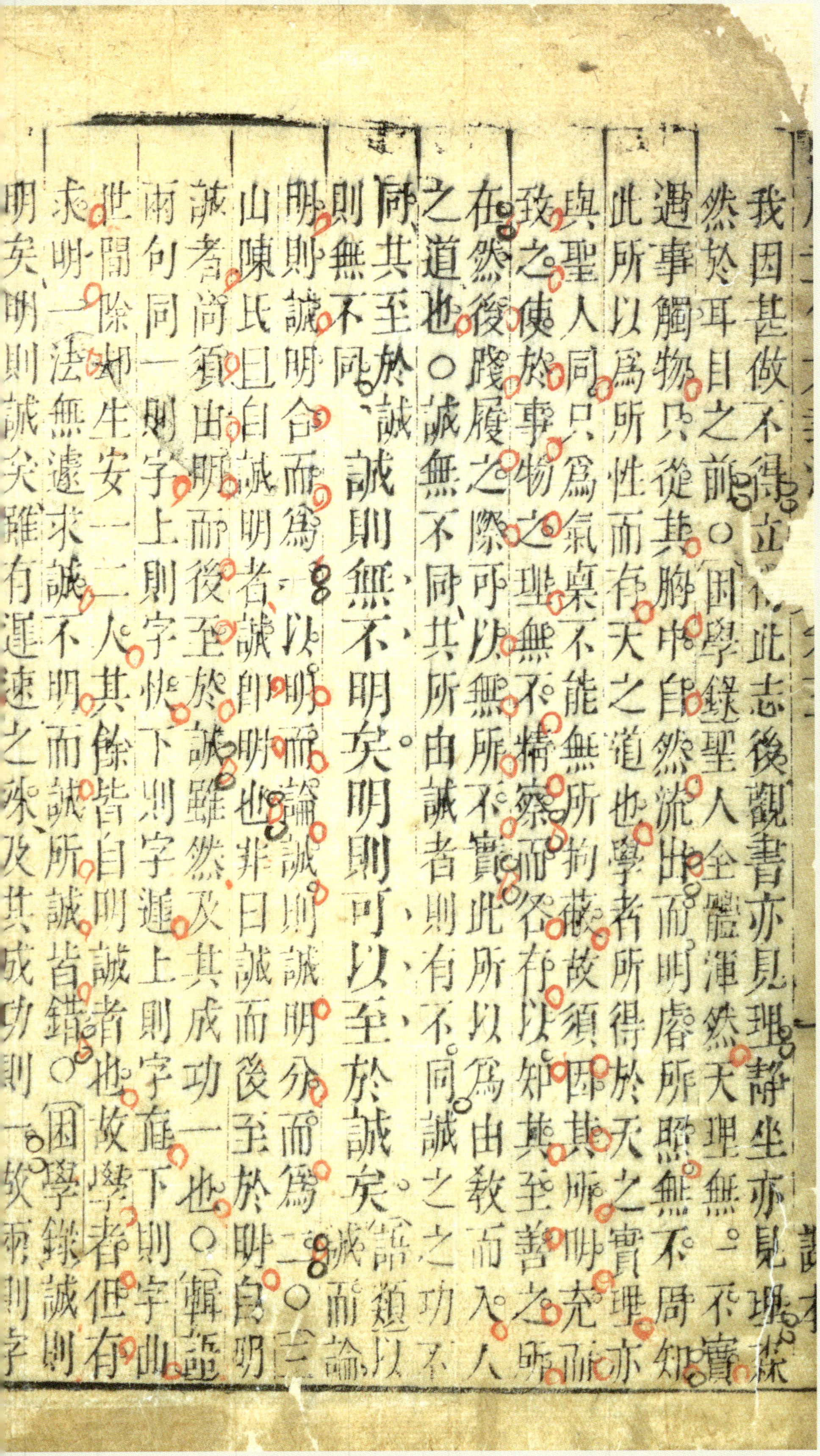

我因甚做不得。立[illegible]此志後觀書亦見理靜坐亦見理森
然於耳目之前。○困學錄聖人全體渾然天理無一不實
遇事觸物只從其胸中自然流出而明睿所照無不周知
此所以爲所性而存天之道也學者所得於天之實理亦
與聖人同只爲氣稟不能無所拘蔽故須因其所明充而
致之使於事物之理無不精察而否存以知其至善之所
在然後踐履之際可以無所不實此所以爲由教而入人
之道也○誠無不同其所由誠者則有不同誠之之功不
同其至於誠則無不同、誠則無不明矣明則可以至於誠矣語類以誠而論
明則誠明合而爲一以明而論誠則誠明分而爲二○雲
山陳氏曰自誠明者誠即明也非曰誠而後至於明自明
誠者尚須由明而後至於誠雖然及其成功一也○輯語
兩句同一則字上則字快下則字遲上則字在下則字曲
世間除却生安一二人其餘皆自明誠者也故學者但有
求明一法無遽求誠不明而誠所誠皆錯○困學錄誠則
明矣明則誠矣雖有遲速之殊及其成功則一故兩則字

◎ **农民识字课本**

太行山文书现藏各种版本的农民识字课本10种，本次具体展示其中3种。

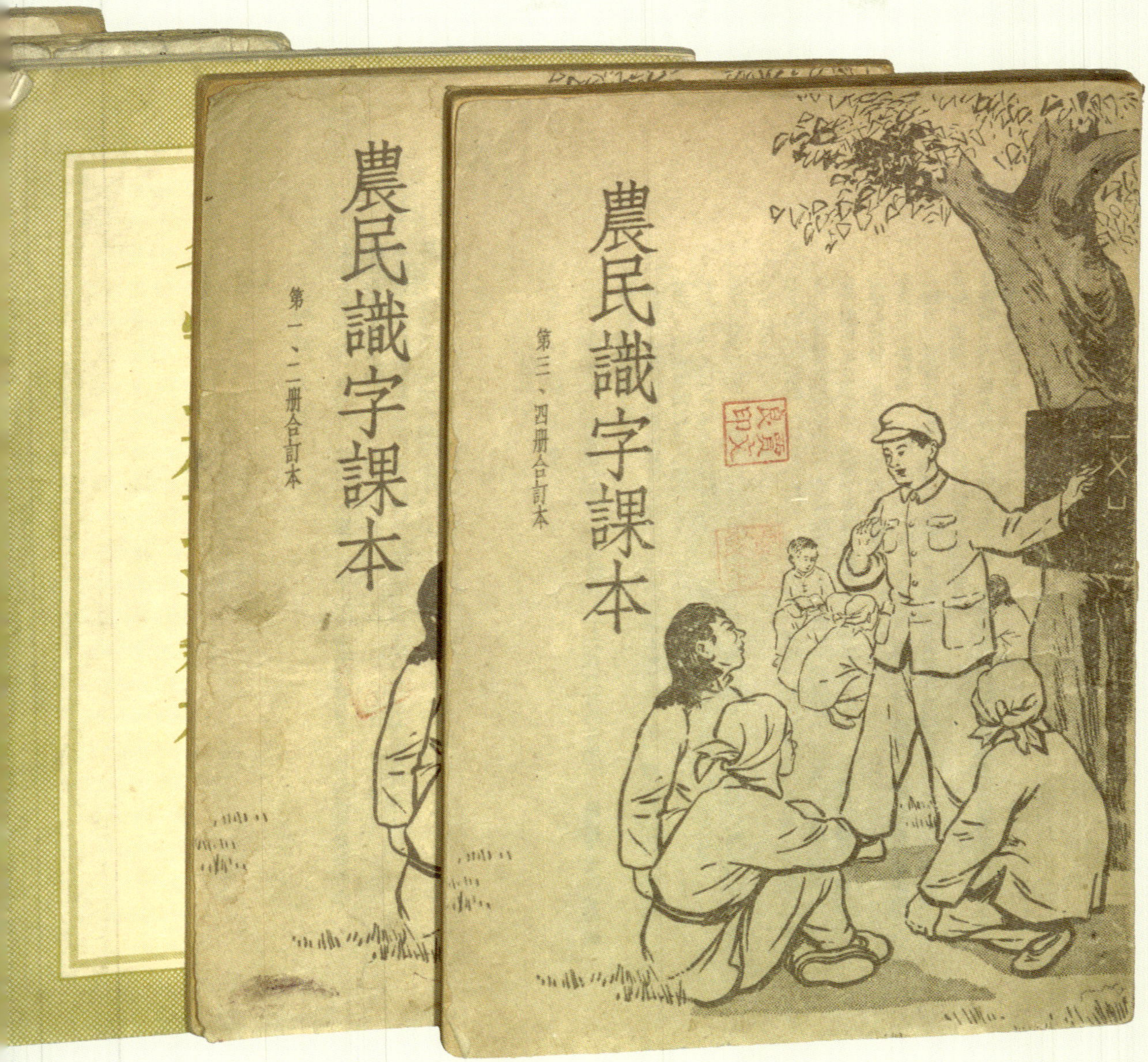
農民識字課本
第一、二册合訂本
農民識字課本
第三、四册合訂本

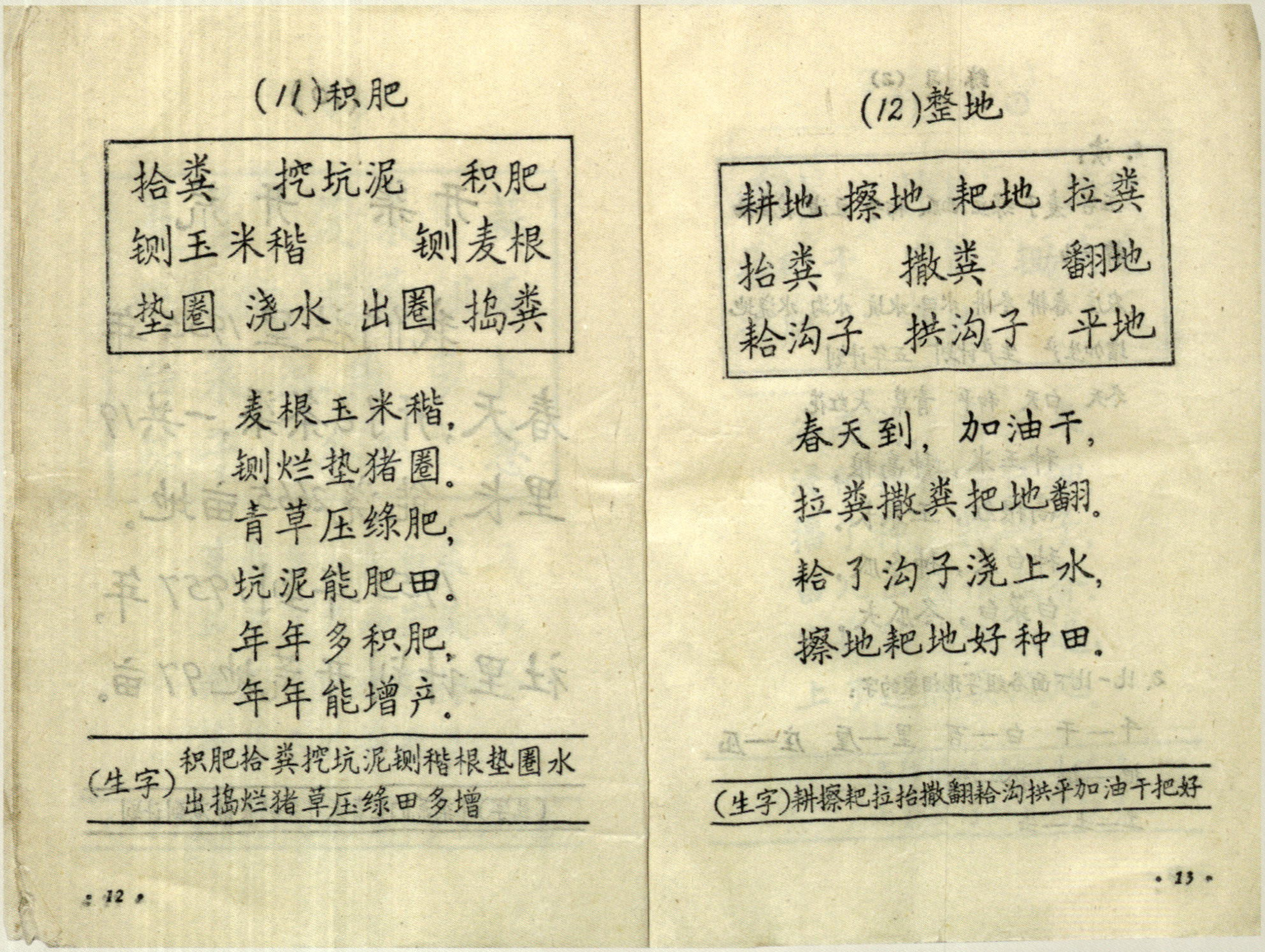

(11)积肥

拾粪　挖坑泥　积肥
铡玉米稭　铡麦根
垫圈　浇水　出圈　捣粪

麦根玉米稭，
铡烂垫猪圈。
青草压绿肥，
坑泥能肥田。
年年多积肥，
年年能增产。

(生字)积肥拾粪挖坑泥铡稭根垫圈水出捣烂猪草压绿田多增

·12·

(12)整地

耕地　擦地　耙地　拉粪
抬粪　撒粪　翻地
耠沟子　拱沟子　平地

春天到，加油干，
拉粪撒粪把地翻。
耠了沟子浇上水，
擦地耙地好种田。

(生字)耕擦耙拉抬撒翻耠沟拱平加油干把好

·13·

◎ **河北省正定县北旱现乡五星农业生产合作社编《农民识字课本》（第一册）**

年代：20世纪50年代

尺寸：173×124毫米

一 东方红

东方红，太陽升，
中國出了个毛澤东。
他为人民謀幸福，
他是人民大救星。

紅 太陽 國 毛 他 澤 为 謀 幸 福 救 星

·34·

二 毛主席爱人民

毛主席，爱人民，
他是我們的帶路人。
为了建設新中國，
領导我們向前進。

三 共産党

共産党，像太陽，
照到哪兒哪兒亮。
哪兒有了共産党，
哪兒人民得解放。

席 爱 我們 的 帶 路 新 导 向 前 進 産 党 像 哪 亮 有 得 解 放

·35·

◎ 邯郸专区干部速成识字学校翻印《农民识字课本》（第一册）

年代：20 世纪 50 年代

尺寸：189×130 毫米

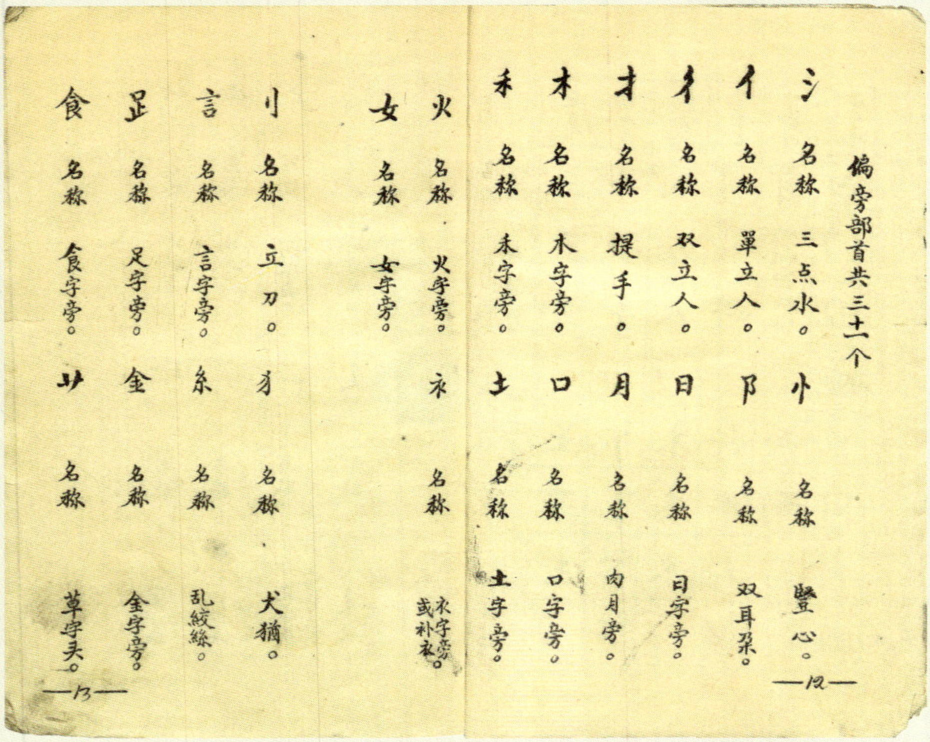
偏旁部首共三十一个

氵 名称 三点水。
亻 名称 單立人。
彳 名称 双立人。
扌 名称 提手。
木 名称 木字旁。
禾 名称 禾字旁。
忄 名称 豎心。
阝 名称 双耳朵。
日 名称 日字旁。
月 名称 肉月旁。
口 名称 口字旁。
土 名称 土字旁。

—12—

火 名称 火字旁。
女 名称 女字旁。
衤 名称 衣字旁或补衣。
刂 名称 立刀。
犭 名称 犬猶。
言 名称 言字旁。
糹 名称 乱絞絲。
足 名称 足字旁。
金 名称 金字旁。
食 名称 食字旁。
艹 名称 草字头。

—13—

◎ 涉县冬学委员会编《农民识字课本新编》（第一册）

年代：1956

尺寸：185×130 毫米

裴陸榮翁
荀羊於惠
甄麴家封

◎ **新镌官板正字《百家姓》**

年代：光绪年间

尺寸：184×121 毫米

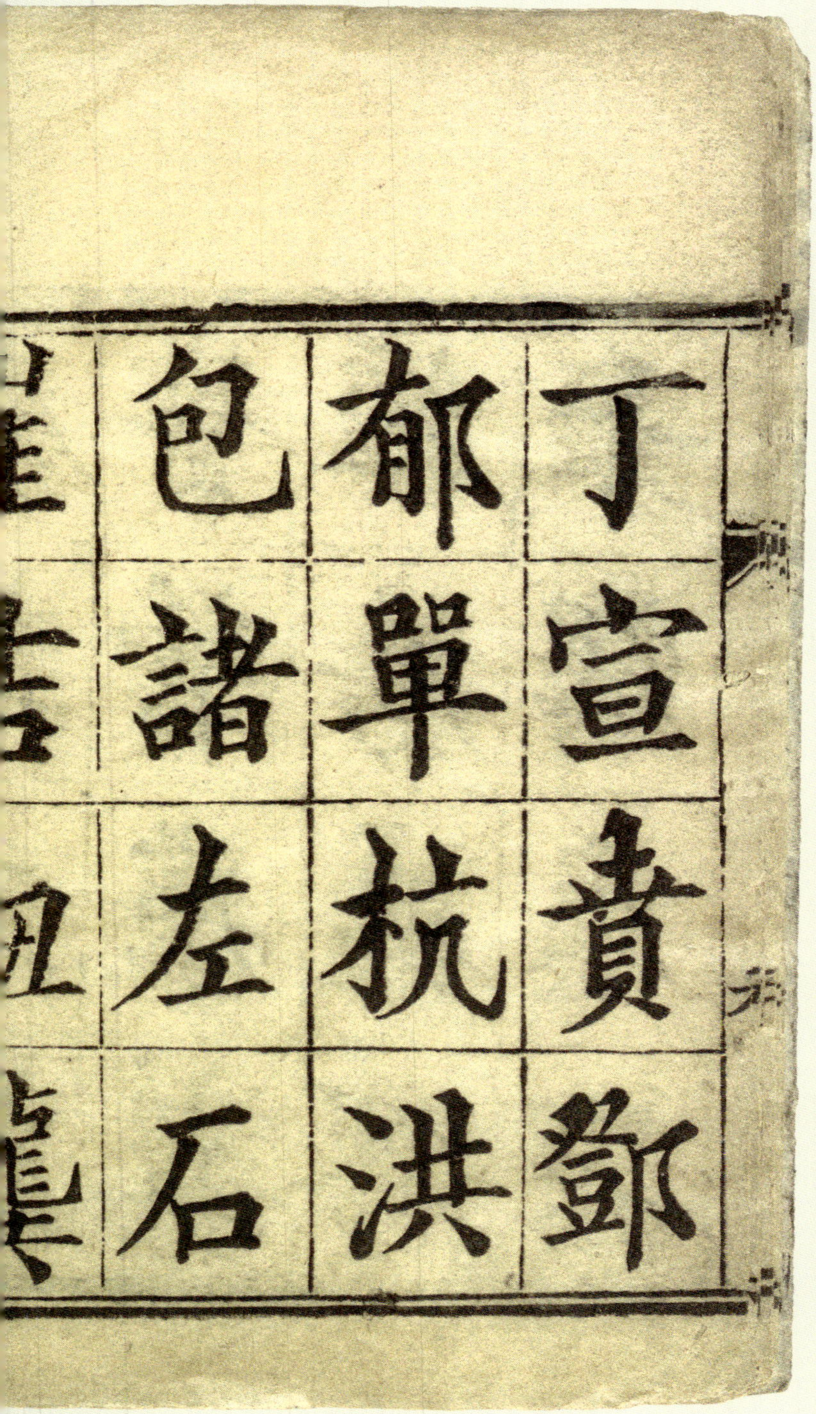
丁宣貴鄧
郁單杭洪
包諸左石

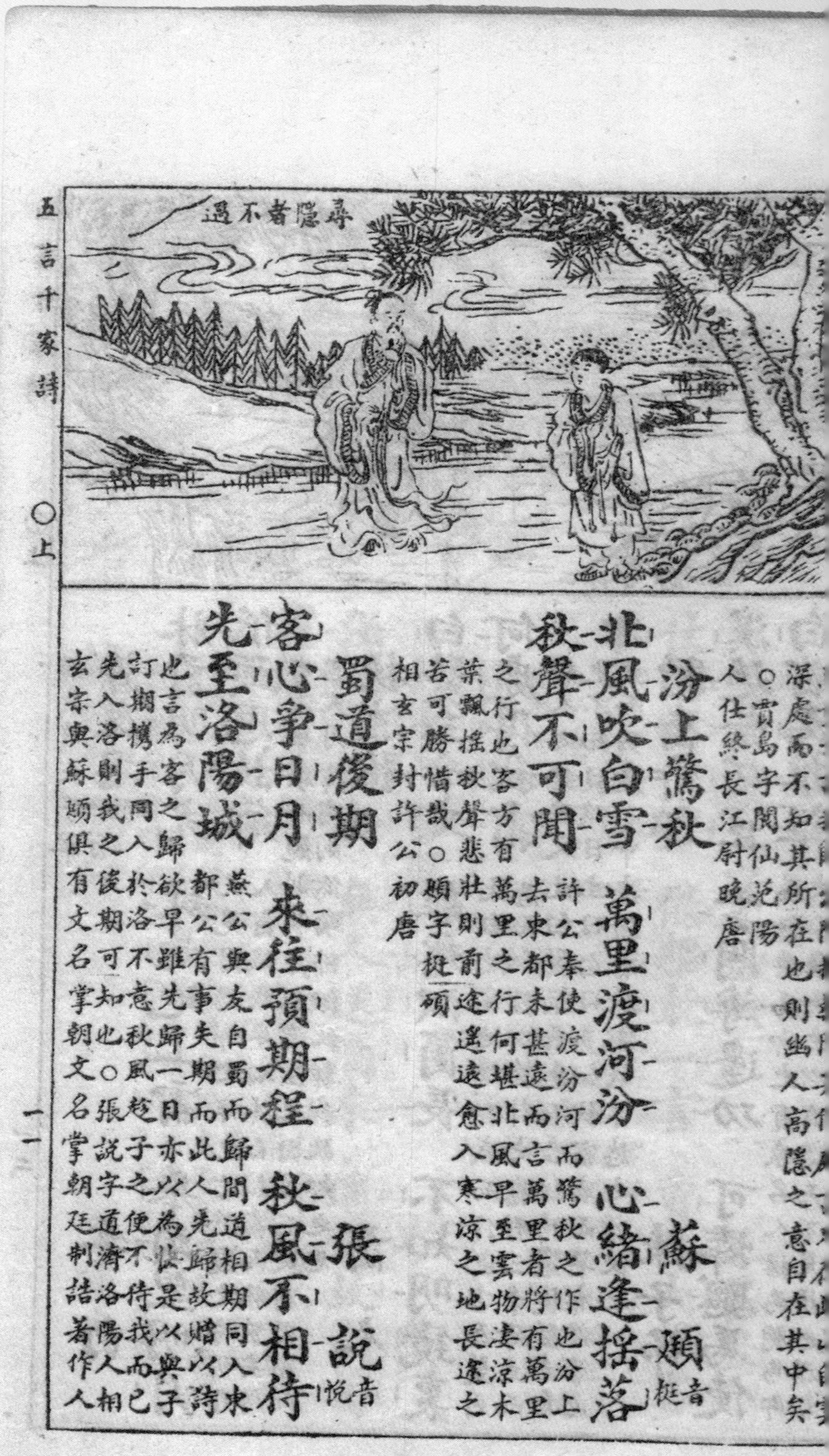
尋隱者不遇

五言千家詩 ○上 一一

深處▢而不知其所在也則幽人高隱之意自在其中矣
○賈島字閬仙范陽
人仕終長江尉晚唐

汾上驚秋　蘇頲挺音

北風吹白雪　萬里渡河汾
秋聲不可聞　心緒逢搖落

許公奉使渡汾河而驚秋之作也汾上
去東都未甚遠而言萬里者將有萬里
之行也客方有萬里之行何堪北風早至雲物淒涼木
葉飄搖秋聲悲壯則前途遙遠愈入寒涼之地長途之
若可勝惜哉○頲字挺碩
相玄宗封許公初唐

蜀道後期　張說悅音

客心爭日月　來往預期程
先至洛陽城　秋風不相待

燕公與友自蜀而歸間道相期同入東
都公有事失期而此人先歸故贈以詩
也言為客之歸欲早雖先歸一日亦以為快是以與子
訂期攜手同入於洛不意秋風趁子之便不待我而己
先入洛則我之後期可知也○張說字道濟洛陽人相
玄宗與蘇頲俱有文名掌朝文名掌朝廷制誥著作人

◎ 新镌五言千家诗笺注

年代：清末民初

尺寸：201×135 毫米

本诗集为北京泰山堂书局印行之绘图五言千家诗，首题“琅琊王相晋升选注”、“莆阳郑汉濯之校梓”。

黍而已○耿湋河東人大歷中為左拾遺盛唐

## 秋日湖上　薛瑩

落日五湖遊　烟波處處愁
浮沈千古事　誰與問東流

蘇州太湖一名五湖又名震澤又名雷溪○此湖上懷古之作也言泛遊于五湖之上日落而烟生風起而波動則遊人之愁緒興也況日落而此日已逝秋聲而此歲將盡吳王越霸五湖千古之事已為陳迹而不可問已付于東流之水矣又何言哉○瑩晚唐人

## 宮中題　文宗皇帝

輦路生秋草　上林花滿枝
憑高何限意　無復侍臣知

輦路宮中御道也○天子受制於權官有感而作也無心游賞御駕久稀則輦路草生矣春草未除秋草又生春花久落秋花又開而上林之游宴亦久不臨賞矣此無限之關心雖近侍之臣亦不得而知之矣○帝諱桓憲宗之子在位十四年

## 尋隱者不遇　賈島

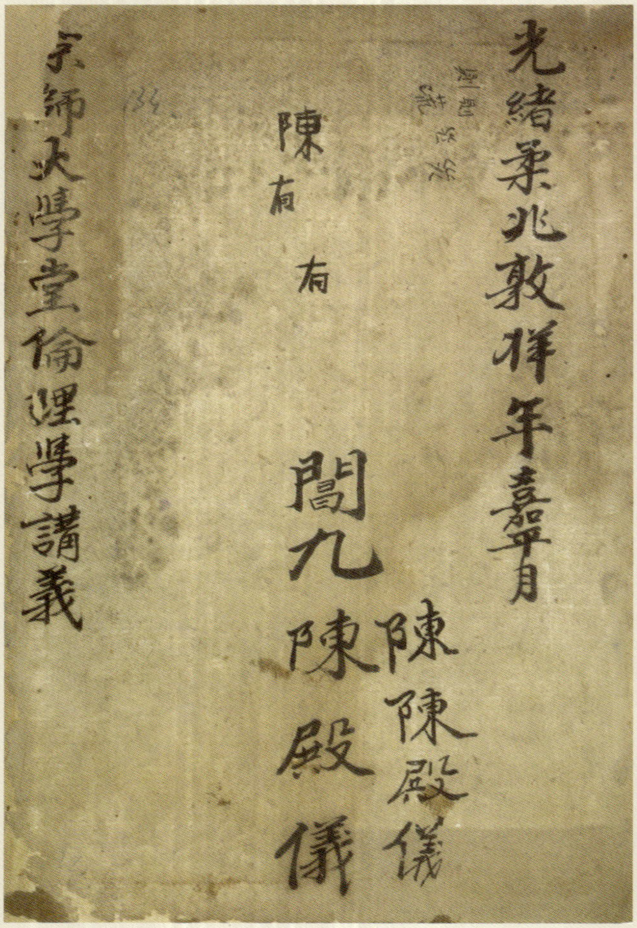

京師大學堂倫理學講義

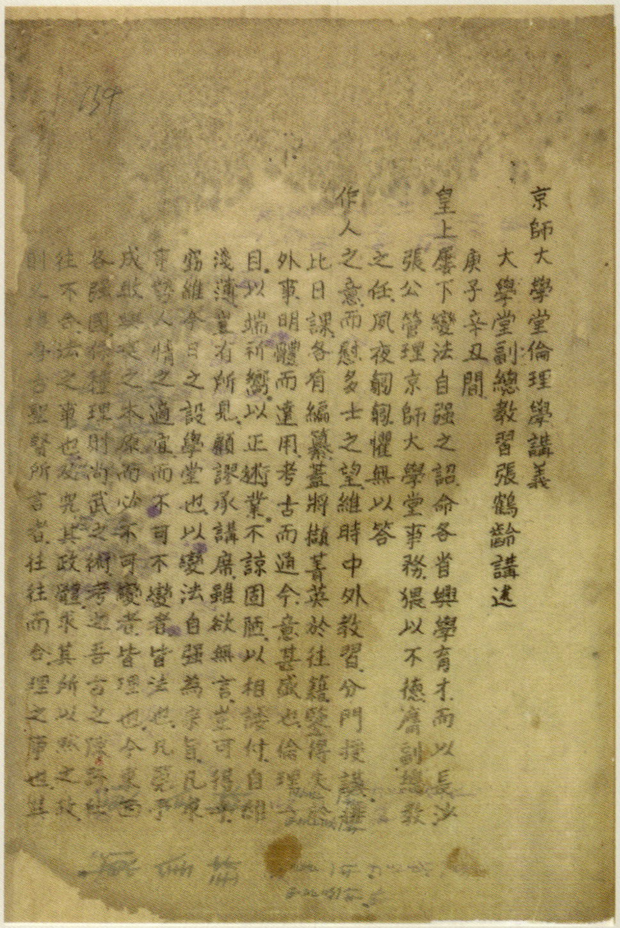

京師大學堂倫理學講義
大學堂副總教習張鶴齡講述

◎ **京师大学堂伦理学讲义**

年代：晚清

尺寸：263×175 毫米

这本讲义为油印纸本，首页首行题“京师大学堂伦理学讲义”，次行有“大学堂副总教习张鹤龄讲述”字样。此讲义因背面改作土改果实账而存留下来。

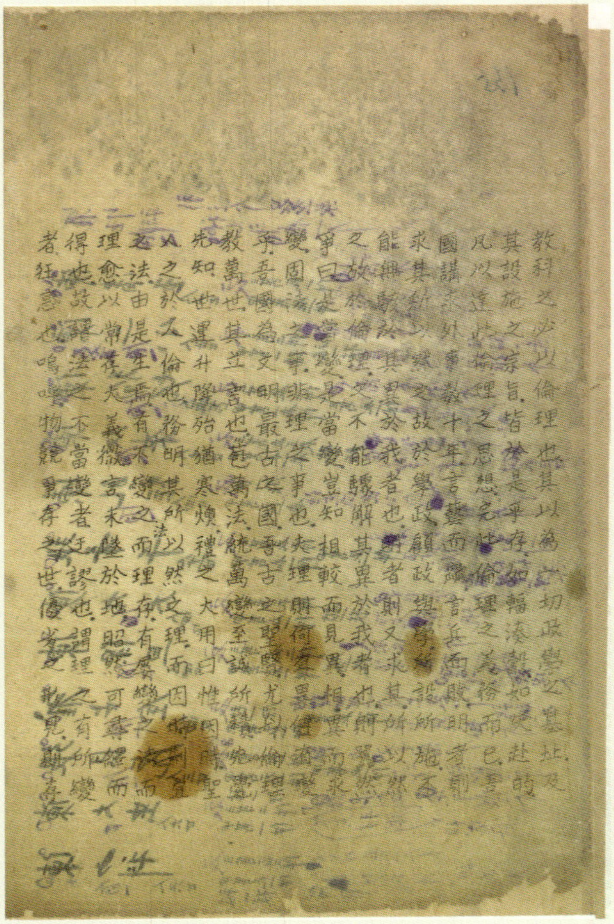

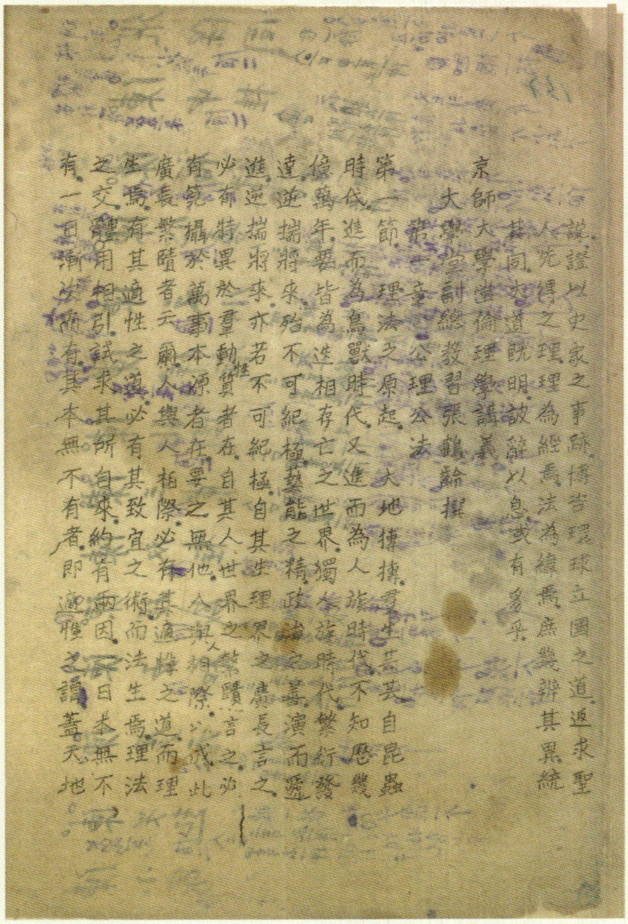
京師大學堂倫理學講義
大學堂副總教習張鶴齡撰
第一節 理法之原起

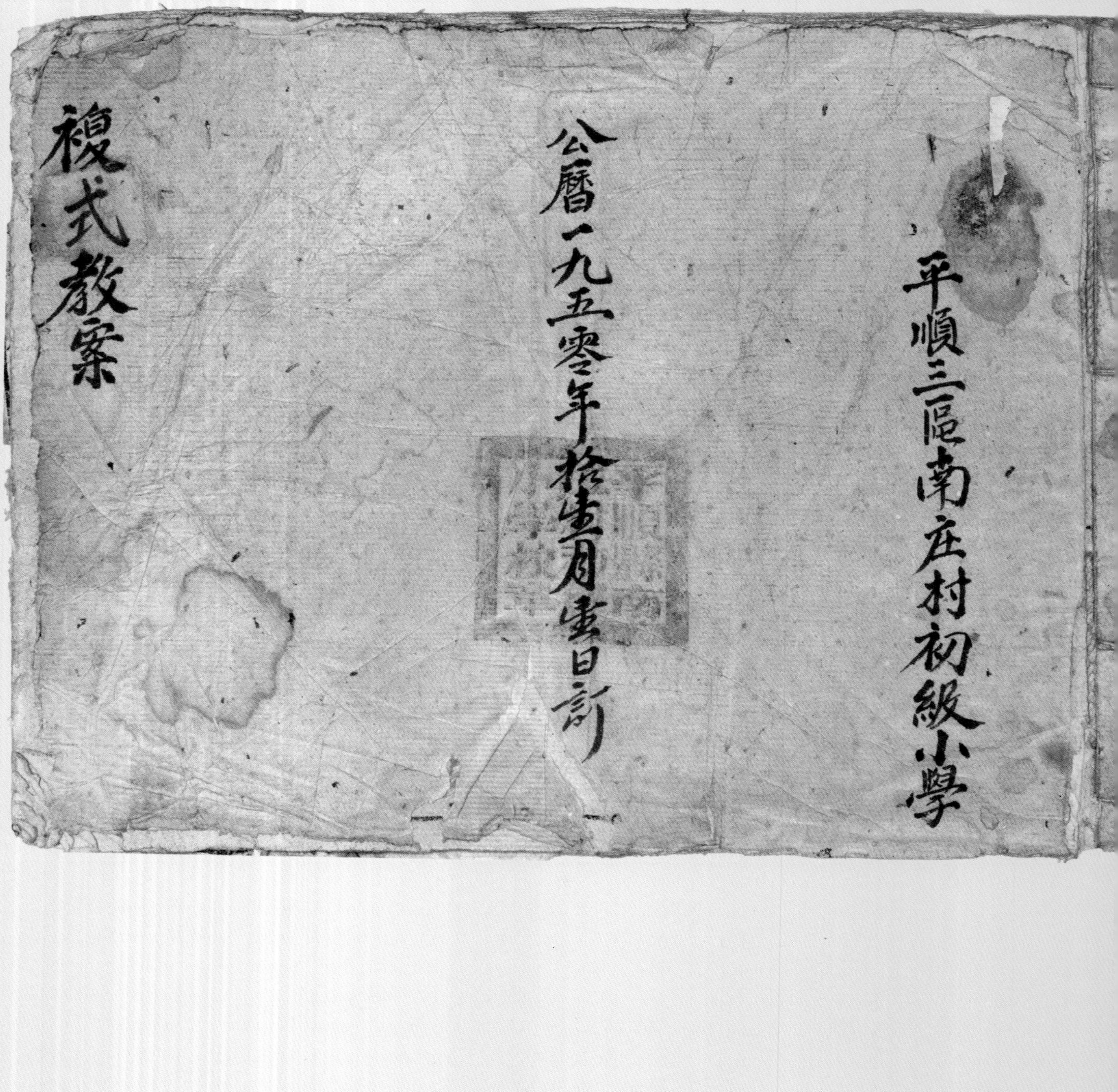
平順三區南庄村初級小學

公曆一九五零年拾壹月壹日訂

複式教案

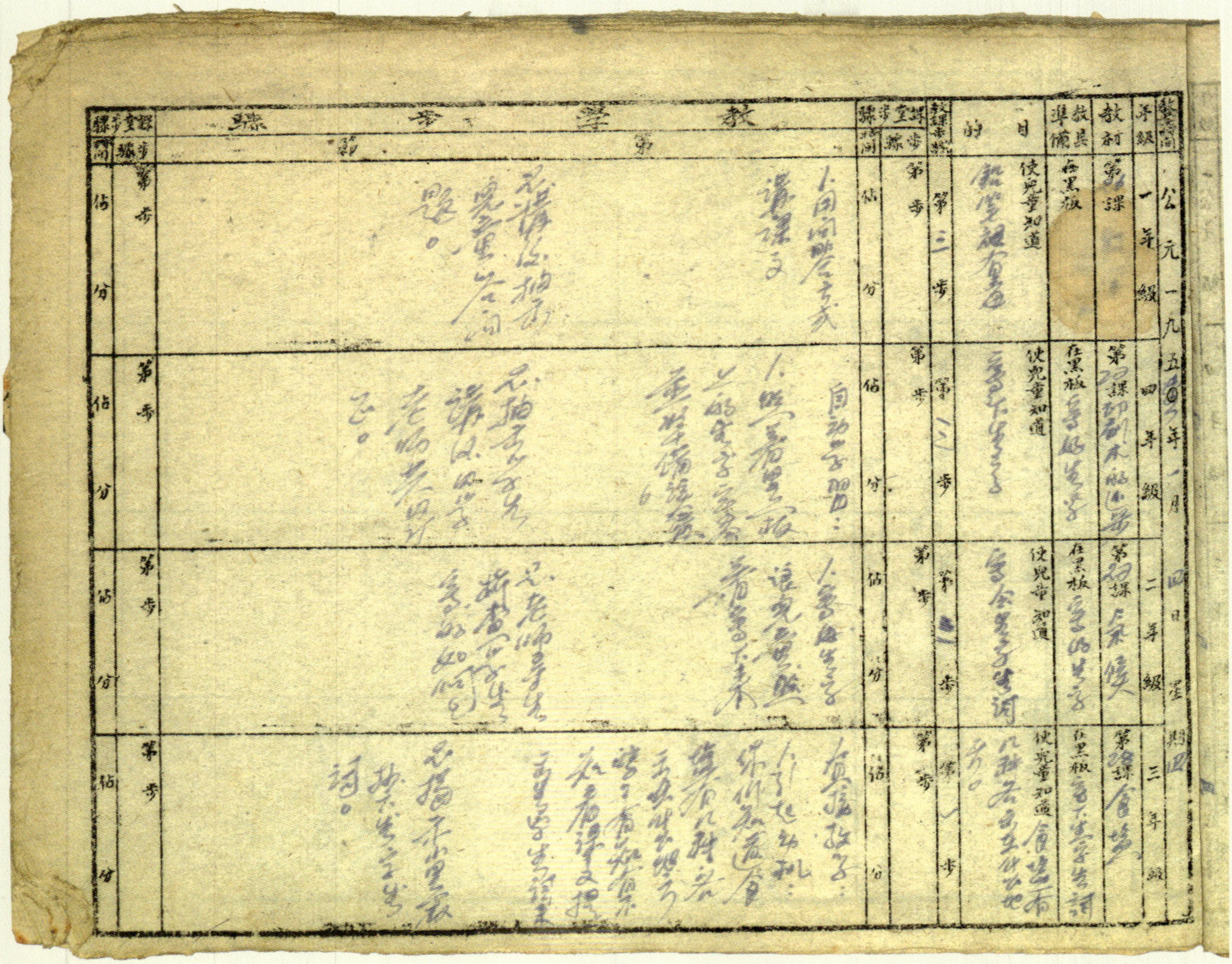

◎ 平顺三区南庄村初级小学复式教案

年代：1950

尺寸：202×269 毫米

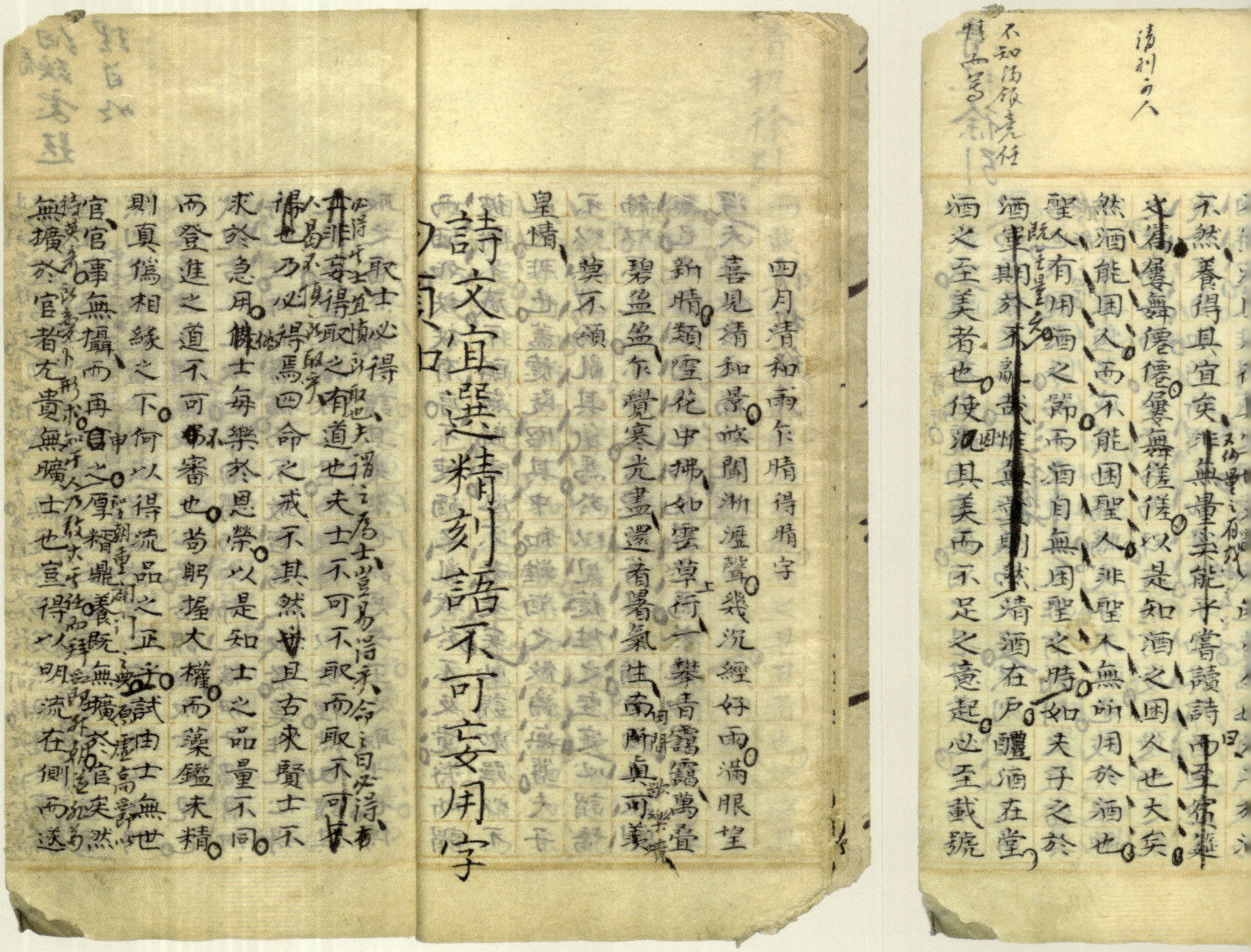
四月清和雨乍晴得晴字

詩文宜選精刻語不可妄用字

◎ **科举考试课业**

年代：清代

尺寸：240×130毫米

本集子共42页，为清代作文稿本，篇中带有批改痕迹，篇末有评语。

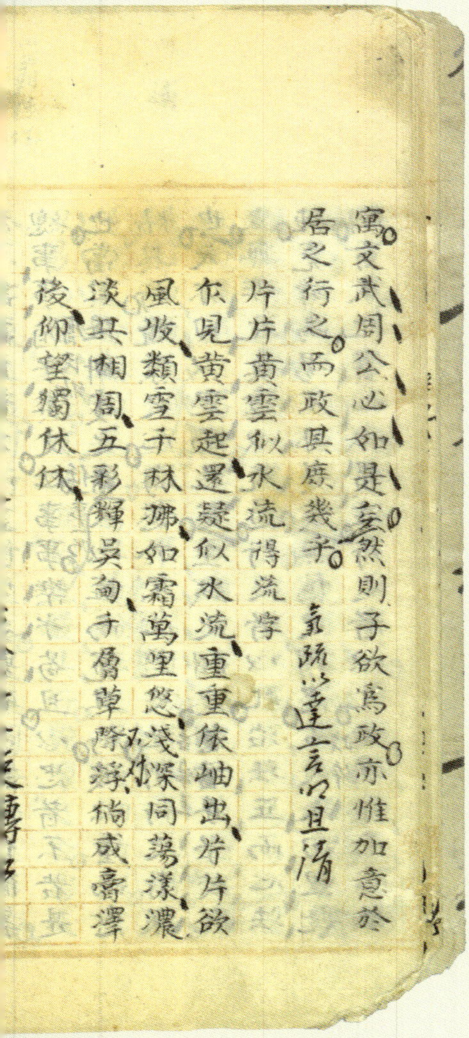
寓文武周公心如是安然則子欲爲政亦惟加意於
居之行之而政其庶幾乎 袁琬以達言而且清
片片黃雲似水流得流澤
亦見黃雲起還疑似水流重重依岫出片片欲
風收類空千林拂如霜萬里悠浅深同蕩漾濃
淡共相周五彩輝吳甸千層草際浮偏成膏澤
後仰望獨休休

◎ **“翻身农民要学文化”杂抄**

年代：20 世纪 40 年代

尺寸：135×271 毫米

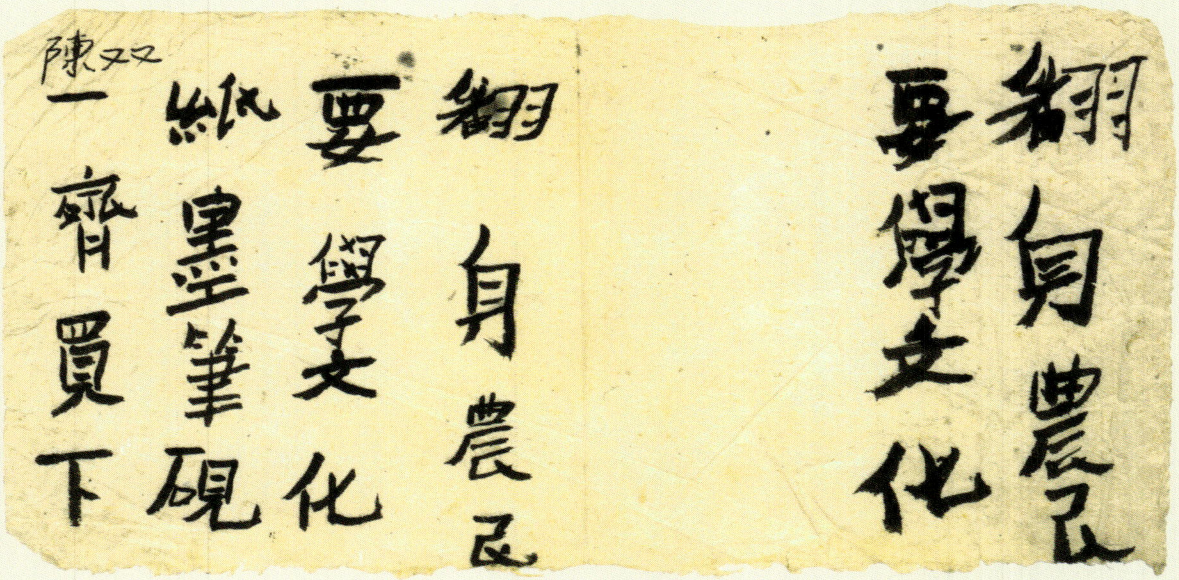
翻身農民要學文化
翻身農民要學文化
紙墨筆硯
陳XX
一齊買下

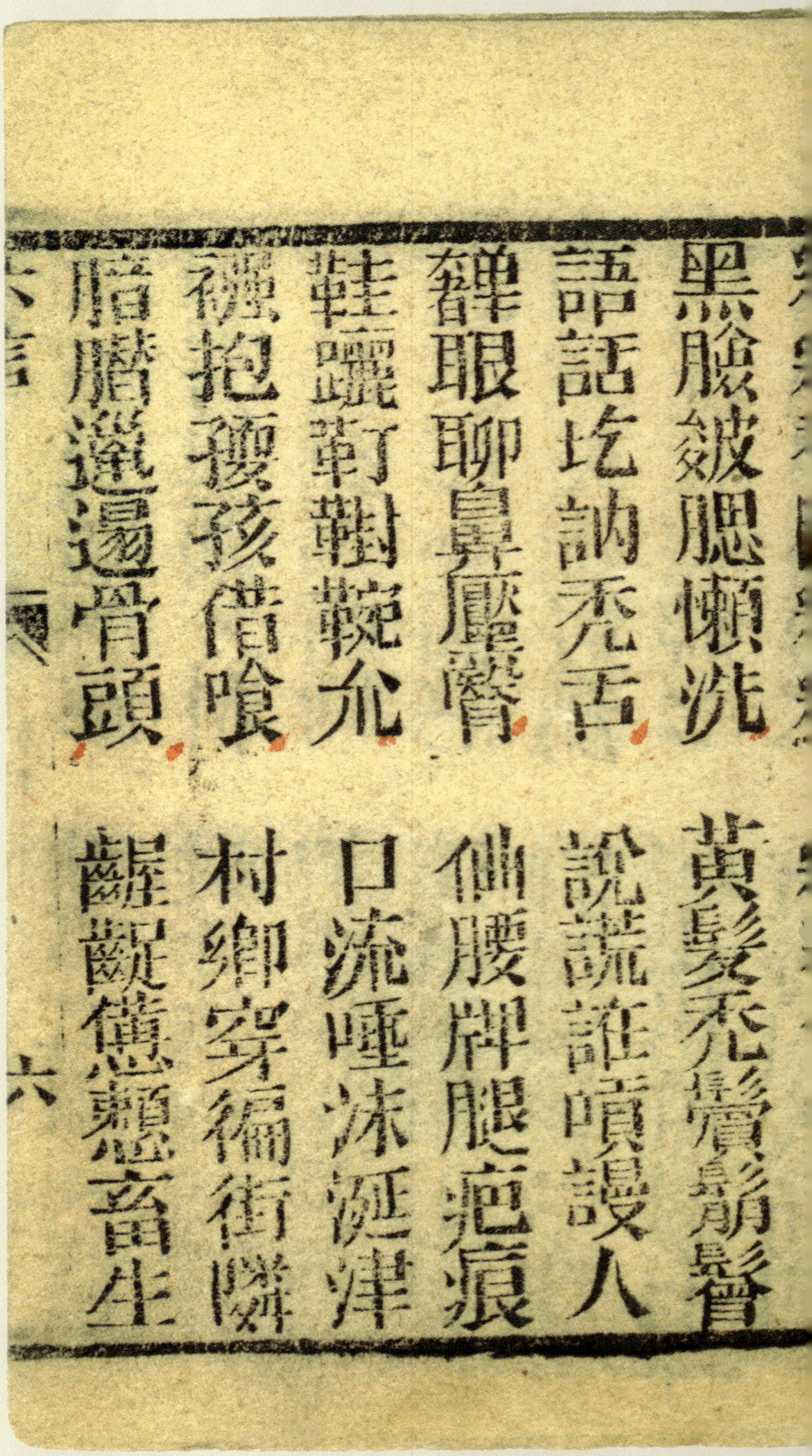
黑臉皴腮懶洗　黃髮禿鬢鬅鬙
語話圪訥禿舌　說謊誆噴謾人
[illegible]眼聊鼻靨臀　[illegible]腰脾腿疤痕
鞋躧靪[illegible][illegible]允　口流唾沫涎津
[illegible]抱[illegible]孩借喰　村鄉穿徧街隣
腤臢邋遢骨頭　齷齪懵懂畜生
六言
六

◎ 便蒙六言

年代：清代

尺寸：170×114 毫米

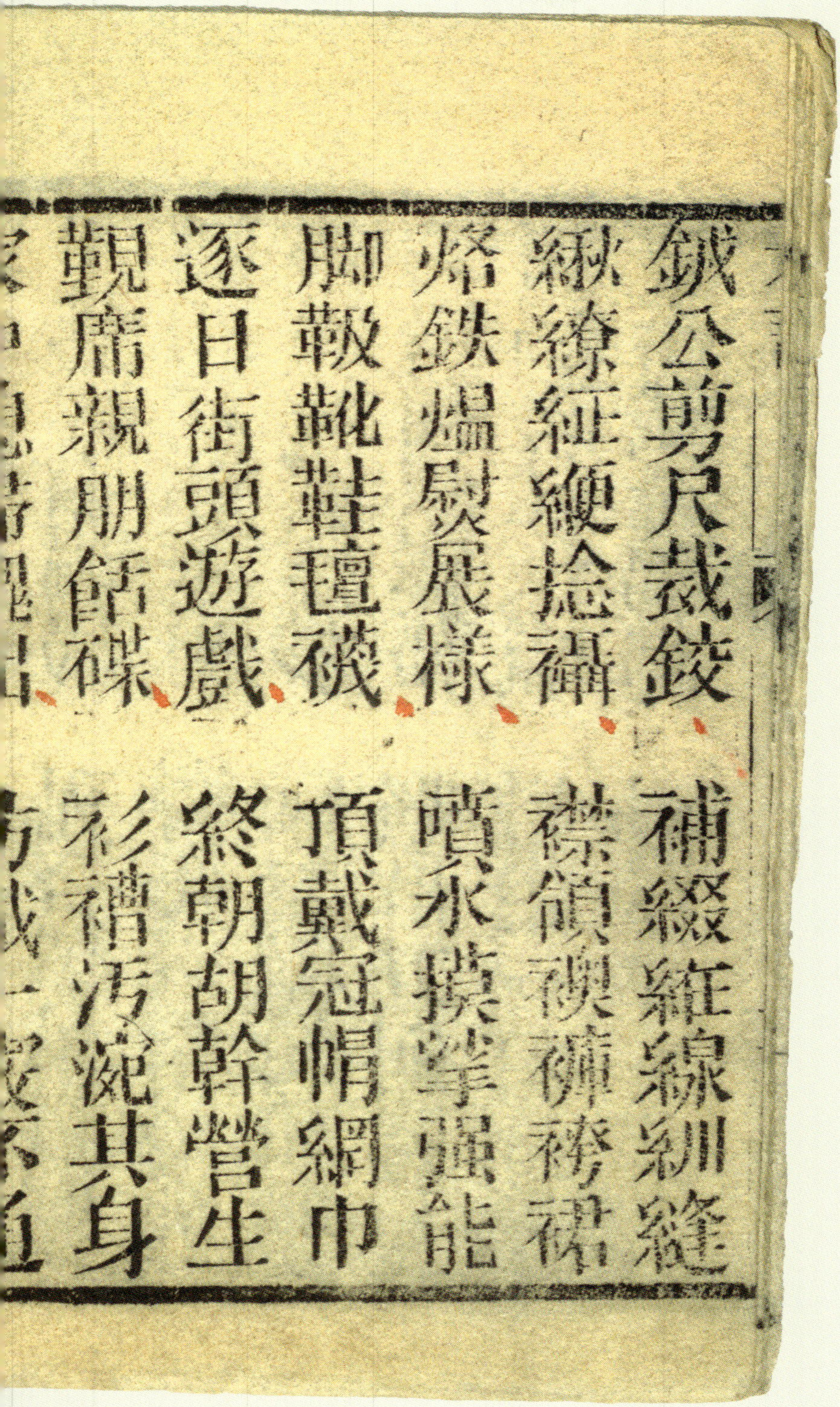
鉞公剪尺裁鉸 補綴紝線紉縫
緧繚紝緶撿襧 襟領襖褲袴裙
烙鉄熅熨展樣 噴水撲拏強能
脚靸靴鞋氊襪 頂戴冠帽網巾
逐日街頭遊戲 終朝胡幹營生
覲席親朋餂褋 衫褶污涴其身
[illegible]

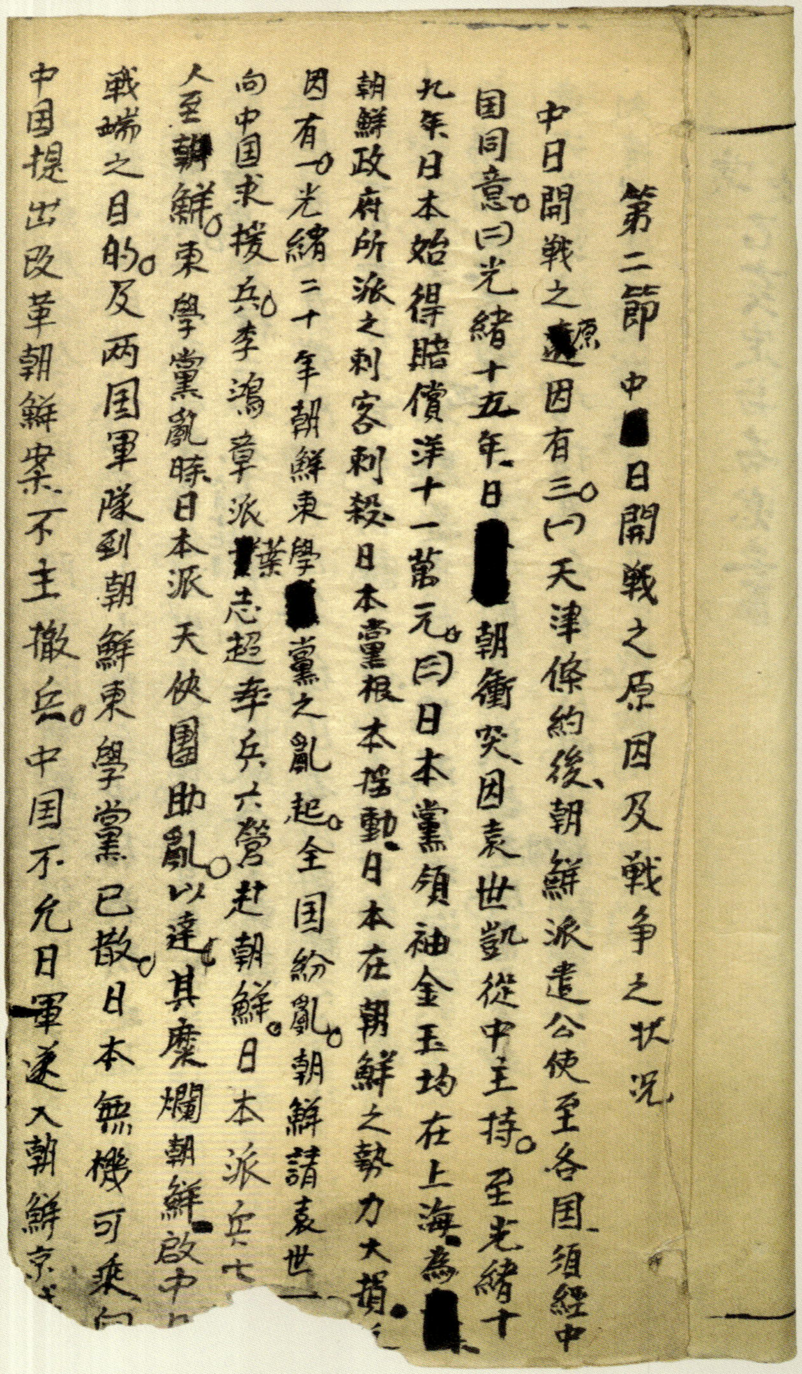
第二節 中[redacted]日開戰之原因及戰爭之狀況
中日開戰之[redacted]原因有三。(一)天津條約後、朝鮮派遣公使至各国、須經中国同意。(二)光緒十五年日[redacted]朝衝突因袁世凱從中主持。至光緒十九年日本始得賠償洋十一萬元。(三)日本黨領袖金玉均在上海為[redacted]朝鮮政府所派之刺客刺殺。日本黨根本搖動。日本在朝鮮之勢力大損……因有一。光緒二十年朝鮮東學[redacted]黨之亂起。全国紛亂。朝鮮請袁世……向中国求援兵。李鴻章派[redacted]葉志超率兵六營赴朝鮮。日本派兵七……人至[redacted]朝鮮。東學黨亂時日本派天使團助亂。以達其糜爛朝鮮[redacted]政……戰端之目的。及两国軍隊到朝鮮東學黨已散。日本無機可乘向……中国提出改革朝鮮案。不主撤兵。中国不允日軍遂入朝鮮京……

◎ **国耻小史**

年代：1935

尺寸：230×124 毫米

这件文书为抄本，计 62 页，首页题“岁次乙亥定与南□之二”、“际昌记本”，记述了清末民初日、德、俄、英等帝国主义国家对中国的侵略。

要求租借廣州灣，終則亦以法国士官被害，遂得達其目的。外国能以一二
之被害，占據我国領土，我国人死於外人之手雖千百數人，亦無賠償之事，
勝數哉。第十二章 英国租借威海衛及九龍半島
英国見俄国忽以軍艦占據旅順，亦於光緒二十四年向我国政府提出要
欵（一）揚子江沿岸各省之土地，不得租借割讓於他国。（二）開放內河（三）
後開長沙為通商口岸（四）中国總稅務司永久僱聘英国人。俄国政府悉認
英政府聞俄国租借旅順之事，復向我政府要求租借威海衛以制俄国。我国
以威海衛尚未日本軍隊所佔領拒之。無奈英人態度非常強硬，有中国能
毀俄租旅順之約，則英不租威海衛之語。我国不得已於光緒二十四年五月與
英締結威海衛租借條約如下。（一）威海衛灣內劉公島及諸島嶼，為租借區域，
（二）以俄租旅順二十五年為限期。（三）租界內歸英国管轄。（四）中立地歸中国管轄，
但英国得設守備，築砲台。威海衛租借條約既成，英国又因我国將租廣州灣
於法国，於英国在中国南部之勢力有碍，要求租借廣東之九龍以為抵制。
亦以中国能拒法不租廣州灣，英亦不租九龍之語相要挾。斯時我政府以租借廣
州灣大體已成事實，不得已於同年五月與英国締結九龍租借條約。（一）九龍半島
部，及香港附近大小四十餘島嶼，悉為租借區域。（二）租借期以九十九年為期。膠
管轄，為種種設備。德国之租膠州灣，因殺害德教士而起。法国之租廣州灣，亦
害法国士官而告成。而英国之租借威海衛與九龍，則一無所據，其唯一口
不過抵制俄法二国，均取勢主義而已。
第十三章 八国聯軍之役

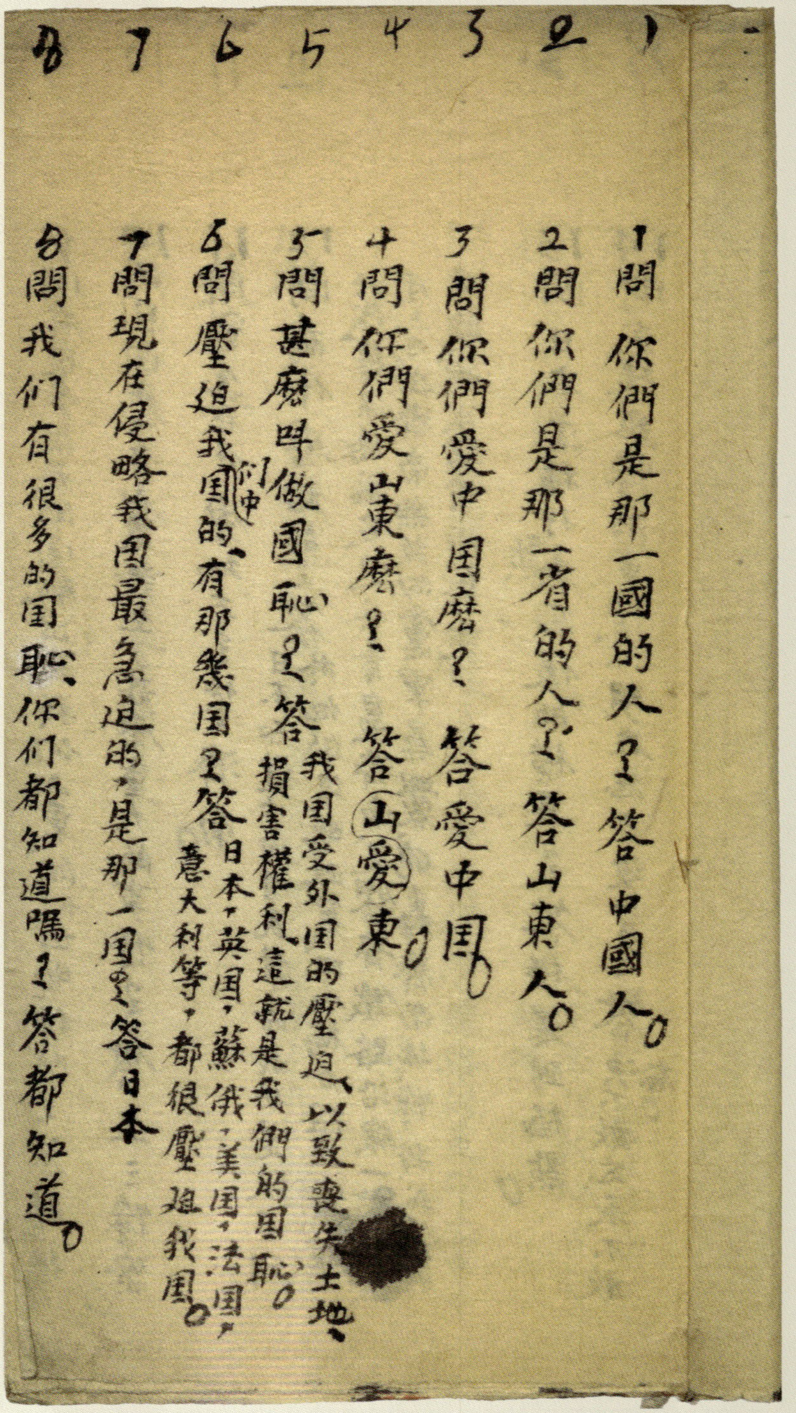
1 2 3 4 5 6 7 8

1問 你們是那一國的人？答 中國人。
2問 你們是那一省的人？答 山東人。
3問 你們愛中国麽？答 愛中国。
4問 你們愛山東麽？答 山愛東。
5問 甚麽叫做國恥？答 我国受外国的壓迫，以致喪失土地，損害權利，這就是我們的国恥。
6問 壓迫我国的有那幾国？答 日本，英国，蘇俄，美国，法国，意大利等，都很壓迫我国。
7問 現在侵略我国最急迫的，是那一国？答 日本
8問 我们有很多的国恥，你们都知道嗎？答 都知道。

◎ 国耻问答一百条

年代：1935

尺寸：214×114毫米

这件文书为抄本，计7页，首页题“岁次乙亥年二月初旬立”、“乔际昌抄”。

19 問遼寧的旅順口、大現在被那一佔據著？答日本。
20 旅順口、大連灣、是我国北方最良好的港口海軍的重鎮、
被日本佔據了去危險不危險？答非常危險。
21 問提出二十一條想着滅亡我們中国的是那一国？
答日本。
22 問二十一條怎麽就能滅亡我国？答二十一條所定的要
把我国的政治軍治、交通的大权都攫取了去、我国就自然
滅亡了。

23 問這樣的亡国條件、我国承認了沒有？答日本用最後
通牒威嚇袁世凱、逼着他承認、我国全體的国民、
誓死不能承認的。
24 問我国国民雖然不承認、人家就不存滅亡我国的心了嗎？
答只要我們能臥薪嘗胆、發奮圖强、他們再也不敢欺侮
不然、人家
我們能嘗胆、還是時時刻刻想滅亡我国的。
25 問五月七日、為什麽是我們極沈痛的紀念日？
答這一天就是日本帝国主義者對我国下最後通牒、限

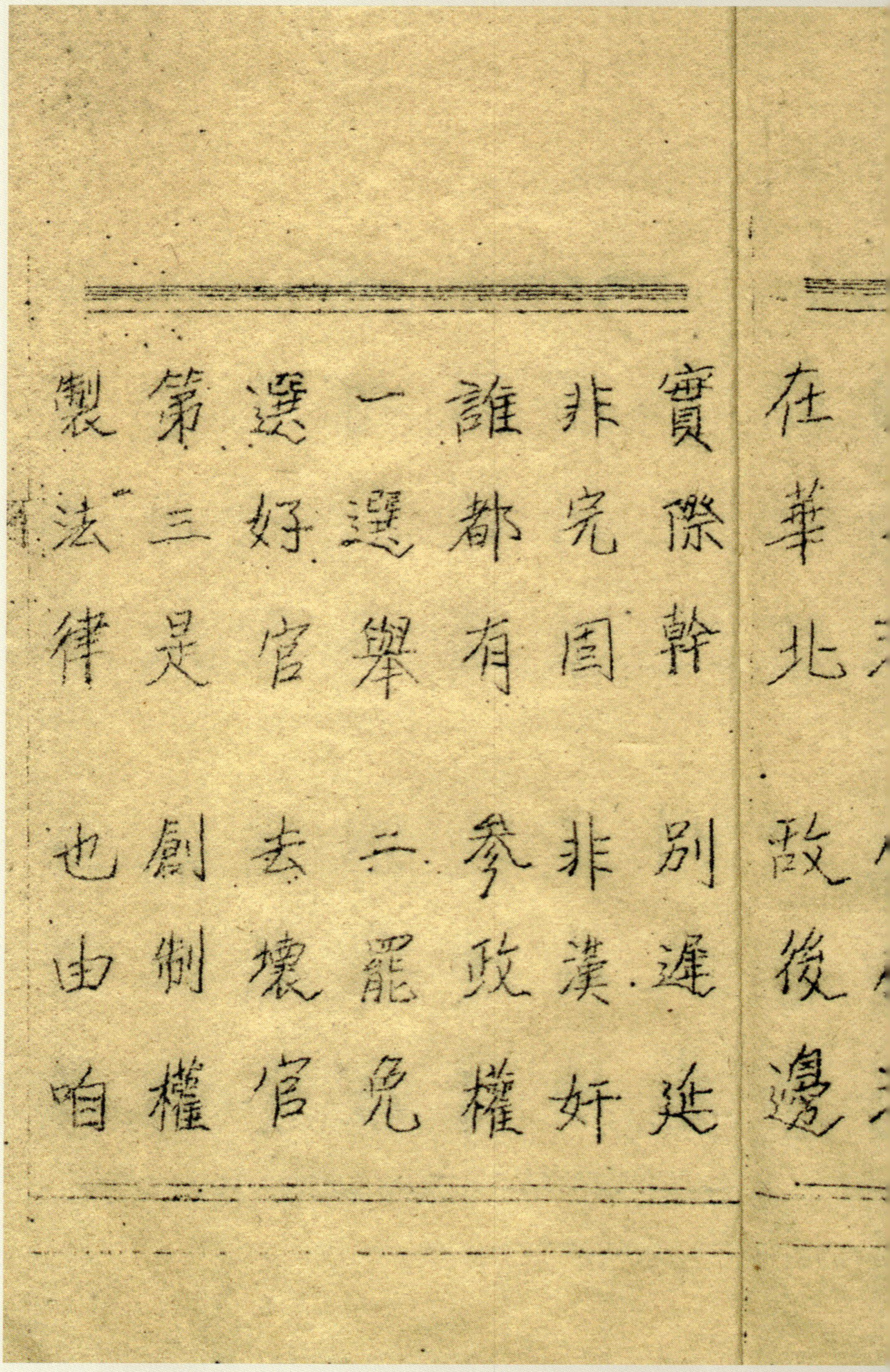
在華北 敵後邊
實際幹 別遲延
非完國 非漢奸
誰都有 參政權
一選舉 二罷免
選好官 去壞官
第三是 創制權
製法律 也由咱

◎ **抗日三字经**

年代：20 世纪 40 年代

尺寸：140×86 毫米

这本《三字经》为线装小册子，计 17 页，全文 224 句，是抗战进入相持阶段后中国共产党所编抗日宣传材料，内容以反顽固、争民主为主。

大中華　好河山
人口多　地方寬
南印度　北蘇聯
小白本　在東邊
從滿清　末朝年
外國人　打進關
割土地　賠銀錢

行專制　奪人權
我們要　促一番
開大會　發宣言
打電報　到四川

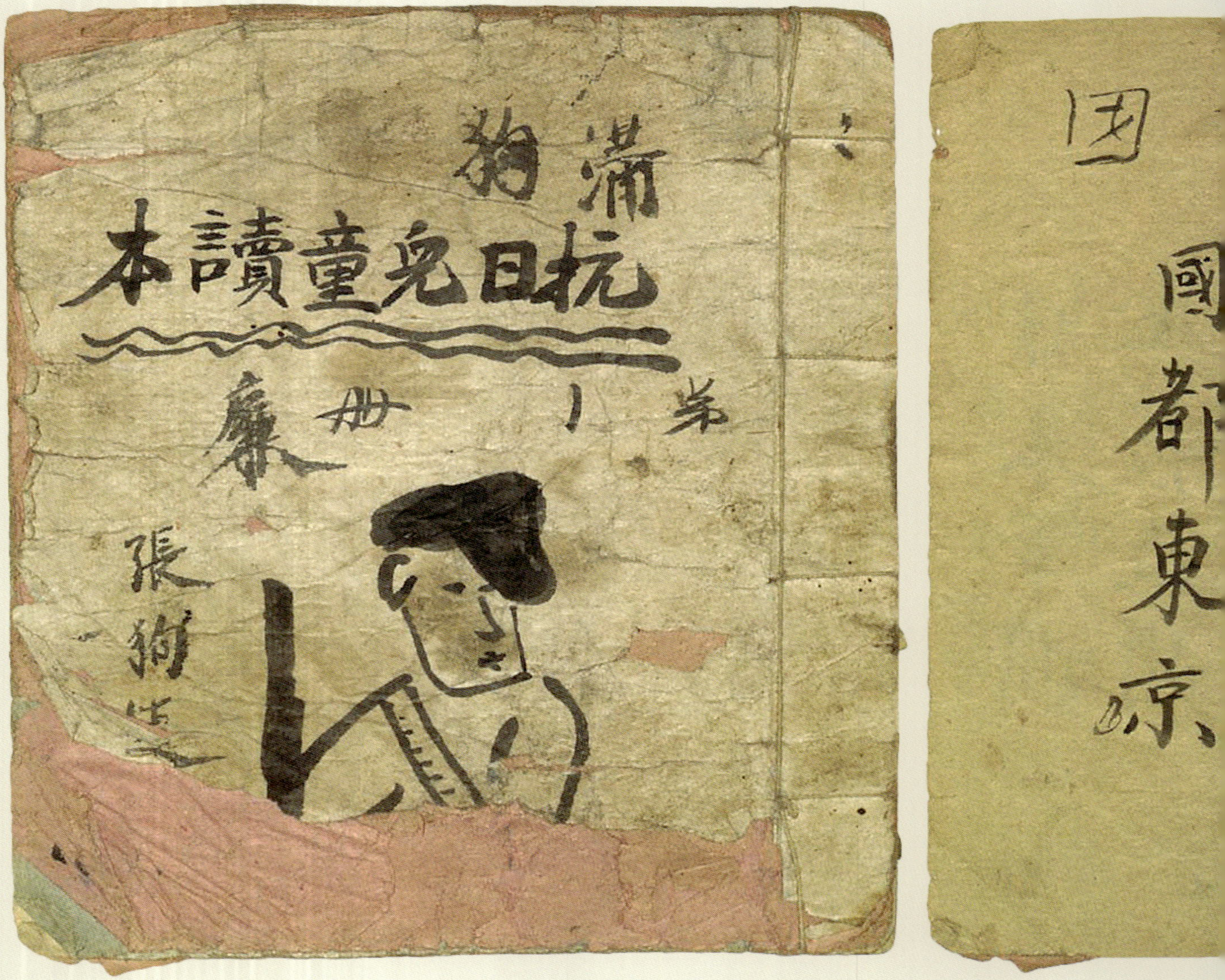


◎ **抗日儿童读本**

年代：20 世纪 40 年代

尺寸：144×132 毫米

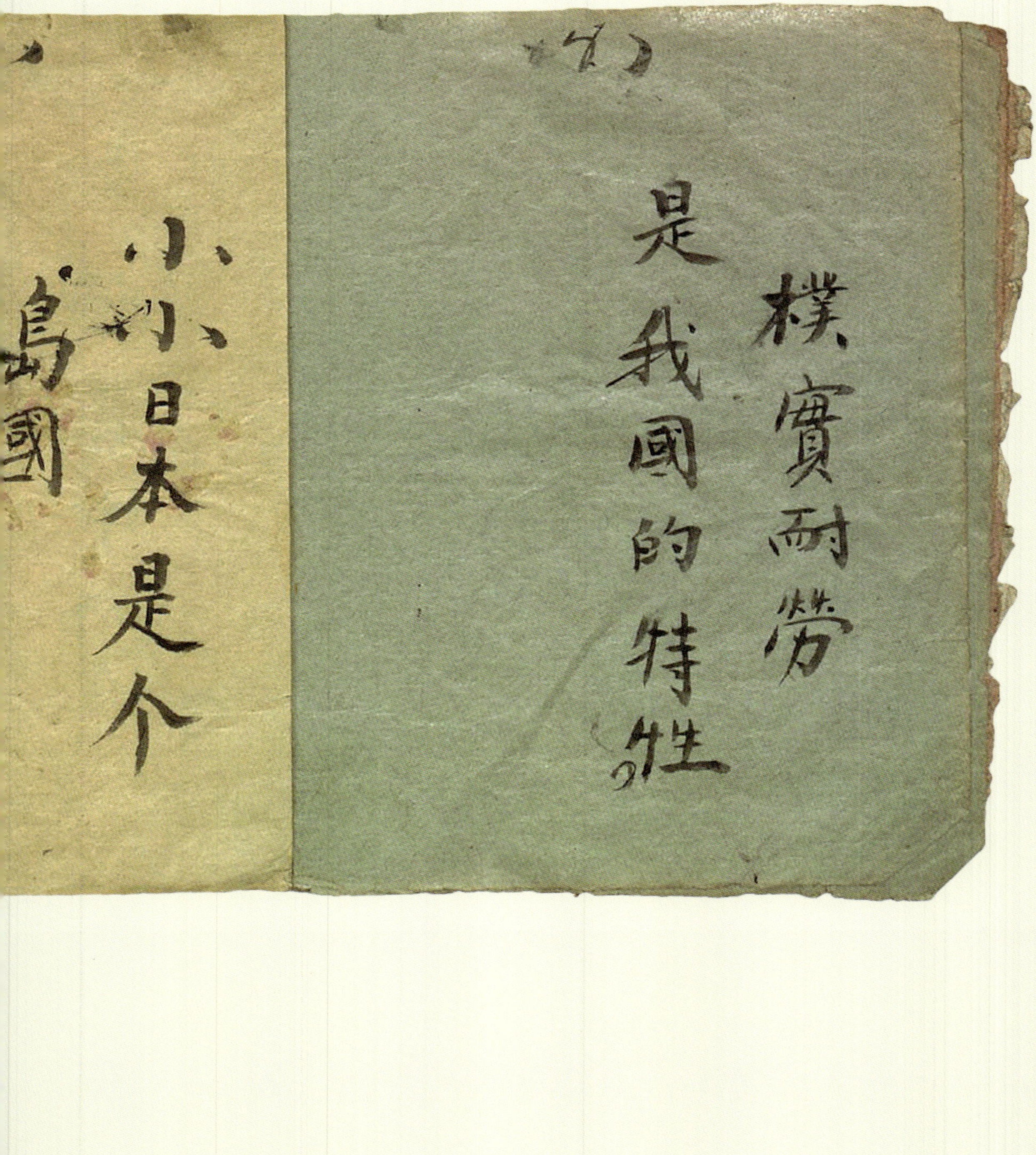
樸實耐勞
是我國的特性
小小日本是个
島國

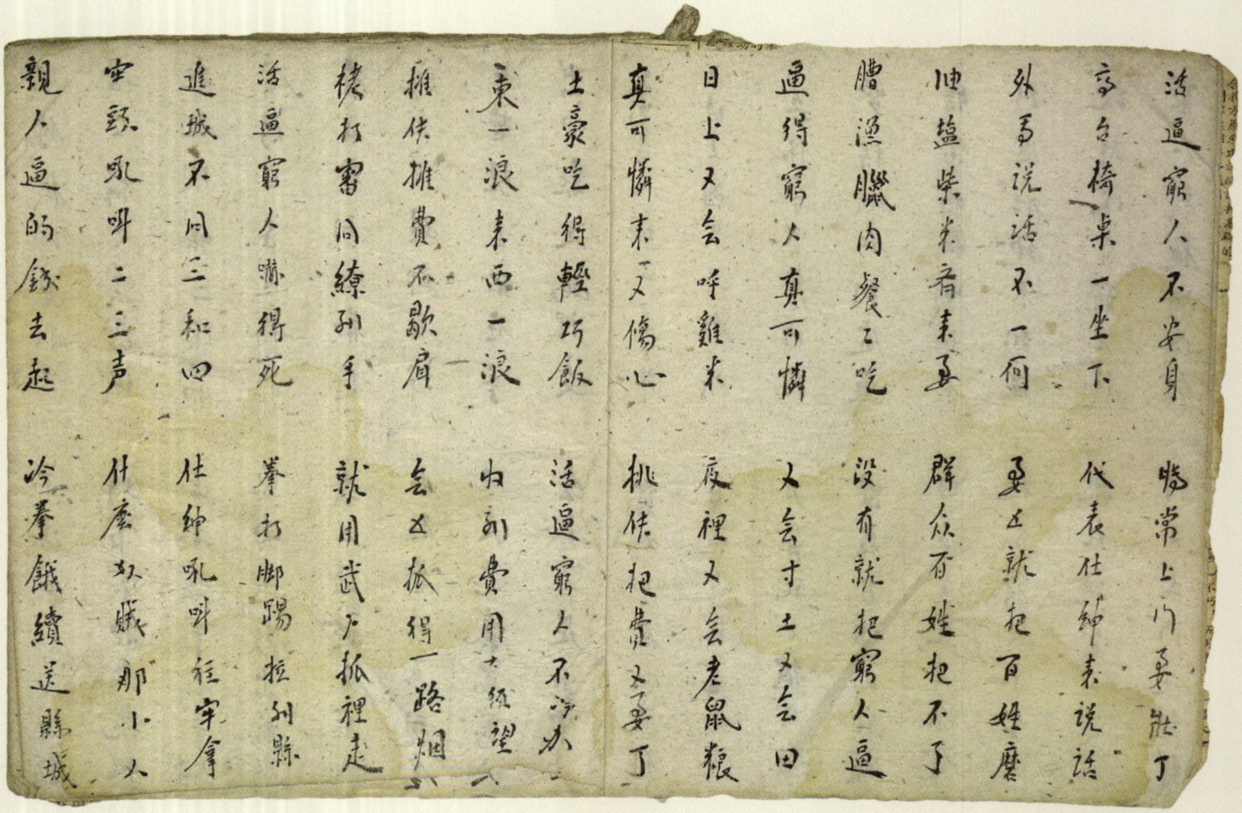
活逼穷人不安身　時常上门要壮丁
豪台椅桌一坐下　代表仕绅来说話
外面说話不一同　要么就把百姓磨
油盐柴米看来要　群众百姓把不了
膾鱼臘肉餐餐吃　没有就把穷人逼
逼得穷人真可憐　又会寸土又会田
日上又会呼雞米　夜裡又会老鼠粮
真可憐来又傷心　挑侠把费又要了
土豪吃得輕巧飯　活逼穷人不得办
東一浪来西一浪　内外费用一级望
摊侠摊费不歇肩　会么抓得一路烟
棒打窗同練孙手　就用武力抓裡走
活逼穷人嚇得死　拳打脚踢拉到縣
進城不同三和四　仕绅叫叫在家拿
窗頭叫叫二三声　什麼奴賤那小人
親人逼的餓去起　冷拳饿續送縣城

◎ **河口边区汪雁廷所订《俗语本》**

年代：20 世纪 40 年代

尺寸：198×176 毫米

该话本为稿本，计 46 页，内容为老百姓反对国民党和蒋介石，拥护共产党和毛主席。

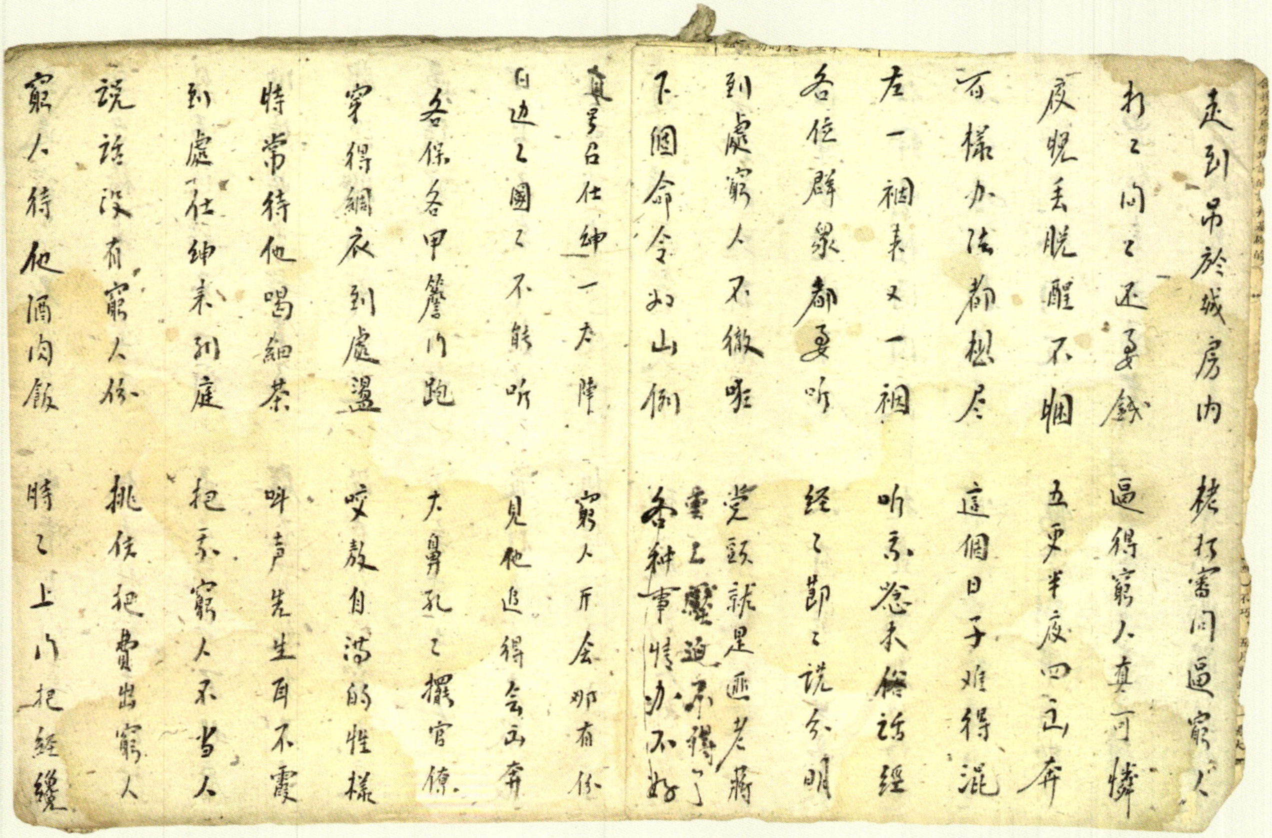

走到吊於城房内　拷打審问逼窮人
打々问々还要錢　逼得窮人真可憐
夜晚丢脱醒不睏　五更半夜四五奔
百樣办法都想尽　這個日子难得混
左一䄂来又一䄂　听系慫未解話經
各位群衆都要听　經々節々説分明
到處窮人不徹晓　覚頭就是遮老蔣
要工覆通不得了
下個命令如山倒　各种事情办不好
真是白仕紳一大陣　窮人斤会那有你
白边々圍々不能听　見他退得会五奔
各保各甲警门跑　大鼻孔々擺官僚
穿得綢衣到處逛　交教自滿的性樣
特常待他喝細茶　呼声先生甫不霞
到處仕紳来到庭　把系窮人不当人
說話没有窮人份　挑使把费出窮人
窮人待他酒肉飯　時々上门把經纔

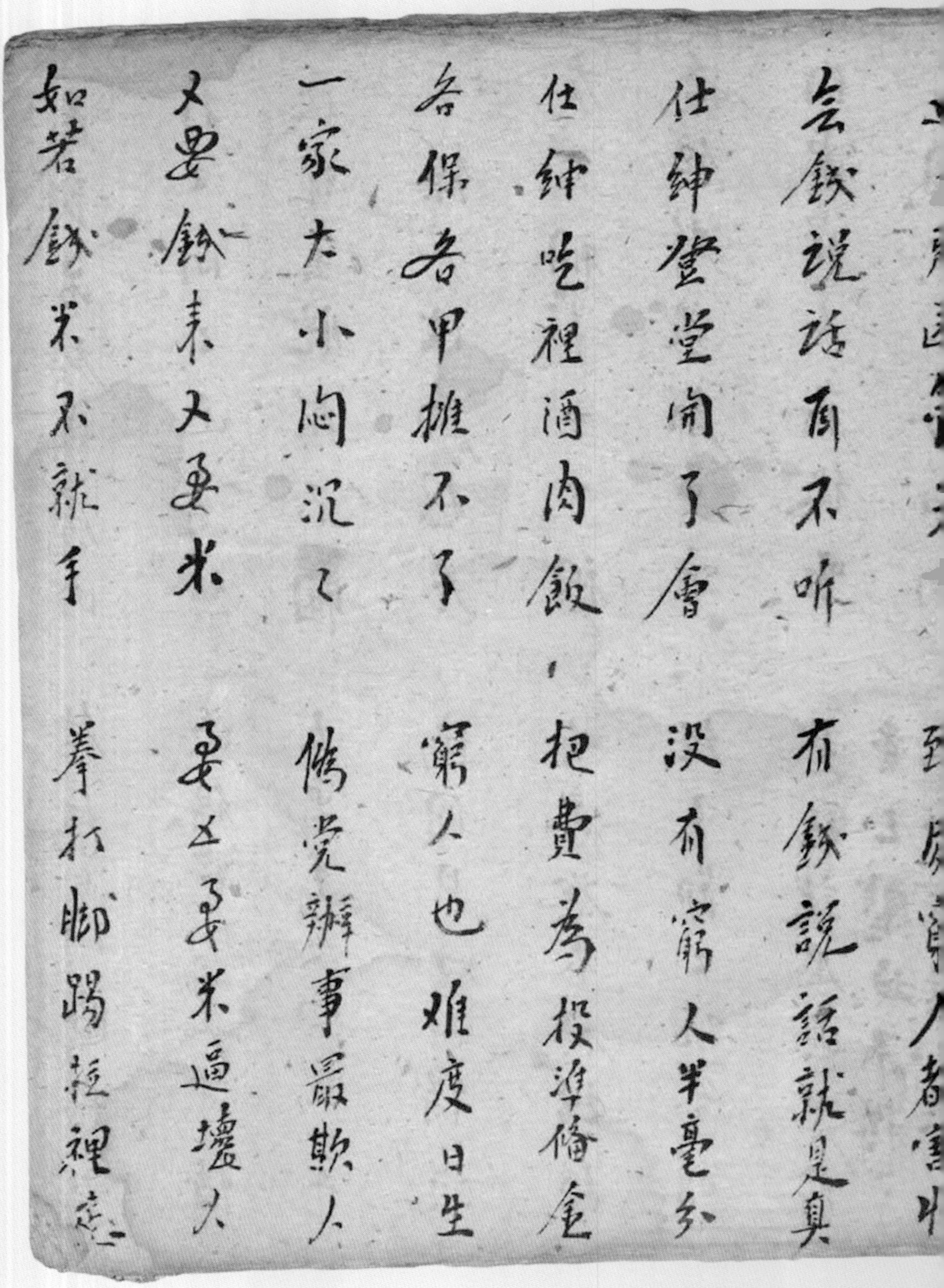
無錢說話有不听 有錢說話就是真
仕紳堂堂開了會 沒有窮人半毫分
仕紳吃裡酒肉飯，把費為投準備金
各保各甲攤不了 窮人也难度日生
一家大小陶泥了 倘觉辦事最欺人
又要錢來又要米 要乂要米逼壞人
如若錢米不就手 拳打脚踢拉裡走

問：在朝鮮停戰問題上，我們還要注意那些事？

答：第一，我們要注意對方強迫扣留戰俘的陰謀。戰俘遣返問題雖然已經談成了，但是還要看看美方是不是認真按照協議來辦事。因爲美方過去一直要強迫扣留戰俘，現在也還是不死心。南朝鮮李承晚集團，正在叫喊反對關於遣返戰俘問題的協議，要強迫扣留戰俘。這一點我們要特別注意和警惕。第二要注意美方的新花樣。就在李承晚集團叫喊反對戰俘遣返協議的情況下，美國總統艾森豪威爾已經寫信給李承晚，說在朝鮮停戰協定訂立後，美國打算同李承晚集團訂立什麼「共同防禦條約」，就是訂軍事同盟。本來在朝鮮停戰以後，要開政治會議，進一步和平解決朝鮮問題，實現朝鮮的和平統一。美國卻打算訂什麼軍事同盟，這樣做的目的，不是鼓勵李承晚集團破壞停戰與和平，就是加深朝鮮的分裂。美方的這一個新陰謀，會使朝鮮問題的進一步和平解決，重新受到阻撓。

（一）鎖柱媽看看自己那片不爭氣的麥地，連飯也不想吃了。

（二）原來去年政府號召大家多選種，增加單位面積產量的時候，村裏人都選了種，光是鎖柱媽想不通，沒有選。

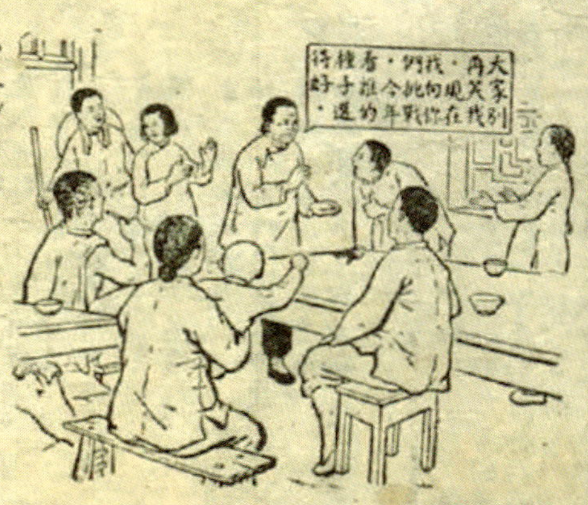

（四）不巧，五月裏[illegible]一場大風，早熟的麥粒子被吹落了滿地。鎖柱媽，這時候看看別人的麥長得格外好，不由後悔了。

（五）五月二十三日，政府號召大家夏季選種，鎖柱媽在村討論會上，向大家提出挑戰：「看誰的種子選得好！」會上的人們都拍手歡迎，並表示一定要應戰。

換，我軍要守就

來又建立了四座（

蘇原料廠）。

不搞好夏收夏種？

原則，大量組織

組，解決人力、

的，搞好生產。在

做法，要完全

根據自願來組織。

（二）基層選舉的工作要達到什麼要求？

答：一定要做到下面四點要求：（一）做好人口調查和選民登記工作；（二）深入動員，發動最多的選民參加選舉；（三）在選舉工作的準備時期，要與反對官僚主義、命令主義和違法亂紀的鬥爭適當結合。（四）選舉工作要和生產密切結合。

**本報重要更正**

上期（第一二四期）本報第四版「關於戰停遣返問題的協議」公報一文內第十條的第三行的最後五個字「及中國立遣」應改爲「及中立國遣」。又同版右下角的畫文的最後一個字「漆」字，應排在「使」字上面。特此更正

下田倒水灌塘。車了一天，車進塘裏的水，可以保證三十五畝稻田一

## 大毛村幹部有計劃的領導

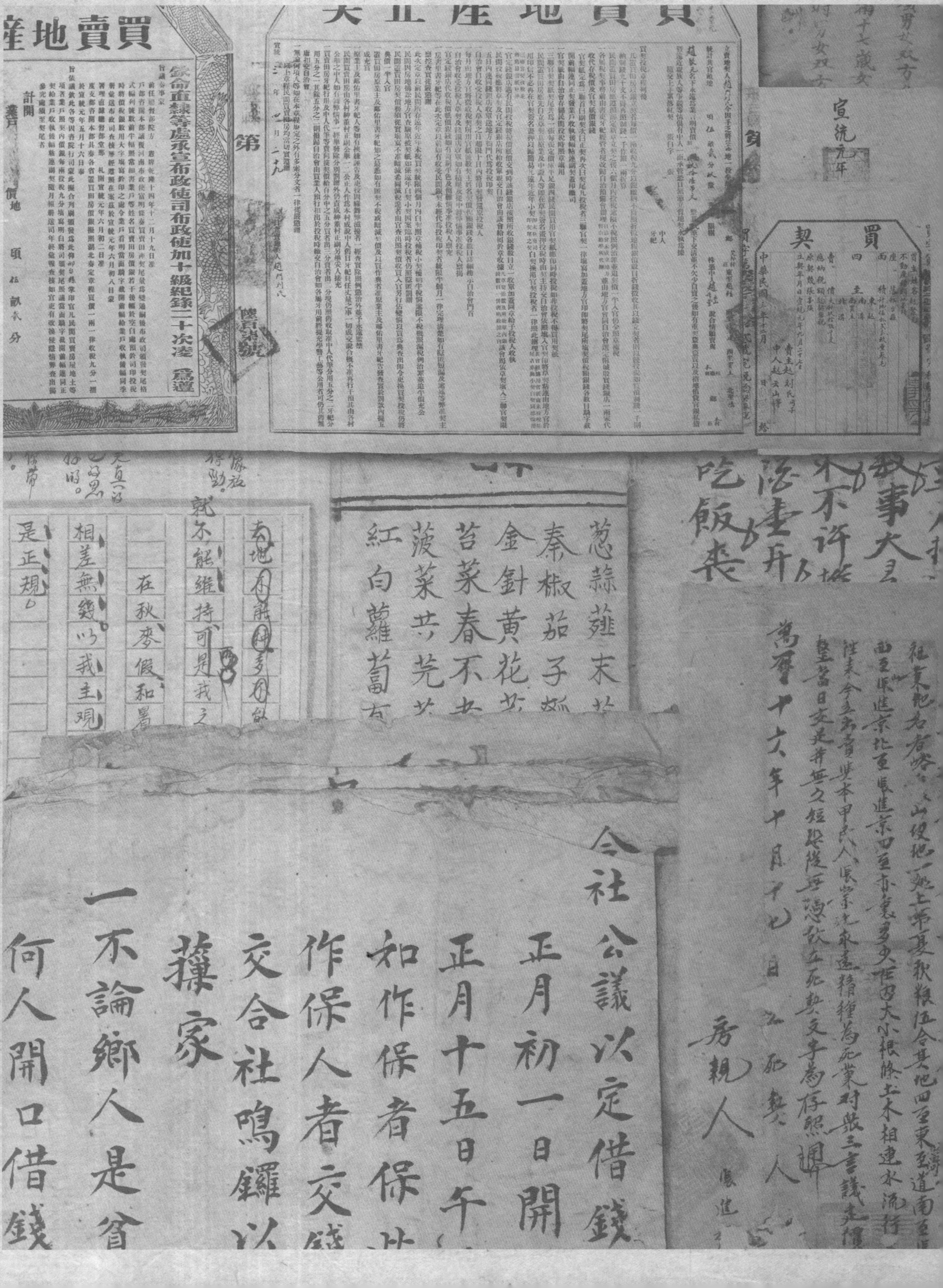

買賣地產
買賣地產正契
宣統元年
買契
中華民國三年十二月
葱蒜薤末
秦椒茄子
金針黃花
苔菜春不
菠菜芫荽
紅白蘿蔔
是正規。
相差無幾，以我主觀
在秋麥假和暑
就不能維持可是我之
吃飯來
萬曆十六年十月十七日立死契人
房親人
合社公議以定借錢
正月初一日開
正月十五日午
和作保保者保
作保人者交
交合社鳴鑼以
攤家
一不論鄉人是
何人開口借錢

# 第五章 日用文书

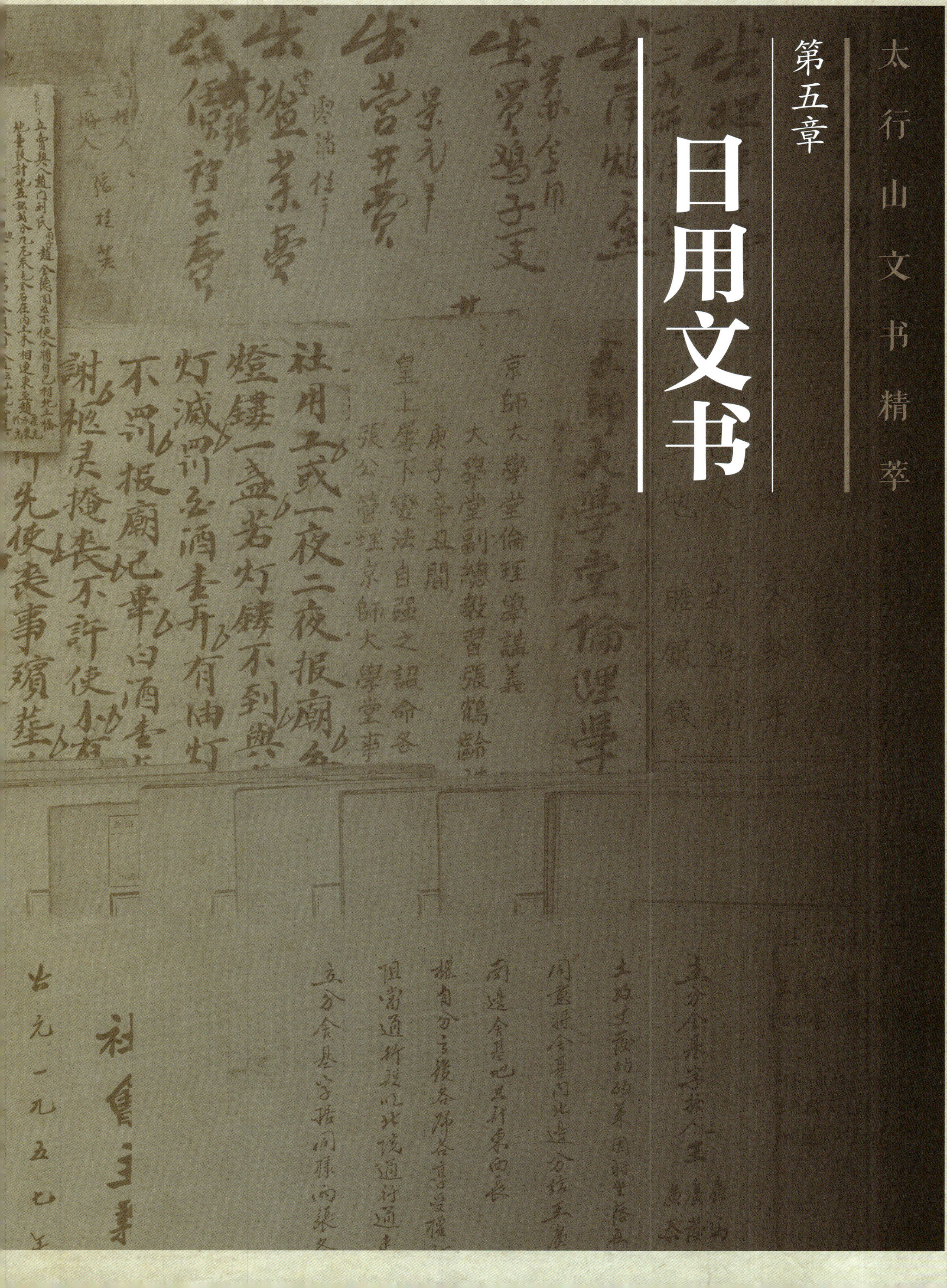

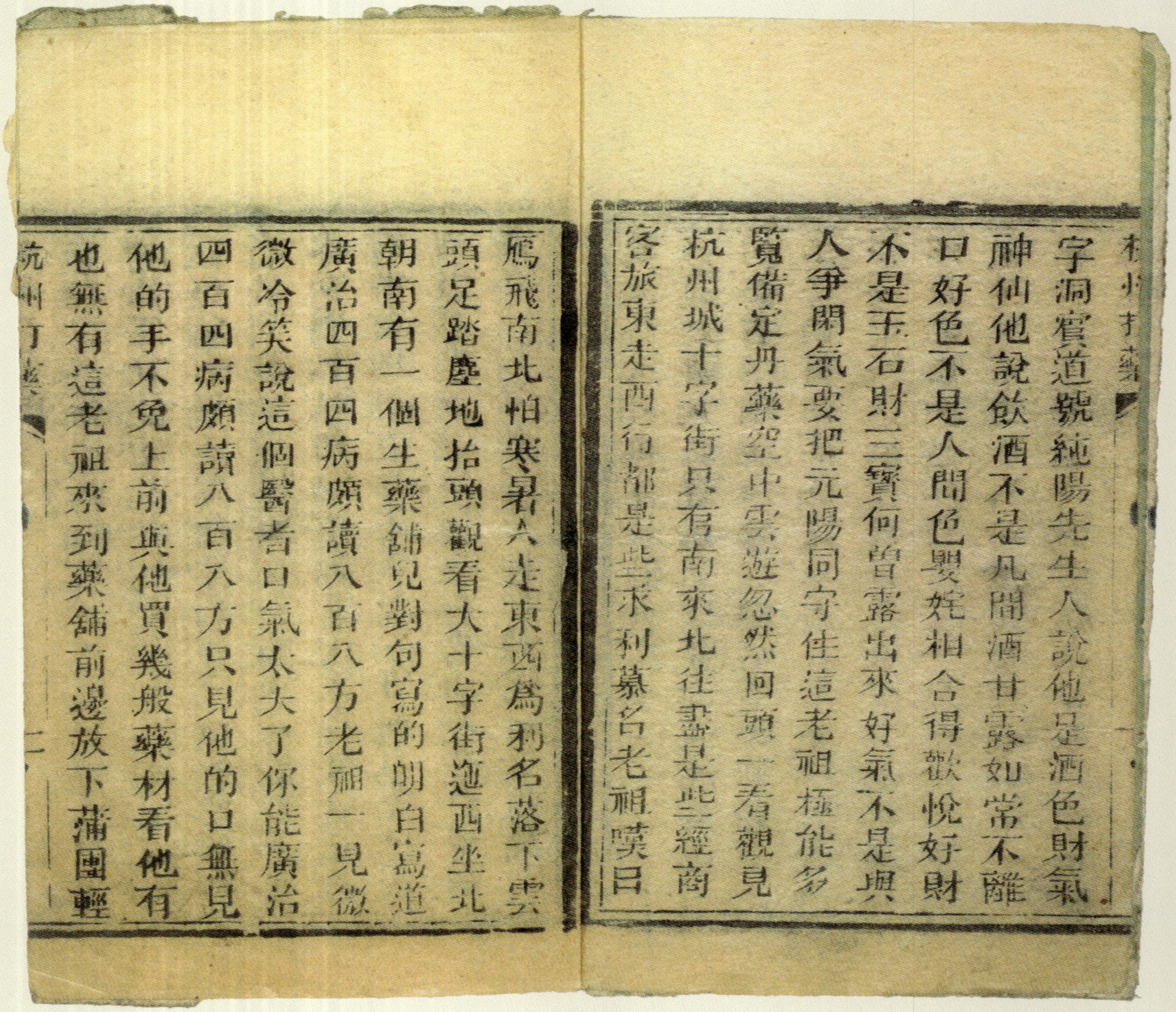
杭州打藥
字洞賓道號純陽先生人說他是酒色財氣
神仙他說飲酒不是凡間酒甘露如常不離
口好色不是人間色嬰姹相合得歡悅好財
不是玉石財三寶何曾露出來好氣不是與
人爭閑氣要把元陽同守住這老祖極能多
覽備定丹藥空中雲遊忽然回頭一看觀見
杭州城十字街只有南來北往盡是些經商
客旅東走西行都是些求利慕名老祖嘆曰
鴈飛南北怕寒暑人走東西為利名落下雲
頭足踏塵地抬頭觀看大十字街迤西坐北
朝南有一個生藥鋪見對句寫的明白寫道
廣治四百四病頗讀八百八方老祖一見微
微冷笑說這個醫者口氣太大了你能廣治
四百四病頗讀八百八方只見他的口無見
他的手不免上前與他買幾般藥材看他有
也無有這老祖來到藥鋪前邊放下蒲團輕
杭州打藥 二

◎ **杭州打药**

年代：清代

尺寸：183×122毫米

该文书计8页，讲述了吕洞宾下凡于杭州，以买药为借口欲以点化世人，反被观音点化的故事。

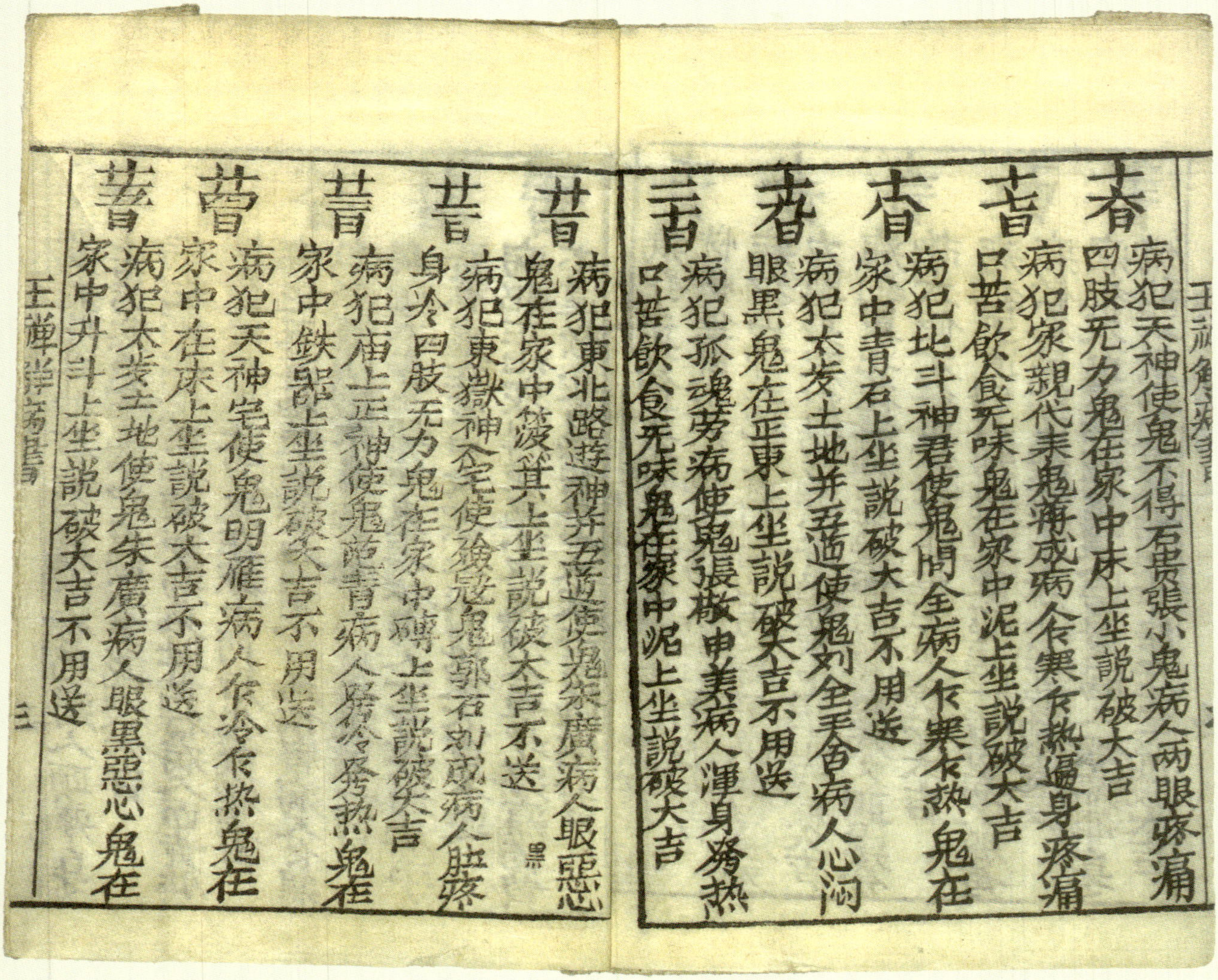

◎ **王禅老祖解病书**

年代：清代

尺寸：162×110毫米

该文书共8页，记述了自初一至二十九日患病的医治办法，以驱除鬼神为要，带有迷信色彩。

象牙大床隨時坐　門扇月光對梭羅
坐的八寶金蛟椅　供案金鑲玉石棹

左右金銀山凡座　俱是金銀化水波
有名寶貝堆成垜　無瑕美玉堆滿波
屋內寶貝用不盡　屋外兩道銀水河
門前湧路仙佛過　兩邊珊瑚樹千科
前後花園八十頃　奇異芝草甚是多
麒麟犀象林中卧　靈鳥鸞鳳上壘窩
龍吟虎嘯鳳凰鳴　仙客仙友鬧哈哈
仙童仙娥數百個　伺候仙童捧茶喝

呂祖普度詞　六

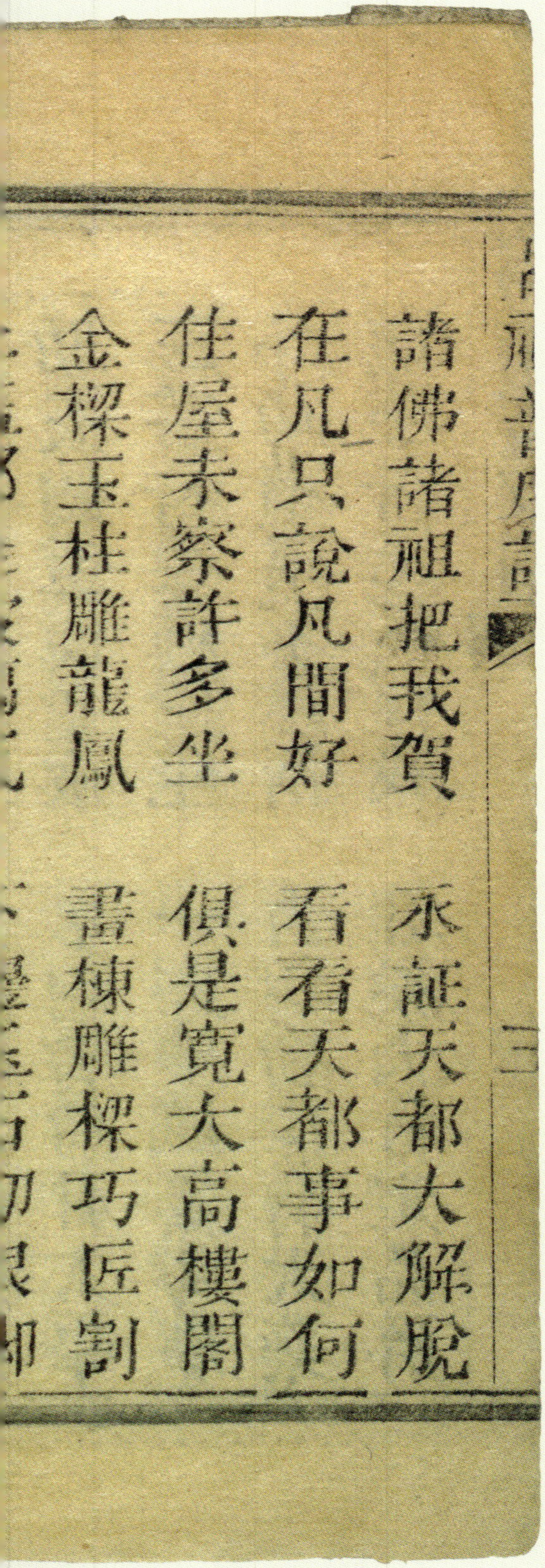
諸佛諸祖把我賀　永証天都大解脫
在凡只說凡間好　看看天都事如何
住屋未察許多坐　俱是寬大高樓閣
金樑玉柱雕龍鳳　畫棟雕樑巧匠割

◎ **吕祖普度词**

年代：晚清

尺寸：183×130毫米

该文书共8页，以说教和描写为主，鼓励世人修行为善、得道成仙。

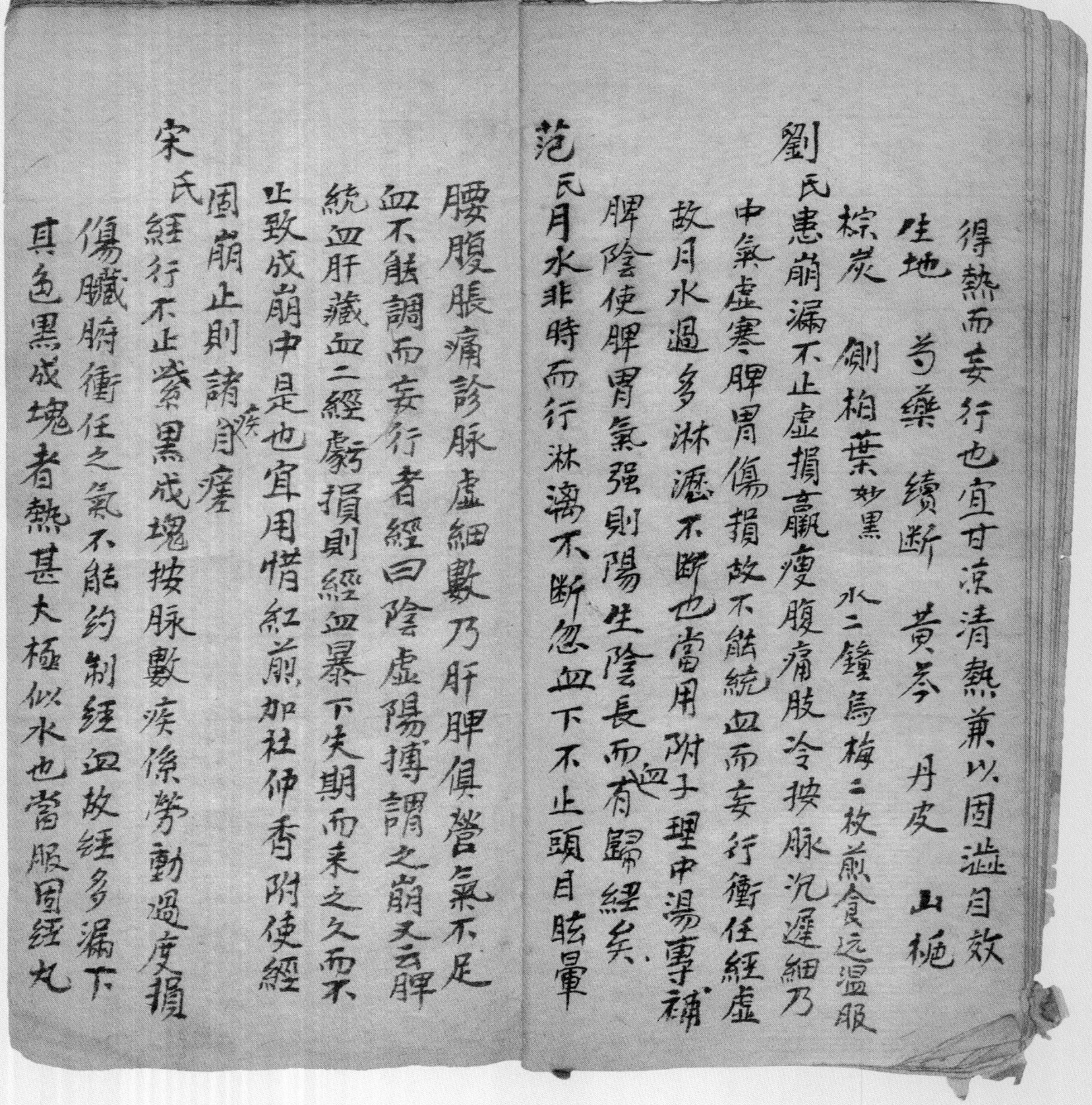
得熱而妄行也宜甘涼清熱兼以固澁自效
生地 芍藥 續斷 黄芩 丹皮 山梔
棕炭 側柏葉炒黑 水二鐘 烏梅二枚 煎食远温服
劉氏患崩漏不止虛損羸瘦腹痛肢冷按脉沉遲細乃
中氣虛寒脾胃傷損故不能統血而妄行衝任經虛
故月水過多淋瀝不斷也當用附子理中湯專補
脾陰使脾胃氣强則陽生陰長而血有歸經矣
范氏月水非時而行淋漓不斷忽血下不止頭目眩暈
腰腹脹痛診脉虛細數乃肝脾俱營氣不足
血不能調而妄行者經曰陰虛陽搏謂之崩又云脾
統血肝藏血二經虧損則經血暴下失期而來之久而不
止致成崩中是也宜用惜紅煎加杜仲香附使經
固崩止則諸疾自瘥
宋氏經行不止紫黑成塊按脉數疾係勞動過度損
傷臟腑衝任之氣不能約制經血故經多漏下
其色黑成塊者熱甚太極似水也當服固經丸

## ◎ 妇人经脉诸剂

年代：清末民初

尺寸：213×113 毫米

该文书共 68 页，介绍了常见妇科病及药方，并附有病例。

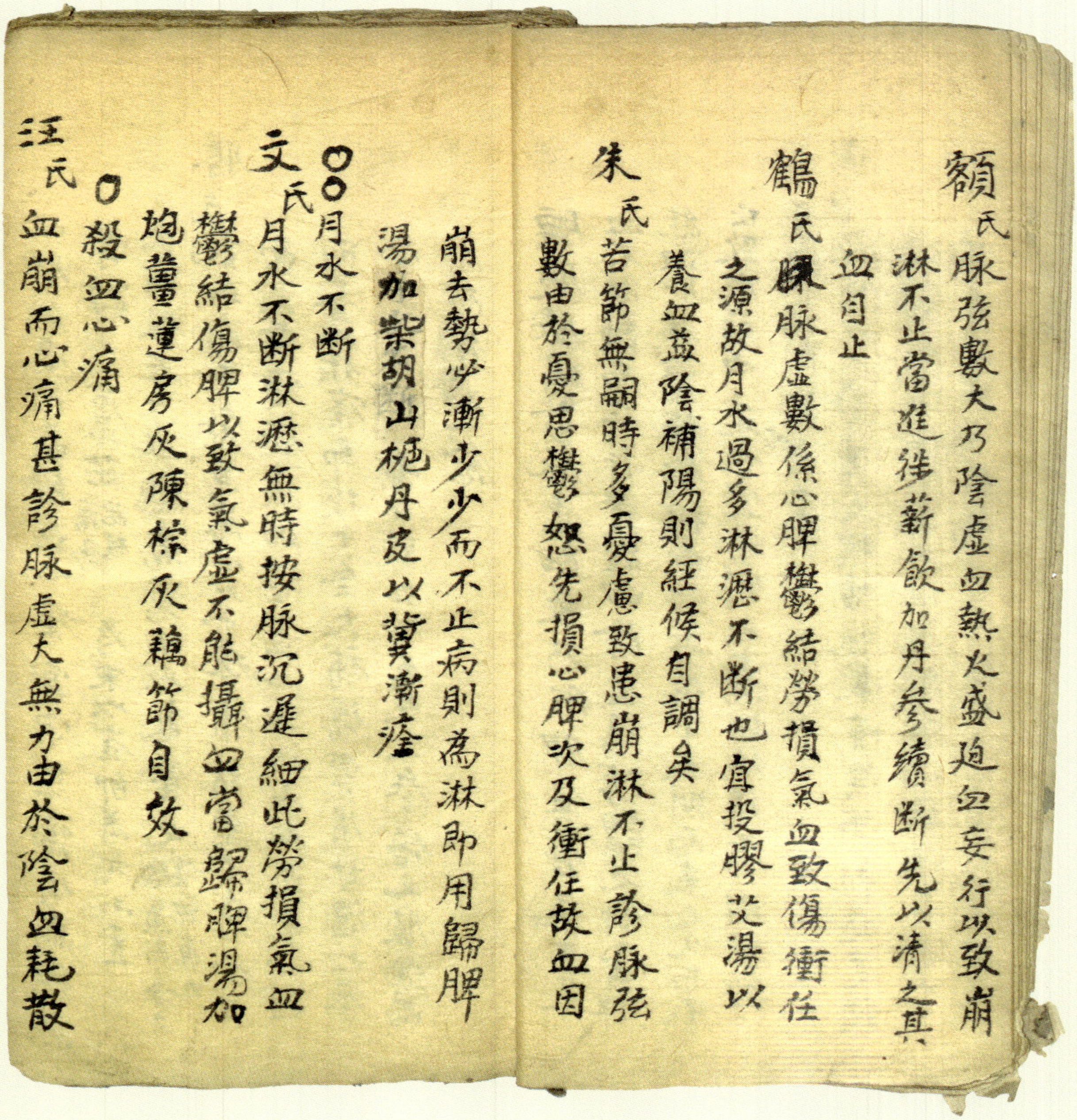

額氏脉弦數大乃陰虛血熱火盛迫血妄行以致崩淋不止當進徙薪飲加丹參續斷先以清之其血自止

鶴氏脉虛數係心脾鬱結勞損氣血致傷衝任之源故月水過多淋瀝不斷也宜投膠艾湯以養血益陰補陽則經候自調矣

朱氏苦節無嗣時多憂慮致患崩淋不止診脉弦數由於憂思鬱怒先損心脾次及衝任故血因崩去勢少漸少少而不止病則為淋即用歸脾湯加柴胡山梔丹皮以冀漸痊

〇〇月水不斷

文氏月水不斷淋瀝無時按脉沉遲細此勞損氣血鬱結傷脾以致氣虛不能攝血當歸脾湯加炮薑蓮房灰陳棕灰藕節自效

〇殺血心痛

汪氏血崩而心痛甚診脉虛大無力由於陰血耗散

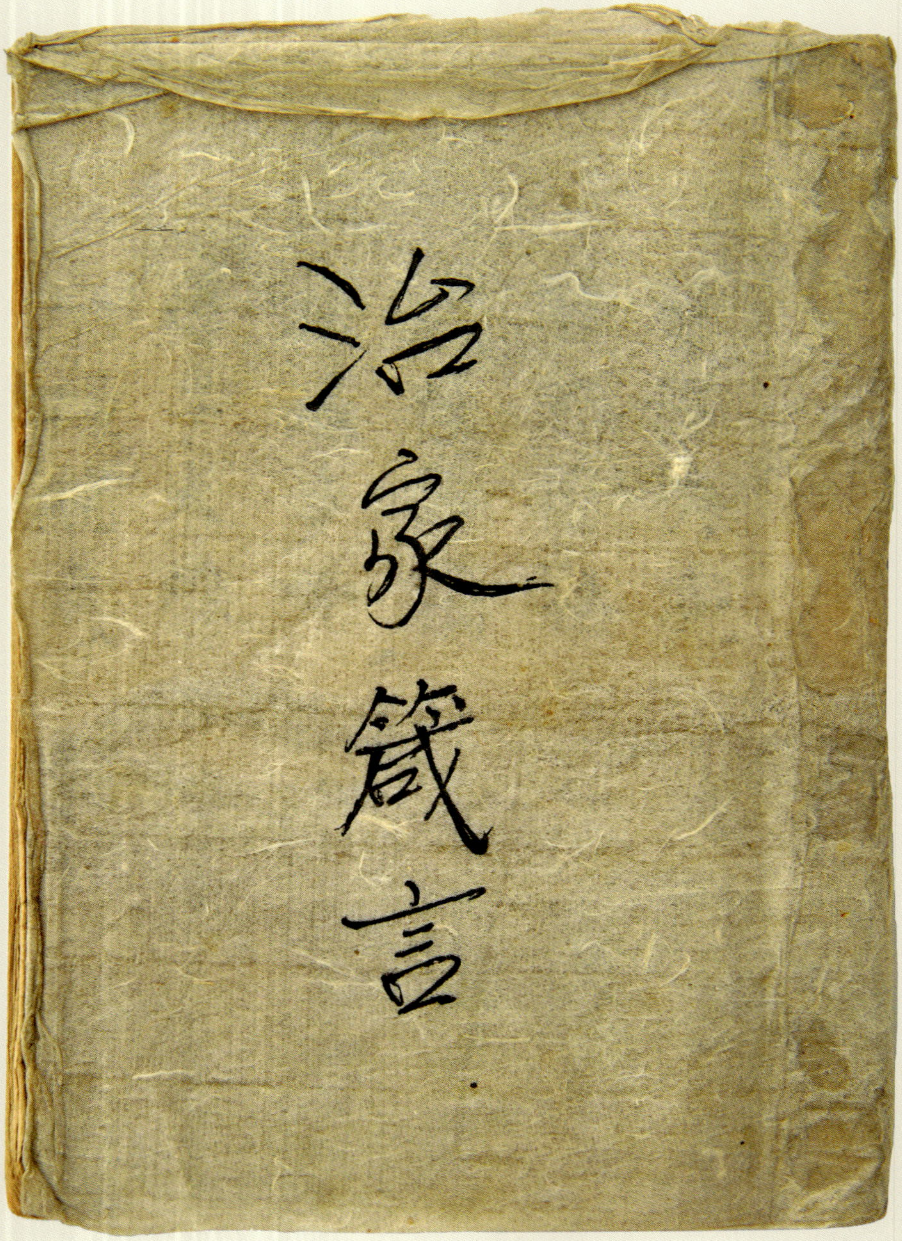


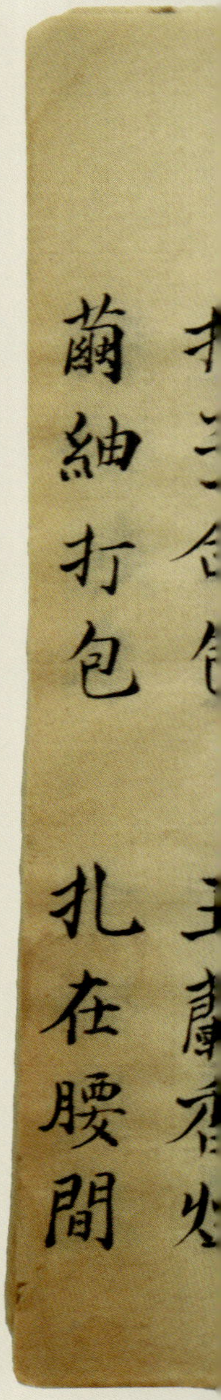

◎ **治家箴言**

年代：清代

尺寸：186×132 毫米

该文书共 145 页，以四言形式记述了治家之道及民间百姓衣食住行。

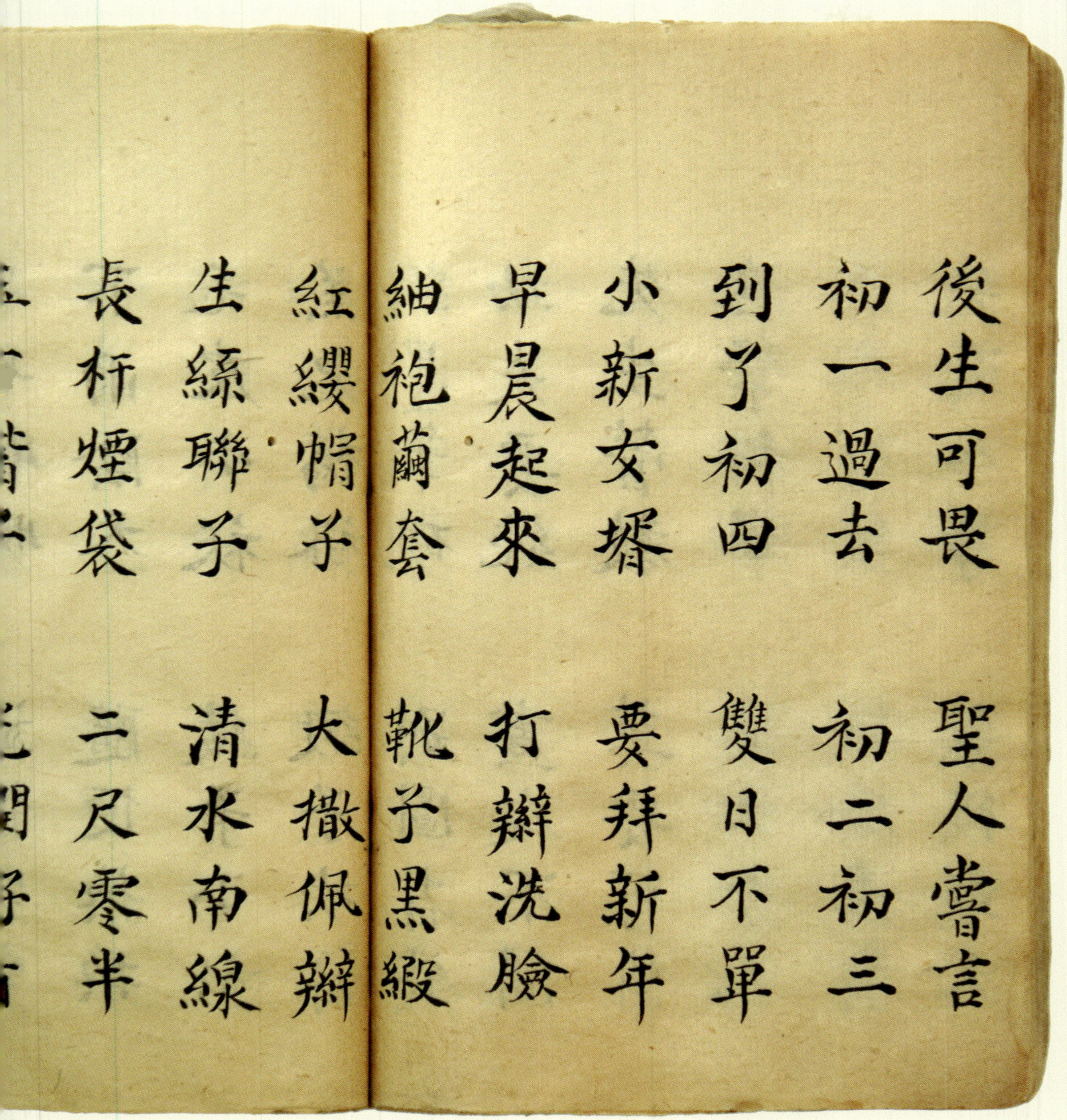
後生可畏　聖人嘗言
初一過去　初二初三
到了初四　雙日不單
小新女壻　要拜新年
早晨起來　打辮洗臉
紬袍繭套　靴子黑緞
紅纓帽子　大撒佩辮
生綠聯子　清水南線
長杆煙袋　二尺零半

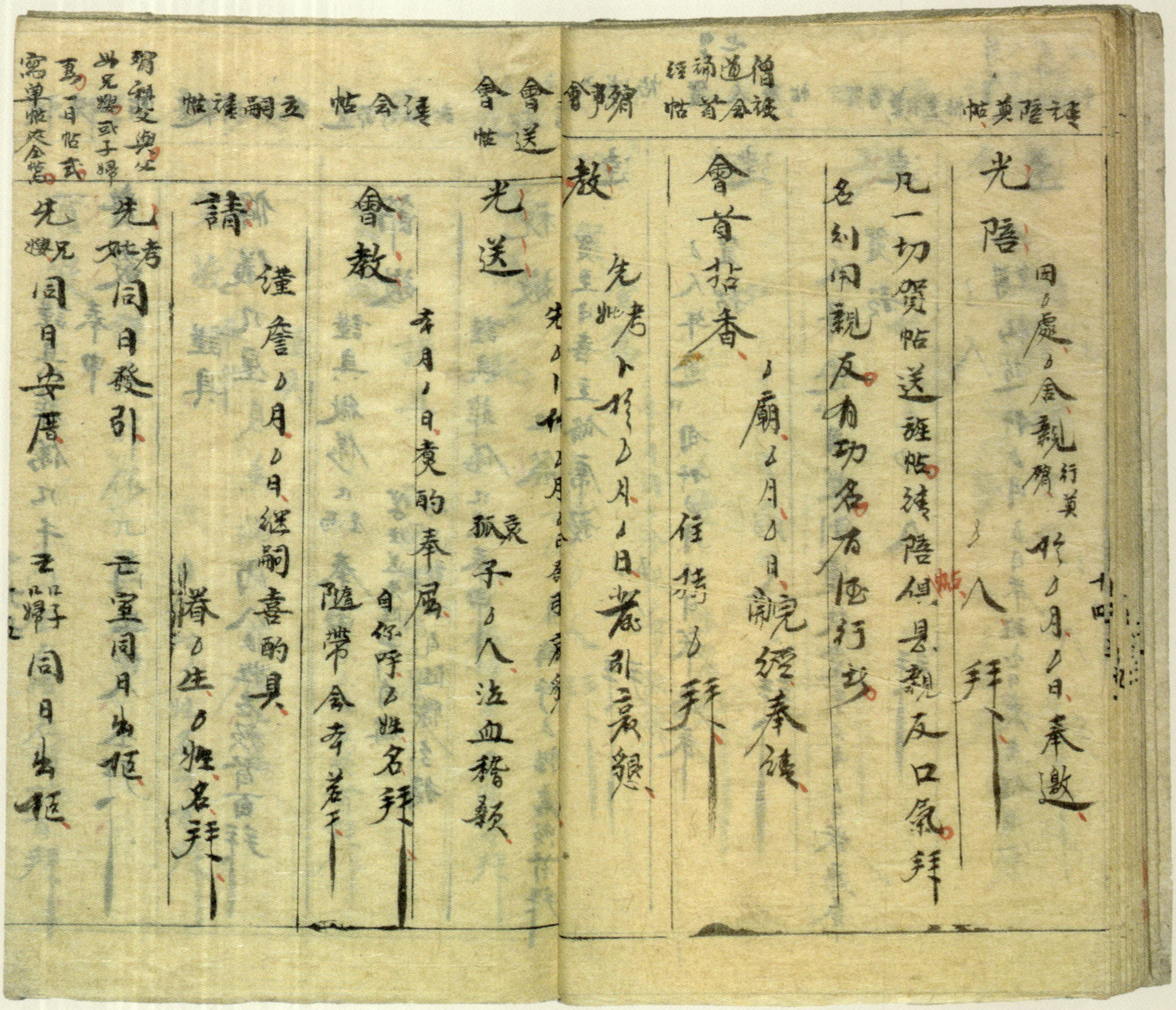

◎ **文公家礼**

年代：清代

尺寸：192×128 毫米

该文书共 68 页，记述了中国古代民间通用家庭礼仪。

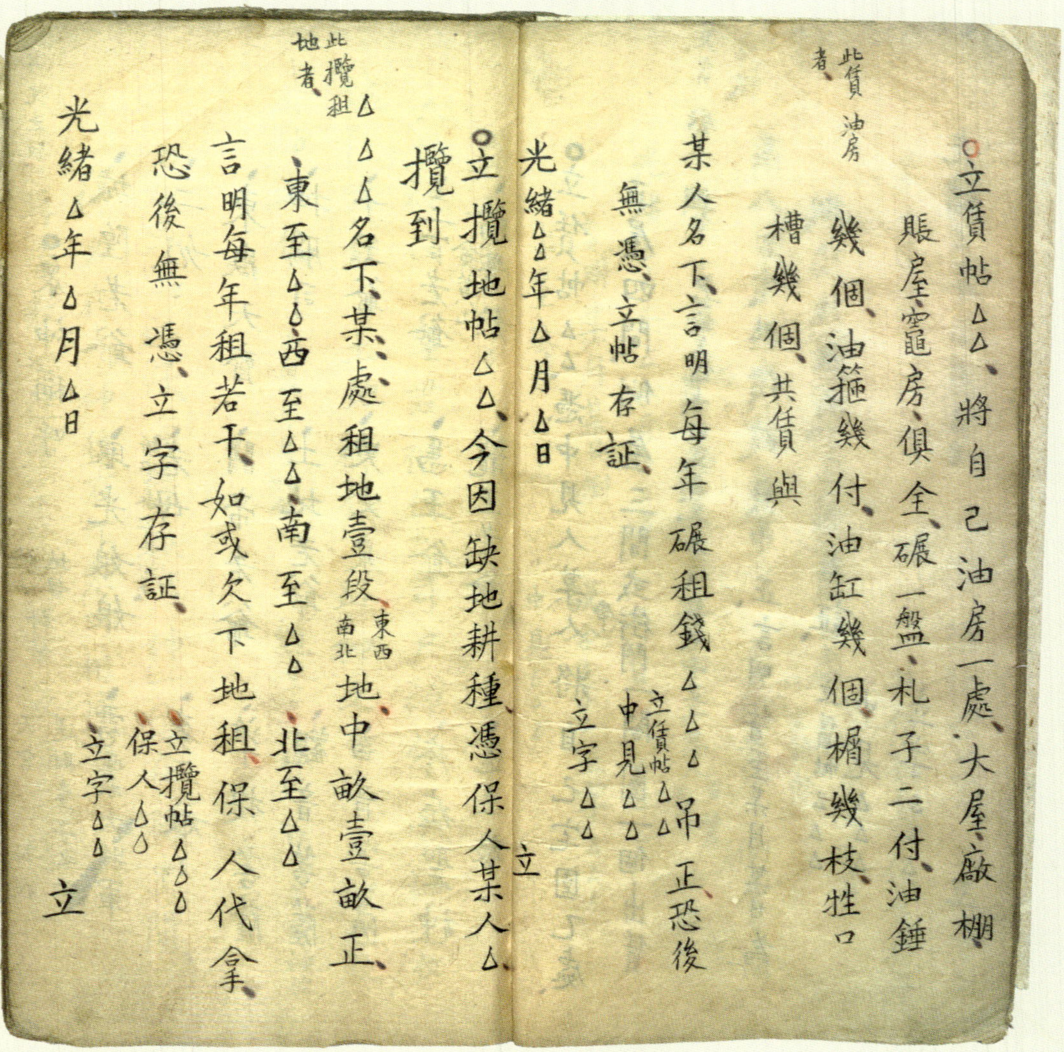

此賃油房者
立賃帖△△將自己油房一處大屋廠棚
賬屋竈房俱全碾一盤札子二付油錘
幾個油箍幾付油缸幾個榍幾枝牲口
槽幾個共賃與
某人名下言明每年碾租錢△△△吊正恐後
無憑立帖存証
立賃帖△△
中見△△
立字△△
光緒△△年△月△日

立攬地帖△△今因缺地耕種憑保人某人△△立
攬到
此攬地者
△△△名下某處租地壹段東西南北地中畝壹畝正
東至△△西至△△南至△△北至△△
言明每年租若干如或欠下地租保人代拿
恐後無憑立字存証
立攬帖△△△
保人△△
立字△△
光緒△年△月△日立

◎ **尺牍范本**

年代：宣统元年（1909）

尺寸：237×129 毫米

尺牍范本是各类应用文体的书写范式，本件文书共 105 页，是往来书信的书写范式。

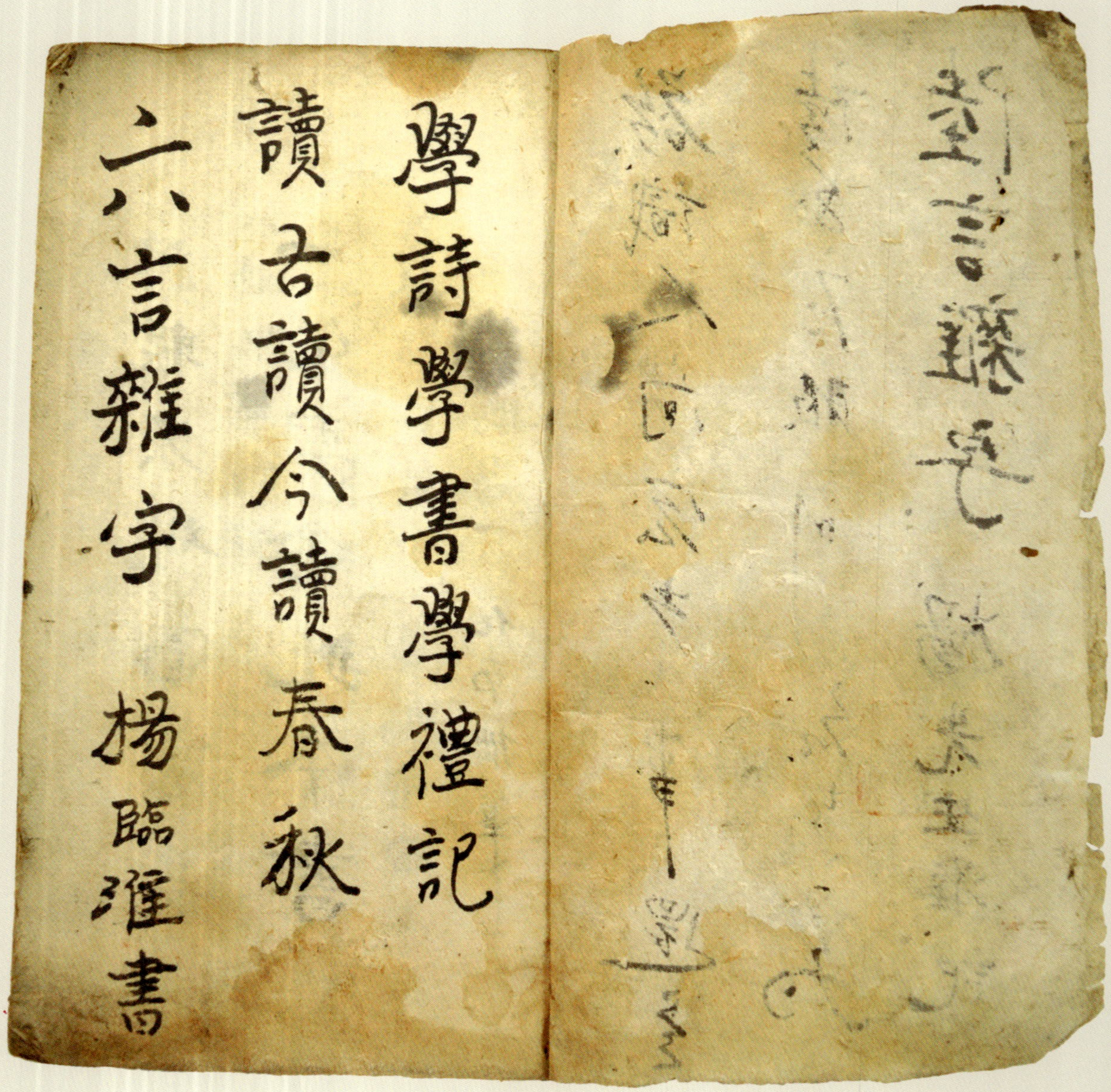


◎ 六言杂字

年代：清代

尺寸：232×127毫米

该文书共79页，以六言诗的形式汇集各类常用字，编纂成韵语，以便初学者诵记。

二目

双眼不观面前是

一心要念此本書

化南拙筆

六言雜字

天地日月星斗

参辰孛彗朋蝕

太極兩儀四象

巽離坤兑是女

青赤白黑皇帝

乾坤宇宙山川

銀漢織女牛牽

陰陽八卦先天

乾坎艮震為男

中央西北東南

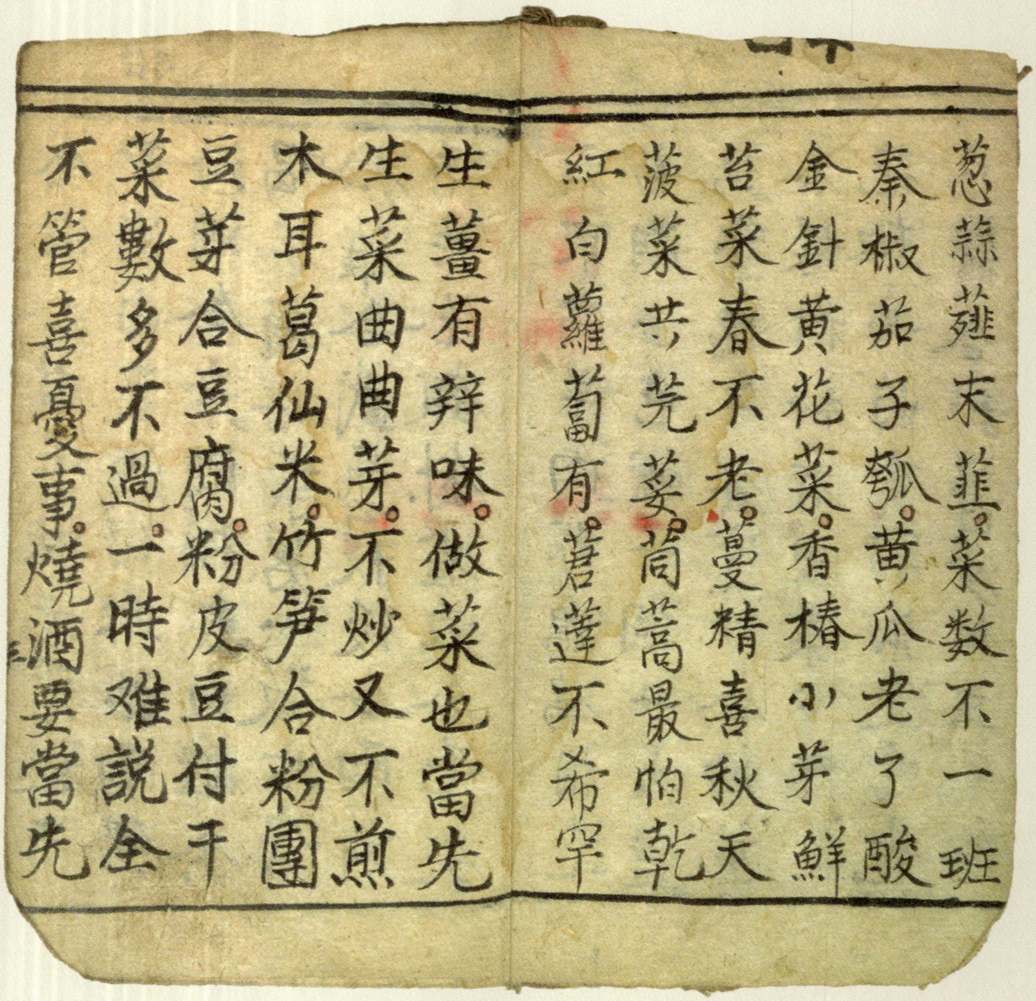
葱蒜薤末韮菜数不一班
秦椒茄子瓠。黄瓜老了酸
金針黄花菜。香椿小芽鮮
苔菜春不老。蔓精喜秋天
菠菜共芫荽。茼蒿最怕乾
紅白蘿蔔有。莙薘不希罕
生薑有辣味。做菜也當先
生菜曲曲芽。不炒又不煎
木耳葛仙米。竹笋合粉團
豆芽合豆腐。粉皮豆付干
菜數多不過。一時难説全
不管喜憂事。燒酒要當先

◎ **买卖杂字**

年代：清代

尺寸：199×115 毫米

该文书共 25 页，以五言形式编成韵语，记录了民间百姓生活起居必备之物品。